唯物史观视域下的当代资本主义新变化研究丛书
唐正东/主编

劳动主体、社会矛盾及解放路径的转型

哈特与奈格里的生命政治哲学研究

张早林 / 著

江苏人民出版社

图书在版编目(CIP)数据

劳动主体、社会矛盾及解放路径的转型：哈特与奈格里的生命政治哲学研究 / 张早林著. —— 南京：江苏人民出版社，2024.9

（唯物史观视域下的当代资本主义新变化研究丛书）

ISBN 978-7-214-28706-9

Ⅰ.①劳… Ⅱ.①张… Ⅲ.①政治哲学—研究—意大利 Ⅳ.①D0-02

中国国家版本馆 CIP 数据核字(2023)第 211265 号

书　　　名	劳动主体、社会矛盾及解放路径的转型——哈特与奈格里的生命政治哲学研究
著　　　者	张早林
责 任 编 辑	黄　山
装 帧 设 计	林　夏
责 任 监 制	王　娟
出 版 发 行	江苏人民出版社
地　　　址	南京市湖南路1号A楼,邮编:210009
照　　　排	江苏凤凰制版有限公司
印　　　刷	江苏苏中印刷有限公司
开　　　本	652毫米×960毫米　1/16
印　　　张	23.5　插页6
字　　　数	305千字
版　　　次	2024年9月第1版
印　　　次	2024年9月第1次印刷
标 准 书 号	ISBN 978-7-214-28706-9
定　　　价	78.00元(精装)

(江苏人民出版社图书凡印装错误可向承印厂调换)

本丛书系南京大学文科卓越研究计划项目
"世界马克思主义思潮与马克思主义中国化研究"成果

总 序

从学术的角度推进对当代资本主义的研究，准确地把握其出现的各种变化和本质，深化对其发展规律的认识，是当下学界的一项重要任务。它不仅可以使我们从唯物史观的角度更加全面地剖析当代资本主义的本质，而且可以从当代资本主义所无法摆脱的困境的维度来深化对资本逻辑本身的研究，从而为我们在新的实践语境中驾驭资本关系提供有益的启示。

在当下的语境中，数据化生存已然是一种客观的事实。我们通过数据的中介而被联系在一起，作为平等和共享的数据包的一种要素而相互存在着，这要比当年通过货币的中介而使我们的社会关系不断延伸来得更具质变性。我们通过数据的中介而使我们的主客体世界无限延长，这已经不是一种手臂和脚的延长，而是世界本身的延长。这可能会使我们感叹一个新世界来临的可能性，但同时我们也要看到这个数据化的世界同样也有算法歧视、数据的资本化运作等难题。在马克思当年的货币化世界中，古典经济学家面对新出现的这个世界，很高兴地表示这是一个与封建时期的强权化社会秩序不同的、平等的自由交换的新世界，个人与他人的关系也从原先的依附关系变成了自由人之间的共生关系。但马克思明白地告诉人们，资本主义货币化社会关系的本质不是一般的货币交换关系，而是以资本自我增殖的形式表现出来的特殊的货币关系。因此，它背后隐藏着的是与表面的自由平等关系不同的剥削与统治的关系。对这一点的强调并非为了让我们在当下的语境中照搬马克思当年的观点，而是敦促我们保持明确的方法论自觉。数据化世界的现实社会关系基础是一个很重要的理论维度，在私有制生产关系基础上的数据化世界很难摆脱资本对数据的控制。而要使数据化世界这个新要素能够真正服务于人们对美好生活的需要，就必须把它放在新生产关系的实践语境中。

资本逻辑批判一直是唯物史观视域下资本主义研究的一个重要领域。从资本关系出现的那一刻起，无止境的贫困以及无聊的劳动就一直是左派批判理论家关注的焦点。前者往往从交换或分配关系变革的角度，后者往往从基于人性的自由自觉的劳动的角度，来阐发自己的观点并提出克服上述困境的具体路径。对马克思恩格斯来说，上述阐释路径的最大问题在于拘泥于经济学的角度来谈论资本逻辑的本质。尽管从表面上看来，资本关系的确只是一种经济学上的关系，但如果真的只从经济学视域来探讨资本关系的本质，就很难得出正确的结论。亚当·斯密准确地看到了市场经济条件下商品交换的平等性，但他没看到的是资本主义市场经济条件下商品交换的吊诡性，即资本家在通过交换过程得到劳动力商品之后，一定会在劳动力商品之使用价值的实现过程即资本主义生产过程中，迫使雇佣劳动生产出超过其自身价值的剩余价值。如果不越出资产阶级政治经济学的理论层面，如果不从唯物史观的视角进入生产关系的层面来谈论资本关系，那是看不到上述这种吊诡性的。约翰·布雷、威廉·汤普逊等空想社会主义理论家之所以无法在克服不公平的分配关系上得出有说服力的结论，其原因正在于此。而在我看来，当代西方左派学界的一些学者尽管有较大的社会影响力，但他们解读资本逻辑的方法论依然延续了从单纯经济学维度入手的解读思路。于是，资本关系的最大问题仍然是分配关系之不公平的问题，而不是资本主义生产关系的内在矛盾性问题。当我们面对他们所提出的各种诱人的替代方案时，我们要思考的其实不是这些方案是否完美，而是它们是否真能实现，是否真能推动现实社会关系的历史发展。

当代资本主义劳动过程的复杂化以及由此带来的劳动主体、社会矛盾表现形式上的新变化，同样是我们在当代资本主义研究中要面对和重视的问题。劳动产品的形式从物质产品向知识产品的转变，使我们开始接受非物质劳动、生命政治的活动等新概念，并开始对劳动主体的转型问题感兴趣。从经验的层面上看，非物质劳动的确具有物质劳动所不具有的新特点，譬如，它更强调劳动者之间的协作性和共享性。但当有些国外学者说非物质劳动的这种新特点决定了它必然会开辟出人类社会关系的新未来时，我们需要思考的是：这种解读思路在方法论上是否存在着局限性？马克思当年面对机器体系的作用问题时，他感兴趣的不是机器的作用而是机器大工业对劳动过程的改变以及对社会经济形态产生的影响。这不是因为马克思对工业过程有偏好，而是因为他是把机器放在资本主义生产过程的层面上来加以解读的。当我们今天面对当代资本主义的非物质劳动过程时，我们不仅要在生产的技术方式维度上关注非物质劳动的新特点，而且要在生产的社会关系维度上关注这种非物质劳动的具体表现形式。在资本主义生产关系条件下，非物质劳动的协作性和共享性到底会以什么样的形式表现出来？它还有可能以单独的形式来推动社会关系的发展吗？从本质上讲，对这一问题的思考，关系到我们能否正确理解唯物史观在方法论上的深刻性。

从现代性维度来剖析资本主义的特征，是学界很早就开启的一种学术努力，有从文化维度切入的，也有从经济学、政治学等维度切入的。从现代性的结构或元结构的角度来深化对这一问题的探讨，不失为一种可喜的理论努力。我们只有真正搞清楚了现代性的结构特征，才可能找到克服现代性之内在矛盾的科学路径。其实，不管是对现代性还是对现代化进程的研究，都有一个审视角度的问题。如果我们只是在文化的维度上把现代性解读为资本逻辑在文化层面的效应，那么，现代性批判的理论路径便只可能沿着文化的维度而展开。同样，如果我们只是从经济学和政治学的角度来谈论现代性问题，那么，现代性的结构当然就会被解读为市场和组织的相加。应该说，这些解读思路从某个角度来看都是有学术价值的，但当我们面对唯物史观对现代性问题的解读思路时，我们才能真正感受到方法论变革在此问题研究中的重要性。对唯物史观来说，社会实践是解读现代性问题的理论和实践基础。因此，那些看似独立的文化要素、经济要素和政治要素，其实都是现实的社会实践活动因其复杂性而展现出来的客观内容。从唯物史观角度来深化对这种复杂现代性的解读，可以让我们更加准确地把握当代资本主义现代性的内在矛盾及外在表现形式，同时也可以帮助我们正确地理解超越这种现代性的现实路径。对当代资本主义新变化的研究还可以从很多其他的角度来切入，在此就不详细展开了。此丛书是我们在这一领域所做的一项学术努力。我们希望通过对当代资本主义新变化研究的唯物史观视域的强调，来凸显一种方法论的自觉，以使我们能够从社会历史过程的角度来推进对此问题的研究。至于我们是否真的做到了这一点，还要请阅读此丛书的专家学者们来评判，请大家批评指正。此丛书得到了南京大学文科卓越研究计划项目"世界马克思主义思潮与马克思主义中国化研究"的支持，在此表示感谢！

唐正东
2022 年 3 月 1 日于南京

目 录

导　论　1

第一章　后现代的资本"帝国"统治与生命政治语境的建构　9

　一、早期意大利自主论马克思主义的政治历史观　13

　二、后现代的帝国生命权力统治图景　55

　三、后现代生命政治语境的构建　87

第二章　劳动主体的转型：从阶级主体到诸众主体　106

　一、马克思关于工业生产语境中阶级主体的论述　107

　二、非物质劳动条件下的诸众主体　133

　三、诸众主体：一种新的可能性　156

第三章　社会矛盾的转型：从内在矛盾到二元对立　180

　一、马克思对资本物质劳动过程中内在矛盾的论述　182

　二、非物质劳动过程中诸众与资本的二元对立关系　209

　三、非物质劳动二元对立观与资本内在矛盾观的不同　234

第四章 解放路径的转型：从革命到出离 255

　一、马克思对物质劳动条件下革命式解放路径的论述　257

　二、出离：非物质劳动条件下的解放路径　287

　三、出离之后：建构一种基于诸众主体的"共有体"　311

结语　基于唯物史观对哈特与奈格里生命政治哲学的评价　339

参考文献　356

后记　367

导 论

资本主义标志着人类世界历史的断裂和质变，它将前资本主义时代的全球人口不断地纳入资本主义的世界市场之中；全球资本主义则标志着资本主义世界历史的断裂和质变，已然世界市场化的人类历史正因非物质劳动的出现而向共产主义过渡，绝对民主（absolute democracy）的人类解放规划正因生命政治生产（biopolitical production）而趋向于实现，自主的"诸众"（the multitude）政治主体正引领人类向前进。这是当代意大利自主论马克思主义（Italian Autonomist Marxism）者迈克尔·哈特（Michael Hardt）和安东尼奥·奈格里（Antonio Negri）在 21 世纪初推出的《帝国》（*Empire*，2000 年）一书中所表达的乐观的政治宣言。

由于他们是在 2000 年美国新自由主义霸权处于巅峰之时推出《帝国》之作的，因而引起了世界知识界的巨大关注和争议。新自由主义者们高兴地欢呼其帝国主权的必然性和普适性，西方左派的一些学者则批判他们的理论无视民族国家的存在和诸众斗争策略的虚幻性。面对争议，哈特和奈格里进行了深刻的理论思考，又先后出版了《诸众》（*Multitude*，2004 年）、《共有体》（*Commonwealth*，2009 年）、《宣言》（*Declaration*，2012 年）与《集会》（*Assembly*，2017 年）等著作来进一步表达与重申自己的主张，以回应和完善他们的激进的诸众政治主体理论，从而形成了以《帝国》《诸众》《共有体》为代表的后现代意大利自主论马克思主义左派的生命政治理论三部曲①。

毫无疑问,在面对冷战结束后新自由主义者在全球欢呼胜利并推行新的世界霸权控制战略的时候,在西方左派因政治失败而致力于文化批判、话语批判的理论景观中,他们的乐观理论独树一帜,展露了一种积极的劳动主体反抗资本统治的勃勃斗争精神。如果拂去意识形态争议的表面灰尘,深入他们的理论内部,追寻他们的理论逻辑,我们会发现,他们的理论是力图承接马克思的理论逻辑言说的,尽管他们已经偏离了马克思主义本质性的内在矛盾理论特质,但他们仍努力以自己的生命政治解放哲学的方式去完成马克思所没有完成的理论——世界市场、国家理论与共产主义,并进一步提出他们的诸众主体进行人类解放的历史本体论根据、解放途径和解放前景。在他们眼中,当代全球资本主义的历史阶段已经为世界市场和国家理论提供了现实基础,"非物质劳动"(immaterial labor)的霸权与"共有性"(the common)的财富特征为"绝对民主"的共产主义的人类解放提供了现实历史前提,他们可以秉承马克思的方法而超越马克思。

统观他们的理论,他们从阶级斗争是历史发展的根本动力这一政治历史观出发,在揭示资本经济权力与帝国主权权力在世界市场上完全叠合一体的后现代形势下,指出诸众与资本统治之间的无中介的直接对峙态势;在分析非物质劳动霸权的基础上融合了福柯的生命权力(bio-power)理论与德勒兹的游牧政治学,提出在"控制社会"中资本

---

① 哈特曾在一次访谈中定位《帝国》与《诸众》的主题:"《帝国》主要讨论的是统治形式的问题,而《民众》(即《诸众》——笔者注)讨论的是反抗的问题。"(见[英]詹米·摩根:《从〈帝国〉到〈民众〉:米歇尔·哈尔特(即迈克尔·哈特——笔者注)访谈》,载金惠敏主编:《差异》第5辑,河南大学出版社2008年版,第135页。)而《共有体》的意图则为"探讨制度的结构与政治的社会宪章。我们也想强调,一旦我们认识到了组成书名这一概念的两个术语间的关系,就会产生一种迫切需要,即建立一个共有之物的世界并管理好它;就要将焦点集中在我们那为集体生产并自我管理的能力上,并要扩展这种能力"(见《共有体》"前言"第 xiii 页)。这三部著作对应了"统治""反抗"和"建构"主题,因而被外界称为他们生命政治理论的"三部曲"。

的生命权力统治新形式同诸众日益自主的"生命政治生产"力量相对抗的危机特征，论证了具有"自主性"（autonomy）和"共有性"性质的生命政治生产为诸众"出离"（exodus）资本生产关系，去建立以"爱"为伦理基础、以"共有性"为生产根基、以"绝对民主"为制度形式的共产主义社会奠定了本体论基础；面对新的解放图景，他们立足于一贯坚守的劳动创构主体优先的立场，从劳动优先于资本、反抗优先于统治、生命政治生产优先于生命权力的二元对抗框架中去展现革命政治主体的革命反抗性与伦理建构性，从而展现了一幅充满昂扬斗志的理论画卷。

应该说，面对二战之后资本主义发展"僵而不倒""垂而不死"的历史现实，特别是在冷战结束后新自由主义的资本主义在全球暂时胜利的历史背景下，西方理论家们作出了不同的理论判断。资产阶级的学者们为此高呼"万岁"，美国政治学家福山说历史就是资本主义自由发展的不断胜利，历史终结于以美国模式为代表的资本主义社会形式，美国新自由主义者要建立美国主导的新世界。西方那些以马克思思想为理论源点的左派理论界则以批判的眼光看待这一所谓的"终结"时刻与"终结"时代。他们以不同的理论逻辑来解决马克思主义"可欲的"与"可求的"那种理论同实践关系上的现实断裂问题。[①] 面对全球资本主义，从资本客观逻辑出发的学者，分析它的历史发展的新特征和它的前途走向。美国左派马克思主义长波经济理论家罗伯特·布伦纳（Robert Brenner）并不认为这是西方的彻底胜利，而是被暂时调整了的长期衰退的一个特殊时期。他从资本积累、利润率下降趋势、产能过剩与不均衡发展的长波理论出发，解释了20世纪70年代起直至

[①] 分析马克思主义者柯亨曾提出超越资本主义的社会主义是"可欲的"，在现实实践上却不是"可行的"。当代英国马克思主义哲学家肖恩·塞耶斯指出，这种认识"是一种共识。我们在西方不断地被告知，社会主义在理论上是'可欲的'，但它在实践上是不可操作的。在我看来，社会主义者应当回应这些观点"（见臧峰宇《历史主义与马克思政治哲学的当代性——对话肖恩·塞耶斯》，载《国外理论动态》2015年第1期）。

21世纪西方发达资本主义国家陷入衰退的原因以及它们脱困的政策，指出其在国内外推行新自由主义和全球化政策，以降低劳动力成本，并通过金融资本的全球层面的投机来捕获利润。"它们通过使商品和劳动力市场放松管制，国有企业私有化，以及使以前受到压制的金融部门自由化，从而使全球经济成为新自由主义经济，同时迫使不发达国家开放商品、外国直接投资、金融服务和短期资本的市场。它们使资本从高成本、低利润的制造业进入到金融服务业，越来越转向投机。"① 他认为在当代全球资本主义条件下，"最终决定现代经济体的命运的，不是资本与劳工的垂直关系，而是资本与资本的水平关系。控制增长和衰退的内在节奏的，是竞争的逻辑，而不是阶级斗争"②。乔万尼·阿瑞吉（Giovanni Arrighi）以世界资本主义中心不断转移的"体系性积累周期论"推论这个时代不是美国为代表的资本主义模式的胜利时刻，而是其终结的开始，因为另一个东亚的世界资本主义中心形式开始显现出来。阿里夫·德里克（Arif Dirlik）则认为这一时期非西方的多种现代性出现，开启了人类解放的新时代。③ 大卫·哈维（David Harvey）从西方20世纪70年代开始的金融化"剥夺性积累"与开发新空间产品出发，指出资本主义积累开辟出了都市地理空间新领域和金融剥削新内容。面对资本的全球剥削和暴力统治，他提出以"革命的人道主义"塑造新人，面对"资本和劳动者之间的阶级对立，由联合起来的生产者化解"④ 的17条方案。

与上述从资本客观逻辑出发的观点不同，哈特和奈格里从政治主

---

① [美] 罗伯特·布伦纳：《全球动荡的经济学》，郑吉伟译，中国人民大学出版社2012年版，"序言"第4页。
② [英] 佩里·安德森：《思想的谱系：西方思潮左与右》，袁银传、曹荣湘等译，社会科学文献出版社2012年版，第305页。
③ [美] 阿里夫·德里克：《全球现代性之窗：社会科学文集》，连煦等译，知识产权出版社2013年版，第9页。
④ [美] 大卫·哈维：《资本主义社会17个矛盾》，许瑞宋译，中信出版社2016年版，第328页。

体斗争的角度，从资本统治结构被动回应劳动主体抵抗的政治历史观出发，指出当代全球资本主义是资本被迫回应福特主义生产中社会性劳动阶级反抗的结果，是资本对劳动的实质吸纳在全球范围内的全面实现的统治表现。由此，资本的统治形式完成了从"规训社会"的控制向"控制社会"的控制的转型，资本统治的范围实现了从民族国家范围的控制社会到全球的世界控制社会的过渡。但是在资本新型统治形式对劳动反抗主体取得暂时全面胜利的时候，却也是它彻底崩溃的开始，因为对抗全球资本剥削统治新形式——金融与租金的抽取——的阶级构成即全球"诸众"政治主体同时形成。他们从具有生命政治生产性质的非物质劳动的霸权里开启了"出离"资本生产关系的规划，同时在"爱"的伦理之上以"共有者"的形象进行着"诸众民主创业"，去自主建构以"绝对民主"为根本特征的"共有体"新社会。

这是一种从马克思《1857—1858年经济学手稿》（以下简称《大纲》）出发的"革命理论"的最新表达，是立足于非物质性的生产劳动基础上的意大利自主论马克思主义的最新发展，是对创构世界超越资本统治的人类力量的最充分肯定，是在21世纪的后现代吹响资本主义制度走向死亡的第一声号角。

就这样，意大利自主论马克思主义以昂扬的姿态出现在世人面前，引起人们对它的热烈关注。自2000年至今的20年中，随着哈特和奈格里的著作被不断译介到中国，人们慢慢揭开他们的理论面纱。曾经对他们理论的外在解读与外在批判逐渐被内在的理论逻辑梳理所代替，曾经多从后现代思潮进入其理论的热捧也渐渐被从马克思主义理论本身来冷静观照三部曲的理论得失所置换。可以说，用马克思主义的理论坐标系来系统定位哈特和奈格里的理论方向，已经成为中国马克思主义学界的一个理论任务。

那么，意大利自主论马克思主义的总体理论逻辑是怎样演变的？面对当代资本主义的最新发展，哈特和奈格里以怎样的理论资源面对这种现实？又以怎样的乐观态度书写他们的三部曲？这需要我们细致梳理他们的逻辑发展。当他们基于"帝国"与"非物质劳动"概念对马克思主义观点提出一系列质疑和超越性观点时，如帝国是马克思国家理论的真正完成、生命政治生产语境下的资本有机构成破裂观、劳动价值论失效论、金融外在剥削观、经济基础与上层建筑不再对立而是交叉融合等，我们应怎样定位它们？同时，他们提出"自下而上""自我价值增殖""制宪权""绝对民主"与"共有体"等强调诸众自身建构能力的概念，又意味着什么？面对以上问题，我们迫切需要从马克思主义理论的角度，去深度把握哈特和奈格里三部曲的理论意涵。

深入把握哈特和奈格里的三部曲，具有很大的理论意义。第一，在21世纪，意大利自主论马克思主义学派开始以自己的革命理论影响世界，使长期沉寂在资本"和平式繁荣"中的西方左派理论中的阶级解放的战斗号角再次吹响，在一片"话语革命"中再次把生产与反抗、阶级与解放这样宏大的历史叙事从反本质、反历史、反理论的后现代主义思潮中解放出来。哈特和奈格里以宏阔的历史视角，以资本被迫回应工人斗争的政治历史观，推出了资本帝国理论，及时回应了当代资本发展的最新统治现状，并由此展开了马克思没有完成的资本主义国家理论的当代建构。这不能不说是对马克思主义国家理论的一个有益探索和推进，对于我们把握当代西方资本统治世界的宏观体系和微观机制，有着很大的启示价值。

第二，他们提出"非物质劳动"概念和"金融"与"租金"式的外在剥削机制，以之解读当代资本主义经济生产的主导趋向和资本积累形式的最新特征。非物质劳动具有强大的自主性和普遍的共有性，这种劳动形式具有强烈的出离资本剥削关系的倾向。金融和租金剥削机制将资本积累的主导领域由生产过程转换到了流通过程，从而揭示了资本增殖的最为纯粹的 G—G′ 形式，显示了马克思所揭示的货币经营职能资本形态与整个社会对立的趋势发展到今天的具体表现形式，也显示了资本拜物教发展的最高程度。哈特和奈格里把2011年北非、欧美"广场占领运动"视为诸众对这种资本剥夺体制的广泛反抗。这对于我们把握西方资本从产业资本主导流通资本的积累方式演进到流通资本（主要指纯粹银行性货币金融资本）统治产业资本的积累方式，有着很大参考价值。另一方面，它在实践上还警醒我们，在中国特色社会主义进入新时代的征程中，要处理好产业资本与金融资本之间的支配和从属关系。

第三，意大利自主论马克思主义理论贯彻"自下而上"的方法论，其对劳动主体从"自我价值增殖"到"制宪权"到"民主创业"概念的探讨，凸显了劳动主体自我建设一种符合自身利益的社会制度的自信和能力。但这种"自我价值增殖""制宪权"与"民主创业"的理论逻辑，对新时代中国特色社会主义建设是否具有参考价值，特别需要马克思主义理论来辨识清楚。

第四，深入研究意大利自主论马克思主义来龙去脉和当下理论表现，对于我国学术界及时跟踪、了解和把握西方左派理论的整体演进意义很大。

最后，在我们对哈特和奈格里质疑马克思主义观点的回应中，能够进一步推进我们对马克思主义科学性的理解和理论的现实应用。

总之，坚定地站在马克思主义理论的立场上，总体研究哈特和奈格里《帝国》三部曲，成为中国马克思主义理论界一个很重要的理论任务。

本书即为笔者力图推进这一理论研究的博士论文成果。在研究中，笔者首先直接从哈特和奈格里《帝国》三部曲系列英文著述入手，系统梳理了当代生命政治哲学的内在理论逻辑。其次，较为系统地提炼出早期意大利自主论马克思主义所特有的斗争与回应的政治历史发展观，并呈现出"社会工厂"概念的特殊内涵，为哈特和奈格里《帝国》三部曲中关键范畴与核心观点的出场提供了理论前提。再次，采用全面性比较论证的方式，在同一论题上，以马克思和恩格斯理论论述同哈特和奈格里的论述作出对比，以在貌似一致的概念或表述里显现出两种理论的差异性，从而在马克思主义理论视域中能够更深刻地把握哈特和奈格里生命政治哲学的底色。最后，研究深入到《资本论》及其手稿中，尤其在《资本论》第二、三卷所展示的资本流通生活史中，发现哈特和奈格里"非物质劳动""社会生产""金融剥削"等概念的复杂内涵和逻辑缘起，真正从实质上判明他们"超越马克思"的非超越性，并从马克思主义政治经济学的内在逻辑出发，批判了他们在否定劳动价值论上对马克思主义的背离性。由此，再面对他们解放政治哲学中诸众主体的非中心化组织形式、出离的解放策略与绝对民主的共有体目标，就能给出马克思主义的理论判断。

与此相关，研究的叙述框架以梳理早期意大利自主论马克思主义的政治历史观为起点，将之推进到后现代帝国生命政治生产与生命权力对立的语境中，通过与马克思主义理论相对比的三种逻辑转型——劳动主体的转型、社会矛盾的转型和解放路径的转型——的分析，实现对《帝国》三部曲的马克思主义的理论剖析。

第一章

后现代的资本"帝国"统治与生命政治语境的建构

美国在全球至高无上的地位,是由一个的确覆盖全球的同盟和联盟所组成的精细体系支撑的。……这个由跨国公司、非政府组织(许多具有跨国的性质)和科学界组成的网络,由于互联网而如虎添翼,已经建立起一个非正式的全球体系。这一体系天生就是与更机制化和更具包容性的全球合作相一致的。

——兹比格纽·布热津斯基:《大棋局》

我们肯定是在进入"控制"的社会,这些社会已不再是严格的惩戒式的社会。福柯常常被视为惩戒社会及其主要技术——禁锢(不仅是医院和监狱,也包括学校、工厂、军营)的思想家。事实上,他是最先说出此话的人物之一:惩戒社会是我们正在脱离的社会,是我们已经不再置身其中的社会。我们正在进入控制社会。

——吉尔·德勒兹:《哲学与权力的谈判》

这可能是迄今为止激进左派就全球化的性质及其产生的后果所描绘的最乐观的图景了。两位作者在扫荡对于资本主义发展早期阶段的权力结构的任何怀旧情绪方面所做的努力是值得称赞的。他们证明新的统治世界的逻辑和结构的出现,既是对被剥削和被压迫者过去的斗争的反应,又是反对新的剥削和压迫形式的斗争(比以往的权力结构)更有利的场域,这一点也是值得称赞的。

——乔万尼·阿瑞吉:《帝国的谱系》

当代资本主义正发展到一个新的历史阶段，诸多西方左派学者都敏锐地意识到其与以往阶段的不同。弗雷德里克·詹姆逊（Fredric Jameson）说："目前，我们正处于另一个转型期，面临另一个崭新的世界体系，我们要在这庞大的体制的统辖下面对一种全球性、整体性的全新的空间。"① 世界体系论者伊曼纽尔·沃勒斯坦（Immanuel Wallerstein）也这样描述："今天我们有一个资本主义世界经济体系。它覆盖了整个地球，除此之外别无其他体系。这是新形势。"②

哈特和奈格里则是从马克思主义关于资本和劳动之间关系的历史转变来定义这个时代的，认为这个时代是一个跨国资本主义时代或者全球资本主义时代，是一个崭新的时代。他们在《帝国》中把当下的历史阶段定位为"后现代"时代，"从帝国主义到帝国，从民族国家到全球市场的政治管制：从历史唯物主义视野出发，我们正目睹现代历史中一种质的过渡阶段"③。这个阶段是资本对全球劳动的形式吸纳向对全球范围劳动的实质吸纳④的转变，全球工厂社会形成，现代发展到后现代。他们指出："后现代化是这种经济过程——当机器与工业技术已经扩张到覆盖整个世界时，当现代化过程完成时，当对非资本主义环境的形式吸纳已经抵达它的界限时——后现代化过程出现。"⑤ 因而，"在我们的观点中，最为重要的

---

① ［美］詹明信（即弗雷德里克·詹姆逊）：《晚期资本主义的文化逻辑》，张旭东编，陈清侨等译，生活·读书·新知三联书店2013年版，第416页。
② ［美］格雷戈瑞·威廉姆斯：《世界体系研究之缘起：对话伊曼纽尔·沃勒斯坦》，杨智译，《国外动态理论》2014年第4期。
③ Michael Hardt and Antonio Negri, *Empire*, London: Harvard University Press, 2000, p. 237.
④ 马克思关于劳动对资本的形式从属和实际从属思想，在哈特和奈格里的著作中以资本对劳动的形式吸纳（the formal subsumption of labor under capital）和实质吸纳（the real subsumption of labor within capital）来表述，本文统一使用后者译法。
⑤ Michael Hardt and Antonio Negri, *Empire*, London: Harvard University Press, 2000, p. 272.

方面是资本的当代彻底转变与世界市场构成了一个真实的后现代过程。"① 对于时代的后现代判断，奈格里在 2014 年《工厂策略：关于列宁的三十三讲》的英译本前言中进行了强调："我的起点是一种信念，它在 1968 年之后，经过 1989 年，特别是在 21 世纪的第一个 10 年期间，在我与迈克尔·哈特合著的所有著作（《帝国》《诸众》和《共有体》）中都得到重申，我们已经在人类历史中着手于一个新的时代了；这种信念就是现代性从 18 世纪以来被步步向前地决定性地巩固，而随着资本主义的发展，现代性制造出社会主义运动，自由的革命已经走向终结。资本主义，在今天的金融形式中呈现出来并持续剧烈地经历各种危机，显露了它晚期阶段所有的特征。"② 那么，这个作为后现代的历史时代到底指的是什么？它的资本统治新形式有何特征？在这种新统治形式中是否蕴含着新社会的建构基础？这种新社会又将是什么样子的？这一系列问题被置于哈特和奈格里的面前，要求他们回答，而他们也进行了系统的回答。

哈特和奈格里认为这是一个资本帝国统治的时代，但是非物质劳动的霸权为打破帝国而实现绝对民主奠定了本体论基础，反抗资本主义并建立一种新的制度的时代已经来临，但需要主体去抗争、去建设。"当产生于'春天'的造反运动的核心问题是关涉诸众政治的装置与共有物（the common）③ 的民主管理制度的时候，我们已经进入一个时

---

① Michael Hardt and Antonio Negri, *Empire*, London: Harvard University Press, 2000, pp. 153 - 154.
② Antonio Negri, *Factory of Strategy: Thirty-Three Lessons on Lenin*, translated by Arianna Bove, New York: Columbia University Press, 2014, pp. 11 - 12.
③ "the common"，其词一般专指欧洲过去存在的公共使用土地的"公地"制，哈特和奈格里将其引申为当代"非物质劳动"霸权生产理念、形象、信息、交流、情感与社会关系等非物质产品的内在机制，认为非物质劳动产品本身与生产者具有不可分割的关系并在生产者共同拥有它们的条件下生产出来。它作为共同拥有的产品财富是"共有物"，作为人人拥有的性质是"共有性"，作为一种所有制是"共有制"。哈特和奈格里还把自然物和社会物都包容在这个概念里。按不同语境，笔者将其译为"共有物""共有性""共有制"或"共有世界"。

代。这种创构性的力量必然承担起对正存在着的资本主义权力形式的摧毁,并为全球范围的底层阶级要求一个联邦的空间。"①

面对当代资本主义的最新发展,哈特和奈格里基于早期意大利自主论马克思主义的政治历史观与方法论,解读了当下情势,声称要在马克思方法论的基础之上超越马克思,发展出一套新的理论工具来反映资本主义的最新现实。他们在《诸众》中写道:"马克思的历史唯物主义方法的关键是社会理论必须吻合当代社会现实的轮廓。与众多唯心主义理论——它们设置独立的、超历史的理论框架面对所有的社会现实——相反,人们首先要把握的是马克思在《大纲》序言中所解释的关于方法论的一个极其精彩的言简意赅的说明,即我们理解的模式必须符合当时的社会世界,并随着历史的改变而改变:方法与根据、形式与内容必须相一致。这就意味着一旦历史向前发展,社会现实发生改变,那么旧有的理论就不再是充分有效的了。面对新的现实我们需要新的理论。要追随马克思的方法,人们必须从马克思理论所达到的程度出发,从他所批判的目标即已经改变的作为总体的资本主义生产和资本主义社会出发。简单地说,要追寻马克思的脚步,人们必须真正地超过马克思的步伐,在他方法的基础上发展出足以面对我们自己当下形势的一套新的理论工具。我们必须写出一篇新的序言,这篇新的序言必须能够更新马克思的方法,并能充分考虑到 1857 年到今天之间的变化。"②

哈特和奈格里已经充分地意识到资本主义发展的新现实,这种新现实需要发展出一整套崭新的理论分析工具,这套新的理论工具是对这一历史新时代的判断,是对活劳动发展最新表现形式的认定,是对

---

① Antonio Negri, *Factory of Strategy*: *Thirty-Three Lessons on Lenin*, translated by Arianna Bove, New York: Columbia University Press, 2014, p.16.
② Michael Hardt and Antonio Negri, *Multitude*: *War and Democracy in the Age of Empire*, New York: The Penguin Press, 2004, pp.140-141.

资本统治最新形式的揭示，是对活劳动最新反抗主体与反抗形式的分析，是对人类解放新前景的展望。在打造自己的分析工具的过程中，他们继承发展了早期意大利自主论马克思主义的政治历史观，吸收改造了斯宾诺莎、福柯、德勒兹、加塔利、德里达等哲学家的概念，提出了自己的后现代范畴（如后福特主义时代的非物质劳动，世界市场的帝国统治形式，控制社会，生命权力和生命政治生产，诸众，共有，绝对民主，等等），从而建构了意大利自主论马克思主义在 21 世纪的最新理论表达形态。

一、早期意大利自主论马克思主义的政治历史观

哈特和奈格里是从他们共同认可的意大利自主论马克思主义的斗争与回应的政治历史观出发，去建构后现代激进政治话语的。那么，哈特和奈格里的总体历史观是什么？他们是如何看待人类历史发展机制的？他们的工人阶级优先而资本统治被动回应的资本主义历史发展机制是怎样的？他们将当代法国哲学家的"生命权力""生命政治""游牧政治"等思想内化于自己的激进政治理论中，其原因何在？在笔者看来，所有这些问题都可以在他们尤其是奈格里早期的意大利"工人主义"马克思主义理论中找到答案的源头。因此，在正式开始论述他们的当代激进生命政治理论之前，探究早期意大利自主论马克思主义的政治历史观的形成及其特征是非常必要的。没有它们，我们可能无法真正把握他们当代激进生命政治理论的逻辑表现及其理论特质。

工人斗争和社会反抗：早期意大利自主论马克思主义的历史背景

我们看到，哈特和奈格里关于当代资本主义发展的现状及其前景的理论是意大利工人运动理论和法国思想（福柯、德勒兹等）的融合。

奈格里曾说他的理论并不是法国哲学的重复，而只是浸润了塞纳河的水，他与法国当代思想家之间的理论是相互影响的。哈特则研究了德勒兹的理论，进而又和奈格里合作，一起进行思考和写作。弗雷德里克·詹姆逊指出，德勒兹和加塔利在反思资本主义社会中那个唯一负有职责的资产阶级的时候，思考应该有一个"特殊阶级"来反对资产阶级，这个特殊阶级在《千高原》中被赋予种种特征，"他们（指德勒兹和加塔利——笔者注）将这些特征置于当代意大利政治思想的基础之上，希望能够阐发出一种思想，即有一种革命运动完全发生在国家之外"①。同样，意大利的工人运动思想在某些方面也与福柯合拍。贾科梅利在《福柯主义在意大利的前辈与后人——工运中心主义透视》一文中指出："某些在《红色手册》和《劳动阶级》里出现过的先见之明后来不仅被 70 年代的意大利工运中心主义'重提'，而且也在福柯主持整理的 G. I. P 文件中被'重申。'"②恰恰由于意大利 20 世纪 60—70 年代的工人运动、法国"1968 年风暴"与法国思想家福柯的权力思想和德勒兹的肯定哲学等相契合，两国理论家相互借鉴后，在奈格里和哈特那里就形成了一种新的意大利自主论马克思主义的表达形态。要把握这种马克思主义理论，首先考察当年意大利那些工人与群众的反抗运动及其理论产物——工人主义的马克思主义理论——是非常必要的。

众所周知，奈格里早期的历史观是与意大利 20 世纪 60 年代出现的"工人主义"的马克思主义理论和 70 年代社会群体的"自主运动"紧密联系在一起的。那是一个世界历史发生转向的时代，也是一个各种解放斗争不断涌现的时代。在西方，以 1968 年的斗争为顶点的反抗运动影响深远。从资本主义经济发展看，20 世纪 60 年代末 70 年代初

---

① [美] 弗雷德里克·詹姆逊：《辩证法的效价》，余莉译，中国社会科学出版社 2014 年版，第 251 页。
② [英] 莱姆克等：《马克思与福柯》，陈元等译，华东师范大学出版社 2007 年版，第 117—118 页。

西方发达国家经济普遍出现"滞胀"状态，凯恩斯主义政策与福特主义生产方式处于危机之中，福利国家模式遭到质疑。"新自由主义"政策和后福特主义生产模式露出端倪。从资本统治形式看，从"规训社会"统治向"控制社会"统治转变。这些历史变化与现实斗争深刻地影响了西方左派理论。西方马克思主义发展逻辑至此终结。随着后现代主义的出现，西方的马克思主义思潮出现了"千人千面"的特征。

意大利自主论马克思主义就是在这种历史背景下出现的，其发展前身则为意大利工人主义马克思主义。后者是 20 世纪 50—60 年代意大利阶级斗争的产物。20 世纪 50 年代中期之后，战后意大利经济得到恢复，广大劳动力不断从农村转移到城市，不断从落后贫困的南方流向工业发达的北方。在这种劳动力的流动中，一方面，那些新劳动力自发组成了自己的横向组织，这些组织不同于传统工人阶级的组织如工会、政党等，而具有自主性、松散性和开放性特征。另一方面，由于新工人的到来威胁到北方工人的利益，双方产生了内部冲突和斗争，因而这种自发的横向组织愈益外在于工会和政党组织，并进一步得到加强。同一时期，在国际上，由于苏共在 1956 年苏共二十大上突然激烈地批判起斯大林的专制独裁，继而发生了苏联干涉波兰和匈牙利事件，这造成国际共产主义运动的分裂，致使西方左派包括意大利左派知识分子开始强烈质疑苏联社会主义国家的性质，质疑列宁主义的政党组织，质疑苏联所宣扬的马克思主义的正确性。而在 20 世纪 60 年代的意大利国内，由于意大利共产党和社会党一直身在政府的议会之中，造成新兴工人阶级对他们的不信任。与此同时，在意大利还存在一个"在议会外的"左派知识分子活动群体，包括赖尼奥罗·潘齐尔里（Raniero Panzieri）、马里奥·特龙蒂（Mario Tronti）、塞尔焦·博洛尼亚（Sergio Bologna）、安东尼奥·奈格里等一批人，他们积极参与新兴工人组织的活动。在这种形势下，意大利出现了外在于共产党和工会组织的一种抗争活动和理论探求。20 世纪 60 年代初期，这批左翼知识分子重读《资本论》及其手稿,得出了工人抵抗资本的优先性结论,并提出资本主义的新危机观。20世纪60年代中期,意大利中左联合政府尝试"凯恩斯主义计划"(Keynesian planning),以解决国内问题。此时,这批左翼知识分子分析的焦点是"群众工人"(the mass worker),批判的目标是"作为计划者的国家"(State-as-Planner),理论探求是重新解读《资本论》及其手稿。20世纪60年代末期,意大利学生运动和不受党派约束的工厂工人运动蓬勃发展,形成了"工人力量"(workers' power)等组织,喊出口号"拒绝工作"(refusal of work),其理论根据就是这些左派批判家们对马克思价值规律的政治性解读。意大利政府于1970年开始对这些运动进行经济与武力的双重镇压,工厂里存在大量镇压行动,工厂工人斗争大幅萎缩。20世纪70年代初,意大利政府开始用石油危机来对付工人,这导致战后意大利国内首次出现大量失业人员。1973年,"工人力量"组织解散,自主运动(Autonomy Movement)产生了。在自主运动中,出现新嬉皮士(neo-hippie)这一社会群体,他们拒绝规训、领导和理论,追求自主、群居、享受并实践一种另类生存方式,这些都深深影响了当时意大利工人运动和社会运动的原则和方向。面对70年代的新形势,这批左派理论家继续积极参与其中,提出新的分析范畴和斗争策略。他们提出了"社会工人"(social worker)概念,提出了"自我价值增殖"(self-valorization)范畴等。在20世纪70年代,意大利工人阶级以及后来出现的各种社会力量以新的组织形式和新的斗争方式,为争取自己的权益而开展了激烈的工厂斗争与社会斗争,矛头都指向资本的统治。

20世纪60年代初,意大利工人阶级的斗争主要集中在工厂中。斗争实践总是呼唤着理论的指导,而工厂工人的斗争迫切地需要马克思主义在理论上给予强大的支撑,这种理论支撑必然表现为高扬工人阶级主体的支配地位,肯定他们在现实斗争中的力量,从历史发展中证实他们的优先地位,在超越资本主义的新制度的建构中显现他们的创造能力。然而，当时流行的"第三国际"的正统马克思主义却以客观主义面目出现，以线性历史观看待社会发展和人类解放，在其理论表现中，工人阶级主体的主导地位被忽视甚至遭到压制。不仅如此，这种正统马克思主义理论还被看作认同资本主义生产方式，是资产阶级的同谋理论。因此，意大利的工人斗争与社会运动在客观上要求对正统马克思主义理论进行一种"改写"，不仅要求树立起工人阶级主体的优先性历史地位，而且要求重新从《资本论》及其手稿出发，阐发一种与工人运动要求相一致的政治经济学理论。因而，政治地解读《资本论》及其手稿尤其是《大纲》成为必然。这种理论需要在意大利共产党之外的马克思主义知识分子中得到热烈回应。我们看到，在西欧各国的反抗运动中，与法国左派理论家阿尔都塞退居幕后形成强烈对比的，是意大利的左派知识分子对意大利工人运动、学生运动和社会运动的积极参与。以赖尼奥罗·潘齐尔里、马里奥·特龙蒂和安东尼奥·奈格里①等为主要代表的知识分子坚决走出大学校园而走进工厂和社会，积极投身到现实的政治斗争中去。在现实斗争中，工人和社会青年迸发出强烈的反抗激情和浓烈的创造活力，这群意大利左派知识分子在运动中既感到兴奋，又意识到必须进一步用马克思主义理论指导运动继续发展。这种现实紧迫感促使他们及时发出创新性的"集体声音"，去有效回应和指导蓬勃发展的工人运动和社会运动。

在这种"集体声音"中，形成了"意大利工人主义马克思主义"（Italian Workerist Marxism）和后来由其发展而来的"意大利自主论马克思主义"（Italian Autonomist Marxism）。潘齐尔里是意大利"工人主义"马克思主义理论的开创先驱，特龙蒂是意大利"工人主义"马克思主义理论的发展者，奈格里则是将"工人主义"马克思主义发展到了"自主

---

① 参见［法］雅克·比岱、厄斯塔什·库维拉基斯主编《当代马克思辞典》，许国艳等译，社会科学文献出版社 2011 年版，第 337 页。

论"马克思主义理论的集大成者。后人把以他们的理论为代表的意大利"工人主义"马克思主义理论统称为自主论马克思主义理论。

生产力非中立性与劳动优先：劳动者的自主性

赖尼奥罗·潘齐尔里作为20世纪60年代意大利"工人主义"马克思主义理论的开创者，其提出的基本观点对这一学派而言是奠基性的，他对马克思主义的理解颠覆了正统马克思主义理论的核心观点，被人称为"是真正的'哥白尼革命'"[①]。我们看到，与正统马克思主义理论相比，马克思的思想在潘齐尔里手中发生了巨大转变，主要表现为他提出了资本主义生产力非中立论、资本主义计划性观点、劳动主体反抗资本的社会危机论，以及垄断资本主义并非资本主义最后阶段的论断。这为后来的特龙蒂、奈格里等人的理论发展奠定了基础。

在20世纪60年代初期的意大利，潘齐尔里认为正统马克思主义理论的核心是"生产本位主义"，即"深信'生产力逐渐发展'和人类向共产主义前进的动力，相信道路只是暂时受到'市场无政府状态'的阻碍并且因为资本主义的另一特征，即社会财富分配的不公正，而变得曲折"[②]。所以，他将这种"生产本位主义"的马克思主义看作客观性的马克思主义，这种马克思主义不但不强烈质疑和批判资本主义生产力的发展，反而把生产力当作中立性的，认同资本主义生产力的发展，因而把生产力的发展当作工人阶级解放的前提。同时，正统马克思主义理论判定"市场无政府状态"是资本主义的永恒状态，它与发展的生产力之间必然产生难以解决的尖锐矛盾，进而必然生成指向共产主义的革命。在潘齐尔里看来，这种正统马克思主义理论为意大

[①] [法] 雅克·比岱、厄斯塔什·库维拉基斯主编：《当代马克思辞典》，许国艳等译，社会科学文献出版社2011年版，第339页。
[②] [法] 雅克·比岱、厄斯塔什·库维拉基斯主编：《当代马克思辞典》，许国艳等译，社会科学文献出版社2011年版，第338页。

利共产党要求工人与资本家妥协提供了理论支持。潘齐尔里反对客观马克思主义的这两个基本论断,他在重新阅读《资本论》及其手稿的基础上指出,一方面,资本主义生产的发展根本上表现为生产力的发展,生产力的发展根本上表现为机器生产力的发展,但机器生产力的发展却不会自动带来有利于工人阶级解放的社会进步。这是因为,资本主义生产力是内在于资本主义生产关系的,它越发展,资本生产关系就越发展,资本生产关系越发展,工人阶级就越发被束缚在资本生产关系之中,其解放就越发无望,因此生产力本身并非"中立化"的。另一方面,资本主义社会不存在无政府状态,因为资本在日益变成社会资本的过程中,把工厂生产中的计划性扩张到整个社会,使资本主义整个社会生产的计划性不断强化。因此,客观马克思主义理论无法为工人阶级的解放打开斗争的大门,必须批判生产本位主义的生产力中立性观点和资本主义无政府状态的论断。

为批判生产力中立论,潘齐尔里从《资本论》中剥离出资本主义直接生产领域——工厂,指出工厂是资本主义大工业的实现形式,是科学技术生产力为资本服务的最主要场合。他指出:"资本主义的生产过程通过它的不同历史阶段而发展成一种劳动分工的过程,这个过程的基本地点是工厂:'工场手工业分工的一个产物,就是物质生产过程的智力作为他人的财产和统治工人的力量同工人相对立。这个分离过程在简单协作中开始,在工场手工业中得到发展,在大工业中完成。在简单协作中,资本家在单个工人面前代表社会劳动体的统一和意志,工场手工业使工人畸形发展,变成局部工人,大工业则把科学作为一种独立的生产能力与劳动分离开来,并迫使科学为资本服务。'"[①] 在这

---

① Raniero Panzieri, "The Capitalist Use of Machinery: Marx Versus the 'Objectivists'," translated by Quintin Hoare, in *Outlines of a Critique of Technology*, edited by P. Slater, London: Ink Links, 1980, p.45. 其中引用马克思语参见《马克思恩格斯全集》第44卷,人民出版社2001年版,第418页。

里，潘齐尔里从马克思的分析出发，把工厂定位为资本主义生产的基本空间组织形式，把大工业科技生产力定位为资本的生产力，是为资本服务的。

但是，为资本服务的科学技术生产力为什么会在正统马克思主义理论那里表现为中立性的呢？潘齐尔里认为，这是生产技术自身合理化的结果，是资产阶级对科学技术中立化宣传的结果，当然也是一种资产阶级意识形态的统治方式。不幸的是，正统马克思主义者信奉了这种宣传。他指出，"由资本主义组织所呈现出来的新特征被误解为一种客观的'合理性'发展的阶段"①。这种直接生产组织中的合理化的不断发展，似乎表现出一种异常强大的技术"宿命论"色彩，具有将人从有限性中解放出来的可能性。人在强大的技术面前屈服了，并认同技术自身的纯粹发展，还以一种技术田园（technologico-idyllic）式的观念来制造人们所有矛盾和问题都可随之解决的完美前景。"事实上，整个工业化过程表现为由技术宿命所导致的对存在的统治性，这种技术宿命造成人类的自由能够从由环境和人类自身的自然能力所形成的人类身上的限制中解放出来。'管理合理性'和外部组织的巨大发展好像被看作一种'机械的'或'纯粹的'形式。但这些发展和这些形式与资本主义的矛盾关系，或者具体的历史现实——工人阶级运动在其中展现它自身的生活和战斗——都在支持一种技术田园的形象中被忽略了。"② 进而，工人阶级与资本家阶级之间的内在矛盾转化为工人劳动素质与生产技术体系标准之间的不匹配冲突，"生产力和生产关系之

---

① Raniero Panzieri, "The Capitalist Use of Machinery: Marx Versus the 'Objectivists'," translated by Quintin Hoare, in *Outlines of a Critique of Technology*, edited by P. Slater, London: Ink Links, 1980, p. 51.
② Raniero Panzieri, "The Capitalist Use of Machinery: Marx Versus the 'Objectivists'," translated by Quintin Hoare, in *Outlines of a Critique of Technology*, edited by P. Slater, London: Ink Links, 1980. p. 52.

间的冲突表现为一种技术上的'非一致性'(non-correspondence)"①。这种技术矛盾观必然指向工人要适应生产组织的要求,而不是去反对生产组织处于其中的资本关系。这样一来,生产力表现为一种科学技术的客观性,资本的统治属性消失,在这种科技发展史观中,活跃的工人阶级反抗资本的斗争则被遗忘。潘齐尔里质问,正统的马克思主义不是一种从生产力中立化出发的理论吗?不是一种生产本位主义吗?在它们那里,工人阶级怎样解放自身呢?

既然如此,必须更新马克思主义理论的出发点,必须从工人阶级主体出发去重构马克思主义,去寻求工人阶级的解放策略。工人阶级该如何解放自己?潘齐尔里说,工人阶级要想在现实中实现自由,必须改变其在资本主义直接生产关系中的地位,实行"工人控制"(workers' control)战略。"在这里,工人控制的路线被设定为一种能够加速整个阶级斗争的时间尺度(time-scale)的因素,它被设定为一种为革命性断裂而实现一个'缩短化'时间-尺度的政治工具。不是把它表达为对支配性政治权力进行的一种'代理'(surrogate),而是将工人控制构成一个对资本主义权力施加最大压力的方面(其作为一种明确而直接瞄向体系根基的威胁)。因此,在与一种同总体支配权力的联结中,工人控制必须被看作一种对'双重权力(力量)'(dual power)形势的准备。"② 而"这种工人阶级的'不服从'(insubordination)的颠覆性"③ 对资本而言是致命的。在这里,潘齐尔里从工人主体出发,

---

① Raniero Panzieri, "The Capitalist Use of Machinery: Marx Versus the 'Objectivists'," translated by Quintin Hoare, in *Outlines of a Critique of Technology*, edited by P. Slater, London: Ink Links, 1980. p. 53.
② Raniero Panzieri, "The Capitalist Use of Machinery: Marx Versus the 'Objectivists'," translated by Quintin Hoare, in *Outlines of a Critique of Technology*, edited by P. Slater, London: Ink Links, 1980. p. 68.
③ Raniero Panzieri, "The Capitalist Use of Machinery: Marx Versus the 'Objectivists'," translated by Quintin Hoare, in *Outlines of a Critique of Technology*, edited by P. Slater, London: Ink Links, 1980. p. 49.

提出了"工人控制"概念，将它设定为一种现实斗争的政治手段，其作用在于既能够从生产根本上动摇资本权力统治的根基，又能为一种自己能控制生产计划的社会力量出现做准备。请注意，在这里，潘齐尔里已开始提出一种对劳动与资本关系的新理解，即马克思劳资双方本质性对立矛盾关系在向经济斗争领域中经验性的工人力量与资本权力的对立关系转化，双方表现为一种对抗性的力量与权力构成的双重关系。这种新理解为后来生发出的劳动与资本二元对抗且劳动优先的观点准备了逻辑前提，为"拒绝工作""社会危机论"与"自我价值增殖"范畴提供了理论萌芽。

立足于潘齐尔里资本主义生产力非中立性与从工人阶级出发的观点，特龙蒂提出了解读《资本论》的两种视角，判别出两种马克思主义理论：一方面是作为资本科学的马克思主义，另一方面是作为革命理论的马克思主义。作为资本科学的马克思主义，从资本视角出发，把工人看作劳动力，工人作为劳动力完全被并入资本之中。作为一种革命理论的马克思主义，是从工人阶级视角出发，把工人看作工人阶级而非劳动力，而作为工人阶级的工人能够政治地拒绝自己被整合进资本。特龙蒂当然站在后一立场。

作为革命理论的马克思主义如何解放工人阶级？特龙蒂必须回答工人阶级解放可能性的根据问题。他认为，从资本增殖过程看劳动过程是资本家的偏好，那么，从劳动过程看增殖过程就是工人阶级的偏好，"后者则以其革命发展的全部解放力量显现出来"[①]。这是一个反资本之道的劳动之道，是一个反资产阶级之道的工人阶级之道，这个劳动之道与工人阶级之道是这样看世界的："从社会的角度看国家，从工

---

① Mario Tronti, *Workers and Capital*, translated by David Broder, London: Verso, 2019, p. 29.

厂的角度看社会，从工人的角度看工厂。"① 特龙蒂说，从劳动出发，从工人出发，我们就会看到另一种劳动与工人阶级的积极图景："我们已经看到，商品劳动力是资本真正活跃的一方，是任何资本主义活力的自然家园。它不仅是价值增殖过程的扩大再生产的主角，也是劳动过程本身的持续的革命激变的主角。技术变革本身也是由劳动力价值的变化所决定和强加引发的。"② 这就是说，工人被他设定为独立的本体论的积极实体存在，具有强大的对抗性，它被包容进资本之前就具有价值的生产性；而资本则被弱化为仅仅是一种回应性的实体，这个资本实体越来越依靠被动的回应方式才能生存下去。特龙蒂借用这群意大利学者基于马克思资本有机构成思想而提出的阶级构成与技术构成的关联性理论，进一步指出，政治阶级构成（the political composition of the class）不仅先于技术构成（technical composition）出现，同时也决定技术构成，而且资本特有的权力也越来越被简化为纯粹的"命令"（command）。在这里，我们看到特龙蒂在哲学本体论意义上设置了劳动的优先地位，它引出后来奈格里的劳动本体论观点。

由于劳动被看成资本增殖的动力和源泉，那么十分自然，如果劳动不再参与其中，资本如何增殖，如何发展自己呢？因此，当把工人阶级整合进体系成为资本增殖的一个必需性时，"工人阶级对这种整合的拒绝阻碍了系统的运作。因此，只剩下一个选择：要么是体系的动态稳定，要么是工人阶级的革命"③。要么资本主义改良自身再稳定化，要么就是革命发生。由此，革命的根据出现，革命的路径出现，革命的战略出现：它就是对体现资本生产关系的工作的拒绝。特龙蒂

---

① Mario Tronti, *Workers and Capital*, translated by David Broder, London: Verso, 2019, p. 30.
② Mario Tronti, *Workers and Capital*, translated by David Broder, London: Verso, 2019, p. 31.
③ Mario Tronti, *Workers and Capital*, translated by David Broder, London: Verso, 2019, p. 32.

说:"拒绝是一种斗争形式,它伴随着工人阶级一道发展起来。此刻,工人阶级既是对资本的政治拒绝,也是对作为经济权力的资本生产的拒绝。"① 在这种认知中,著名的"拒绝工作战略"出现,并成为意大利"工人主义"理论的一个核心范畴。这样,拒绝战略作为一种"政治阻塞物"被放在了资本生产之链中,它一定会造成特龙蒂所提出的"社会危机论"。"在那一刻,从那一刻开始,这个体系的整个发展机制就被阻塞了。这就是我们必须开始传播出去的资本主义危机的新概念:将不再有经济危机、灾难性的崩溃和坍塌,无论多么短暂,这都归功于体系持续运作的不可能。相反,它将变成一场由组织起来的工人的主体运动所强加生成的政治危机,这种政治危机通过由拒绝解决资本主义矛盾的工人阶级的拒绝战略和处于资本主义生产结构内但工人阶级在其政治倡议之外并不受其影响的组织策略所引发的一连串关键事件而发生。"② 这种新型的社会危机论有效地反击了正统马克思主义理论中的客观危机论,有力地支持和激励了意大利工人运动的开展,也成为意大利工人主义马克思主义理论的一大特点。

如果说特龙蒂从客观资本和主体工人视角解读《资本论》,从而提出工人优先于资本的政治观点,那么在他之后,奈格里不仅在意大利社会工人运动中认同工人阶级的自主性,在对资产阶级共和国法律限制劳动的规定分析中揭示劳动优先性(此一论证将在下一部分给出),更为重要的是,他在20世纪70年代后期径直从马克思的《大纲》出发,读出劳动与资本对抗的政治性,从理论上论证了劳动优先于资本的观点,进而提出工人阶级是自主性的,从而完成了意大利自主论马克思主义学派的核心概念的理论建构。

---

① Mario Tronti, *Workers and Capital*, translated by David Broder, London: Verso, 2019, p. 256.
② Mario Tronti, *Workers and Capital*, translated by David Broder, London: Verso, 2019, p. 259.

奈格里政治地解读了《大纲》，认为资本主义社会就是一个以剥削为基础的政治性社会，马克思在《大纲》中的分析根基就是政治性，这种政治性表现为劳动与资本的对抗，工人阶级与资本家阶级的对峙。这一对抗通过剥削性的价值规律表现出来，因为"价值规律不仅间接地表现为剥削规律，而且直接地就是剥削规律"①。在奈格里的这种认识之下，作为使用价值一方的是具体劳动、劳动力、工人阶级，作为交换价值存在的是抽象劳动、价值、货币资本。由于奈格里把价值规律看作剥削规律，那么他一定把交换关系看作不平等的关系，认为货币本身隐藏着不平等，资本主义雇佣劳动中资本与劳动的交换成为最大的不平等，但是这种交换恰是资本生产关系最根本的基础，资本主义因为货币而加重了剥削的社会化进程。所以，作为价值规律表现形式中介物的货币就成为一种社会支配权力，一种命令，货币表面具有的平等的万能交换面孔立即变得狰狞起来，"货币有一种益处：能立即呈现蕴含在价值概念中的社会关系的可怕面孔；它立即向我们展现出来价值为了剥削而表现为交换性（exchange）、命令性（commanded）与组织性（organized）。为了揭示出商品与价值的双面性，我们不必去深究黑格尔主义：货币只有一张面孔，即一张老板的面孔"②。结果，在奈格里眼中，"货币事实上代表了资本的流动性、资本命令的肆意性，以及以一个现实的方式（既作为实体又作为主体）涉及资本诸形态变化的总进程"③。在这里，货币被纯粹看作资产阶级的霸权形式，是资本的代表，既具有统治的功能，又隐含一种剥削的内容，同时它还企图努力解决交换中的危机问题。

---

① Antonio Negri, *Marx Beyond Marx*, translated by Harry Cleaver, Michael Ryan and Maurizio Viano, London: Pluto Press, 1991, p. 24.
② Antonio Negri, *Marx Beyond Marx*, translated by Harry Cleaver, Michael Ryan and Maurizio Viano, London: Pluto Press, 1991, p. 23.
③ Antonio Negri, *Marx Beyond Marx*, translated by Harry Cleaver, Michael Ryan and Maurizio Viano, London: Pluto Press, 1991, p. 60.

由于奈格里设定了货币和价值规律的剥削性质，因而劳动与资本在交换起始点就具有了对抗性，作为使用价值的活劳动被降低为交换价值的量归资本家使用，而交换给工人的工资就是工人再生产自身的必要劳动时间的量。在随后的资本生产过程中，屈服于工资交换价值的工人为资本家生产工资价值和剩余价值，而剩余价值就是剩余劳动时间。于是，工作日就产生了一种时间的对抗，即必要劳动时间与剩余劳动时间的对立斗争。工人阶级通过提升社会必需品享受范围而扩展必要劳动时间，压缩剩余劳动时间，这造成资本主义的危机。这样一来，无论在劳动与资本的交换领域，还是在资本生产领域，奈格里都必须论证劳动对资本的优先性，提出工人阶级的自主性，方能为社会工人的反抗运动提供理论支撑。

奈格里通过绝对分裂性地解读马克思对劳动和资本的对立性分析，在完全不顾马克思在对劳资对立双方各自特征的分析后所进行的对资本主义生产劳动的综合论述里，实现了工人阶级自主性论证。首先，在流通中工人阶级是自主性的。在解读《大纲》中，奈格里区分了两条颜色分明的思想之线——货币之线和剩余价值之线，前者指向统治命令，后者指向反抗斗争，并设定黑线向红线过渡。他说："货币是黑线，它依靠完整的弧把资本的命令连接在一起；剩余价值理论是红线，它从工人视角出发，从颠倒立场出发改造了这同一过程的运作。"① 奈格里接着引述马克思的话："流通的前提是商品（不管是特殊形式的商品，还是货币这种一般形式的商品），而商品是一定劳动时间的体现，它作为这种体现是价值；因而流通的前提既是通过劳动进行的商品的生产，又是作为交换价值的商品的生产。这是流通的出发点，流通通过本身的运动返回到创造交换价值的生产，返回到它的结果。"② 奈格

---

① Antonio Negri, *Marx Beyond Marx*, translated by Harry Cleaver, Michael Ryan and Maurizio Viano, London: Pluto Press, 1991, p. 63.
②《马克思恩格斯全集》第30卷，人民出版社1995年版，第211页。

里从马克思这段话中得出,劳动是资本价值增殖中最为核心的,因为货币经过劳动才能增殖,由此货币才能变成资本。但劳动之所以被纳入资本之中,首先在于劳动者与资本家完成了交换。如果没有双方的交换发生,货币就不会变为资本。在交换之前,工人是否具有拒绝交换的自主性呢?

奈格里认为是。因为马克思有这样的分析:"第一个前提是:一方是资本,另一方是劳动,两者作为独立的形态互相对立;因而两者也是作为异己的东西互相对立。与资本对立的劳动是他人的劳动,与劳动对立的资本是他人的资本。对立的两极的特点不同。"① 从这里出发,奈格里指出,由于交换双方是独立自主的两极,它们之间是分离的,也是对立的,这形成了奈格里称之为资本-劳动的分离环节。所以奈格里指出:"劳动只有在它采用了交换形式,采用了货币形式时,劳动才能被转换为资本。这意味着这一关系是对抗的,意味着劳动与资本在交换环节表现为自主的、独立的实体(autonomous, independent entities),而交换环节构成了它们的生产性综合。"② 在这里,在交换价值规律中,奈格里在忽略马克思强调作为资本生产前提的劳动者与劳动条件分离的历史条件下,突出强调作为经验结果出现在市场交换关系里的对立两极——资本与劳动的各自的自主性和独立性。

其次,在生产中,工人也是自主性的。在资本与劳动交换完成之后,劳动开始被资本家使用。奈格里认为,马克思进一步深化了雇佣劳动的自主性(autonomy)论述,也就是第二环节劳动作为主体性,作为财富源泉的潜在性。马克思从劳动的否定性和肯定性两方面分别论证了劳动自身的存在特征:从否定方面看,劳动是绝无劳动对象的存在,是绝对的贫困;从肯定方面看,劳动是价值的源泉,与资本作

---

① 《马克思恩格斯全集》第 30 卷,人民出版社 1995 年版,第 223 页。
② Antonio Negri, *Marx Beyond Marx*, translated by Harry Cleaver, Michael Ryan and Maurizio Viano, London: Pluto Press, 1991, p. 67.

为现存的财富相比,劳动是一般财富的可能性。因此,马克思说:"劳动作为资本的对立物,作为与资本对立的存在,被资本当作前提,另一方面,劳动又以资本为前提。"① 马克思对劳动的否定与肯定的论述对奈格里来说非常重要,因为奈格里在其中看到了抽象劳动优先于资本的那种纯粹的主体性力量。他这样评论道:"这种抽象劳动的总体是主体的力量(潜能)[subjective power(potenza)]。只有这种主体的力量(潜能),这种在其整体性上摧毁了对劳动本身具体形式的迷恋而被提纯的劳动能够允许劳动表现为一般的力量(潜能),表现为彻底的对抗。"② 这种与资本相分离的劳动是使用价值,而这里的"使用价值不是别的其他什么东西,而是劳动对立面的彻底性,是所有财富的主体的、抽象的潜在性,是所有人类可能性的源泉"③。在生产过程里,奈格里也因强调劳动作为价值创造源泉的独特使用价值而得到劳动的分离性与自主性。

由此,在对《大纲》的解读中,奈格里从价值规律、货币、资本的支配权力入手去引出反对这种支配统治权力的力量,并在这种权力和力量之间的双方斗争关系上展现出劳动力量的优先性。无论是在资本家与工人间的交换关系中,还是在随后的劳动生产过程中,奈格里都强调了劳动者的独立性和自主性。只是他不再讨论资本与劳动的统一性。从价值到货币到剩余价值到利润到危机的范畴依次出现,劳动的自主性在剩余价值理论中登场了,在利润率下降规律中展现了斗争的力量,正是政治性的阶级斗争造成了资本主义的危机和灾难。在这些范畴中,剩余价值是中心。基于劳动自主性的工人阶级的自主性最终在奈格里对《大纲》的解读中凸显出来。自主论的马克思主义从此

---

① 《马克思恩格斯全集》第 30 卷,人民出版社 1995 年版,第 254 页。
② Antonio Negri, *Marx Beyond Marx*, translated by Harry Cleaver, Michael Ryan and Maurizio Viano, London: Pluto Press, 1991, p.70.
③ Antonio Negri, *Marx Beyond Marx*, translated by Harry Cleaver, Michael Ryan and Maurizio Viano, London: Pluto Press, 1991, p.70.

有了牢固的理论根基。

工厂计划关系与社会工厂：资本关系的现实化

如果说20世纪60年代法国左派学者把马克思的"再生产"理论作为中心主题探讨的话，那么这个领域同样被意大利"工人主义"的马克思主义者们所聚焦。不同的是，意大利马克思主义者关注的是资本在实现增殖的再生产过程中的那种计划性。潘齐尔里提出了资本的计划从工厂关系范围扩张到整个社会的观点，他将单个资本的生产计划扩大到社会总资本生产的总体计划层面。特龙蒂则论证了在资本增殖运动过程中，资本把资本关系从有墙工厂范围扩张到整个社会范围直至全部国家政治领域的层面，展现了资本把一切事物都实质吸纳进来加以统治的客观趋势，从而提出"工厂社会"的范畴。奈格里继续向前推进一步，他从《大纲》的流通过程去论述资本关系的社会扩张，提出了"社会工厂"概念。资本的生产与流通使整个社会成为工厂，社会生产出现，社会资本关系统治了整个社会，全体社会成员成为它的权力实施对象。

在这群意大利学者将马克思主义进行重构的过程中，潘齐尔里论述的重心在于提出资本主义工厂生产的核心本质是它的专制计划性的观点，指出这种专制计划性具有向整个资本主义生产领域扩张的趋势。他从《资本论》"协作"章出发，断言协作是资本主义生产方式中的根本形式，协作本身就是资本生产必然产生的计划性表现形式，而计划性毫无疑问就是资本主义生产的内在要求。这样，他给出结论，资本与计划不是天然排斥的，而是天生融合的，而且这种计划性一直在从直接工厂生产层面向整个社会生产层面扩张，因此资本主义社会生产具有总体计划性的特征。他以此驳斥正统马克思主义理论判定资本主义生产具有市场盲目性、无计划性的观点。他指出："在资本主义生产方式中，协作是最根本的形式。对于劳动的社会生产力发展而言，协作是其基础。因而，协作在它的资本主义形式中是（剩余）价值规律首要的和基础的表达。"① 而协作本身就是资本的计划性安排，因而，"从协作开始，资本就指挥控制了一个被计划好的劳动过程。计划在直接生产层面上并不表现出与资本运行模式的矛盾性，而是直接地表现为一种资本发展的本质方面。因此，在计划和资本之间不存在任何不相容性，对于资本在它的协作形式中控制着劳动过程（因而实现它的历史使命）来说，资本同时占有了这个过程自身具有的根本且特有的性质，即计划性"②。由此，潘齐尔里在忽视马克思对工厂分工和社会分工所作区分的前提下得出一个结论：计划性是资本生产方式的内在本质。

资本的工厂生产具有计划性，那么，它是否在向整个社会生产领域扩张？潘齐尔里认为是这样的。在他眼中，计划性不但体现了资本主义生产过程中的那种必然要求，同时它也作为一种资本统治的策略使用，即面对工人的反抗和市场的变动无序，计划就是资本家应对它们的根本方法，也是整个资本家阶级的方法。因而，计划性事实上具有了从工厂生产扩展到整个社会生产范围的趋向。潘齐尔里指出，在资本主义国家所实施的"凯恩斯计划"的政策不正表现出这种计划性吗？他认为，马克思在《资本论》中也清楚地指出了这一点，他说："实际上，马克思的分析意在表明，在生产过程日趋迈向更高水平的形势下——从简单协作到手工业到大工业——资本是如何利用计划强化与扩大它对劳动力的控制，并获得一种对劳动力更高方式的使用。更进一步说，马克思这一分析的目的还在于显示，一种在工厂中不断发展着的资本家阶级的计划的使用是怎样成为资本对流通领域里个体资

---

① Raniero Panzieri, "Surplus Value and Planning: Notes on the Reading of 'Capital'," translated by Julian Bees, *The labour process & class strategies*, stage 1, 1976, p. 7.
② Raniero Panzieri, "Surplus Value and Planning: Notes on the Reading of 'Capital'," translated by Julian Bees, *The labour process & class strategies*, stage 1, 1976, p. 7.

本的无秩序运动与相互冲突所产生的消极效应的回应，并且以立法形式限制那种施加于劳动力身上的广泛剥削。"① 为了消解这种消极效应，计划功能的采用从资本的直接工厂生产层面上升至整个社会生产范围。所以，"资本主义越发展，生产组织就会越来越扩展为整个社会组织"②。这不正意味着工厂计划逻辑扩展为社会计划逻辑，并表现在当时整个资本主义生产对经济发展安排方面的计划性上吗？于是，在早期意大利工人主义马克思主义理论中，一种扩展性的"工厂计划性社会"观点出现了。

我们看到，在潘齐尔里那里，资本的计划性已经从工厂扩张上升到整个社会生产的安排层面，只不过他的资本"计划性"强调的是资本主义国家代表社会总资本对总生产过程进行某些总体计划的干涉。而特龙蒂则在这种资本总体计划性上看到了"工厂社会"图景，他不是从工厂生产的直接计划性入手，而是发挥了马克思的相对剩余价值理论与资本吸纳劳动的理论，结合正在兴起的"第三产业"，把潘齐尔里侧重于管理性的"工厂计划性社会"思想通过逻辑转换深入到资本增殖运动的过程中来，指出资本在增殖运动过程中产生了将整个社会领域直至整个国家全都吸纳进来的趋势，资本关系越出了工厂高墙而进入社会。由此，"工厂社会"概念由他正式提出。

从《资本论》出发，特龙蒂指出，在资本确定生产统治地位后，资本就从其积累本性中产生了一种强大的足以把一切社会生产要素都卷进资本增殖运动中来的客观趋向。在对马克思关于资本主义剩余价值生产过程的论述进行分析之后，特龙蒂深有感触地说："确实，在劳动过程中，资本发展成为一种对劳动、劳动力、因而对工人的指挥；

---

① Raniero Panzieri, "Surplus Value and Planning: Notes on the Reading of 'Capital'," translated by Julian Bees, *The labour process & class strategies*, stage 1, 1976, p. 7.
② [法] 雅克·比岱, 厄斯塔什·库维拉基斯主编：《当代马克思辞典》，许国艳等译，社会科学文献出版社 2011 年版，第 343 页。

但在增殖过程中又发展出一种强制关系，它迫使工人阶级进行剩余劳动因而进行剩余价值的生产。资本以它自己的方式想方设法占有增殖过程与劳动过程合一的统一过程；同样，资本主义生产发展越是能占有这一过程，资本主义生产形式越是能够变成社会所有其他方面的主宰者，它侵入了整个社会关系网络。"① 在这里，我们看到，特龙蒂指出了在直接生产过程中资本强制工人进行剩余劳动，生产剩余价值，同时他还强调了这一生产剩余价值的生产过程已经日益越出工厂四周高墙而向整个社会领域扩张的现实，并指出在工厂生产剩余价值的过程与实现剩余价值的流通过程合在一起时，资本就将整个社会领域全部变成了剩余价值的直接生产过程。在这里，意大利工人主义马克思主义理论家埋下了流通生产化的伏笔。

在特龙蒂看来，正是资本的相对剩余价值生产造成了一种工厂社会化的趋向，这种趋向表现为生产与流通的一体化，表现为工厂的社会化与社会的工厂化，在此趋向发展的最高阶段上，资本就把社会和国家转化为资本生产的一个环节。这一点被特龙蒂特别地指出："资本主义的发展是与相对剩余价值的生产有机地联系在一起的。相对剩余价值与资本主义生产过程中的所有内部变化有机地联系在一起，与劳动过程和价值增殖过程、劳动条件的激变和对劳动力的剥削、技术和社会过程的结合所形成的有区别的且日益复杂的统一有机联系在一起，以及与资本主义专制主义联系在一起。资本主义发展越深入，也就是说，相对剩余价值生产的渗透和扩展越大，生产—分配—交换—消费就越有必要形成一个完整的循环，也就是说，资本主义生产和社会、工厂和社会、社会和国家之间的关系变得越来越有机。在资本主义发展的最高水平上，这种社会关系变成生产关系的一个运动环节，整个

---

① Mario Tronti, *Workers and Capital*, translated by David Broder, London: Verso, 2019, p. 12.

社会成为生产的衔接，整个社会生活在工厂的功能中，工厂专制统治扩张到了整个社会。"① 在这里我们看到，社会已经变成了工厂，而资本工厂的专制也随之扩张为社会工厂的专制。于是，非常重要的特龙蒂的"工厂社会"范畴被提出。并且，他进一步指出工厂消失于社会的因由："当工厂将其控制权扩展到整个社会时——所有的社会生产都变成了工业生产——工厂的特有特征就在社会的一般特征中消失了。当整个社会被还原为工厂时，工厂本身似乎也就消失了。"② 于是，必然的结论是"工厂内的宪法将认可凌驾于整个社会之上的'工厂制度的独占统治'"③。在特龙蒂的语境中，资本主义社会已经演变成为一个总体性的"工厂社会"，在这样一个不存在有形厂房的广阔的社会厂房中，具体的生产工厂不见踪影，但无形的资本的工厂强制关系却无处不在。也因此，处于这个社会中的所有人员，都必然被全部吸纳进整个资本主义工厂社会的生产体系中，成为一名雇佣劳动者，从而为资本所控制和剥削。

特龙蒂面对20世纪60年代以来欧美发达资本主义国家出现的"后工业社会化"现象，利用工厂社会理论去解释。他以"第三产业化"指称西方国家这一发展趋势。他说："资本主义生产的最高发展水平标志着所有资产阶级社会关系达到最深度的神秘化。无产阶级化的真实增长过程表现为第三产业化的正式过程。"④ 发达国家的"第三产业化"的兴起，反映了资本流通过程的普遍化和社会化，消费活动因此蓬勃发展。这也产生了社会就业岗位的大变动，使后来奈格里所分

---

① Mario Tronti, *Workers and Capital*, translated by David Broder, London: Verso, 2019, p. 26.
② Mario Tronti, *Workers and Capital*, translated by David Broder, London: Verso, 2019, pp. 27-28.
③ Mario Tronti, *Workers and Capital*, translated by David Broder, London: Verso, 2019, p. 30.
④ Mario Tronti, *Workers and Capital*, translated by David Broder, London: Verso, 2019, p. 28.

析的"社会工人"出现。

然而，特龙蒂认为，如果资本只是将社会关系化作资本生产关系的一个组成部分，只是将整个社会化作工厂社会，资本的生产统治就还未实现它的最大彻底性，因为还存在国家的政治领域仍可超然于资本关系之外，并以自己的政治权力对资本施加强大的反作用。但是，在特龙蒂看来，外在于资本的国家是不可能存在的。因为在资本主义生产体系中，根本没有国家中立性的位置，国家必然为资本所吸纳，必然要为资本服务，并担负起维持资本顺畅地进行生产的职能。资本生产关系从其本性来说必然要把国家变为资本自身的一个有机组成部分。特龙蒂说："正是在这个基础上，政治国家机器越来越倾向于认同集体资本家的形象；它越来越成为资本主义生产方式的特性，因此也成为资本主义的一项功能。由独特的资本主义生产发展所强加的资本主义社会的单一构成过程，不再能够容忍甚至在形式上独立于资本主义社会关系网的政治领域的存在。"① 为此，政治国家也无一例外地被资本生产关系纳入自己的增殖体系中。

面对工厂、社会和国家被资本一体化支配的客观现实，特龙蒂进行了提炼概括，其得出的结论是，在资本主义社会里，全部社会关系和政治关系都从属于资本的工厂生产关系，因为资本主义社会是一个为生产而生产的社会，生产是目的，其他都只能作为它的中介工具而存在着。因此，"在此意义上，在资本主义基础上，社会关系永远不会与生产关系分离；生产关系变得越来越与工厂的社会关系相同；同样，工厂的社会关系也越来越直接获得政治内容。正是资本主义发展本身倾向于使每一种政治关系从属于社会关系，每一种社会关系从属于生

---

① Mario Tronti, *Workers and Capital*, translated by David Broder, London: Verso, 2019, pp. 26 - 27.

产关系,每一种生产关系从属于工厂关系。"① 特龙蒂从资本生产扩张的视角得出一个对后来意大利自主论马克思主义学派具有重大影响的观点,即资本工厂生产关系系统领一切关系,表现为资本的工厂关系统领了生产关系,统领了社会关系,并统领了政治关系,根本不存在任何外在于资本工厂关系的生产关系、社会关系和政治关系,一切权力关系都是工厂经济权力关系的变形版本,任何非资本权力都将消除自身的独立性质,从属于资本权力。在上述论述中,特龙蒂明确了资本工厂权力关系的绝对支配性,同时也明确地批判了所谓国家和市民社会是对立关系的说法以及国家中立性的观点。

至此,从资本相对剩余价值生产的角度,特龙蒂论证了工厂生产关系的扩张,论述了"拒绝工作"的战略。但是,他的工厂社会关系的逻辑还不完整,必须以资本流通过程相补充,方能全面展现工厂社会的思想。这个任务落在了奈格里身上。

20 世纪 60 年代末 70 年代初以来,伴随西方资本主义社会出现的"滞胀"现象,凯恩斯主义经济学和"计划国家"也一起陷入危机。为解决上述危机,新自由主义经济学产生,危机国家出现。在这种宏观经济背景下,意大利经济同样遭遇困境,其国家经济政策发生巨大转型,其生产组织形式开始从福特制向后福特制转变,社会状态开始从工业社会向后工业社会过渡,第三产业发展起来。这样,整个社会变成了大工厂,社会群体的身份变得复杂多样,既有社会化的工人,也有分散化的零工,既有结群的各种学生团体、妇女社团,也有各种移民和有色人种以及边缘群体等。各种各样的社会运动频繁发生,此起彼伏,没有一刻停息。在意大利,因为工人斗争已经被意大利政府强力镇压,工厂工人运动衰落下去,但社会斗争兴旺起来。与此相应,斗争的主体也从以工厂工人

---

① Mario Tronti, *Workers and Capital*, translated by David Broder, London: Verso, 2019, p. 29.

为主转向了以社会群体为主,斗争领导与开展形式也从工厂委员会主导的自主斗争转向了社会群体的自主运动。20世纪60年代中前期,在意大利工厂工人斗争是主要和基本形式,形成了"工人主义"的马克思主义理论。而形势的发展必然推动理论的前进,由于狭义的工厂扩张到整个社会甚至整个世界,反抗资本的斗争主体由工厂工人变成了社会主体,斗争策略也需改变,"工人主义"的马克思主义亟须向前发展。

奈格里将分析社会最新变迁与提出新的斗争策略的任务担负起来。他提出了"危机国家"(crisis-state)与"社会化工人"(socialized worker)概念,通过它们对资本主义新的统治策略与生产技术构成进行了分析。他指出,在资本采取此种统治策略与技术构成之后,又形成了新的劳动阶级构成,而这种新的劳动阶级构成必然采取新的自主斗争策略,一种新的自主论马克思主义即将诞生。为此,奈格里深入阅读马克思的《大纲》,目的在于从中获得相异于正统马克思主义的自主论马克思主义的理论基础。奈格里政治地解读了《大纲》,从中建构出了劳动与资本一直处于对抗状态且劳动优先于资本的本体论的政治历史观,还重点凸显了马克思对资本流通过程的分析,认为正是资本流通过程造成了资本一方不断扩张的趋势,从而把特龙蒂的"工厂社会"范畴推进到了"社会工厂"范畴的高度。

通过阅读奈格里的著作《马克思超越马克思》(*Marx Beyond Marx*),我们能够发现,在解读《大纲》的过程中,奈格里把马克思的剩余价值理论与利润理论连在一起进行比较分析。在他看来,剩余价值规律本身直接就是剥削规律,剥削就是资本家对工人剩余劳动量的无偿占有,这种占有不能在生产过程中实现而只能在流通中实现。因此,剩余价值规律必然通过流通的社会化过程而表现为资本的利润规律,而利润就是平均化的剩余价值,经过他这种推导,利润范畴也出现了。奈格里认为,如果说剩余价值理论是马克思在生产领域中的剥削理论的话,那么他的"利润理论应被看作流通中的剥削理论,被看作社会剥削的理论"①。在这里,一种斗争理论的转化基础形成了,即在资本生产领域毫无疑问存在着资本对工人剩余劳动的剥削,同时在资本实现剩余价值的社会流通领域也存在着资本的剥削。反抗剥削不能只在生产领域发生,也应该在流通领域出现。因为第三产业的兴起,社会生产普遍化了,与此相应,寻求社会革命的主体就不能仅限于生产领域,而应前进到全部社会领域的层面。这当然意味着不仅工厂中的工人是被资本所剥削的人,而且社会范围中的各种社会群体都是被资本所侵占的人。此时,在理论上出现"社会工人"范畴成为可能。

在解读《大纲》时,奈格里特别指出,在资本的流通过程中出现资本不断地把新的社会条件与要素吸纳进资本关系的趋势,展现了一种将整个社会、国家乃至世界转化为资本社会的强大能力。奈格里对马克思关于资本流通过程中所产生的紧缩时间和空间趋势的论述尤其做了强调:"流通时间表现为劳动生产率的限制=必要劳动时间的增加=剩余劳动时间的减少=剩余价值的减少=资本价值自行增殖过程的障碍或限制。因此,资本一方面要力求摧毁交往即交换的一切地方限制,征服整个地球作为它的市场,另一方面,它又力求用时间去消灭空间,就是说,把商品从一个地方转移到另一个地方所花费的时间缩减到最低限度。资本越发展,从而资本借以流通的市场,构成资本流通空间道路的市场越扩大,资本同时也就越是力求在空间上更加扩大市场,力求用时间去更多地消灭空间。"② 在这里,马克思描述了资本流通过程的特征,但是这个过程是被马克思作为资本生产总运动过程的一个过程展开的。在资本总运动过程中,资本运动从生产过程开始经过流通过程中的一系列职能资本形态又复归生产,从而完成自身的增殖和积累。在资本运动总过程中,流通过程只是实现剩余价值的过

---

① Antonio Negri, *Marx Beyond Marx*, translated by Harry Cleaver, Michael Ryan and Maurizio Viano, London: Pluto Press, 1991, p. 82.
②《马克思恩格斯全集》第 30 卷,人民出版社 1995 年版,第 538 页。

程，但是这个过程内在地要求快速，因为就资本积累和再生产而言，流通过程的时间越短，意味着资本周转越快，资本积累就越多。所以说，资本在这个过程中总是采取措施去最大程度缩短时间。由于商品流通过程总是在空间中进行的，在逻辑上它表现为一方面是扩大空间，另一方面又要缩小空间，即资本一方面要扩大市场范围，另一方面又要缩短流通时间。这个矛盾的解决方式被资本设定为以时间消灭空间，从而缩短时间，以尽可能最短的流通时间加快资本的循环速度，去实现资本扩大和积累的量。

但在奈格里这里，他把马克思的重点转换到了资本统治范围的扩张上。他认为，在生产领域中，资本将社会条件设定为自身所要面对的一方，在这一方还存在着仍然没有被资本吸纳进自身的那种作为生产条件的因素，但在流通领域里，资本消除了两者的对立。因为资本通过扩大市场交换的范围，使非资本的生产要素从属于资本了，由此资本统一了社会条件，把社会条件变成了自身，资本的社会出现了。奈格里说："这样一种双重性和分离（指剩余价值理论中资本与社会条件的对峙状态——笔者注）不再存在了。资本建构了社会，资本完完全全是社会资本。流通产生了资本的社会化。"① 在这里，奈格里的社会资本范畴出现。这个范畴和他的社会劳动范畴一样具有他给予的特有规定性，即社会流通活动就是一种社会生产活动。社会资本范畴对奈格里而言非常重要，他特别指出了它的作用："它是资本范畴的质的飞跃，使社会向我们展现为资本的社会（capital's society）。通过这一过渡，全部社会条件被资本所吸纳，也就是说，它们成为资本的'有机构成'。除了社会条件——它们在它们的直接性里表现自己——之外，资本还野心勃勃地吸纳其流通过程中所有的要素和物质，由此，

---

① Antonio Negri, *Marx Beyond Marx*, translated by Harry Cleaver, Michael Ryan and Maurizio Viano, London: Pluto Press, 1991, p. 114.

所有涉及生产过程中的一切在这里就构成了那从手工业到大工业再到社会工厂（social factory）的过渡的基础。"① 流通使资本变成了社会资本，社会资本使整个社会被纳入资本实现价值增殖的过程之中，资本由狭小的工厂渐渐扩张到整个社会范围的一切领域，资本的生产专制原则也一同统治了社会，社会成为"社会工厂"。特龙蒂的"工厂社会"范畴由奈格里通过流通过程而发展到"社会工厂"范畴。

不仅如此，在奈格里看来，资本扩张同国家之间的关系具有强烈的对应性，表现为资本力图将国家变成资本的国家，资本要求国家对其每一最新发展的诉求都认可、赞同并维护。做到这一点的根本途径是通过政治行为把资本的意志上升为国家法律的意志，以神圣不可侵犯的法律条文确立下来，从而实现资本借助国家权力维护自身利益的目的。因此，资本权力、国家权力、法律权力以及各种制度权力融合为为资本利益服务的权力。在这种认识下，奈格里说，曾经在经济生产领域和政治国家领域之间充当中介的市民社会慢慢萎缩了，它被融进了资本经济权力和国家政治权力之中。这样，国家就成为资本的国家。

面对马克思总结的美国这个由最新型的资本家阶级建立的国家所具有的资产阶级特征时，奈格里就读出了自己的上述观点。在他看来，马克思在资本扩展上形成三个原理。马克思的第一条原理关涉到一个资产阶级社会本身的发展趋势，即美国资产阶级社会是由资产阶级自主发展起来的，与此前各种社会形成不同，它超越了此前各种运动的界限。在美国，"资产阶级社会本身的对立仅仅表现为隐约不明的因素"②，马克思这句话指的是美国资本主义生产处于上升阶段的时候，由于劳动力短缺和国土广大，劳资对立矛盾并不突出，只是处于隐约

---

① Antonio Negri, *Marx Beyond Marx*, translated by Harry Cleaver, Michael Ryan and Maurizio Viano, London: Pluto Press, 1991, p.114.
② 《马克思恩格斯全集》第30卷，人民出版社1995年版，第4页。

对立之中。但是马克思的这一描述被奈格里判读为国家是市民社会的直接综合，美国的资本直接就是社会资本，而其他因素都被资本化了。在奈格里那里，马克思的第二条原理是关于资本集中和国家集权对应性关系的，即资本主义的社会化和集中化决定了无论开放如美国社会还是封闭如欧洲社会，其国家权力都存在着一种持续扩张和集权化的必然性。而这一过程直接由生产与流通之间的对抗所导致，这种对抗造成资本主义的集中化，其后果是马克思提出的"国家成了'经济和谐'的最后避难所，而它最初被斥之为这些和谐的唯一的破坏者"①。这里，奈格里把马克思对凯里的批判变成了对国家职能的判定。马克思的第三条原理是资本走向世界市场的深化原理，奈格里说这"是在世界市场的层面上的矛盾和对抗的原理，而这是随着那国家的形象变成了（中介的或直接的）资本集中化"②。在奈格里的总结中，资本对立扩张形成三大原理，表现为资本从工厂扩张到社会，从社会扩张到国家，从国家扩张到世界。与此一起出现的，是资本生产的专制关系亦同步扩张到社会、国家，以至世界。

由此我们看到，奈格里在政治地解读《大纲》的过程中，选择从资本流通过程出发，凸显出资本不断把社会条件吸纳进来从而持续扩张的趋势，在扩张中资本将社会、国家和世界变为资本关系中的社会、国家和世界。就这样，意大利工人主义理论中的直接生产领域的工厂资本专制关系通过奈格里的理论转化扩展到整个社会领域，国家也不能被排除在外，资本的世界市场也必将到来，社会工厂形成，资本关系也随之普遍化。

---

① 《马克思恩格斯全集》第30卷，人民出版社1995年版，第8页。
② Antonio Negri, *Marx Beyond Marx*, translated by Harry Cleaver, Michael Ryan and Maurizio Viano, London: Pluto Press, 1991, p. 53.

反抗与回应：资本主义社会发展的动力机制

在劳动与资本的矛盾关系中，工人的力量与资本的权力构成了一对对立关系，工人阶级优先反抗，资本被迫进行回应，形成资本更新的生产组织形式；新的资本生产组织形式造成新的工人阶级的构成，新的工人阶级构成继续进行新形式的斗争，再次迫使资本改进技术构成，产生新的资本生产形式，由此形成了螺旋式的资本主义生产形式的发展，形成了资本主义社会发展观，且是一种阶级斗争周期发展观。这是早期意大利自主论马克思主义的历史发展观，实质是一种从工人阶级主体斗争出发的政治历史观。毫无疑问，潘齐尔里开启了这一政治历史观。

在解读《资本论》时，潘齐尔里认为资本主义生产计划性总与专制合理性相连。在他看来，资本家在工厂中大肆采用机器生产，对劳动进行有效组织，这表现为一种强大的计划，是一种"专制合理性"（despotic rationality）。潘齐尔里认为资本家阶级对剩余价值贪得无厌，他们普遍地无节制地日夜运转大机器，既造成对工人劳动力最大程度的消费和剥削，又形成工人对他们最大程度的屈服。在生产过程中，资本倾向于持续地开动机器，无限制地吮吸工人的剩余劳动，从而获取无限制的剩余价值，这是资本的本性。那么，从资本一方看，资本主义发展的界限不可能存在于生产过程的连续运动中，只能存在于这种生产过程的断裂处。这种生产的断裂不可能来自资本家，必然来自工人阶级的反抗，是工人阶级反抗资本生产造成了资本主义发展的界限，形成资本主义的危机。因此，潘齐尔里说："在直接生产的层面上，马克思基于一种生产力的无限发展而把资本主义看成了一种计划性：恰恰在这里，我们发现了与资本主义生产相对立的那种对抗性质的最为根本的表达。那'内在的矛盾'并不存在于个体资本的运动中，即它们不是内在于资本的；资本发展的唯一界限不是资本本身，而是工人阶级的抵抗。计划性原理——它对资本家来说意味着'预测''结果的确定性'等等——是作为一种'无法抵抗的自然规律'施加在工人身上的。在工厂体制中，资本主义生产的无政府方面只存在于工人阶级的不服从上，存在于工人阶级对'专制合理性'的拒绝上。"① 在这里，潘齐尔里提出了工人阶级反抗资本生产关系从而造成资本主义危机的观点，这是一种主体性危机理论。这揭开了意大利工人主义的"社会危机"理论的序幕。为应对这种危机，资本家阶级不得不改良生产方式，进行新型生产统治，形成了新的资本主义社会发展阶段。这样，资本主义社会发展理论也随之出场。

拒绝战略到了特龙蒂手中变成了"拒绝工作"战略，它作为一种"政治阻塞物"被放置在资本生产之链中，构成特龙蒂所提出的"社会危机论"。"事实上，这把反对工厂体系独占统治的直接斗争普遍化了。由于这一点，扎根于在生产的社会关系中反对这一社会体系的普遍斗争已经不再是简单的可能性，而是具有历史必然性了；换句话说，要从资本主义生产内部把资产阶级社会推向危机。"② 即工人"在资本本身中分离劳动力和资本"③。这种新型的社会危机论有效地反击了马克思主义传统中的客观危机论，有力地支持和激励了意大利工人运动的开展，也成为意大利工人主义马克思主义理论的一大特点。由于工人阶级的拒绝战略能够有效击穿看似稳固的资本权力，那么，体现这种斗争力量的工人阶级的历史是怎样的呢？其历史观又是什么？一种书写新的革命理论的冲动在特龙蒂的心中升腾。1964 年，特龙蒂在《一

---

① Raniero Panzieri, "Surplus Value and Planning: Notes on the Reading of 'Capital'," translated by Julian Bees, *The labour process & class strategies*, stage 1, 1976, pp. 11 - 12.
② Mario Tronti, *Workers and Capital*, translated by David Broder, London: Verso, 2019, p. 30.
③ Mario Tronti, *Workers and Capital*, translated by David Broder, London: Verso, 2019, p. 30.

种新型的政治实验：列宁在英国》一文中发问："资本主义社会有它的发展规律，经济学家发明了这些规律，政府运用了这些规律，工人则受苦于这些规律。但谁来制定工人阶级的发展规律呢？资本有它的历史，它的历史学家书写它。但谁来书写工人阶级的历史呢？"① 特龙蒂要自己去发现工人阶级主导历史发展的工人阶级的政治历史观，要去书写"工人阶级发展的规律"。

在特龙蒂看来，我们必须颠覆既有的历史观，这种历史观使工人从属于资本，使工人阶级的历史从属于资本主义的历史；我们要在生产中使资本从属于工人，使资本主义的发展史从属于工人阶级的发展史。特龙蒂宣布："我们曾经把资本主义发展看作第一，把工人看作第二。这是个错误。现在我们必须把这个问题反转，改变前进方向，重新从新的第一原则出发，这意味着关注焦点将放在工人阶级的斗争上。在社会性发达的资本层面上，资本主义发展从属于工人阶级的斗争；它不仅紧紧跟在工人阶级斗争的后面，而且必须使资本主义生产的政治机制对阶级斗争作出回应。"② 这是特龙蒂的工人阶级政治历史观的核心论点，他颠覆了既有的历史观，将工人阶级的主体置于至高无上的历史动力的地位，从而将工人阶级的解放与资本主义的发展放在一种新的历史动力机制和历史演化观上，表现出一种新的社会发展图景。在这里，特龙蒂似乎是重新肯定了马克思恩格斯在《共产党宣言》中所宣布的阶级斗争是迄今为止的历史发展动力的观点，但不同的是，他是在直接的资本生产过程中，从工人主体性第一性的角度看待资本发展历史的，而马克思恩格斯是在一种客观的生产力与生产关系对立的矛盾的基础上来展现反映这一矛盾的阶级斗争的。他们之间有很大

---

① Mario Tronti, *Workers and Capital*, translated by David Broder, London: Verso, 2019, p. 65.
② Mario Tronti, *Workers and Capital*, translated by David Broder, London: Verso, 2019, p. 65.

的不同。

特龙蒂的历史观是一种革命不断向更高水平迈进的阶级斗争的政治历史观,在他看来,恰是这种不断的更高层面的革命才造成了资本主义的发展。"我们知道,整个资本主义发展过程实质上体现在工人阶级斗争的新层次上。因此,我们的出发点在于揭示一定形式的工人阶级斗争,这种斗争将开启某种向革命方向发展的资本主义的发展类型。"① 因此,每一次革命都促成资本主义向更高水平迈进,而更高水平的资本主义又促使新的工人阶级发动更新层次的革命。所以,在这种革命中,工人阶级越来越普遍化,其解放也越来越具有人类学意义。

面对当时的区域性世界市场的形成,特龙蒂以这种新观点来解释之。当时的经济学家认为这种世界市场的形成是资本在生产中不断解决市场问题造成的,但特龙蒂认为:"工人阶级的观点寻求的是政治解释。今天谈论统一的世界市场,就是谈论对社会劳动力的国际控制水平。商品生产甚至可以在一个有限的自由贸易区内组织起来,尽管有一些困难。工人阶级的运动却不是这样。从历史上看,工人阶级的劳动力从其诞生起就已经在国际层面上是同质的,而且——在漫长的历史时期——它迫使资本变得同样同质化。今天,正是工人阶级在全球范围内的运动的统一性,迫使资本迅速寻找出自己的统一性来回应。"② 在这里,我们看到特龙蒂的资本的世界市场扩张不是资本自身实现剩余价值和资本积累过程的产物,而是工人阶级越来越统一的政治斗争造成的,并同时为更为广阔的工人阶级的解放奠定了基础。

1967 年之后,特龙蒂形成了一种理论结构,在这个理论结构中,首要的是工人反对资本的对抗,其次才是资本通过资本主义发展中的

---

① Mario Tronti, *Workers and Capital*, translated by David Broder, London: Verso, 2019, p. 70.
② Mario Tronti, *Workers and Capital*, translated by David Broder, London: Verso, 2019, p. 66.

多次变革而被动地进行回应，然后资本的这种回应又创造出一种新的工人阶级结构的政治重构。特龙蒂具有一个强有力的理念，即不断被动回应工人斗争的资本在事实上造就了一个越来越强大的工人阶级队伍。从上述内容看，到 20 世纪 60 年代后期，特龙蒂已经提出了意大利工人主义马克思主义学派的政治历史观，即资本主义社会的发展是资本被动回应工人阶级斗争过程的展开，它设定了资本主义发展的阶级斗争循环周期理论。这成为奈格里认同和继承的内容。

所以，奈格里在确证现代工人阶级运动在资本主义社会中的核心地位时指出：" 1848 年的阶级挑战所引发的问题产生了一种新型的至关重要的认识（它多少被神秘地遮盖了），这种认识就是工人阶级在资本主义体系中发挥核心作用。除非我们认识把握住了这种在资本与国家变革背后的工人阶级的决定性作用，否则，我们就仍然困陷在资产阶级的理论中；我们最终的目的是把从资本之中分离出来的'政治学'形式化为一种动态的阶级关系（a dynamic class relation）。"① 这种阶级关系就是工人阶级优先性的要求和立场，这种历史观就是工人阶级反抗资产阶级统治的斗争推动了资本主义被动性发展的观点。但是不同学者从不同切入点出发，形成理论表达上的不同侧重点。潘齐尔里从《资本论》中工厂专制主义入手，提出工人阶级的斗争是资本发展界限的论断。特龙蒂从资本生产和实现相对剩余价值过程中把整个社会变成"工厂社会"出发，提出"工人阶级第一、资本第二"的论断。而奈格里从资产阶级国家法律的角度分析法律与劳动之间的关系问题，进而提出社会生产者的反抗促使资本主义社会国家化的认识。

奈格里在 20 世纪 60 年代初期是从国家法律的角度切入资本主义社会的，这种角度使他更容易认识清楚资产阶级的统治权力的具体布

---

① Michael Hardt and Antonio Negri, *Labor of Dionysus: A Critique of the State-Form*, Minneapolis: University of Minnesota Press, 1994, p. 23.

施。特别是他从法律制度和国家制度的角度切入劳动的视角，使他较他人能够更全面更深刻地认识到资本主义体系的特性。在他看来，法律制度和国家制度既集中体现统治阶级的政治权力，又把统治阶级的利益编制进法律之网中，这样既规范和控制了人们的行为，又巧妙地维护和实现了本阶级的利益。如果说法律制度和国家制度是一面棱镜的话，那么，它既能折射出利益的光谱，又能折射出权力的色层，同时还能折射出权力对象的形象。而法律的变动直接反映了社会现实的变动和对立性权力双方关系的变化。这是一种知识考古学的研究，也是一种谱系学。从某种意义上说，奈格里正是通过具体而详尽的对法律制度和国家制度变革的研究而迈进"工人主义"理论之中的，这使他具有了其他理论同伴所没有的关于资本主义体系的立体性认识，使他能够在具体层面上把握住权力机制与社会主体之间的对立关系，也能够在宏观视野中去判定资本主义发展的历史阶段。在这里，奈格里所探讨的统治权力的内涵既包含资本控制、货币命令的普遍性生产权力机制，也包含国家政治统治的宏观权力机制，更包含资本吸纳整个社会后的具体的微观权力机制。所以，正是借助于法律哲学和国家理论，奈格里不仅获知了资本家阶级进行政治统治时所必然实施的法律上层建筑的具体形式及其变革历史，而且得以洞悉资产阶级的经济统治必然经过法律与国家机构的形式来紧密地控制人民的社会生产与生活，使一切处于权力之网中的秘密。

奈格里用《宪法中的劳动》（"Labor in the Constitution"，1964）和《凯恩斯与资本主义的国家理论》（"Keynes and the Capitalist Theory of the State"，1967）两篇论文来论证劳动优先而资本被动回应的资本主义社会发展理论。前一篇论文不是如阿尔都塞那样从意识形态上反击资产阶级抽象的人道主义，而是立足于欧洲资产阶级共和国法律文本和法律制度的具体内容及其发展变化，去揭露掩盖资本规训和剥削劳动的那种人道主义的虚伪性，同时提出劳动优先的观点。有西方左派学者把他的法制马克思主义理论观点与阿尔都塞结构主义的马克思主义观点相提并论:"在意大利和德国,这个观点与同一时期在法国、英国流行的结构主义马克思主义学派对资本的'人道主义'批判方式相比可能更有效应,或者说至少是不同的。"同时"这篇论文与德勒兹和加塔利的《千高原》有共同之处,在《千高原》中工人阶级的斗争被置于战争机器的视域中,它挑战和破坏了由资本发起的制度性俘获装置"[1]。后一篇论文从欧洲1848年工人阶级革命出发,提出工人阶级在此次斗争中首次确立了自主性意识,在经过工人阶级斗争史所引发的资产阶级国家的回应变革中较完整地推出了工人阶级反抗是引发资产阶级政治国家变革的动力的观点,并提出阶级斗争周期理论。

在《宪法中的劳动》中,奈格里以意大利1948年宪法第一条规定"意大利是建立在劳动者之上的民主共和国"为例,指出在现代社会,劳动已经成为一切社会存在的基础,即使资产阶级也不得不承认。但同时该宪法对第一条进行各种限制和解释,将劳动者置于规范性的规定之下,使其成为被剥削的对象。这就在法律中首先潜在认定了劳动力具有颠覆性力量,同时又设定了对劳动力的形式性程序平等的约束,一种矛盾在法律中出现。这种矛盾当然是现实社会矛盾的反映。所以奈格里说,他要在宪法类法律和一般权利理论中揭示"把当代国家定义为一个'社会国家''计划国家'和一个'劳动国家'相关联的问题"[2]。这些法律和国家形式发生变革,绝不是它们自身逻辑的纯粹演进,而是有着现实基础的,这种现实基础就是扎根于资本与劳动对立中的两大阶级对抗性的政治关系。"根本的主题是这些制度机构的变化——由根基性的政治变化所产生——并不改变资产阶级国家的阶级

---

[1] Michael Hardt and Antonio Negri, *Labor of Dionysus*: *A Critique of the State-Form*, Minneapolis: University of Minnesota Press, 1994, pp.52-53.
[2] Michael Hardt and Antonio Negri, *Labor of Dionysus*: *A Critique of the State-Form*, Minneapolis: University of Minnesota Press, 1994, p.53.

性质，而是在完善它，使它充分满足资本发展的需要。"① 这里政治的变化指的是工人阶级和资产阶级之间政治关系的变化，而这种政治关系的变化来源于生产关系的变化，这种变化就是持续的斗争过程。

奈格里在《宪法中的劳动》这篇论文中初步提出了自己的政治历史观："一方面，资产阶级——抽象劳动的管理者为了生存，必须合理化它的管理形式，以至于它越扩大它自身的统一，越扩大对无产阶级的统治，它自身的集中过程越要再生产出来且越要扩大范围。另一方面，工人阶级承担了整个社会剥削的全部重负：它的存在是一种潜在的脱离剥削关系的行动；每一次运动都是一种潜能的造反，它内在的统一化既发挥着一种对资本主义发展过程的否定作用，又发挥着一种对斗争经历的肯定作用。从此种观点出发，在长久性上凸显出资本主义改良与工人斗争之间的关系发展本身是本质性的。这种关系是一种双重运动，一方面，资本——其首要目标是与工人阶级进行政治斗争——必须使自己向妥协开放，以把内部的同质化的工人阶级（作为劳动力）组织进社会生产过程；另一方面，工人阶级——在它勉强承认资本对经济肯定性调节的片面而短暂的时间里——总是在自己的政治再统一化的连续性中，在革命力量的下次叫板中去重构随后的运动，它总是在运动中并能超越这种单一的发展规定。资本主义的改良主义和工人斗争之间的双重关系是内生于资本中的。它迫使资本进行持续的重构过程，以包含并遏制它的否定方。"② 在这里，奈格里将劳动与资本的对立关系看作工人阶级与资产阶级之间的政治对抗关系，这种关系是双重的，工人阶级的每一次反抗都引起资产阶级的妥协性回应，重构出能够包容工人的新的生产方式，在此基础上工人阶级又重构自

---

① Michael Hardt and Antonio Negri, *Labor of Dionysus: A Critique of the State-Form*, Minneapolis: University of Minnesota Press, 1994, p.53.
② Michael Hardt and Antonio Negri, *Labor of Dionysus: A Critique of the State-Form*, Minneapolis: University of Minnesota Press, 1994, p.59.

身,并重启下一次的反抗。相应的,每一次政治关系的变动都由资产阶级的法律记录并确定下来,资产阶级的意志上升为法律的意志,以法律形式实施资产阶级的政治统治。这种法律统治的特点越来越趋向于一般化与和平主义的形式。通过法律内容和形式的变化,奈格里确证了自己的政治历史观。

在《凯恩斯与资本主义的国家理论》一文中,奈格里运用这种政治历史观解读欧洲工人阶级斗争史,揭示资本主义经济发展阶段和具体国家形式同工人斗争之间的对应关系,并凝练出一个核心观点,即资本主义社会的发展由工人阶级的反抗斗争所决定,每一种新的发展都是回应此前历史阶段工人阶级的反抗并重新将他们纳入新的资本生产形式之中的表现。这种观点贯彻了对劳动主体力量的本体论肯定,并将它确定为既是历史发展的关键,又是各种制度定型化的关键。这种发展观具有"自下而上"发展的方法论特征。

奈格里认为,1848年欧洲工人阶级革命最重要的意义在于"现代无产阶级第一次发现了它的阶级自主性(class autonomy),发现了它对资本主义体系的独立的对抗性(independent antagonism)"[1]。由此出发,现代国家理论才能得到充分说明。因为在1848年革命之后,两种力量的对抗才清晰地呈现出来,由工人阶级的斗争所引发的资产阶级国家制度的变革动因才显示出来。阶级斗争出现周期化,资本的现代国家形式调整也一并出现。奈格里指出:"我们的出发点是辨明资本主义发展的世俗面向,在这种世俗世界里,剥削的辩证法(其对雇佣—工作关系的内在从属与雇佣—工作关系的对抗性)社会化了,这导致它扩张覆盖了现代国家政治的、制度的诸关系交织成一体的整个结构。缺乏对这些内容的理解,任何一种现代国家的定义都会产生黑格

---

[1] Michael Hardt and Antonio Negri, *Labor of Dionysus: A Critique of the State-Form*, Minneapolis: University of Minnesota Press, 1994, p.23.

尔所言的'黑夜中所有母牛都为灰色'的效果。"① 由此，奈格里立足于工人阶级优先性和决定性的立场，在法律层面上揭示出工人阶级反抗而资本被迫回应的资本主义国家理论，在国家理论的层面上重申了意大利工人主义的马克思主义的政治历史观。

不仅如此，奈格里还在解读《大纲》中，从剩余价值理论入手，在工作日的必要劳动时间与剩余劳动时间的对抗中，凸显这一政治历史观在政治经济学上的表现。由于奈格里把工人阶级设定为纯粹的主体性，设定为生产财富的唯一源泉，因而就把工人阶级确定为社会发展的活力和动力之源，在与资本的对抗性生产关系中亦相应出现工人阶级主导资本主义的发展而非资本支配其历史发展的论断。奈格里说："我们正处在工人阶级动力（dynamic of the working class）的核心之处，在这里，工人阶级作为价值创造者的本质存在正进行着一种持续的斗争，这种持续的斗争一方面使资本发展，另一方面使阶级构成强化，使工人阶级的必需品和享受扩大，使再生产自身生命的必要劳动价值的水平线提升。由于资本发现自己处于被压制之中，就去抑制、降低工人阶级的生产力的价值，并将工人阶级的冲动限制在资本自身的构成中（通过这种抑制方式实现资本有机构成的强化提高），因而，那被转换为扩大的无产阶级斗争的斗争，那种根本性的对抗，最终构成了历史发展的一个关键之处（a key to historical progress）。"② 这样一来，剩余价值理论就成为资本主义发展运动中最为重要的原理，从其中所产生的对抗决定了资本发展的运动。在奈格里那里，资本主义不再是由客观的资本为攫取最大利润和外在竞争压力所共同推动前进的，它的发展乃是工人阶级斗争的产物。

---

① Michael Hardt and Antonio Negri, *Labor of Dionysus: A Critique of the State-Form*, Minneapolis: University of Minnesota Press, 1994, p. 23.
② Antonio Negri, *Marx Beyond Marx*, translated by Harry Cleaver, Michael Ryan and Maurizio Viano, London: Pluto Press, 1991, p. 73.

奈格里运用政治历史观对意大利社会斗争的理论分析

时代发展的新形势总是滋养着理论家思想的成长。20世纪60年代末70年代初以来，随着世界资本主义"滞胀"危机的出现，凯恩斯经济学和"计划国家"遭遇危机，新自由主义经济学出现，危机国家来临。同样，意大利经济也发生困难，其社会发生巨大转型，生产组织形式开始从福特主义向后福特主义转变，社会开始从工业社会向后工业社会过渡，第三产业发展起来。意大利整个社会成为工厂社会，社会主体的群体身份变得丰富繁杂，包括分散化的社会化的工人、学生、妇女、移民、有色人种以及边缘群体等等，社会运动也成为日常生活的重要组成部分。由于工人斗争遭到意大利右翼政府的镇压，工厂工人运动衰落了，相应的斗争主体从以工厂工人为主转向了以社会群体为主，斗争形式从工厂委员会的自主斗争转向社会群体的政治自主运动。在20世纪60年代时，意大利工厂斗争是基本形式，因此形成"工人主义"的马克思主义理论。形势推动着理论的发展，原有"工人主义"探讨的范围需要越出工厂高墙而走向社会领域，其反抗主体需要走出单纯的工人阶级主体而走向社会主体，其反抗战略需要更新，其对资本主义统治形式的变化需要作出理论说明，对反抗主体的未来解放途径亦需要作出理论描绘。"工人主义"的马克思主义亟须向前迈进。

奈格里担负起分析最新社会变迁的任务，提出了"危机国家"与"社会化工人"的概念，以此为工具分析新的技术构成和阶级构成。这种分析从凯恩斯主义经济学和计划国家的危机开始，走向资产阶级回应危机的新形式，同时提出在这种新的生产技术构成中形成的新的阶级构成，而这种新的阶级构成又进行反抗，新一轮的斗争周期开始出现。

里卡多·贝洛菲奥雷（Riccardo Bellofiore）说："与特龙蒂相比，

从同一个树干出发而沿着不同枝干发展的是奈格里,他以自己的方式提出了马克思危机理论的一个原创性的发展,这个发展理论是很精彩的。"① 这种精彩之处在于奈格里以自己所提出的那种马克思的危机观来分析凯恩斯国家干预主义的失灵。在奈格里看来,"马克思把危机的根本原因植入了必要劳动与剩余劳动之间的关系中,就是说植入了工作日的构成部分之间的关系中,植入了组成工作日的阶级关系中"②。这样一来,危机在奈格里手中就变成了使用价值和交换价值之间的对抗,变成了必要劳动和剩余劳动之间的对抗,进而成为资本家阶级和工人阶级两大阶级之间的对抗斗争,斗争具体化为拒绝工作和提高薪水的要求,这种扩大必要劳动价值的斗争必然压缩剩余劳动价值,其必然转换为社会层面的利润率下降的趋势,最终资本生产难以为继。这是工人阶级自主性的胜利。而凯恩斯主义只是资产阶级企图把不可避免的工人阶级的自主性加以转化的一种策略,即认可工人阶级的自主性,并将这种自主性转变为一种对工人需求的刺激,以此来对抗那与生产的组织创新和技术创新连在一起的停滞趋势。在这一过程中,凯恩斯主义寻求使工资的独立性从属于生产率的目标,以此保证资本家的生产平衡地、按比例地发展。但是,这种将工资独立化的做法造成了工资与生产率的脱节,使工资成为一个独立的变量。而刺激需求即增加工资,增加工资就要增加必要劳动的量,剩余劳动的量趋于减少甚至趋于零。计划国家的福利制度使分配被简化为一种力量的关系。工人阶级的工资斗争使社会的生产关系爆炸,挤压了剩余劳动。

面对这样一种凯恩斯主义计划国家的危机,一些斯拉法经济学的年轻追随者共同呼吁对工资战线进行一次进攻,要求资本强行实施创

---

① Riccardo Bellofiore, "Between Panzieri and Negri: Mario Tronti and the workerism of the 1960s and 1970s," http://libcom.org/library/between-panzieri-negri-mario-tronti-workerism-1960s-1970s.
② Antonio Negri, *Marx Beyond Marx*, translated by Harry Cleaver, Michael Ryan and Maurizio Viano, London: Pluto Press, 1991, p.72.

新之路以应对利润的压缩。奈格里描述了这种思潮,"计划国家只能导向一种关系,这样一种关系从任何一种价值一般等价物中挣脱出来,与资本的有机构成完全脱钩,以在社会生产过程中非干预(non-intervention)为前提。劳动与对劳动之命令之间的分裂是彻底的;国家只能采用'危机国家'(Crisis-State)的形式,在危机国家形式中它为了资本的生存而使命令肆意实施"①,并使"国家的功能从属于企业的功能"②。于是,资本主义进行了回应,它把通货膨胀与工作外包结合起来,为整个社会设置工作。工厂社会开始覆盖社会的角角落落,跨国公司跨越国界开始在世界范围内生产。削减福利,取消稳定的工作契约,同时把中心化的福特主义生产组织形式转变为灵活的后福特主义的生产组织形式,发展第三产业,资本以种种手段消解群众工人的反抗,压低必要劳动价值,提高资本占有的剩余价值。

危机国家出现后,后福特主义生产方式盛行起来,整个社会成为工厂社会,所有社会成员被纳入资本的生产与流通过程之中。各色人等全部成为为资本工作的工人——无论是全职、半职、零工等等。于是工人阶级的阶级构成"从'群众工人'向'社会化工人'过渡,就是说从福特主义工人的霸权向后福特主义的社会化工人的霸权过渡"③。资本为回应群众工人而制造出社会化工人,意图更好地控制他们,然而社会化工人具有劳动者的本体论式的自主性,他们的新型反抗在新的基础上再次开启。

---

① Antonio Negri, *Books for Burning*: *Between Civil War and Democracy in 1970s Italy*, translations edited by Timothy S. Murphy, translated by Arianna Bove, Ed Emery, Timothy S. Murphy & Francesca Novello, London: Verso, 2005, pp. 21-22.
② Antonio Negri, *Books for Burning*: *Between Civil War and Democracy in 1970s Italy*, translations edited by Timothy S. Murphy, translated by Arianna Bove, Ed Emery, Timothy S. Murphy & Francesca Novello, London: Verso, 2005, p. 24.
③ Antonio Negri, *Books for Burning*: *Between Civil War and Democracy in 1970s Italy*, translations edited by Timothy S. Murphy, translated by Arianna Bove, Ed Emery, Timothy S. Murphy & Francesca Novello, London: Verso, 2005, p. xl.

面对这种工人主义的资本主义发展的政治斗争周期观，面对奈格里不断着力确立新的工人阶级形象的努力，里卡多·贝洛菲奥雷在2006年评论道："工人主义不能把资本主义重构自身看作是分化工人阶级的事情，看作是解构工人阶级的事情。这种资本的回应总是应该被看作一种一次次越来越强烈的持续的与社会主体之间的游戏的重复。这不是特龙蒂的课题了，这是奈格里的课题，这个课题将要从群众工人（the mass worker）到社会工人（the social worker），到半机械人（the cyborg），到非物质工人（the immaterial worker）。从来不存在劳动的解构。"① 这里，贝洛菲奥雷总结了奈格里的劳动主体的不断演变性。

通观奈格里的自主论马克思主义，可以看到，他继承和发展了早期意大利工人主义的政治历史观，并把它扩展到社会工人斗争的领域，同时在《马克思超越马克思》中进行了精致的理论化。经他发展后的意大利自主论马克思主义的政治历史观是：将活劳动作为历史发展的本体论基础，通过把活劳动的工人阶级现实反抗资产阶级统治的斗争设定为历史发展的动力，展现了资本被动回应工人阶级反抗斗争而改进生产与统治方式并同时重新构造出新的工人阶级构成，之后新的工人阶级再次启动新一波阶级斗争的具体历史进程。在这种历史进程中，劳动主体不断因资本的技术构成更新而变动更新着自身的构成，强化自身的力量，直至走向彻底解放。当我们具体化这种历史进程理论时，我们会看到这样的活劳动主体与客观资本统治形式之间相互对应的资本主义历史发展的阶段性样态（见下表所示）。

---

① Riccardo Bellofiore, "Between Panzieri and Negri: Mario Tronti and the workerism of the 1960s and 1970s," http://libcom.org/library/between-panzieri-negri-mario-tronti-workerism-1960s-1970s.

	17世纪末至19世纪中期	19世纪中后期至20世纪初	20世纪初至20世纪60年代初	20世纪60年代中至20世纪70年代末	20世纪80年代至21世纪
主导性生产组织形式	手工工场生产、蒸汽机大工业	专业技术化工业生产	大规模工厂生产（福特制）	弹性工厂生产（后福特制）	非物质生产
主导性劳动主体	手工工人	专业技术工人	群众工人	社会工人	诸众（非物质劳动者）
主导性工人组织	秘密结社	工会、工厂委员会、专业先锋队政党	中心化群众先锋队政党组织	社会团体组织	非中心化的平面性网络组织
资本主义发展形式	自由竞争资本主义	垄断寡头资本主义	计划资本主义	危机资本主义	全球资本主义
国家统治形式	自由国家	垄断国家	计划国家	危机国家	全球帝国

当世界历史发展到 21 世纪的时候，全球资本主义出现在世界上。作为意大利自主论马克思主义者的奈格里和哈特又该如何解读呢？以下章节将从帝国统治形式、诸众主体、出离策略和建构共有体等方面予以系统呈现。

二、后现代的帝国生命权力统治图景

哈特和奈格里是基于意大利自主论马克思主义的政治历史观来判断时代特征的。这种政治历史观的中心论点表现为，资本主义的发展是由劳动反抗资本的既有支配形式，从而迫使资本不断采取新的统治形式来消解和适应新劳动形式所推动的，而工人阶级的解放规划也在新的对抗中产生。每一个新历史时代的出现,要看资本统治形式、劳动形式与对抗形式以及解放规划是否发生了本质性的变化。当他们以此来观察和判断当代资本主义的时代特征并把这个时代定位为后现代时,他们就是从资本统治的新形式、劳动与对抗的新形式和解放规划的新形式去论说的。所以,"当把后现代主义看作是事物的现有状态时,人们应该不仅要关注统治与剥削的新形式,而且要强调拒绝这种剥削的对抗新形式,同时要肯定地提出替代的社会组织。这就意味着要认识到产生于构成今天支配性劳动过程中的对抗,并把它们向一个另类的社会规划发展"①。由于后现代是从现代发展而来,是资本采用新的统治方式来支配诸众的,因而资本新的统治形式就成为哈特和奈格里后现代理论的逻辑起点。基于民族国家之上的帝国主义范式不再有效,但基于全球范围的资本网络性权力范式正在形成。于是,一种新的资本统治范式在世界市场形成中出现了,这就是他们提出的帝国统治范式。

对经典帝国主义理论的逻辑偏离

哈特和奈格里说,当代资本主义全球化所产生的资本统治新范式已经越出了传统马克思主义经典帝国主义理论,需要进行新论述,并指向了一个他们欲完成马克思主义国家理论的目标意图。当他们展开他们的帝国理论的时候,他们的逻辑明显偏离了以列宁"帝国主义论"为代表的经典马克思主义的帝国主义理论逻辑。这种偏离导致他们的帝国范式缺乏坚实的资本生产关系发展新形态的支撑,而陷入对权力关系的外在描述之中,从而被许多学者批判为对美国资本霸权统治关系的认同。

---

① Michael Hardt and Antonio Negri, *Labor of Dionysus: A Critique of the State-Form*, Minneapolis: University of Minnesota Press, 1994, p. 15.

列宁的《帝国主义是资本主义的最高阶段》是对 20 世纪初资本主义发展至垄断阶段的最为深刻的论说，他发展了马克思主义，其创新之处在于："在概括帝国主义基本特征的基础上和过程中发现和揭示了马克思所没有看到的资本主义生产关系发展的新特点与新类型。"[①] 这种发现和揭示不是一种外在现象的描述，而是从资本主义生产方式内在发展的角度，去呈现垄断资本主义必然表现出来的经济形态和本质特征。列宁认为，必须"理解帝国主义的经济实质这个基本经济问题"[②]，否则，既无法把握当时发达资本主义国家的经济形态特征，也无法认识当时的战争和政治问题。在他看来，政治由经济所决定，割裂经济本质特征而单纯关注政治是无法把握当时形势的，更不用说去正确地开展工人阶级的斗争了。而理解帝国主义的经济实质就需要把帝国主义放在一般资本主义生产方式的发展过程中进行研究，揭示出它出现的原因和其独特的表现形式与内容，而不是脱离一般资本主义发展的过程孤立地研究，也不是陷于一国范围而是放在世界范围研究。为此，列宁继承了马克思的研究方法，从资本主义生产方式发展的具体形式入手，结合当时的经济现实，批判性地分析了霍布森、希法亭、布哈林等人关于帝国主义的研究成果，创新性地将帝国主义的五大特征（即：生产和资本的集中造成了在经济生活中起决定作用的垄断组织；银行资本和工业资本融合为金融资本并形成金融寡头；资本输出具有特别重要的意义；瓜分世界的资本家国际垄断同盟形成；最大资本主义国家已把世界领土瓜分完毕）有机地联系在一起，形成了资本主义发展到垄断阶段的总体理论形象。

我们看到，面对当时的资本主义发展现状，列宁从马克思在《资本论》中所揭示的资本集中的趋势出发，指出资本主义大工业生产的

---

① 张一兵主编，刘怀玉、刘维春、陈培永著：《资本主义理解史》第三卷，江苏人民出版社 2009 年版，第 184 页。
② 《列宁选集》第 2 卷，人民出版社 2012 年版，第 576 页。

集中和资本的集中已经发展到出现垄断组织的程度,垄断组织消除了自由竞争而在生产中具有决定性作用。于是出现了工业垄断资本与银行资本的相互结合,产生了由银行资本掌控的金融资本,出现了能量巨大的金融寡头。垄断性金融资本的积累以主要进行资本输出而不是商品输出的方式来获取超额利润。为保证超额利润,金融寡头推动国家瓜分世界,并暂时形成了资本家国际垄断同盟。这种同盟已经把世界瓜分完毕,但是这种瓜分将因资本主义国家力量发展的失衡而重新走向以战争再瓜分世界的地步。因此,资本的帝国主义就意味着战争,而非和平。

列宁从资本生产的集中趋势出发,获得了帝国主义有机联系的五大特征,在此基础上得出西方资本主义已经发展到垄断阶段的结论,并敏锐地指出一般垄断组织有向国家垄断发展的趋向。垄断,成为列宁由以出发的认识起点。正是立足于具有决定性的资本垄断性经济形式这个最新的资本生产规定性,列宁才合乎逻辑地推导出作为垄断的资本主义是帝国主义,而帝国主义是资本主义最高阶段的著名结论。他以这种结论为指导,去观察世界、分析形势、把握政治、察觉问题,指导无产阶级和世界人民的解放斗争。

哈特和奈格里的帝国理论逻辑则偏离了列宁关于帝国主义的分析路径,他们不是从资本生产的集中出发,而是从劳资斗争出发,得出资本不断适应劳动主体的斗争要求而发展到世界市场的程度。作为流通过程的世界市场成为哈特和奈格里帝国理论的逻辑出发点。恰恰在世界市场的交换形式上,实现剩余价值的资本交换关系、一般交换关系、各生产部类之间的交换关系、各国实物与服务贸易的交换关系、世界各国单纯货币资本形式的金融资本间的交换关系等等交织在一起,它们必须遵循统一的商品交换关系的客观形式原则。资本交换关系的形式原则表现为一种不可违背的经济力量,迫使每一个人都必须遵守。一种超越民族国家界限的普遍性的世界经济权力出现。哈特和奈格里将此种权力看作资本的权力,将流通中的交换活动看作生产活动。这样,整个世界市场中作为全球资本生产过程之一阶段的交换活动在他们那里变成了与直接生产活动一起存在的生产活动,各种形式的劳动被资本实质吸纳了。他们认为,在世界市场中,资本正在建构出超越民族国家主权管辖范围的资本全球性统治权力,即帝国主权。一个以美国资本权力为依托的由诸世界跨国公司、各种国际组织、各个国家和非政府组织等机构参与的全球等级制的帝国出现。这种帝国的主权以什么样的统治范式进行统治,成为哈特和奈格里着力探讨和展开的内容。

对资本主义最新发展状态的分析,在列宁那里表现为从内在的资本生产发展的过程出发,去展开它历史产生的垄断这一最新经济形态的规定和特定要求,由此再出发去定位世界市场上各国间的经济和政治关系的特征;在哈特和奈格里这里,则变成了从外在的世界市场出发而对全球交换性经济权力关系新范式进行重点分析,并把经济关系变成了帝国主权的政治统治关系,民族国家关系不再重要,重要的是一般资本和全球诸众的对抗关系。由此,帝国逻辑偏离了经典马克思主义的帝国主义的分析路径。

既然哈特和奈格里提出了帝国理论,我们不妨跟随他们的理论脚步,去经历一下他们帝国理论的各种复杂的历险。

民族国家范围内资本统治的后现代形式

哈特和奈格里总是从资本权力统治与劳动主体反抗的双重对峙角度来论述时代特征的。对于资本统治形式的后现代性特征,他们是从马克思关于资本对劳动的形式吸纳向实质吸纳过渡的思想来论证的。由于资本对劳动统治的每一新阶段都必然伴随着政治上统治形式的更新,于是,在民族国家范围内出现了资本对劳动的形式吸纳转向实质吸纳后国家主权统治形式的转变;而当下,在世界范围内又出现了资本形式支配劳动之上的现代民族国家统治形式向资本实质支配全球劳动之上的后现代帝国统治形式的转换。而随之一同产生的，是现代规训制的工厂社会向后现代的控制式的全球工厂社会的转换，出现了市民社会萎缩而资本以政治国家主权统治一切的新历史现象。

哈特和奈格里在《狄奥尼索斯的劳动》（1994）中总体性地论述了这一变化，并在后来的《帝国》《诸众》和《共有体》中始终坚持这一点。他们写道："后现代的资本主义首先应该被理解为一个马克思称之为资本对社会的实质吸纳阶段的最初的近似体。在此之前的阶段（形式吸纳阶段），资本在社会生产之上施行着一种霸权，但仍然保留着大量在资本之外而作为前资本主义时代的生产过程。资本从形式上吸纳这些外部生产过程，把它们带入资本主义生产关系的王国之中。在实质吸纳阶段，在这些外在生产过程消失的意义上，资本不再有一个外部。所有的生产过程都在资本自身内部产生，因而整个社会世界的生产和再生产都在资本内部发生着。在工厂中发展起来的特有的资本主义生产关系的统治原则与资本主义剥削支配原则现已渗透到工厂的墙外，弥漫在所有的社会关系之中并规定了所有社会关系——在此意义上，我们坚持认为当代社会应该被看作是一个工厂社会。"[①] 工厂社会的形成意味着资本施行的控制社会的到来，也意味着生命权力统治的无处不在。这里，哈特和奈格里把意大利自主论马克思主义传统中的特龙蒂的"工厂社会"概念、马克思的资本对劳动的吸纳转换思想与法国当代哲学中的"控制社会"概念同后现代判断融合在一起，这样，一个崭新的资本统治的后现代出现了。随着资本主义生产关系的世界性扩张，世界市场形成，于是，全球工厂社会出现，全球控制社会成形，资本的帝国统治诞生。

[①] Michael Hardt and Antonio Negri, *Labor of Dionysus: A Critique of the State-Form*, Minneapolis: University of Minnesota Press, 1994, p. 15.

面对资本统治的后现代的来临,哈特和奈格里细致描述了资本对劳动的实质吸纳的完全实现,以及资本的国家主权统治形式变化的趋势。他们认为:"马克思对两个阶段(形式吸纳阶段和实质吸纳阶段——笔者注)的区分对我们的讨论来说是很重要的,因为他给予了我们理解劳动在资本主义法制性的社会宪法中所发挥的不同作用的那些条件。"① 哈特和奈格里正是从马克思关于资本对劳动的形式吸纳和实质吸纳的论断出发,通过批判分析现代资产阶级学者凯恩斯、凯尔森、罗尔斯和拉赫曼等人的著作,揭示资本主义当下现实政治实体(即国家形式)的存在状态,并结合对福柯和德勒兹关于规训社会和控制社会的描述,对后现代的资本权力特征进行了理论性的图绘。

哈特和奈格里总结了马克思的形式吸纳和实质吸纳概念,认为在资本对劳动的形式吸纳阶段,劳动过程被形式地吸纳到资本之下,即劳动被资本主义生产关系所包围,但资本只是作为生产的管理者或者指挥者介入生产之中,劳动过程实质上处于资本之外。"劳动过程存在于资本之内并作为一种外来力量从属于资本指令,却生存于资本领域之外,就此而言,吸纳是形式的。"② 但是,资本具有一种将各种外在要素变为资本自身要素的趋向,它通过生产的社会化,通过科学技术的发明和应用,创造了一种新的资本生产过程。此时,资本对劳动的吸纳是实质性的,"劳动过程自身产生于资本之内,因而劳动不是作为外在的而是作为内在的力量被合并入资本,并适应于资本"③。通过不断的技术进步和生产的社会化,资本对劳动的实质吸纳范围从林立的工厂向广大的社会领域侵入,出现了工厂社会(factory-society),而"工

---

① Michael Hardt and Antonio Negri, *Labor of Dionysus*: *A Critique of the State-Form*, Minneapolis: University of Minnesota Press, 1994, p. 224.
② Michael Hardt and Antonio Negri, *Labor of Dionysus*: *A Critique of the State-Form*, Minneapolis: University of Minnesota Press, 1994, p. 223.
③ Michael Hardt and Antonio Negri, *Labor of Dionysus*: *A Critique of the State-Form*, Minneapolis: University of Minnesota Press, 1994, p. 223.

厂社会已经与实质吸纳同步地扩张到这样一种程度,即今天社会生产已经被特殊的资本主义生产模式所统治了"①。哈特和奈格里通过对资本对劳动的形式吸纳和实质吸纳的区分和过渡,得出工厂社会出现的结论。在实质吸纳阶段,创造财富的劳动就隐遁了,似乎只是资本自身在生产财富。

马克思在《大纲》中这样描述这种现象:"正如随着大工业的发展,大工业所依据的基础——占有他人的劳动时间——不再构成或创造财富一样,随着大工业的这种发展,直接劳动本身不再是生产的基础,一方面因为直接劳动变成主要是看管和调节的活动,其次也是因为,产品不再是单个直接劳动的产品,相反地,作为生产者出现的,是社会活动的结合。"② 随着科学技术的发展和其在资本生产过程中的应用,社会生产力不再表现为直接的劳动生产力,而是表现为资本生产力的形式。这样一来,资本主义生产之源从个体劳动转向社会劳动,并最终转向社会资本。这种历史现实意味着创造财富的劳动被资本机器体系中的固定资本形式掩盖了,资本以新的方式神秘化了它自身的力量。所以,哈特和奈格里指出:"在实质吸纳中,劳动——或者一般生产——不再表现为确定和维持资本主义社会组织的支柱。生产被赋予了一种客观的性质,似乎资本主义体系是一台按照自己的意志——一种资本主义自动机器——向前运转的。"③ 这种资本主义的新形象不再把劳动作为它的动力基础,而是消解了劳动和资本之间持续冲突而形成的社会辩证法。

由于劳动的基础性作用衰弱了,资本对劳动的实质吸纳使资本主义社会成为一台总体自动机,这种自动机的自行运转表现为流通过程

---

① Michael Hardt and Antonio Negri, *Labor of Dionysus: A Critique of the State-Form*, Minneapolis: University of Minnesota Press, 1994, pp. 223 - 224.
②《马克思恩格斯全集》第31卷,人民出版社1998年版,第104—105页。
③ Michael Hardt and Antonio Negri, *Labor of Dionysus: A Critique of the State-Form*, Minneapolis: University of Minnesota Press, 1994, p. 225.

的凸显,"因而流通过程的重要性就上升为维持这一体系的血脉。流通成了动力,这种动力使资本主义在实质吸纳阶段上生机勃勃"①。如果说在资本对劳动的形式吸纳阶段,资本主义强调的是生产的话,那么在实质吸纳阶段,资本主义的核心焦点就集中在资本的流通和分配领域,生产似乎消失不见了,劳动被有意地边缘化了,社会总体表现为拟像的社会。这就是鲍德里亚说的消费社会,德勒兹所言的营销是魂的社会。而詹姆逊也是把后现代的基础设定为从生产到流通的替代。在他们眼中,现代资本主义的生产历史发展到了以流通领域为中心的时代。

流通主导的资本主义时代来临,而新的政治统治形式也一并出现。哈特和奈格里总是把资本主义发展阶段与资本特有的政治统治形式结合在一起探讨。因为资本主义发展的特定阶段总是表现为资本的经济统治与政治统治的日益融合,其政治国家的形式与资本历史发展的特定阶段具有一致性。他们通过分析资本对劳动的形式吸纳到实质吸纳的转变,通过描述劳动被资本支配的实质吸纳的特征,通过揭示罗尔斯《正义论》中排除劳动的那种程序性、形式化法律建立过程所立基的流通过程,确立了资本在后现代社会的统治特征,它表现为:劳动消失,辩证法终结,社会被吸纳入国家,市民社会消失,控制社会来临。

哈特和奈格里明确写道:"这里我们应该强调的是,我们把后现代社会理解为劳动被资本实质吸纳的社会,这种理解指向了在资本主义社会中劳动的消失,或者更准确的说法是指向了新的神秘化。后现代主义标识了辩证法的终结:在这种情况下,在社会国家的构成中劳动

---

① Michael Hardt and Antonio Negri, *Labor of Dionysus: A Critique of the State-Form*, Minneapolis: University of Minnesota Press, 1994, p. 225.

与资本之间的社会辩证法终结了。"① 这种辩证法终结到底指的是什么？哈特和奈格里告诉我们，在现代时期，在形式吸纳阶段，劳动是社会的基础，并被资产阶级国家宪法所承认。这样，劳动和资本之间的冲突亦即社会辩证法转变为劳动在宪法中的地位规定的不断变更。"这种辩证法不是一个决定性的辩证法（所谓决定性的辩证法，指其被最终合题环节所束缚和先天规定），而是在劳动与资本之间冲突的开放的辩证法。在这种辩证法中，中介调解作用就是长久以来赋予市民社会概念以特征的那些东西。"② 这种辩证法在后现代的终结指的是由于社会国家的构成把劳动排除了，因而这种辩证法消失了。"这种辩证法经过在构成中排除劳动的过程而被打破了。劳动，社会生产的'基础'，被后现代所拒绝，被反基础主义的国家秩序所拒绝。"③ 即现代辩证法是以市民社会为基础的，当资产阶级还以市民社会作为调节劳动和资本之冲突的中介时，辩证法存在着，但是，当资产阶级把以劳动为基础的市民社会的相对独立性在以流通为主导的历史阶段消解时，这种基于资本利益与国家的活动领域不再存在，资本统治直接与国家统治合并，资本统治形式融合进政治国家的主权统治形式中，劳动就直接与资本的国家主权统治相对立，二元对立成为不可调和的原则，以正反合为形式的辩证法则消失了。

面对劳动边缘化的趋势，哈特和奈格里分析了资本主义国家形式理论化这种趋势的两种理论表现。一是后现代的罗尔斯正义论趋势，即建立国家司法秩序自主性的路线，把公正理论从社会力量现实中分离出来，变为一种自身具有机械自动化生成的体系，只要进行平衡性

---

① Michael Hardt and Antonio Negri, *Labor of Dionysus: A Critique of the State-Form*, Minneapolis: University of Minnesota Press, 1994, p. 226.
② Michael Hardt and Antonio Negri, *Labor of Dionysus: A Critique of the State-Form*, Minneapolis: University of Minnesota Press, 1994, p. 226.
③ Michael Hardt and Antonio Negri, Labor of Dionysus: *A Critique of the State-Form*, Minneapolis: University of Minnesota Press, 1994, p. 226.

的抽象化的输入就能实现体系总体均衡。这就把社会吸纳进国家之中,因为在社会拟像中存在就是体系自身的产物。二是以司法体系全方位地塑造社会,把社会变成国家秩序中的存在物。"在这种情形下,司法体系不再从社会中抽象出来,而是被想象着从所有层面注入社会。法律按照国家的秩序形成社会主体,因此,社会被创造为一个在国家安排之下的和平秩序。"① 这两种理论路线是同一个资产阶级规划的两个方面,即"把对社会的吸纳实现在国家之内"②。这样,市民社会就消失了,只存在国家。在这种认识之下,哈特和奈格里批判了一些学者解读葛兰西的市民社会的观点。在他们眼中,葛兰西是深入研读了黑格尔市民社会理论的理论家,并深入探讨了市民社会中民主的性质和社会主义的潜在性,但是,葛兰西却颠倒了黑格尔从市民社会到国家理论的发展逻辑,把国家反向纳入了市民社会之中,而真实的发展却不是这样,是社会被纳入了国家之中。

哈特和奈格里看到的新时代就是资本实质性地吸纳了劳动,相应地,国家亦实质性地吸纳了社会。市民社会消失,只存在资本的国家。这个新时代需要新的理论范式加以说明,"就如同马克思所预测的把劳动实质吸纳进资本之内一样,把社会实质吸纳进国家之中标志了一个社会关系的新时代,并且要求一种新型的社会理论范式"③。这种新的理论范式是什么?如果说市民社会对应的是形式吸纳的空间,那么实质吸纳对应的是什么呢?它对应的是控制社会。控制社会又是什么样的社会呢?哈特和奈格里借助福柯的规训社会理论与德勒兹的控制社会论述,描述了他们眼中后现代的控制社会特征。他们指出:"国家首

---

① Michael Hardt and Antonio Negri, *Labor of Dionysus*: *A Critique of the State-Form*, Minneapolis: University of Minnesota Press, 1994, p. 256.
② Michael Hardt and Antonio Negri, *Labor of Dionysus*: *A Critique of the State-Form*, Minneapolis: University of Minnesota Press, 1994, p. 256.
③ Michael Hardt and Antonio Negri, *Labor of Dionysus*: *A Critique of the State-Form*, Minneapolis: University of Minnesota Press, 1994, pp. 256-257.

先不再通过规训调度而主要依靠控制网络来实行统治。就此而言，当代从规训社会向控制社会的转折——德勒兹在米歇尔·福柯的著作中认识到了这种转折——尤其与马克思的从形式吸纳到实质吸纳的历史过渡相一致，或者更恰切地说，它是这同一个趋势的另一副面孔。"①因而，资本对劳动的实质吸纳与工厂社会和控制社会相一致了，一种新的社会理论范式出现。

如果我们从福柯和德勒兹出发，也能看到资本统治形式变化的特征。在福柯那里，19世纪形成的各种规训机构以纪律约束主体。每一种机构都在一堵高墙之内，贯彻着自己的特殊纪律。社会是不连续的充满条痕间隔的空间。但是，后来福柯意识到，控制社会已经随着信息技术的出现而诞生了。德勒兹敏锐地读出了福柯的这种观点，他在20世纪90年代指出，随着电子信息技术的出现，每一个人的个人信息都会变为一种电子符号，这种电子身份符号随主体流动而变换着信息编码，随时记录和更新主体的最新信息，主体无时无刻不被监控和记录。被每一种机构的特有高墙所割裂与隔离的场所由于电子身份技术的出现而平面化了，高墙存在但实际坍塌了。这是控制社会初露端倪的特征。哈特和奈格里把福柯和德勒兹的理论与马克思关于资本对劳动吸纳的理论结合在一起，从马克思理论的角度言说了后现代控制社会的特征。

德勒兹认为，控制社会彻底消解了规训社会的沟壑化了的社会空间。规训社会以封闭的社会机构为特征，它们各有自己的社会空间和纪律约束，把社会空间分裂化和一道一道地沟壑化了。这恰恰形成了市民社会的骨架和支柱。此时，主权与国家把一切都组织在生产领域里，工厂成为市民社会典型的封闭空间。在工厂中，规训性的调度部

---

① Michael Hardt and Antonio Negri, *Labor of Dionysus: A Critique of the State-Form*, Minneapolis: University of Minnesota Press, 1994, p. 258.

署自动地驯服具有反抗性的工人。而社会作为一个大工厂，其内部空间的条纹化①变成了国家的组织结构，这种条纹化的组织结构为侵占生产性的力量提供了渠道和支点。所以，每一个机构都变成了国家的控制触手，扩张到市民社会的每一个角落，德勒兹形象地称这种统治形式为"马克思的鼹鼠隧道"。

如果说形式吸纳与规训社会相对应，那么实质吸纳则与控制社会相伴随。随着生产领域退到幕后，流通领域站到前台，流通过程的顺利运转要求一种通畅的渠道，要求流通经过的空间平滑连续、毫无阻碍。资本的经济运行要求政治统治形式适应这种运转过程的特征，于是，规训社会中的各种分裂化的封闭空间就处于危机之中了。而这种危机也随着电子控制技术的大规模应用而加剧显现。在德勒兹看来，惩戒社会（即规训社会——笔者注）的禁锢机构环境是一个一个分开的单独单元，每一个单元都有自己的规则。人生活于其中，从一个机构单元到另一个机构单元，他的身份就发生间断性的变化。在每一个机构单元中，他都脱去前一个机构单元的身份而从零开始服从此一机构单元权力规则的要求，变成此一机构中的那样一个人。但是在控制社会中，控制变成一种无处不在的机制，它超越了所有机构的独特禁锢环境，以一种新的数字控制形式无形地把每一个人锁住，随其流动而调制变化自身，如同一个每个节点都在随时变化的网络。所以，"禁锢是模子，是清晰的模塑品，而控制是一种调制，像一种连续的、每时变化的、自动变形的造型，或像一种每个网孔点都在变化的网筛"②。社会机构的间隔、褶皱就这样被展平了。

哈特和奈格里把这种空间的夷平称为资本主义生产发展逻辑的展

---

① 福柯指出，在工厂中，空间的分格化将每一个工人固定在一个狭小空间中，以制造有效联系，断绝有害联系，最大效率地组织起生产。这种空间纵横方向的分配形式如同布匹的条纹化。
② [法] 吉尔·德勒兹：《哲学与权力的谈判》，刘汉全译，译林出版社2014年版，第196页。

开后果。他们写道:"社会空间是平滑的,这不是在规训的条纹化已被清除的意义上说的,而是说这些条纹化已经遍及社会的每一个角落而被普遍化了。社会空间并非规训机构被清空,而是彻底地由控制的调节来填满。它不再包含对规训和统治来说的那种机构性的中介与组织,而是通过持续不断的社会生产回路直接把国家发动起来发挥着控制的作用。我们不能再使用基础与上层建筑的比喻了,因为此一比喻只是过去市民社会的中介化机构概念的核心。"① 可以看出,哈特和奈格里在后现代社会理论中已经取消了市民社会而把社会与资本的政治国家的统治形式一体化了。同时,也在这个基础上,福柯的生命权力和生命政治话语才能被哈特和奈格里转化和挪用。因为福柯也非常深刻地意识到这种资本生产对社会整体的实质吸纳对社会权力网的塑形作用,而人在其中具有被规制性。张一兵先生在《回到福柯》中以市场经济的"自然性"与政治微观权力网布展的"治安"之间的一体化关联深刻指出了这一点:福柯"突然高调地宣称:自己有一个新发现,即自 18 世纪下半叶以来,资产阶级发明了一种异质于规训的权力的新技术——直接干预和构序生存的生命权力。依福柯之见,生命控制技术实施的对象是人的生物学存在,即作为生命权力的关联物和认知对象的人口。正是在对人口的平日治理中,当代资本主义社会统治中的全新的治理术——治安宣告诞生,这是资产阶级将政治经济学的法则引入政治权力操作中的结果。治安,亦即社会治理场中的依从'自然'构序的经济学,它同样不是人为的强制,而是让社会生活在自然性上自行运转和自发调节;而现代治理术的本质,正是作用于复杂塑形情境中的微观权力支配。这正是今天欧洲激进话语中,阿甘本、朗西埃、巴迪欧和齐泽克热炒的生命政治批判的直接学理基础。"② 由此,我们

---

① Michael Hardt and Antonio Negri, *Labor of Dionysus: A Critique of the State-Form*, Minneapolis: University of Minnesota Press, 1994, p.259.
② 张一兵:《回到福柯》,上海人民出版社 2016 年版,"序"第 13 页。

看到欧洲当代激进话语的客观性历史根据。

世界市场层面上的后现代帝国统治形式

哈特和奈格里总是从劳动主体反抗、打破统治它的国家形式，同时建构出替代性制度出发，来言说他们的激进政治理论的。其中，资本的国家统治形式的变化是他们理论言说的焦点之一。如果说哈特和奈格里在 20 世纪 90 年代对资本主义后现代统治形式特征的讨论还集中在民族国家范围内的话，在 21 世纪，他们则通过《帝国》一书在全球范围和世界市场的层面上言说资本帝国统治形式，并欲同时完成他们眼中马克思没有完成的国家理论与世界市场理论的双重建构目标。

（一）构建出马克思的国家理论

哈特和奈格里所要阐述的理论图式是马克思没有完成的国家理论与世界市场理论。在他们看来，马克思之所以没有完成它们，是因为马克思没有历史条件的支持，而现在历史条件具备了，这个历史条件就是世界市场的完成。

他们认为，马克思为研究资本主义发展而草拟的《资本论》的总提纲中曾计划三卷本写作，"关于工资的第一卷，关于国家的第二卷，关于世界市场的第三卷"①，但没有完成。其中，工资问题包含在马克思的政治与历史著作中，而"关于国家和世界市场的两卷情况则完全不同，马克思关于这些问题的笔记是分散性的和很不充分的；甚至这两卷的大纲都不存在"②。虽然对国家有零星论述，但是都是与具体政治问题相结合的，马克思缺乏一个一般性的国家理论。为什

---

① Michael Hardt and Antonio Negri, *Empire*, London: Harvard University Press, 2000, p. 235.
② Michael Hardt and Antonio Negri, *Empire*, London: Harvard University Press, 2000, p. 235.

么呢？哈特和奈格里认为这是社会历史条件不具备造成的，世界市场在马克思时代没有形成。他们指出："马克思在写作《资本论》中关于国家与世界市场卷所遭遇的困难，在根本上是相互关联的：关于国家的卷不可能写出来，而直到世界市场实现之后才可以。"[①] 在他们看来，马克思把批判顶点置于一个世界层面上，在这里资本主义的增殖与政治命令完全叠合，国家的作用才能彻底展现。因此，"只有当所有这些固定的障碍被克服，只有当国家与资本有效地重合在一起时，一个马克思的国家理论才能被写作出来。换句话说，民族国家的衰落从一个深刻意义上看，恰是国家与资本之间关系的圆满实现"[②]。也就是说，民族国家的存在限制了资本的扩张范围与资本支配下的国家权力统治的范围，因而国家理论不能出现。

而当下时代，世界市场已经实现，民族国家正在解体，写作国家理论的条件具备了。所以，哈特和奈格里充满激情地说："按照马克思方法的精神，收拢马克思对国家和世界市场的各种洞察性论述，人们能够努力写出一部对帝国进行革命性批判的书。"[③] 这个国家理论就是帝国以及基于新的主体斗争对帝国的超越。

在哈特和奈格里看来，在世界市场实现后的全球层面上，"资本主义发展直接面对诸众，中间没有任何中介"。因此，"资本与劳动在一种直接对抗的形式中相互敌对。这就是每一种共产主义政治理论的根本条件"[④]。由于世界市场的完成，资本权力与国家主权叠合为一体，并化为帝国的主权统治形式，这样，帝国统治彻底克服了所有民族国

[①] Michael Hardt and Antonio Negri, *Empire*, London: Harvard University Press, 2000, p. 236.
[②] Michael Hardt and Antonio Negri, *Empire*, London: Harvard University Press, 2000, p. 236.
[③] Michael Hardt and Antonio Negri, *Empire*, London: Harvard University Press, 2000, p. 236.
[④] Michael Hardt and Antonio Negri, *Empire*, London: Harvard University Press, 2000, p. 237.

家的地域界限而无远弗届,直接统治一切。现在可以在现实条件具备的基础上完成马克思的国家和世界市场理论了。这个国家理论不是现代的帝国主义理论,而是帝国理论。哈特和奈格里认为,虽然卢森堡、希法亭、考茨基以及列宁都分析了帝国主义的国家统治,但只有列宁从政治上提出了主体革命推翻帝国主义而创造出新世界的规划,但是列宁还只是站在了帝国的边沿,还无法阐述后现代的帝国。在20世纪末至21世纪初,帝国理论出现的条件成熟了,哈特和奈格里要阐明的就是帝国时代的国家理论图式,一方面阐述它的新统治特征,另一方面又将新型革命主体引出,即"它将把无产阶级的社会运动的主体性放在全球化过程与全球秩序构成的中心舞台上"①,从而将帝国置于一种历史性的暂时存在上,为未来的共有体社会提供主体动力。

(二) 世界市场的出现

世界市场作为一个当下存在的现实,是怎样形成的?是资本单纯主动扩张所致,还是资本被动发展的结果?哈特和奈格里把马克思资本对劳动的实质吸纳理论与卢森堡、希法亭、考茨基关于资本主义的扩张性论断混合起来,并曲解列宁的帝国主义理论,形成他们关于世界市场出现与帝国诞生的综合性论述。

哈特和奈格里认为,世界市场是资本不断扩张产生的结果,但这种扩张不是资本单纯的自主运动,而是由资本生产过程中超出可变资本的剩余价值的实现问题造成的,即由资本生产中工人生产的价值量与流通过程中工人的市场交换量之间的不均衡导致的。这种不均衡造成一种剩余价值资本化实现的难题。要解决这一难题,资本必须向外扩张。"实现化难题这个因素促使资本超出它的边界,并驱使这一趋势

---

① Michael Hardt and Antonio Negri, *Empire*, London: Harvard University Press, 2000, p. 235.

指向世界市场。"① 在哈特和奈格里看来，马克思最为清晰地论证了这个趋势，"资本通过一种内部和外部边界的重新配置而持续运动。事实上，资本在一个固定的领土和人口中不断运行，而总是溢出它的边界并使新的空间内在化"②。这种资本向外界扩张，一方面将非资本主义经济的人口纳入资本主义体系，另一方面掠夺各种原材料，同时也不得不把这些外界内在化——资本主义化。一种由于资本内在的积累而产生的地域中的扩张理论出现了。卢森堡发展了马克思的外界化理论，但是她把非资本主义经济作为资本主义体系存在和发展的前提条件，即没有非资本主义经济，资本主义经济就无法生存下去，因为资本的剩余价值无法现实化了。她的潜在结论是当资本主义在全球实现时，资本主义就将灭亡。希法亭则发展了马克思的资本将外界内在化的论点。他认为，资本向外界直接输出，将在外界生产剩余价值和实现剩余价值，把非资本主义社会的领土、社会形式、文化和劳动力等纳入资本的体系下，并同质化它们。这样一来，资本不停地内在化外界，一刻不停，资本主义体系不断在全球扩张开来。但是，综合上述理论，在哈特和奈格里的眼中，一个资本主义的根本矛盾出现了，即资本主义一方面需要外界的存在，一方面又内在化它。这个矛盾的顶点就是世界市场的出现，而当世界市场出现时，资本主义的末日就将到来。所以，"在这一观点上，我们能够认识到资本主义扩张的根本矛盾：资本依赖它的外界，依赖它的非资本主义环境（它们满足实现剩余价值的需要），与非资本主义环境的内在化相冲突，这种内在化是满足资本化那已经实现的剩余价值的需要"③。也就是说，资本的内在化与资本

---

① Michael Hardt and Antonio Negri, *Empire*, London: Harvard University Press, 2000, p. 222.
② Michael Hardt and Antonio Negri, *Empire*, London: Harvard University Press, 2000, p. 221.
③ Michael Hardt and Antonio Negri, *Empire*, London: Harvard University Press, 2000, p. 227.

对外部的依赖相矛盾,而这种矛盾的极限在于地球自身的极限性。

但是,资本的扩张要求在其所内在化的范围内平均化一切资本主义的经济生产事物,平均化价格,平均化工资,平均化剥削,平均化利润率,等等,这也是一种趋势。如此,才可能出现一个和平发展的资本主义体系。然而,资本发展到了垄断阶段,基于民族国家之上的帝国主义却阻碍了这种平均化趋势。帝国主义国家之间相互竞争,相互冲突,甚至酝酿帝国主义战争。为克服这种障碍,资本要求一个超越民族国家界限的超级世界资本机构来协调、支配资本主义体系的平均化,这需要一种单一权力的出现。于是,考茨基提出了和平的超帝国主义构想。在这种构想中,资本实现了和平的吸纳规划。在哈特和奈格里眼中,列宁也认为资本主义发展存在着不同国家金融资本走向国际联合的趋势,存在指向单一世界托拉斯的可能。但是,列宁坚决反对考茨基的政治观点,他深刻指出,对帝国主义的反抗是革命主体的责任,人们不能坐等资本的和平吸纳与平均化,而应利用帝国主义的各种矛盾奋起反抗,去建构共产主义。列宁也敏锐地指出了帝国主义国家与资本垄断的同构性,不仅金融资本的经济结构会与国家结构相结合,而且会把民众融合在意识形态的国家结构中。同时,哈特和奈格里也认为,列宁亦看到了民族国家基础上的帝国主义会阻碍资本的进一步发展,最终将被资本所克服,由资本统一内部和外界。

伴随着资本市场变化的是资本对劳动统治形式的变革。在哈特和奈格里看来,资本新的统治形式的出现是资本更好地适应劳动主体反抗的结果。当劳动主体追求更大的自由空间时,资本必须转换统治形式。十月革命的胜利与第一次世界大战促使资本革新统治形式,出现了帝国主义向帝国的转换,也就是说资本要打破界限,给予劳动主体更大的自由空间,并在这种自由空间中重新建立统治。狭隘的抑制工人自由的工厂高墙必须被打破,使整个社会空间形成工厂。美国"新政"造就了一个规训政府,"在一个规训社会中,随着整个社会生产和

73

再生产的连接,总体社会在资本与国家的控制之下被吸纳,整个社会日益不可停滞地持续趋向于由资本主义生产标准所施行的单一统治。因而,一个规训社会就是一个工厂—社会。规训性同时既是一种生产形式又是一种政府治理形式,所以,规训性生产与规训性社会趋于完全重合"①。二战后,欧洲与日本亦采用这种形式,出现了"社会国家"。这样,"'社会国家'诞生了,或者说它是实际上的全球规训国家,这种国家形式越来越要求借助一个稳定的货币金融体系,在一个总体交易的框架模式中,更广泛更深入地考虑人口的生命循环,秩序化他们的生产与再生产"②。伴随美国霸权的扩张,美元称王,美元体系出现。在20世纪60年代,这种模式到达它的黄金时代。

哈特和奈格里指出,战后在美国霸权支配下的世界经济与社会的改革使世界出现新的变化,这些变化表现为三大机制:从美国出发的等级体系结构上的解殖民化和重组世界市场,生产上的解中心化,以及规训生产体制与规训社会在全球关系中的扩张并形成国际关系框架的结构。在这种历史过程中,现代国家的超验主权逐渐失去它的作用,不论是支配性资本主义国家还是新独立出来的国家的人们都要求更大的自由解放,出现规训劳动力的横向流动,他们要求走出现代性。于是,新的历史阶段产生,世界市场发挥了巨大威力,它打破一切界限和地带的隔离,将它们带入资本生产与再生产之中,形成了无所不在的网络控制。

在哈特和奈格里笔下,世界市场是后现代出现的核心机制。他们把马克思的资本主义社会的实质吸纳理论和走向世界市场的趋势理论结合起来,把规训制度与世界市场连接起来探讨后现代。在他们眼中,

---

① Michael Hardt and Antonio Negri, *Empire*, London: Harvard University Press, 2000, p. 243.
② Michael Hardt and Antonio Negri, *Empire*, London: Harvard University Press, 2000, p. 244.

20世纪70年代后世界出现了全球化趋势,这表现为"作为一个等级制和命令控制结构的世界市场在所有地带和领域都变得更为重要和更具有决定性,而那些地带和领域曾经是帝国主义施展拳脚的地方。世界市场开始显现为一架能够管制全球流通网络的机器装置的核心物"①。在世界市场非同一性实现的一体化过程中,产生了几大效应。首先,现代规训生产管理体制的世界扩张,形成了剩余地带人口的陌生性地接近和融合,使他们进入资本主义生产体制中,成为新的无产阶级劳动力。同时,这些新的无产阶级劳动力因为"工资自由"而产生了新的欲望。"它构建起了逃离这种规训体制的欲望,构建起了趋向一种非规训的向往自由的工人诸众。"② 其次,出现了全球无产阶级大规模的越来越高的流动性。再次,一种意义重大的宏观经济效应也一同出现,即这种全球劳动力流动性动摇了民族国家的边界和其他传统性界限,资本的命令要全球普遍化,于是资本控制体制要进行重构。在哈特和奈格里的分析中,20世纪80年代资本全球控制机构应运而生。"必须有一个对全球性过程进行一般性控制的新机制,它要能够政治性地把全球资本领域中的新动力和参与者的主体维度协调起来,必须能够将帝国的命令维度与主体的横向流动性连接起来。"③ 与之相适应,资本帝国主权和全球性政府治理装置的构成开始诞生。

当帝国主权表现为没有外部而都是内部的历史特征时,这种特征是在资本主义世界市场真实实现后出现的。世界市场造就了一个与现代不同的后现代时代,这种后现代时代具有自身的特征。首先,世界市场是一架打破外部的机器,把一切外部都化为内部。哈特和奈格里

---

① Michael Hardt and Antonio Negri, *Empire*, London: Harvard University Press, 2000, p. 251.
② Michael Hardt and Antonio Negri, *Empire*, London: Harvard University Press, 2000, p. 253.
③ Michael Hardt and Antonio Negri, *Empire*, London: Harvard University Press, 2000, p. 254.

指出:"资本主义市场是一架机器,这架机器总是同任何内部与外部的分界相背离。当它遇到阻碍和排斥时就挫败,当把更广阔的空间纳入自己的领域中时它就兴旺。利润只能产生于联系、契约、交换和商业往来之中。世界市场的实现将建构出这一趋势的顶点形态。在理想化的形式中,世界市场没有外部:整个地球都是它的疆域。因此,我们使用世界市场的形式来理解帝国主权的模式。"①

其次,世界市场消除空间中的现代社会机构间的界线,因而消解了辩证法。哈特和奈格里认为,现代性空间是一个条纹化的空间,每个社会机构都具有本身封闭的空间与特有的空间规范,这造成了整个社会空间的分裂和非连续性,出现了内部和外部的区别,因而建基于内部与外部二元对立之上的辩证法游戏盛行。可是,世界市场消除了外部,也消除了诸机构间的分界,使空间平滑连续。而帝国主权恰在连续平滑的空间中建立起自己的权力统治模式。哈特和奈格里说:"帝国主权的空间是平滑的,它挣脱了现代边界的二元分界或条纹化状态,但是事实上,它是由诸多断层线构成的纵横交错的空间,这个空间只能表现为连续统一的空间。"②

再次,世界市场无视一切差异,容纳一切差异,并分离组织一切差异。因此,世界市场在全球性广阔地域的各个人类族群中形成了新的种族主义意识形态,即帝国式的种族主义。现代种族主义是基于生物学上的血缘、肤色、基因等因素来划分群体差异的,而帝国种族主义则反对这种观点,认为人与人之间的差异不是由生物学原因决定的,而是由社会的、文化的和历史的因素所确定。虽然帝国种族主义包容一切差异,但是它又不允许各种族混居而融为一体,它总是想方设法

---

① Michael Hardt and Antonio Negri, *Empire*, London: Harvard University Press, 2000, p. 190.
② Michael Hardt and Antonio Negri, *Empire*, London: Harvard University Press, 2000, p. 190.

把它们分离，目的在于弱化而不是增强它们的力量。就此分离原则而言，帝国机制是一种腐化，这是与斯宾诺莎以爱增强力量相较而言的。所以，对生物学的种族理论的社会文化性的反对却被市场吊诡地转换为一种对种族理论的维持。现代帝国主义的种族隔离被后现代帝国的市场机制等级化了。

最后，世界市场造成诸众主体。帝国包容差异，等级化差异，把差异的人组成一个控制性体系。各种生物性的人被消融为一种"流动而非定型化的杂乱的诸众，这个诸众当然掺杂进了诸种冲突与对抗之线，这些线没有一个表现为固定而永恒的边界。帝国社会的表面以动摇任何场所概念的方式持续不断地转换着"①。这样，世界市场的形成造成了无外部的流动的平滑空间，各种族人员被编制进等级性的帝国社会秩序中，任其流动而不失去控制。

哈特和奈格里总是从资本被动回应劳动主体反抗而寻求新的统治形式出发来论述历史运动。他们认为，市场全球化并非简单地是资本家创造的结果，根本上是劳动主体解放欲望的结果，是资本回应在规训之下无法控制工人要求更多自由的结果。这"实际上是横跨世界的泰勒主义、福特主义和规训劳动力欲望和需求的结果。在这种意义上，形式吸纳过程预示并催生了实质吸纳的成熟，这并非因为后者是前者的结果（如马克思相信的那样），而是因为前者所构建出来的解放与斗争条件本身只有在后者中才能够被控制。欲望迫使资本向前发展——没有任何转圜余地"②。于是，"一种新的控制形式不得不被设置出来，以控制住那在规训领域中无法控制的东西"③。在资本创造出新的控制

---

① Michael Hardt and Antonio Negri, *Empire*, London: Harvard University Press, 2000, p. 195.
② Michael Hardt and Antonio Negri, *Empire*, London: Harvard University Press, 2000, p. 256.
③ Michael Hardt and Antonio Negri, *Empire*, London: Harvard University Press, 2000, p. 256.

统治形式的回应中，全球控制社会出现。

在哈特和奈格里那里，现代主权的超验性与资本的内在性平面运行特征存在着根本矛盾。在《帝国》中，他们综合了德勒兹、福柯和马克思的思想，提出了世界市场的平滑世界与全球控制社会建立的新观点。

哈特和奈格里认为，现代主权是通过社会空间的条纹化运行的，其本质是要求主体服从一种超验之物。而资本则在内在性平面上运行，不需要超验物的存在，所以资本的发展一定要打破超验性现代主权，构造出一种尘世权力的形式。"资本是在内在性平面上运行的，资本不需要一个超验的权力中心，而是通过支配关系的接转与网络化来运行。所以，资本历史地倾向于摧毁传统边界，横穿地域扩张，并在这一过程中把新的人口包裹进来。"① 用德勒兹和加塔利的话就是解码化与解辖域化，然后把各种流再编码和再辖域化。"资本需要的不是一种超验的权力，而是一种内居于内在性平面上的控制机制"②。它们将以公理形式打破任何固定空间，清除任何障碍，从而使"资本趋向于一个由非编码之流、弹性、持续的调节和趋于均等化所定义的平滑的空间"③。在现代，黑格尔的市民社会是一个在国家和个人市场获利行为之间的中介，但在后现代，市民社会萎缩了，因为构成市民社会基础的条纹化的规训机构空间破灭了，规训社会消失，控制社会出现。但这并不意味着规训也消失，而意味着规训更加普遍化了。

随着资本对世界的实质吸纳完成，以及世界市场的形成，全球控制社会也相应建立，资本必须适应控制社会的混合主体性，它们要改

---

① Michael Hardt and Antonio Negri, *Empire*, London: Harvard University Press, 2000, p.326.
② Michael Hardt and Antonio Negri, *Empire*, London: Harvard University Press, 2000, p.326.
③ Michael Hardt and Antonio Negri, *Empire*, London: Harvard University Press, 2000, p.327.

变命令和控制策略，表现为资本实施生产过程中新的分化策略：资本在大都市空间上设置贫富空间；使用计算机和信息技术弱化劳动力的抵抗，并实行弹性工作制，形成最大化利润管理；以货币流把全球劳动力组织成全球劳动模式，使劳动者无产阶级化；同时有意制造暴力与恐惧。其中，以弹性化工作时间与控制空间流动性来弱化劳动抵抗成为核心策略。哈特和奈格里指出："这一弱化劳动力抵抗而消解工资刚性的过程已经变成一种彻底的政治过程，这个政治过程被定向地去形成一种最大化经济利润的管理。这就是帝国治理行动理论成为核心的地方。"① 由此，帝国治理开始出现。

（三）帝国统治范式形成

帝国权力的统治性治理具有自身的特征，这是哈特和奈格里着力揭示的内容。他们认为，这些特征应该从帝国权力贯彻的新型策略中体现出来。由于帝国面对的是差异，帝国的任务就是如何有效地将这些差异进行融合、控制和利用。权力必须变成治理，治理必须连续。所以，"帝国的融合决定了对不同阶层人口进行分离与分化的新型机制。因此，帝国治理问题是管理这一融合过程，并去抚慰、动员和控制那些分离与分化的社会力量"②。由此形成四条原则：第一条原则是脱离现代官僚管理所贯彻的普遍性和平等性原则，而实施差异逻辑和曲谱化逻辑。第二条原则是帝国分散性的程序自主性，即帝国治理是非中心化的，每个冲突都自主地依据特殊性和奇异性来解决。第三条原则是非直接性原则，即通过警察权力、货币权力和通信权力的合法化来自主解决问题。第四条原则是地方化效应，即帝国危机无处不在，各地方自主地解决危机。

---

① Michael Hardt and Antonio Negri, *Empire*, London：Harvard University Press, 2000, p. 337.
② Michael Hardt and Antonio Negri, *Empire*, London：Harvard University Press, 2000, p. 339.

帝国命令在帝国治理中如何保证实施呢？由于在后现代的世界市场中，诸众以生命政治的方式生产，因此帝国也必须以生命政治的模式进行控制，从而贯彻帝国的命令。在现代，对人民的控制总是将治理与命令混为一体，而在后现代，"帝国命令保持着从治理中分离出来的状态"①。它放手让治理去解决无处不在、无时不在的冲突，而将自身的命令控制从过去分裂的民族国家主权上升到全球一体状态，因为帝国不分空间，它普遍有效。所以，哈特和奈格里指出："帝国命令在本质上寻求其所投射和保护的东西，其为资本发展提供保障的东西是全球体系的普遍均等化状态。"② 这种全球体系的均等化要求所有诸众都受到一种普遍有效权力的支配，而接受实施这种权力支配的前提和权力实施的关键是核武器、货币和以太网。

首先，核武器作为大国终极毁灭生命的武器高悬于人类头顶，把所有人置于它的威胁之下。同时在日常层面，帝国超越现代民族国家主权的界限，把各种战争归为冲突，归为警察权力的运用。所以，"帝国从最终意义上被定义为生命的'无场所'，换言之，被定义为毁灭的绝对能力。就它是生命力量的绝对否定而言，帝国是终极性生命权力的形式"③。这意味着每一个人都在绝对的恐惧中必须听从帝国的命令。

其次，货币是绝对控制的全球性工具。世界市场摧毁了民族国家的市场结构，使之服从一个新型的唯一的金融核心调节。而这种"终极金融再辖域化集中于帝国的政治和金融中心部分与全球性实体机构中"④。由于金融架构是基于帝国政治的必然性，所以"货币成为帝

---

① Michael Hardt and Antonio Negri, *Empire*, London: Harvard University Press, 2000, p. 343.
② Michael Hardt and Antonio Negri, *Empire*, London: Harvard University Press, 2000, p. 345.
③ Michael Hardt and Antonio Negri, *Empire*, London: Harvard University Press, 2000, pp. 345-346.
④ Michael Hardt and Antonio Negri, *Empire*, London: Harvard University Press, 2000, p. 346.

的仲裁者，恰如帝国核武器威胁一样，这个仲裁者既没有一个确定的场合，也没有一种超验的地位"①。但就像核武器威胁将警察权力普遍化一样，货币仲裁者也持续发挥作用，将生产功能、价值尺度和世界市场中的财富配置结合在一起，施展它的命令。因此，"货币机制是控制世界的首要工具"②。

最后，以太网是帝国控制的最后一个根本性中介。当下，通信、教育和文化传播都在以太网中，以太网中信息传递超越了民族国家主权控制的空间，消解一切把区域命令和区域空间单独连接的关系。因此，以太网解辖域化一切现代主权空间。可是，以太网中的通信联系不是一种超领域，它是资本主义命令贯彻的一种形式。所以，哈特和奈格里强调："通信是资本主义生产的形式，在这种形式中资本已经成功地使社会全部地全球性地从属于它的体制，同时压制了所有其他替代路径。"③

核武器、货币和以太网构成了帝国金字塔权力体系中实现权力的三个工具，核武器是君主权力工具，货币是贵族权力工具，以太网是民主工具，这三者象征性地构成了帝国等级制的混合统治体制。资本帝国的命令借助这三者而实施。在三者中通信都处于核心地位。"通信已经变成核心要素，它建立起生产关系，引导资本主义发展，根本改变了生产力量。这种态势生产出了一种极端的开放形势：这里中心化的权力场合必须面对生产主体性的力量，所有这些主体性力量都来自互动性通信交流的生产。"④

当然，资本仅在经济生产领域和社会领域建立控制对于诸众来说

---

① Michael Hardt and Antonio Negri, *Empire*, London：Harvard University Press, 2000, p. 346.
② Michael Hardt and Antonio Negri, *Empire*, London：Harvard University Press, 2000, p. 346.
③ Michael Hardt and Antonio Negri, *Empire*, London：Harvard University Press, 2000, p. 347.
④ Michael Hardt and Antonio Negri, *Empire*, London：Harvard University Press, 2000, pp. 347-348.

是远远不够的，它必须把自己的统治上升到国家主权的形式，以绝对的权威来维系自身的存在，帝国主权范式出现。

那么，帝国主权的模式是怎样表现的？过去的帝国模式都是以一个权威来维护自身统治的，今天资本世界市场的帝国权威统治形式是怎样的呢？哈特和奈格里描述了在世界市场中这样一种帝国统治权力的空间结构："新的范式既是体系又是等级制，既是中心化的规范结构，又是广泛性的合法性生产，它扩张到了整个世界空间。它从开始就被设定为一个动态而弹性的体系结构，这个体系结构以平面的形式连接起来。"① 这种权力充满地球空间结构，形成了自身特有的运转机制，显现为一种没有政府却能有效治理的结构性逻辑，它隐匿自身却日增效力，它把所有要素都合并在了世界秩序之中。我们看到，"这个体系总体在全球秩序中占据着支配地位，它坚决打断先前的辩证法而发展了一种一体化，把似乎是线性的、自发的参与者们合并在一起。与此同时，至高无上的秩序化权威下的共识效用愈加清晰地显现了"②。这种合并诸因素的过程要求一种权威来解决各种冲突与争端，它呼唤着最高权威的出现。

帝国似乎是一种客观历史过程的产物，是一台用以解决全球问题的机器。但是，在"全部冲突、全部危机和全部争端都冲进了一体化过程之中，并要求在同一尺度之下出现更核心的权威"③ 的时候，帝国反而要以和平形式处理每一种争端，"和平、均衡和冲突的妥协成为每一件事情所指向的价值诉求"④。在这种似乎矛盾的要求之下，"全球体

---

① Michael Hardt and Antonio Negri, *Empire*, London: Harvard University Press, 2000, p.13.
② Michael Hardt and Antonio Negri, *Empire*, London: Harvard University Press, 2000, p.14.
③ Michael Hardt and Antonio Negri, *Empire*, London: Harvard University Press, 2000, p.14.
④ Michael Hardt and Antonio Negri, *Empire*, London: Harvard University Press, 2000, p.14.

系的发展（首先是帝国权利的发展）似乎变成了一台机器的发展，这台机器强行实施那指向体系平衡的不断重复的契约化的程序，同时这台机器还产生着对权威的持续需要。这台机器预先决定了在整个社会空间中权威及其行动的实施"①。在这种世界体系的机器框架下，"每个运动都是事先设定的，都在体系自身里在相对于它的等级制关系中寻找自己被指定的位置。这种事先构成的运动定义了帝国全球秩序的宪法化过程的真实，定义了新范式"②。这就是说，帝国等级制机器设置了世界秩序结构与层次，将资本命令以世界宪法的形式颁行下去，使每一权力点都处于帝国主权权威的命令之下，去分别和及时贯彻资本命令，随时随地处置对帝国的反抗行动。哈特和奈格里在从客观性角度描述了帝国机器的新范式后，还提出对这个新范式的新的认识视角，即这种帝国权力是超越民族国家主权权力的新权力，这种权力强迫其他权力服从自己。他们说："这种认识是这个已经建立的权力就民族国家主权而言的，具有超越决定性和相对的自主性，它能够发挥作为世界秩序的核心作用，去实施有效管制，在必要时实施强迫措施。"③ 这样，一台全球秩序的权力机器出现了，这就是帝国。

帝国一旦出现，就生产出自身的原则和统治手段。帝国的权力原则在于它无处不在，在于这种联结世界的普遍性网络。所以，"帝国的根本原则是它的权力没有现实的和地方化的地域或者中心区，帝国权力通过控制的流动性和联结机制而被分散在网络之中"④。因此，它无中心却又无所不在。

---

① Michael Hardt and Antonio Negri, *Empire*, London: Harvard University Press, 2000, p. 14.
② Michael Hardt and Antonio Negri, *Empire*, London: Harvard University Press, 2000, p. 14.
③ Michael Hardt and Antonio Negri, *Empire*, London: Harvard University Press, 2000, pp. 14 - 15.
④ Michael Hardt and Antonio Negri, *Empire*, London: Harvard University Press, 2000, p. 384.

由于帝国不是依赖自身意愿而产生的，而是客观现实需要的产物，这种客观现实是资本的统治，所以帝国不能不具有自己的权力手段。哈特和奈格里叙述了它的权力手段。首先，资本的统治需要暴力手段，但以合法的方式维持、镇压和消灭反抗的力量。广泛共识上的合法的干预成为必要，警察成为必需，为实施干预而要求的例外状态是必然的。所以，"帝国并非诞生于它自己的意愿，而是在解决冲突的能力基础上被召唤出现并建构成的"①。因而，"帝国的第一个任务是扩大支撑自己权力的共识领域"②。其次，需要"例外状态"的持续存在。哈特和奈格里认为例外的作用非常重要，因为为了控制和支配处于永久流动状态的形势，必须在法律上认可和授权干预的正当性。因对抗的危机总是存在，例外状态也要持续存在，干预就可持续存在。最后，建立能够干预的权力力量与机构，一种警察权利诞生。"以干预的例外性名义，一种权利形式出现，这种权利形式实际上是一种警察权利"③，警察以合法性行动去干预社会，保障社会平衡与社会秩序。所以，"帝国秩序化的合法化支撑着警察权力的实施，同时，全球警察力量的行动显示了帝国秩序化的真实有效。高悬于例外之上的司法权力与运用警察力量的能力是最先出现的配套品，恰是它们定义了帝国权威的模式"④。在帝国中，永久性的例外状态和采取警察行动是帝国维持自身秩序的特定权力干涉模式。

　　哈特和奈格里认为，帝国不能随意行动，它不仅必须合法化警察干预行动，而且必须在价值观上塑造这种认同。因而每一个行动都需

---

① Michael Hardt and Antonio Negri, *Empire*, London: Harvard University Press, 2000, p. 15.
② Michael Hardt and Antonio Negri, *Empire*, London: Harvard University Press, 2000, p. 15.
③ Michael Hardt and Antonio Negri, *Empire*, London: Harvard University Press, 2000, p. 17.
④ Michael Hardt and Antonio Negri, *Empire*, London: Harvard University Press, 2000, p. 17.

要共同认可的价值观的支持,帝国秩序的普遍性价值观产生,其内容是一种支持跨国组织持续行使"干涉权利"的正义价值观念。现实总是要求着观念的支持,"今天,不是通过权利而是通过共识而合法化的跨国组织可以用各种紧急状态和高尚的伦理原则进行干预。站在这些干预背后的,不只是一种永久性的紧急状态和例外,而且也是一种诉诸必要性的正义价值观而正义化了的紧急状态和例外状态。换言之,警察权利因一种普遍性的价值而合法化了"①。

这种帝国正处于构成过程之中,但是它的直接形象已经浮现,"一种全球秩序,一种正义以及一种权利虽然是虚拟的但已经现实地施加于我们身上了"②。因此,在帝国的各种装置中,我们面对的正是普遍性本身。"我们面对的不再是地方性的普遍性中介,而是一种具体的普遍性自身。"③ 在这种判断中,新的现实已经把伦理、道德和正义范畴置于新的维度之中,并带有帝国的色彩。

哈特和奈格里指出,由于帝国采取的是生命权力的统治,我们就看到,"帝国机器的调度部署通过一整套新型特征来确立,诸如它的无约束的行为领域,它的行动的特异化和符号性的地方化。镇压行动与生命政治社会结构的所有方面连接起来"④。在这种情形下,帝国干预是一种生命权力的干预。

哈特和奈格里探讨了帝国的三种干预形式:一是经济权力的干预,二是通信交流领域的干预,三是帝国机器的干预。帝国首先是资本的政治性形象,其贯彻干预的途径首先是经济自身的权力支配。这种经

---

① Michael Hardt and Antonio Negri, *Empire*, London: Harvard University Press, 2000, p. 18.
② Michael Hardt and Antonio Negri, *Empire*, London: Harvard University Press, 2000, p. 19.
③ Michael Hardt and Antonio Negri, *Empire*, London: Harvard University Press, 2000, p. 19.
④ Michael Hardt and Antonio Negri, *Empire*, London: Harvard University Press, 2000, p. 35.

济干预表现为"结构性的干预手段，包括货币机制和金融财政操控策略，它们布满了超越国家而相互依赖的生产体制中"①。第二种干预手段是通信交流产业中的支配性。由于通信产业发展了语言的生产、交流沟通的生产和符号象征的生产，这种生产与资本全球化连接在一起，它们借由网络信息传播渠道而表达和控制形象的意义与方向，从而把自身塑造成为权威，使人服从。哈特和奈格里得出结论："语言，由于它实施着通信交流，所以它生产产品并创造主体性，它把它们关联起来，同时秩序化它们。"② 这样，通信交流产业把形象与符号象征合并起来使之服务于权力。第三种干预是覆盖全球疆域的帝国机器的物理性力量的施行，它是一种政治性的干预。在哈特和奈格里看来，这种政治性干预不仅包括军事干预，而且包括道德干预和司法干预。这种干预有它自身的前后顺序，以道德干预开始，以例外状态为由，以警察手段施行。所以，"帝国的干预权力最好理解为以道德手段开始，而不是直接以致命性的武器开始"③。这种道德干预由不同实体所实施，包括新闻媒体、宗教团体，最重要的是诸非政府组织。这些组织尤其是非政府组织首先在某个地区制造出人权匮乏，然后呼吁正义干预，接着帝国搬出"例外状态"，最后实施警察手段干预。这种干预将打破旧有国际司法机构，构建出符合帝国宪法的法庭，以维护帝国秩序。

帝国统治形成了，它是资本对全球社会的最为彻底的吸纳，是资本经济权力统治与国家主权权力统治的彻底融合，它以生命权力的方式进行统治。至此，哈特和奈格里以自己的逻辑方式完成了马克思所

---

① Michael Hardt and Antonio Negri, *Empire*, London: Harvard University Press, 2000, p. 35.
② Michael Hardt and Antonio Negri, *Empire*, London: Harvard University Press, 2000, p. 33.
③ Michael Hardt and Antonio Negri, *Empire*, London: Harvard University Press, 2000, p. 35.

未写就的国家理论，他们构建出世界市场时代的帝国理论。至于这一帝国理论是否贯彻了马克思国家理论的历史唯物主义原则，是否为马克思国家理论的真正完成，已经不再重要。重要的是，他们构建了描述这个最新历史阶段的资本统治新形式，从而超越了过去传统马克思主义的国家理论成果。除此之外，这一帝国统治图景也构成了他们生命政治语境中生命权力统治的现实和理论基础。

三、后现代生命政治语境的构建

哈特和奈格里是在他们所定位的"后现代"的历史时代建构他们三部曲的左派解放话语的。他们的激进政治话语是在生命政治的语境中具体展开的，他们的生命政治语境不同于福柯、阿甘本、埃斯波西托等人的生命政治语境，而与德勒兹的生命政治思想具有相当的一致性。他们理论的最大特征是在非物质劳动霸权之上构建生命政治语境，因而具有自身特殊的内容。毫无疑问，福柯的"生命权力""生命政治"思想是当代西方左派"生命政治"话语的起源地，却被当代西方左派进行了不同的挪用。

什么是福柯的"生命权力"与"生命政治"概念呢？他是在何种意义上把生命引入历史的？为何生命政治会成为20世纪后期至21世纪初西方左派话语的重要语境？细读福柯著作，能够发现作为其后期著述主题的生命政治与生命权力思想，背后隐藏着马克思与《资本论》的影子。他基于市场经济的自然性原则，揭示了资本对社会诸众的全面统治及其深入到社会中无处不在的毛细血管式的权力关系网，从而使权力政治研究从宏观前进到微观，为当代西方激进思潮打开了一个新的言说领域。

从福柯到哈特和奈格里的生命政治语境的演变

福柯说人是一个晚近的发明,这使无数人疑惑不解。如果从马克思的相关论述出发,这是一个容易理解的深刻论断。马克思在《德意志意识形态》中基于个人已经联合起来形成共产主义共同体来谈论人:"哲学家们在不再屈从于分工的个人身上看到了他们名之为'人'的那种理想,他们把我们所阐述的整个发展过程看做是'人'的发展过程,从而把'人'强加于迄今每一历史阶段中所存在的个人,并把'人'描述成历史的动力。这样,整个历史过程被看成是'人'的自我异化过程,实质上这是因为,他们总是把后来阶段的一般化的个人强加于先前阶段的个人,并且把后来的意识强加于先前的个人。借助于这种从一开始就撇开现实条件的本末倒置的做法,他们就可以把整个历史变成意识的发展过程了。"① 这里,马克思批判青年黑格尔派那种不顾历史现实条件的抽象人的历史观。如果说抽象的人是资本主义产生后的概念的话,这个"人"真的是一个晚近的发明。马克思在后来关于资本运行机制的研究中,更加深入地揭示这种普遍的个人意识产生的物质根源。马克思这么论说市场交换关系中的人和在市场交换中出现的平等自由观念的现实基础,人在这种历史现实中就成为这样的人和拥有这样的观念。马克思说:"一个人的需要可以用另一个人的产品来满足,反过来也一样;一个人能生产出另一个人所需要的对象,每一个人在另一个人面前作为这另一个人所需要的客体的所有者而出现,这一切表明:每一个人作为人超出了他自己的特殊需要等等,他们是作为人彼此发生关系的;他们都意识到他们共同的类的本质。"② 人的类本质意识产生了。这个类,在青年福柯那里是由 19 世纪资产阶级认

---

① 《马克思恩格斯选集》第 1 卷,人民出版社 2012 年版,第 210—211 页。
② 《马克思恩格斯全集》第 30 卷,人民出版社 1995 年版,第 197 页。

识型建构起来的主体。到了晚期,福柯则从生命政治学出发,去谈论人口和生命被资本利用。

福柯说:"我们谈论'生命—政治'必须是为了指出什么让生命及其机制进入了精打细算的领域之中,什么把权力—知识变成了人类生活变化的主体。"① 只有通过对待生命的死亡权力内容转换的历史的对比,只有把这种转换附丽于资本主义的形成史上才能更清晰地凸显出现代的生命权力和生命政治的特有内涵。福柯以死亡权力的古代和现代使用内涵的变化,来间接反映出资本主义生产方式出现后,统治权力对生命的不同态度。在前资本主义生产方式中,人类在分裂的孤立的封闭的点上生产,努力按照自然规律生产着有限实体性的使用价值财富,自给自足的自然经济是最基本的生产形态。在这种前资本主义社会里,绝对君主及其附属统治权力阶层直接向它的人民征收实体财富供己享用。除此之外,不对人民生产与社会活动进行任何直接的干涉,人民的生命自然地生自然地死。但是,在这种统治中,对触犯了绝对君主权力的人必须坚决且残忍地实施死亡处罚,以维护绝对君主权力权威的存在和有效性,是绝对君主的"活着"。这种"'生杀大权'的权力是'让'别人死或'让'别人活的权力"②。这是一种被动式的权力展现。福柯非常准确地提炼出这种前资本主义生产状态下的生命与政治统治权力之间的关系。

随着资本主义生产方式的出现、发展和壮大以至最后占据统治地位,统治权力对待生命的态度和方式发生了质的改变。在资本主义生产方式中,财富以商品、货币、资本的形式表现出来,它们以市场为中介而运行,并日益作为社会权力支配着人们的生产与生

---

① [法] 米歇尔·福柯:《性经验史 第一卷:认知的意志》,佘碧平译,上海人民出版社2016年版,第119页。
② [法] 米歇尔·福柯:《性经验史 第一卷:认知的意志》,佘碧平译,上海人民出版社2016年版,第114页。

活。此时实体的使用价值必须转化为抽象的交换价值才能成为财富的象征，而资本的增殖需要把尽可能多的人口纳入生产中来。大部分人作为与劳动对象分离的纯粹劳动力商品出现在财富的生产之中。劳动力的剩余劳动成为创造出剩余价值的源泉。没有劳动力，就没有劳动，而没有劳动，资本的增殖就无法实现。资本的剥削以无形的神秘化方式存在于资本主义生产之中。资本对待生命的特征是全面地支配生命，利用一切技术使其能更长久、更高效、更连续地处于资本的生产与实现之中，使生命全面服从服务于资本，劳动者的生命成为充满控制欲的资本用各种技术加以塑造性控制的工具。由于国家以所有人必须绝对服从的政治主权形式合法化和强制化它所推行的意志，因而资本家阶级的经济要求必然通过国家意志来彻底满足，它以政治的形式把人们纳入资本体系之内，而生命就此进入了政治权力的统治之中。

因此，福柯指出西方世界从古典时代就经历了一次深刻的权力机制的转变，"征收"不再是权力的主要形式。"它是一个旨在生产各种力量、促使它们增大、理顺它们的秩序而不是阻碍它们、征服它们或者摧毁它们的权力。死的权力从此也发生了变化，或者至少逐渐求助于支配生命的权力要求，并且开始被纳入这些要求之中。"① 在这种情况下，作为人口的生命被总体管理和掌控。于是18世纪出现福柯称之为"生命政治学"的"生命权力"的新型统治形式，既有惩戒的技术，惩戒和操纵人体使其顺服；又有调节技术，作用于人口使之平衡。而在"大部分情况下，权力的惩戒机制和权力的调节机制，针对着肉体的惩戒机制和针对着人口的调节机制是相互铰接在一起的"②。前者偏重社会权力的支配与服从，后者偏重生物学的应用。由于两者"正是

---

① [法] 米歇尔·福柯：《性经验史 第一卷：认知的意志》，佘碧平译，上海人民出版社 2016 年版，第 114 页。
② [法] 米歇尔·福柯：《必须保卫社会》，钱翰译，上海人民出版社 2010 年版，第 191 页。

基于人口,像生命政治学这样的东西才能形成"①。这样一来,福柯生命权力出现了两种发展方向,一个指向针对个体的社会支配层面,出现社会"治理"性;一个指向群体生物学医学技术权力层面,出现生物技术干预性。面对前者,福柯后期进一步分析指出了资本主义市场经济的那种自然性所产生的对人口的自然性的治安形式。于是福柯说:"生命进入了历史(我是说人类的生命现象进入了知识和权力的秩序之中),进入了政治技术的领域。"②

面对福柯所提出的生命政治理论,阿甘本从政治神学角度把施密特的主权决断论和福柯的生命政治论结合起来,设定了人类共同体的原始结构,以法律和例外状态之间的结构关系来讨论现代生命政治的极端发展形式,并提出"赤裸生命"概念。他以之来分析纳粹屠杀。在面对二战中德国纳粹屠杀犹太人的事件时,阿甘本认为福柯的生命权力理论仅仅解决了纳粹为什么杀犹太人的问题,但是没有解决如何能够杀犹太人的问题,阿甘本则从法的"例外状态"的"悬置"层面出发,认为纳粹政府通过层层剥夺犹太人的德国公民权,通过将其变成"赤裸生命"而将其大规模杀害。生命权力以这种方式完成了对"被排斥者"的屠杀,这种赤裸生命充满了灰暗色调。埃斯波西托则从免疫范畴和共同体结合的角度探讨生命政治,他认为免疫指的是一种内在的二律背反,既服从规则又受到保护。

与上述二位从抽象的政治层面的人的生存去言说各自的生命政治不同,哈特和奈格里是从马克思主义的劳动角度进入生命政治理论的。他们提出"非物质劳动"概念,并把"非物质劳动"进一步转化为"生命政治生产"概念,从而建构出他们的"生命政治"语境。这种

---

① [法]米歇尔·福柯:《生命政治的诞生》,莫伟民、赵伟译,上海人民出版社2011年版,第18页。
② [法]米歇尔·福柯:《性经验史 第一卷:认知的意志》,佘碧平译,上海人民出版社2016年版,第118页。

"生命政治"语境不同于以上的生命被管控的消极性、悲剧性特征,而具有积极的生命创造性意味。

非物质劳动是一种新型的劳动,非物质生产是一种新型的生产。在哈特和奈格里眼中,当代世界出现的这种劳动和生产与马克思时代所定义的劳动和生产不同,同马克思时代建构的一套抽象劳动与价值的关系、劳动时间与价值量之间的关系、工作日与非工作日之间的关系不同,同样,劳动者反对资本关系的斗争方式与解放策略也不同。今日之非物质劳动和非物质生产的主导性已经改变了马克思一整套概念工具的作用,新的标准应该出现。哈特和奈格里认为,《资本论》中的量的话语体系应该向前发展,现在是建立一套新的质的"价值表"的话语的时代了,哈特和奈格里认为这是他们的理论任务。他们宣布:"这种以斯密、李嘉图和马克思自己所设想的方式出现的价值规律在今天已无法维持下去了。作为价值基本尺度的劳动时间单位在今天毫无意义。"[1] 因为"在非物质劳动的霸权下,工作日和生产时间已经发生了深刻的改变。工厂生产的常规节奏以及工作时间和非工作时间的清晰划分在非物质劳动王国中趋于消失"[2]。在后福特主义时代,劳动时间与非劳动时间之间已经没有明晰的分界线,非物质劳动时间趋向于贯穿劳动者生命的全过程,因此"非物质劳动——包括主意、形象、知识、交流、合作和情感关系的生产——不是倾向于创造出社会生命的工具,而是倾向于创造出社会生命自身。非物质生产具有生命政治性"[3]。在哈特和奈格里的生命政治内涵中,非物质生产被定位为社会生命方式的创造,是主体性的生产,这种"非物质劳动不再仅仅局限

---

[1] Michael Hardt and Antonio Negri, *Multitude: War and Democracy in the Age of Empire*, New York: The Penguin Press, 2004, p. 145.
[2] Michael Hardt and Antonio Negri, *Multitude: War and Democracy in the Age of Empire*, New York: The Penguin Press, 2004, p. 145.
[3] Michael Hardt and Antonio Negri, *Multitude: War and Democracy in the Age of Empire*, New York: The Penguin Press, 2004, p. 146.

于经济领域,而直接变为一种社会的、文化的和政治的力量。在终极意义上,就哲学而言这里涉及的生产是主体性的生产,是社会的新的主体性的创造和再生产"①。从而"我们是谁,我们如何看待这个世界,我们如何在彼此关系中相互发生作用,就全部通过这种社会的、生命政治的生产创造出来"②。非物质生产概念就这样被他们演化为"生命政治生产"的概念。

由于哈特和奈格里把非物质生产演化成生命政治生产,他们认为自己已经站立在当代资本主义发展的动力最高点上,他们可以超越马克思了,因为当下的非物质生产霸权超越了马克思时代大工业物质生产霸权,他们可以发展马克思的理论了。他们说:"这一立足点允许我们以新的眼光来回顾整个资本主义生产的演化——类似于马克思《大纲》中人体解剖含有猴体解剖的钥匙的方式。"③ 由此出发,哈特和奈格里追溯了资本帝国出现的历程,认为帝国时代的法律统治形式不是自身自主发展而来的,而是在被动回应生产的物质世界里形成的。如果缺乏对生产世界和劳动主体性变化的探讨,我们将无法理解帝国的出现和人类的解放。因此,哈特和奈格里指出:"我们的研究必须下降到物质性的层面,并在那里探讨物质的统治范式的变革。我们需要揭示社会现实的生产方式与力量,以及与之相伴随使之充满活力的诸种主体性。"④ 这种探讨被他们置于生命政治语境之中。

---

① Michael Hardt and Antonio Negri, *Multitude*: *War and Democracy in the Age of Empire*, New York: The Penguin Press, 2004, p. 66.
② Michael Hardt and Antonio Negri, *Multitude*: *War and Democracy in the Age of Empire*, New York: The Penguin Press, 2004, p. 66.
③ Michael Hardt and Antonio Negri, *Multitude*: *War and Democracy in the Age of Empire*, New York: The Penguin Press, 2004, p. 146.
④ Michael Hardt and Antonio Negri, *Empire*, London: Harvard University Press, 2000, p. 22.

哈特和奈格里的控制社会与生命权力概念

福柯的生命权力政治理论深深影响了后现代的政治话语。在对当代资本主义历史发展特征的研究中,哈特和奈格里把马克思的理论与福柯的生命权力思想进行嫁接,形成了研究资本主义发展的新范式。在他们的研究中,生命权力的实施是帝国时代资本统治的最深层的秘密,一切权力讨论必须被置于生命权力的语境中。

在哈特和奈格里看来,福柯的著作展现了一个时代的根本变革,它让我们看到了"社会中一种从规训社会到控制社会的历史的划时代的过渡"①。这一点德勒兹也明确指出过,他说:"我们肯定是在进入'控制'的社会,这些社会已不再是严格的惩戒式的社会。福柯常常被视为惩戒社会及其主要技术——禁锢(不仅是医院和监狱,也包括学校、工厂、军营)的思想家。事实上,他是最先说出此话的人物之一:惩戒社会是我们正在脱离的社会,是我们已经不再置身其中的社会。我们正在进入控制社会,这样的社会已不再通过禁锢运作,而是通过持续的控制和即时的信息传播来运作。"② 哈特和奈格里肯定了这种观点,进而将它与资本主义发展阶段对接起来,并扩展到整个世界。他们认为在规训社会中,社会命令是通过弥散在社会空间中各个特定的封闭机构、处所(监狱、工厂、兵营、医院、学校等)的装置来贯彻的,每一个机构都具有自身规训理性的自足逻辑,通过设置参数和界限来规范正常行为和惩罚非正常行为,从而进行统治。在规训社会里,仍然存在超验的存在物,仍然存在着中介,它们调节着规训机构无法解决的对抗危机,它对应的是资本对劳动的形式吸纳,是资本对社会的形式吸纳,是现代社会,因而,"可以说整个资本主义积累的第一个

---

① Michael Hardt and Antonio Negri, *Empire*, London: Harvard University Press, 2000, pp. 22 - 23.
② [法] 吉尔·德勒兹:《哲学与权力的谈判》,刘汉全译,译林出版社2014年版,第191页。

阶段是处在这种权力范式的运行之下的"①。相较而言，控制社会出现于现代性的边界之上，并向后现代开放。在这个社会中，权力的命令和控制变得极其微妙，表现为极度强化了它们并把它们撒向社会的各个角落，打破各种特定机构处所的高墙而使之无处不在、无时不在，深入社会的各个毛细血管，织成一张无形大网。在运行中，它刻划了大脑和身体，使之深入内心，变成自觉遵行的意识。哈特和奈格里描述道："在这个社会，命令机制变得更加'民主'，变得更加弥散于社会领域，扩散渗透进公民整个大脑和身体之中。因而，与统治相匹配的社会融入和排斥的行为日益在主体自身中内化了。"②每一种权力的施行都奠定在既有的技术之上，在信息和网络技术之下的控制社会中，"权力通过各种机器施展开来，这些机器组织起大脑（在通信交流体系中，在信息网络中，等等）和身体（在福利体系中，在监控行动体系中，等等），使之指向与生命意义和创造欲望进行自主分离的异化状态"③。这种状态是服从资本的逻辑而忘记为自我生命去创造价值。

如果说控制社会是资本对社会实现了完全的实质吸纳的话，那么，资本实施权力的空间也将超越四散分开的各个独立的封闭空间，遍及社会的每一点，而这个点空间的载体就是人的生命自身。将各个生命组织进资本权力需要新的权力实施范式，这种新范式就是福柯的生命权力统治。在哈特和奈格里眼中，生命权力"这种新的权力范式具有生命政治的性质"④。为什么这样说？因为"生命权力是一种权力形式，这种权力形式从社会生命的内部管控着社会生命，它追随生命，诠释

---

① Michael Hardt and Antonio Negri, *Empire*, London: Harvard University Press, 2000, p. 23.
② Michael Hardt and Antonio Negri, *Empire*, London: Harvard University Press, 2000, p. 23.
③ Michael Hardt and Antonio Negri, *Empire*, London: Harvard University Press, 2000, p. 23.
④ Michael Hardt and Antonio Negri, *Empire*, London: Harvard University Press, 2000, p. 23.

生命，吸纳生命，重新表达生命"①。在这种以无形绵密的形式管控生命的状态下，权力彻底实现了自己的统治功能。哈特和奈格里明确指出："只有当权力生成一种必需而关键的功能，即这种功能可以使每个个体乐意采用并不断按照给予他或她的协议活动时，权力才能实现对全部人口生命的有效命令。"②他们借用福柯的话，就是生命变成权力的目标了，"这种权力的最高职能是完全彻底地投资生命，首要任务是管控生命"③。生命权力直接变成了管控生命自身的生产与再生产的力量。

通过反思福柯与德勒兹的论述，哈特和奈格里认为，控制社会本身表现为生命权力对生命加以无形和无限控制的社会，生命被完全纳入资本的统治之中，成为真正的生命政治性的了，因而，当代帝国控制社会应该在生命政治语境中加以探讨。所以，"控制社会能够采用生命政治语境作为它的专用指涉的领域"④。在《共有体》中，哈特和奈格里进一步把生命政治表征为诸众主体的反抗性行为，从而构建了生命权力与生命政治生产这样一对对立的矛盾性的范畴。这样，帝国、生命权力、控制社会、非物质劳动与生命政治生产等概念就通过生命政治语境紧密地连在了一起，为他们分析帝国统治形式和诸众解放的现实实践提供了一套理论概念工具。

那么，在生命政治语境中，控制社会与规训社会有何不同？哈特和奈格里总结认为，在规训社会中，规训权力以封闭的、几何的、量化的逻辑实施，没有完全把个体吸纳进来，没有遍及整个社会。控制

---

① Michael Hardt and Antonio Negri, *Empire*, London: Harvard University Press, 2000, pp. 23 - 24.
② Michael Hardt and Antonio Negri, *Empire*, London: Harvard University Press, 2000, p. 24.
③ Michael Hardt and Antonio Negri, *Empire*, London: Harvard University Press, 2000, p. 24.
④ Michael Hardt and Antonio Negri, *Empire*, London: Harvard University Press, 2000, p. 24.

社会则意味着权力在个体性和个体的总体活动两个层面彻底实现了自身的调度,其特征也发生了根本的变化,这种变化就是"当权力完全变成了生命政治性的时候,整个社会身体由权力机器组成,并在生命的虚拟性中发展。这种权力关系是开放的、质性的和情感的"①。不同权力的逻辑造就了不同的社会,因而当整个社会被权力变成一个单一的身体时,权力就遍布于社会结构的每一个神经末梢和其发展过程。这样,"权力作为一种控制被表达出来,这种控制伸展至人口的意识和身体深处,并同时横贯社会关系的总体"②。这样一来,生命权力彻底布展自身的控制社会来临了。

哈特和奈格里在分析了福柯规训社会转向控制社会的那种生命权力统治的特征之后,开始把它们运用于对帝国的分析,以期建构出当代资本主义时代的激进政治理论框架。在他们看来,他们的这种资本对劳动的实质吸纳分析理论与马克思、法兰克福学派和福柯以及德勒兹的分析迥然不同。他们认为,马克思曾经在《资本论》中预见了资本对劳动的形式吸纳转向对劳动的实质吸纳的趋势,但马克思的分析就劳动而言是单维的。法兰克福学派推进一步,在实质吸纳分析上以极权主义国家对文化和具体社会关系的实质吸纳为核心,具有双维性。福柯和德勒兹则在实质吸纳问题上继续推进,将生命纳入进来,并着力解决多元性与多样的悖论问题。福柯和德勒兹的悖论问题,在哈特和奈格里那里就是权力的悖论,即"当权力把社会生命的每一个要素都统一和包裹在权力自身中(因而它也丧失了有效调节差异性的社会力量的能力)的时候,在此时此刻显示出了一种新的语境,一种新的有最大的多元性和不可吸纳的奇异化的社会环境——一种作为事件的

---

① Michael Hardt and Antonio Negri, *Empire*, London: Harvard University Press, 2000, p. 24.
② Michael Hardt and Antonio Negri, *Empire*, London: Harvard University Press, 2000, p. 24.

社会环境。"① 这就是说，权力是一种双方的关系，让对象一方自愿服从权力一方，权力关系才能生成。如果对象方拒绝服从权力方，权力关系将无法生成，权力将不再有效。权力也许可以支配一切，但它无法将生命中的那种创造性的奇异性彻底压服，因为生命自身是反抗任何外来压制而追寻自由的力量。所以，当权力关系最终把生命本身纳入权力关系场的时候，生命本身就拒绝服从权力，于是权力悖论出现。当资本增殖与统治逻辑发展到生命权力阶段的时候，生命的反抗就无处不在了。在此意义上，哈特和奈格里说："反抗不再处于边缘而活跃于网络系统中那处于开放状态的社会的核心。"②

从民族国家的控制社会到世界帝国的全球控制社会，权力悖论在全球层面展开。哈特和奈格里通过分析帝国的"例外状态中的行动"和"警察技术"来展现资本权力的全球统治状态。在他们看来，例外状态和警察技术构成了帝国权利的内核，这种权利不是通过暴力和专制来实施的，相反，它以法律形式和程序形式保持有效性。这种权力借助法律与程序来实现的特点显示了"权力与主体性之间没有中介的关系"③，但这种没有中介存在的关系却造成了"先前中介的不可能性和事件的时间流变性与不可控制性"④。也就是说，在现代社会里，中介的存在调解着对立；而在后现代社会里，中介消失了，其调解矛盾的空间和作用亦随之不在了，留下的是权力关系中的双方直接的对立和对抗，这种对立和对抗就是事件。而反抗事件的发生在时间上无法确定，在烈度上无可预测。作为后现代的

---

① Michael Hardt and Antonio Negri, *Empire*, London: Harvard University Press, 2000, p. 25.
② Michael Hardt and Antonio Negri, *Empire*, London: Harvard University Press, 2000, p. 25.
③ Michael Hardt and Antonio Negri, *Empire*, London: Harvard University Press, 2000, p. 26.
④ Michael Hardt and Antonio Negri, *Empire*, London: Harvard University Press, 2000, p. 26.

帝国控制社会正面临这种权力关系的直接对立，帝国无法以超验权力强制，只能愈益以普遍性的法律形式加以控制。于是，权力悖论在全球出现。

哈特和奈格里认为，福柯和德勒兹的分析拒绝了超验的辩证法，打破了资本主义的线性发展历史观，将一种偶然性的断裂植入现实，使事件随时可能发生，使历史随时可能断裂而改向。哈特和奈格里指出："当实质吸纳被理解为不但只覆盖社会维度的经济或文化，而且覆盖社会的生命自身时，当它关注规训性或控制的模态时，对实质吸纳的分析就打断了资本主义发展的线性的和极权主义的形象。"① 为什么关注控制社会的模态，就能打断一种线性历史发展观？哈特和奈格里认为控制社会的出现消解了市民社会这个中介，换句话说，市民社会被国家完全吸纳，以至于其在劳动主体与国家对抗中所发挥的调节作用也一同消失。真正的对抗局面是劳动的诸众与国家的统治之间的直接对抗，因而诸众反抗直接就是反对政治国家的。由于政治国家与资本命令直接合二为一，反抗国家就是反抗资本，反抗资本就是反抗国家。在资本统治扩张到整个世界的时候，整个世界变成了一个控制社会，任何中介环节（包括民族国家、种族、地方性文化等）都不存在了，世界整个变为诸众与帝国的直接对抗，诸众与资本统治的直接对抗。在这种直接对抗中，诸众的每一次抗击都是对资本逻辑的致命反击。

哈特和奈格里的生命力量与生命的生产

在帝国时代，谁去反抗？反抗何以可能？在这种问题意识下，哈特和奈格里要找出一种能够打破帝国统治的矛盾与反抗主体，这种矛

---

① Michael Hardt and Antonio Negri, *Empire*, London: Harvard University Press, 2000, p. 25.

盾与主体必须处在生命政治的语境中。所以他们说："从这种视角出发，这种新范式的生命政治语境是我们分析的中心。"① 在这种生命政治语境中，一方是帝国的生命权力统治，另一方是生命力量。而哈特和奈格里的反抗政治理论就要分析蕴涵于生命力量中的自主的劳动生产性维度，因为这一维度真正潜存着另一个可能的世界。

生命中具有怎样的积极生产性？这种生产性能够生成反抗的主体性吗？它能够建构出另一个世界吗？

哈特和奈格里通过梳理20世纪60年代以来的法国哲学和意大利左派思想来回应上述问题，即通过总结反思福柯、德勒兹与加塔利、意大利马克思主义思想群体的思想演进路径来推出自己的理论任务和理论解答方案。在他们看来，福柯在20世纪70年代认为，人们如果不将生命政治维度置于资本积累中考虑，就无法理解从古代主权国家向现代规训国家的转变。因此，福柯的目标是超越当时各种马克思主义思潮仅从上层建筑来看待历史发展的视角，而"努力将社会再生产同所有上层建筑的因素问题都带回物质的基础结构中，不仅使用经济学术语，而且使用文化的、肉体的以及主体的术语来定义这个领域"②。因而，福柯在此后时期的著作中，着重探讨了内含生命权（能）力的生命政治学思想，显示了正在出现的控制社会的轮廓。哈特和奈格里认为，福柯虽然抓住了将其定义为内在性的社会生命政治的领域，但是由于他仍然处于一种功能主义的结构主义认识论框架之中，因而无法回答社会发展的真正驱动力所在，因为功能主义认识论自身舍弃了系统的动力、创造的时间性和再生产的本体论方法。"福柯最终没有抓

---

① Michael Hardt and Antonio Negri, *Empire*, London: Harvard University Press, 2000, p. 26.
② Michael Hardt and Antonio Negri, *Empire*, London: Harvard University Press, 2000, p. 27.

住生命政治社会中的真实的生产动力。"①

哈特和奈格里认为,与福柯相比,德勒兹和加塔利立足于后结构主义视角,在生命力量上进行了后结构主义的思考,而这种思考极大地激活了一种唯物主义思想,并将它置于社会存在的生产问题上。机器生产是德勒兹和加塔利论述的核心,在他们那里,在各种装置中社会机器持续运行,生产着它的主体和客体,生产着世界。这种生产被哈特和奈格里称为"社会生产的本体论根基"。机器生产似乎充满动力,似乎突破了福柯无动力的局限性,但是,在哈特和奈格里看来,德勒兹和加塔利"似乎只能积极地思考那指向持续运动与绝对之流的趋势,因而在他们的思想中,那创造的要素与激进的社会生产本体论仍然保持着非真实的无能力的状态"②。虽然两人发现了表现为创造性生产、价值的生产、社会关系和情感的生成的社会再生产,以及这种再生产的生产率,"但由于无法把握事件,他们只能把它表面地粗泛地一闪而过地表达为一种模糊不清的视域"③。这就是说,德勒兹和加塔利没有把社会生产与再生产同生命的力量连接起来,他们只在纯粹生命的各种经验生成中来认识事件。

是谁把社会生产与生命力量连在一起去把握呢?哈特和奈格里说是一群当代的意大利马克思主义者,"他们在生产性劳动的新性质和它在社会中的鲜活的发展中认识到生命政治的维度。他们用'诸众智能''非物质劳动'以及马克思的'一般智力'等概念指称生产性劳动的新性质"④。在这群马克思主义者的分析中出现了两条思想路线,第一条

---

① Michael Hardt and Antonio Negri, *Empire*, London: Harvard University Press, 2000, p. 28.
② Michael Hardt and Antonio Negri, *Empire*, London: Harvard University Press, 2000, p. 28.
③ Michael Hardt and Antonio Negri, *Empire*, London: Harvard University Press, 2000, p. 28.
④ Michael Hardt and Antonio Negri, *Empire*, London: Harvard University Press, 2000, pp. 28 - 29.

路线是探讨最新的生产性劳动发生的根本变革,以及这种劳动的日益非物质性的趋向。这表现为剩余价值的生产正由主导性大工厂工人的劳动生产日益转向由智力的、非物质的、交流的劳动所主导的生产。由此出发,他们发展出一套新的政治性的价值理论,将新的资本主义价值积累问题放置在剥削机制的核心,指向哪里有剥削哪里就有反抗。第二条路线是对当代资本主义社会中活劳动的交流性的直接社会性的分析。非物质的活劳动主要以语言和智力为基本形式,而语言和智力本身就是劳动力生命力量的表现,同时它也直接具有社会性质。这样,基于剥削和生命的革命性潜能,这条分析路线就坚决地设置了新型的主体性形象,以此主体形象锻造出非从属的反抗的潜在性。在哈特和奈格里看来,这群意大利马克思主义者既发展了新形式的劳动价值理论,也相应地设立了反抗的主体形象,将生命力量与社会生产连在了一起。但是这两条理论路线也有不足,一方面,"由于他们只是在一种纯粹的形式上去把握它,是在那理想性的层面去提炼它,因此在某些方面就孤立了它"[1];另一方面,"他们最严重的缺陷是形成了这样的趋向,即他们只是在劳动实践的智力的、无形的方面来阐述生命政治社会中的那新型的劳动实践"[2]。也就是说,他们只基于知识、交流和语言方面进行分析,却没有将身体的生产和情感的价值放在里面。

哈特和奈格里把这些放在一起进行讨论,因此哈特和奈格里的非物质劳动分析包括三个方面,"已经在信息网络中相互联结起来的工业生产中通信交流性劳动,象征性分析与解决问题的交流性劳动,以及情感和操控的劳动。而第三个方面,由于它专注于肉体的生产性,因

---

[1] Michael Hardt and Antonio Negri, *Empire*, London: Harvard University Press, 2000, p. 29.
[2] Michael Hardt and Antonio Negri, *Empire*, London: Harvard University Press, 2000, pp. 29-30.

而在当代生命政治生产的网络中是一个极其重要的因素"①。由于以上这些不足,哈特和奈格里认为,这群意大利马克思主义者在生命力量与社会生产关系上向前迈出了一步,但是仅对生命力量的生产性动力作了肤浅的探讨,远远不能达到激进政治理论所要求的实践程度。那么,要将生命力量上升到对抗当下资本帝国的生命权力统治,上升到建构替代性社会的程度,就需要添加新的实践性动力源泉,塑造出新的积极的革命性主体形象。

新的主体形象总是与新的生产方式相一致,有什么样的生产,就造就什么样的人,有什么样的主体性,就具有什么样的力量。既然产业工人阶级是现代工业生产的产物,既然现代福特制生产是中心化的组织形式,那么,它们所塑造的工人阶级主体性就是纪律性和服从权威的主体性,它所形成的抵抗资本统治的组织形式就是中心化的、具有权威性的,它所建构的现实社会主义社会也是这种性质的,而那种体现个人绝对平等、自由、民主的结构就不会存在。然而,在哈特和奈格里的眼中,追求绝对民主就是人类解放的终极图景,所以,他们既反对现代性的资本主义社会组织,也反对现代性的社会主义社会,他们认为实现绝对民主社会的主体性只能存在于非物质劳动中。在后现代的后福特主义的生产中,非物质劳动日益扩大,日益成为支配性或者霸权性的生产方式,这种生产方式打破了经济的界限而流溢到政治领域、文化领域和社会领域,成为生命政治性的。这种新型主导性的非物质生产为诸众解放提供了最根本的生产性基础,这种基础就是展现个体自主性的生命政治生产。

在哈特和奈格里那里,生命政治生产具有特有的规定性,它是一种主体性生产,是一种生命性生产,充满了创造性、交流性、自主性

---

① Michael Hardt and Antonio Negri, *Empire*, London: Harvard University Press, 2000, p. 30.

与协作性。这种主体性具有强大的不为外在资本控制的力量，不仅充满爱，而且具有强烈的绝对民主欲望，它根本上反对帝国的生命权力统治，具有自主建构一个新世界的潜力。

于是，他们改造了福柯的生命政治语境，认为福柯"生命权力（力量）"概念具有双重含义，既体现管控生命和生产生命的权力，同时又暗含对抗生命权力、追求自由与自主性的生命力量。哈特和奈格里基于对福柯"生命权力（力量）"概念所含有的这种差异性意义的理解，提出了他们激进政治理论中的一对核心对立范畴——生命权力与生命政治生产，它们之间直接对立对抗。他们说："我们采用了一种术语上的差别，即生命权力和生命政治，这是福柯著作所暗示但不连续使用的词语，前者被定义为立于生命之上统治生命的权力，后者被定义为抵抗的且能决定一个另类主体性生产的生命力量。"① 这样，面对帝国时代的战争状态，"我们提出'生命权力'来解释当代战争体制，它不但用死亡威胁我们，而且统治生命，它生产和再生产这个社会的所有方面。现在，我们将从生命权力转向生命政治的生产。这两者都与社会生命自身建立了紧密联系——因此要在它们之前加上一般性的前缀'生命'（bio）——这两者是在不同意义上使用的。生命权力，作为一个主权权威凌驾于社会之上，强制推行自己规定的秩序。与之相反，生命政治生产，则内在于社会之中并通过劳动的协作性形式创生着各种社会关系和社会形式。生命政治生产将给出我们研究的内容。这种社会基础需要阐明，因为今天在这种社会基础之上开始一个诸众的规划是可能的"②。而面对帝国的日常经济、政治、文化统治，基于抵抗的生命政治生产也能"出离"资本关系而自主打造自治性的共有

---

① Michael Hardt and Antonio Negri, *Commonwealth*, Cambridge& Massachusetts: The Belknap Pressof Harvard University Press, 2009, p. 57.
② Michael Hardt and Antonio Negri, *Multitude: War and Democracy in the Age of Empire*, New York: The Penguin Press, 2004, pp. 94 - 95.

体组织。在这里,哈特和奈格里直接而简要地道出了他们生命政治语境中的政治内涵与理论逻辑。

通过对上述思想发展逻辑与实践需要的梳理,哈特和奈格里确定了自己的理论任务,那就是立足于以上理论探索成果,深刻认识生命政治生产的潜能,并综合它们,把它们引领到生产的本体论上,"认定那集体的生命政治身体的新形象"①,即从事生命政治生产的诸众主体。一种新的反抗资本帝国的社会主体形象终于找到了。他们兴奋地指出,这种诸众主体的特征"既是生产,又是再生产,既是基础结构,又是上层建筑,因而在最丰富的意义上它是生命,在最彻底的意义上它又是政治"②。所以,"我们分析的语境必然是那生命自身的展开,是那世界构成的过程,是那历史构成的历险"③。这样一来,哈特和奈格里就把生命政治语境确立了,即把霸权性的非物质劳动生产作为反抗生命权力统治的生命政治生产,以奠基于生命政治生产之上的"诸众"主体概念,去说明当代帝国统治的矛盾和诸众实现绝对民主规划的解放可能性。

---

① Michael Hardt and Antonio Negri, *Empire*, London: Harvard University Press, 2000, p. 30.
② Michael Hardt and Antonio Negri, *Empire*, London: Harvard University Press, 2000, p. 30.
③ Michael Hardt and Antonio Negri, *Empire*, London: Harvard University Press, 2000, p. 30.

第二章

劳动主体的转型：从阶级主体到诸众主体

  被剥夺了劳动资料和生活资料的劳动能力是绝对贫穷本身，工人作为劳动能力的单纯的人格化，他有实际的需要，但他为满足他的需要进行的活动却只是无对象的、仅仅包含在他自己的主体中的能力（可能性）。工人本身，按其概念是赤贫者，是这种自为存在的、与自己的对象性相脱离的能力的化身和承担者。

——马克思

  今天，雇佣劳动者趋于普遍化及至全球化，但同时趋于分化和多样化。……我们生活在原有的阶级认同性解体和新的认同性可能将要重组的一个过渡时期。

——让·卢日金内

  让我们来认清今天的形势：资本的价值和生产力无不由诸众中的个体劳动力创造。没有哪些生产力不是首先具有社会性的，以合作的、智力的、理性的、情感的，因而是生命政治的面目出现的。诸众不单单是一个经济概念；它是一个由阶级概念转换而来的生命政治的形式。

——安东尼奥·奈格里

哈特和奈格里的历史观是二元对抗的政治历史观，表现为劳动主体优先于资本客体，生命政治生产力量优先于资本帝国统治的生命权力。在他们眼中，资本主义发展史就是一部资本家阶级不断被动回应雇佣劳动阶级的反抗而采用新的生产形式和统治形式的历史。在此历史观中，哈特和奈格里要在资本帝国统治的后现代寻找最为积极的能动的反抗主体，以反抗帝国并建构出绝对民主的理想社会。

告别工业无产阶级，迎接新社会阶级；告别马克思主义的阶级理论，构建多元性的新社会阶级图式；告别传统产业工人的斗争模式，推动多元性的新社会运动的发展；告别传统社会主义的计划经济共同体，寻找新的人人自由平等民主的共同体……随着后工业社会的来临和全球资本主义的出现，这些主题成为 20 世纪 70 年代之后西方左派理论家所面临的主题。在西方发达资本主义国家于全球层面强行推行新自由主义政策，将产业资本主导的积累模式推进至金融资本主导的积累模式的历史阶段，哈特和奈格里的"诸众"社会反抗主体在 21 世纪出现了。在发展马克思主义阶级主体的抱负中，他们建构了一个既充满革命反抗性又充满伦理建构性色彩的当代"穷人"主体的形象。

那么，他们是用什么哲学方法论来构建革命主体的？这种阶级主体与马克思主义的工人阶级主体的构成和展现有何不同？为了更清楚地分析这一问题，笔者将从马克思所建构的阶级主体理论视域出发，去把握哈特和奈格里"诸众"主体的呈现，从而揭示阶级斗争中的反抗主体的转型逻辑。

一、马克思关于工业生产语境中阶级主体的论述

马克思是在历史唯物主义哲学观中把握现实的人和历史的阶级的。这一唯物史观把人类历史理解为生产力与生产关系内在矛盾辩证展开

的过程，而每一特定历史时期的人都是处于一定的社会生产力与一定的生产关系的矛盾之中，他们被生产关系所规定，形成客观的阶级，同时劳动阶级又在物质生产实践所生成的生产力的推动下，打破既有的阻碍生产力发展的生产关系，推动历史的前进，从而促进人类的自由解放。

马克思是以这样的历史唯物主义世界观来说明资本主义时代工业无产阶级的产生及其历史使命的，并在《资本论》中为无产阶级和全人类解放奠定了坚实的科学基础。在马克思看来，"整个雇佣劳动制度，整个现代生产制度，正是建立在经营资本家和雇佣工人的这种关系上的"①。在这种生产制度中，剩余价值在直接生产过程中产生，并在随后的流通过程中通过不同职能资本的运动而实现。剩余价值就这样作为利润、地租和利息等被瓜分了。但是，马克思认为"直接向工人榨取这剩余价值的正是经营资本家"②，且是第一个占有剩余价值的资本家，这非常重要，至于其后余下的剩余价值的再瓜分就是"一个次要的问题"③。因而，马克思和恩格斯所关注的劳动阶级主体就是产业无产阶级（他们常常称之为工人阶级），而不可能是其他阶级。

在自由竞争的资本主义发展阶段，产业无产阶级成为生产社会物质财富的最伟大的阶级，同时也是被资本奴役最深重的阶级。马克思和恩格斯在资本主义生产方式的雇佣劳动关系下寻求这个阶级解放的历史基础、革命战略和策略。他们希望以科学的理论指导他们，在斗争中组织他们、锻炼他们，并与其他被压迫阶级一道，去推翻资本主义制度，从而实现全人类的解放。产业工人阶级的主体形象成为马克思主义阶级主体的典型代表。

---

① 《马克思恩格斯全集》第 21 卷，人民出版社 2003 年版，第 196 页。
② 《马克思恩格斯全集》第 21 卷，人民出版社 2003 年版，第 196 页。
③ 《马克思恩格斯全集》第 21 卷，人民出版社 2003 年版，第 196 页。

资本主义大工业生产中的产业工人阶级主体

马克思是在历史的社会生产关系中确定现实的个人的，因而现实的社会的个人也是阶级性的个人。他早在 1845 年创作的《关于费尔巴哈的提纲》中就认识到人的本质在其现实性上不过是一切社会关系的总和。在《德意志意识形态》中，马克思、恩格斯提出从现实的人出发去阐明历史科学。随着政治经济学研究的日益深化，在《大纲》中，马克思真正实现了对价值理论和剩余价值理论的科学把握，并且确立了从抽象上升到具体的科学认识方法论。人的抽象性被彻底清除，人的具体的阶级性被正确揭示，产业工人阶级的主体形象出现。

在《大纲》中，马克思深刻地认识到从抽象的人口出发并不能把握人类社会的真实存在，仅仅看见阶级存在也不能把握阶级，必须从具体的生产关系领域出发，才能真正把握住阶级和社会。他指出，如果我们抛开阶级而谈论人口，人口必然是抽象物；如果我们抛开资本、雇佣劳动等，阶级也空无内容。所以，只有把人放在资本主义生产方式的运行过程中，从资本经济关系出发，现实的具体的人才能出现，抽象的人和阶级才能被彻底驱除，真正的阶级概念才能出现。负载了经济关系的人成为经济范畴的人格化，这种经济范畴的人格化在《资本论》中得到明确的规定。马克思在《资本论》第一卷"序言"里特别申明："我决不用玫瑰色描绘资本家和地主的面貌。不过这里涉及的人，只是经济范畴的人格化，是一定的阶级关系和利益的承担者。我的观点是把经济的社会形态的发展理解为一种自然史的过程。不管个人在主观上怎样超脱各种关系，他在社会意义上总是这些关系的产物。"① "人是生产关系的总和"以这样的方式得到了规定，人的阶级性也因此得到呈现。

---

① 《马克思恩格斯全集》第 44 卷，人民出版社 2001 年版，第 10 页。

马克思是从生产劳动出发说明社会历史的。如果说生产劳动是一切人类社会存在的最根本的物质活动基础，那么，谁在组织生产，谁在进行生产，又怎样进行生产，这种生产的具体的历史的方式就成为人类社会最根本的存在形式。在资本主义社会形态中，资本主义生产方式的生产劳动具有怎样的运动特征呢？马克思进行了系统而深刻的论述。他指出，资本主义生产过程是剩余价值的生产过程和它的实现过程的统一。但是，作为普遍商品生产的资本主义生产方式在组织生产的总过程中，首先必须是劳资交换，而后是最重要的雇佣劳动的剩余价值的生产，最终逻辑上才能是实现剩余价值的商品流通。虽然整个过程以流通开始又以流通结束，但是没有剩余价值的生产，资本就不能增殖。因此，在资本主义生产方式中，是生产关系决定了交换关系，是生产方式决定了交易方式，而不是相反。因而，说明人的阶级性应该首先从生产关系出发，而后去考察流通关系中人的阶级性。马克思说："劳动越变为雇佣劳动，生产者就越变为产业资本家；因而，资本主义生产（从而商品生产）只有在直接的农业生产者也是雇佣工人的时候，才充分地表现出来。在资本家和雇佣工人的关系上，货币关系，买者和卖者的关系，成了生产本身所固有的关系。但是，这种关系的基础是生产的社会性质，而不是交易方式的社会性质；相反，后者是由前者产生的。"① 但是，在满脑袋生意经的资本家阶级的眼中，不是生产方式的性质决定与其相适应的交易方式，而是交易方式的性质决定了生产方式。在马克思那里，作为物质生产形式的雇佣劳动形式决定了整个资本主义生产方式的交换性质，一切都变成了货币关系和交易关系，但是，决不能从作为结果的交易关系出发，去说明雇佣劳动生产方式的性质，而应该从后者出发说明前者。由此，马克思彻底批判了资本家阶级那种喜欢从社会表面的普遍交换关系中产生的生

---

① 《马克思恩格斯全集》第 45 卷，人民出版社 2003 年版，第 133 页。

意经拜物教思想去定位生产过程和交易过程之间的关系,提出了生产方式决定交易方式的观点,并由此出发,去确定社会生产过程中芸芸众生在生产关系中的位置,同时表明了他们所属的阶级性。

首先,资本家阶级支配剩余价值的生产和实现过程。在资本主义生产关系中,人是资本家或地主或工人不是取决于个人的主观愿望,而是由人在资本与劳动对立统一的生产体系中所处的位置来决定的。在资本生产方式主导的社会中,在剩余价值的生产过程中,资本支配着生产。作为体现资本生产职能的人格化主体,资本家第一步要同时预付实现这种劳动的条件,他要提供劳动对象和劳动资料,包括生产过程中的机器和原料,即他首先必须把自己所占有的一个价值额转化为生产条件的形式,然后他才能剥削这种劳动。"他所以是一个资本家,能完成对劳动的剥削过程,也只是因为他作为劳动条件的所有者同只作为劳动力的占有者的工人相对立。"① 从这里看出,资本家和工人只是在这种关系中出现的身上附有不同关系的人,他们在关系中既相互对立又相互联系,他们绝不是抽象的无社会内容的人。抽象的人,也许只有在生产关系之外才作为一个纯粹的人存在。但人们常常把纯粹的人看成所有时空范围中的人。毫无疑问,资本不断进行着增殖循环运动,资本家只是作为资本运动诸环节的执行者才成为资本家。所以,资本循环的不同环节在独立化和专门化后形成诸职能资本部门,执行着诸职能资本部门自我循环的主体就成为职能资本家,于是,一个总体资本家阶级分化为产业资本家、商人资本家、银行资本家等不同的资本家阶层。

与资本家阶级相对立的就是工人阶级。在马克思的笔下,资本雇佣劳动关系基础上"生产工人"的概念出现,生产阶级产生。马克思在《资本论》中深刻指出,资本主义生产具有自身的特殊规定性,即

---

① 《马克思恩格斯全集》第 46 卷,人民出版社 2003 年版,第 49 页。

它不仅是商品的生产,更重要的是,它实质上还是剩余价值的生产,这种剩余价值的生产以雇佣劳动为基础。"因此,工人单是进行生产已经不够了。他必须生产剩余价值。只有为资本家生产剩余价值或者为资本的自我增殖服务的工人,才是生产工人。"① 这绝不是从生产劳动的一般物质规定性出发而是从资本生产关系出发的规定。马克思接着指出:"生产工人的概念决不只包含活动和效果之间的关系,工人和劳动产品之间的关系,而且还包含一种特殊社会的、历史地产生的生产关系。这种生产关系把工人变成资本增殖的直接手段。"② 这样一个从生产关系出发的对生产方式特征的判定,揭示了资本生产的对立性和生产职能的承担者,同时也界划了生产劳动者和非生产劳动者的标准。

站在资本家的立场上,不生产剩余价值的劳动,就不是生产劳动。从劳动的物质规定性上看,所有活劳动对象化过程都是劳动过程,但是在资本关系下,有些劳动就是非生产劳动了。那些通过向他人提供服务劳动而从他人那里获得收入,但并不因此增加他人收入的劳动,就不是生产劳动,而是非生产劳动,从事这些服务劳动的人就是非生产劳动者,如仆人、小手艺人、官僚、军人等等。大量的家庭劳动也是非生产劳动,这样,妇女的家庭劳动也归入其中,这和今天西方关于妇女家庭劳动也是生产劳动的观点不同。

排除了非生产劳动后,有两种劳动属于生产劳动,只是它们分别处在资本增殖运动的不同环节上。一个是在直接生产过程中生产剩余价值的雇佣劳动活动,其承担者主要为工厂工人,马克思关注的主要是这部分劳动主体,他称其为产业工人阶级。另一个是在剩余价值实现环节中帮助各职能资本实现或分割剩余价值的雇佣性劳动,他们也是生产工人,只不过他们处于另一种生产条件之中,当代西方后马克

---

① 《马克思恩格斯全集》第 44 卷,人民出版社 2001 年版,第 582 页。
② 《马克思恩格斯全集》第 44 卷,人民出版社 2001 年版,第 582 页。

思主义所关注的劳动主体主要是这个环节的生产工人。由于资本家只是把劳动的使用看成能够带来比他付给劳动者工资的劳动时间量多得多的一种劳动活动过程,因而所有能为他带来剩余劳动量的处于生产体系中的人都是生产劳动者。马克思指出:"所有以这种或那种方式参加商品生产的人,从真正的工人到(有别于资本家的)经理、工程师,都属于生产劳动者的范围。"① 所以,处在这两个环节的雇佣劳动力都属于生产工人,也就是生产工人阶级。

  这里,相对于生产工人这样一种劳动阶级,还出现了另一种"不劳动阶级"。何为"不劳动阶级"?马克思在分析剩余价值的性质时提出了"不劳动阶级"这一概念:在私有制社会制度下,一切不劳动的人都在占有劳动阶级生产的剩余劳动产品,同时也占有这一剩余劳动时间,正是在这一基础之上,他们才保证了自己自然生命的存在,并且因为拥有这样的自由时间而发展了自己,这样的人就是"不劳动阶级"。在资本主义社会里,这些不劳动阶级总是和资本家阶级一起分享剩余产品。这样的不劳动阶级,本质上是剥削者阶级和寄生性阶级。对于不劳动阶级,恩格斯在《社会主义从空想到科学的发展》中进一步指出,当社会总劳动所提供的总产品在满足了社会全体成员最起码的生活需要以后还有剩余,也就是说,当劳动占去了社会大多数成员全部或几乎全部时间时,必然会出现占有这些剩余的人,人类社会就必然划分出阶级。而"在这被迫专门从事劳动的大多数人之旁,形成了一个脱离直接生产劳动的阶级,它掌管社会的共同事务:劳动管理、国家事务、司法、科学、艺术等等。因此,分工的规律就是阶级划分的基础"②。这样,在资本主义社会中,不劳动阶级就变成不仅包括资本家阶级,还包括上述人等。

---

① 《马克思恩格斯全集》第33卷,人民出版社2004年版,第141页。
② 《马克思恩格斯全集》第25卷,人民出版社2001年版,第410页。

马克思非常重视产业工人阶级的历史地位和历史作用,之所以如此,与他对产业资本的性质和基础性地位的判断密切相关。马克思在分析资本总循环运动(货币资本→生产资本→商品资本,即 G→W→G′)时指出,资本价值只有依次无阻碍地经过这些与特殊职能资本相适应的形态变化后,才能最终实现增殖。在这个运动中,有两个流通过程加上一个生产过程,但只有在生产过程中,只有处在生产资本形态上的资本才能生产出含有价值和剩余价值的商品,因而后一个流通过程才能实现资本价值的量的增长。所以,在这种循环中,"价值变化完全属于形态变化 P 即生产过程"①,这就决定了 G′ 的出现。虽然资本诸职能形态自身的循环各有自身的特有规定性,但是,从根本上说,它们的运动都从属于产业资本。

什么是产业资本呢?马克思指出:"资本价值在它的流通阶段所采取的两种形式,是货币资本的形式和商品资本的形式;它属于生产阶段的形式,是生产资本的形式。在总循环过程中采取而又抛弃这些形式并在每一个形式中执行相应职能的资本,就是产业资本。这里所说的产业,包括任何按资本主义方式经营的生产部门。"② 在这个定义中,产业资本不是指单纯的货币职能资本或商品职能资本或生产职能资本的存在及其自身循环运动,而是指"生产部门"的那种依次经过循环三大阶段而增殖的资本,也就是以实体商品生产为根基的资本运动,主要表现为工厂的生产模式。因为没有产业资本的运动,资本主义生产方式是不能充分表现出来的。因此,马克思才有意地对资本循环总过程进行区分,以执行过程中的不同职能为标准把资本划分为货币资本、商品资本和生产资本,他强调这种区分不是指它们各是独立的资本种类,也不是指它们作为独立的资本种类的职能所形成的那种独立

---

① 《马克思恩格斯全集》第 45 卷,人民出版社 2003 年版,第 60 页。
② 《马克思恩格斯全集》第 45 卷,人民出版社 2003 年版,第 60、63 页。

的、相互分离的经营部门的活动内容。在这里,马克思强调的是产业资本的一整套增殖运动过程,而那些单独的职能资本只是产业资本的特殊职能形式,是产业资本按照自身运动而不断采用又不断抛弃的三种形式。

在这种资本增殖的总循环过程中,产业资本的历史作用和基础性地位显现出来。一个社会的生产只有以它为基础,才能表现出全面而彻底的资本生产的性质。马克思指出:"产业资本是惟一的这样一种资本存在方式,在这种存在方式中,资本的职能不仅是占有剩余价值或剩余产品,而且同时是创造剩余价值或剩余产品。因此,产业资本决定了生产的资本主义性质;产业资本的存在,包含着资本家和雇佣工人之间的阶级对立的存在。随着产业资本支配社会的生产,技术和劳动过程的社会组织就会发生变革,从而社会的经济历史类型也会发生变革。"[1] 正是由于产业资本的根本性作用,古已有之且一直存在的商人资本、高利贷资本等资本形式在产业资本出现后就从属于它了,并改变自身而与产业资本保持一致。所以,马克思说它们本身不仅要从属于产业资本,并且从此之后只能在产业资本的基础上运动,同时与产业资本同生共死。产业资本造成了资本主义生产方式的彻底实现,使过去那些作为货币资本和商品资本职能而独立存在的资本形态丧失了独立性,它们只能作为产业资本的一种片面形态而存在。在这一点上马克思鲜明地指出:"货币资本和商品资本,在它们以其作为特殊营业部门的承担者的职能和产业资本并列出现时,也只是产业资本在流通领域时而采取时而抛弃的不同职能形式由于社会分工而独立化的和片面发展的存在形式。"[2] 这就是说,商品资本和货币资本已经丧失了在前资本主义社会独立存在的自我增殖的社会基础,在资本主义生产

---

[1]《马克思恩格斯全集》第45卷,人民出版社2003年版,第66页。
[2]《马克思恩格斯全集》第45卷,人民出版社2003年版,第66页。

方式下只能依附于产业资本才能增殖,因此只能作为流通过程中的职能资本而片面地存在和发展着。

马克思不是笼统地把所有雇佣劳动看成一样的性质,他辩证地区分了流通过程中商业工人与生产过程中生产工人在资本生产总过程中的不同作用。马克思指出,在产业资本生产总过程中,流通过程独立出来,形成职能商业资本和职能货币资本。商业资本在实现剩余价值的过程中雇佣了工人,这些工人是雇佣工人。他们与资本直接生产过程中的工人在形式上都属于雇佣工人,但他们之间有不同。差异何在?马克思认为,在资本直接生产过程中工人创造价值和剩余价值,对资本家而言,工人劳动创造的价值能够超过自身工资价值的刻度,从而为资本家产生余额,而雇佣的劳动者越多,提供的剩余劳动越多,资本家获得的剩余价值就越高。与直接生产过程中雇佣工人为资本家创造剩余价值不同,商业工人的劳动不创造剩余价值,但他们的劳动在实现剩余价值。对资本家来说,他们要获得剩余价值就必须把商业工人的工资设定为低于工人劳动力价值的水平,从而通过这种相对延长劳动时间的方式获得余额。马克思说:"商业雇佣工人的情况则相反:他们在商品上追加的价值绝不会大于花在他们身上的费用。"① 这是两种雇佣工人之间内在的不同,这种区别揭示了资本运动中不同过程赋予工人的不同经济关系。在马克思这里,对于雇佣工人而言,具体经济关系的人格化细致区分到这种程度。因为商业工人的劳动不仅增加了资本家的利润,而且加速了资本积累运动的速度,他们促进了生产,所以他们也是雇佣劳动的生产工人。

马克思指出,执行为不同职能资本而劳动的人的作用被职能资本决定了,这些生产工人的革命反抗的直接目标领域也因职能资本不同而相异。产业工人直接面对的是生产过程,是生产资料的资本家占有

---

① 《马克思恩格斯全集》第 36 卷,人民出版社 2015 年版,第 87 页。

和生产产品的资本家支配,是这种生产者与生产资料的对立结合方式本身,其革命要求直接指向生产资料的所有制变革,因而革命指向颠覆整个资本主义生产方式总体,这是最为根本的无产阶级革命。而流通领域中的商业工人直接面对的是货币的力量和商品的力量,直接感受到它们二者的异化作用,以及对生命和生活的无形的直接的支配,因而,其革命是直接反对商品和货币的异化机制,表现为超越这种物质性的权力统治。这种反对资本非常容易走向意识反抗、文化反抗、个人主体反抗以至欲望反抗和身体反抗,最终出现哈特和奈格里所提出的生命政治的反抗。由此,我们可以进一步认识马克思和恩格斯非常重视的产业工人阶级从生产资料所有制上对资本主义制度进行的彻底反抗战略,这必然走向无产阶级革命,而不是其他革命。

综上所述,马克思在资本主义生产总过程中对社会主体进行生产关系性的阶级分类,既指出何为资本家阶级,又指出何为雇佣劳动阶级。这不是一种任意的身份化与链接性,而是资本生产关系的客观化表现。为整个资本主义社会生产剩余价值的产业工人,其阶级地位最为重要,他们直接处于雇佣劳动关系的最基础层面,他们用劳动为整个社会诸阶层生存发展提供了必需的生产资料和生活资料,他们遭受的剥削最为深重,他们强烈地要求革命和解放自身。马克思还区分了产业资本、货币资本与商品资本之间既联系又不同的运动,使整个社会的阶级与阶层得以清晰呈现。在生产领域中,劳资关系是第一级关系,而在流通领域里,这些雇佣劳动者阶层直接面对的却是资本关系转化的诸种亚层级关系,这种亚层级资本关系与生产资本关系是不同的,因而生产工人面对的资本剥削方式也不同,其革命要求也相异。注意到马克思的这种区分非常重要,一方面可以辨析为何马克思和恩格斯推崇产业工人阶级的重要性,另一方面能够理解为何后来出现的西方马克思主义与当代后马克思主义强调流通职能资本关系中新阶级的重要性。区分资本直接生产过程中的工人和流通过程中的工人的经济关系的差别具有十分重要的理论意义。

资本大工业中的劳动力特征

资本主义生产方式一方面是商品的生产，另一方面是剩余价值的生产，前者表现为商品财富的堆积，出现商品价值的二重化和劳动的二重性，后者表现为资本不断无偿吮吸雇佣劳动力的活劳动而增殖自身，造成资本与劳动之间日益巨大的对立与异化。劳动力变成为资本提供增殖活动的人格载体。产业工人阶级就是在这种特定历史条件下进行物质财富生产的，因而其劳动力的特征被资本生产关系所规定，表现为劳动力与劳动条件分离下的绝对贫困化，劳动力与财富世界的对立性，劳动力作为商品的二重性，劳动力对资本的实际从属性与被奴役性。

商品具有自身的社会规定性，它不仅具有使用价值而且具有交换价值，是价值实体两种形式的矛盾统一体。但是，认识到这种双重化的秘密和其具有的人类历史意义，要归功于马克思。马克思在《大纲》中指出价值具有使用价值和交换价值两种形式："价值的第一个形式是使用价值，是反映个人对自然的关系的日常用品；价值的第二个形式是与使用价值并存的交换价值，是个人支配他人的使用价值的权力，是个人的社会关系。"[①] 在这里，商品的使用价值，是人与自然之间的关系，这一点非常重要，因为这关系到人类生命的生产和再生产，缺乏这种物质财富，人类就要消亡，更不用说非物质劳动的出现和存在了。交换价值，是商品物质财富的社会形式规定，它支配了使用价值。这是资本主义生产方式下主导性的人与人之间的社会经济关系，它规定了人们的社会生产和社会生活。马克思在说明了商品的二重化性质之后，进一步前进，在更深的层次揭示了商品二重化的形成根源。这

---

① 《马克思恩格斯全集》第30卷，人民出版社1995年版，第127页。

个根源就是生产商品这种产品的劳动的历史二重性,即劳动既是具体的又是抽象的,具体劳动形成商品的使用价值,抽象劳动则形成商品的交换价值。在这里,社会劳动作为商品关系中价值实体的内容显现了,它形成了千差万别的商品之间可交换性的通约基础。马克思和恩格斯在《德意志意识形态》中所揭示的广义历史唯物主义的四重原初关系在这里得到了具体呈现。一种关于资本主义生产方式的狭义历史唯物主义展开了,历史哲学的抽象的历史叙述获得了政治经济学具体的科学说明。

马克思说资本主义社会是商品交换关系发展到最高程度的表现,它把人作为劳动力商品拉进了人类生产之中,于是,资本主义生产方式出现。在这种生产方式中,生产资料作为资本一方,劳动力作为活劳动一方,二者在雇佣劳动关系中重新结合,雇佣工人开始了物质财富的生产,开始了剩余价值的创造。这种资本生产方式经过行会、工场手工业发展到机器大工业阶段,就以完全成熟的形式出现,相应地工人的劳动也从形式上从属于资本变成了实际上从属于资本了。资本主义生产方式在机器大工业上真正实现了自己对劳动的完全统治。

在这一物质财富的生产制度中,马克思既深刻地辨析了工人的劳动力和劳动力的使用即活劳动之间的关系,辨析了资本制度下劳动的主观条件和客观条件分离与结合的历史规定性,提出了"贫穷的主体"问题,又总结了物质生产劳动自身的特征。

劳动力与活劳动具有什么样的关系?为探究资本剩余价值生成的秘密,马克思考察了作为价值源泉的劳动的资本转化机制。他认为在商品流通过程中不可能产生剩余价值,却通过分析 $G—W—G'$ 公式去揭示剩余价值出现的奥秘。这种奥秘就在于 $G—W—G'$ 中所蕴含的对立性运动中。这种对立首先是独立的商品所有者之间的对立。一方是货币所有者,另一方是劳动能力所有者。马克思以劳动的存在形式分析了二者:"唯一与对象化劳动相对立的是非对象化劳动,活劳动。前者是存在于空间的劳动,后者是存在于时间中的劳动;前者是过去的劳动,后者是现在的劳动;前者体现在使用价值中,后者作为人的活动处于过程之中,因而还只处于自行对象化的过程中;前者是价值,后者创造价值。"① 就价值自身产生而言,"价值的增加无非就是对象化劳动的增加,但是,只有通过活劳动,才能保存或增加对象化劳动"②。这里,马克思提出了活劳动自身和已经完成对象化的劳动之间的关系,指出只有活劳动才能创造价值,而能进行活劳动的就是劳动能力。劳动能力成为商品,拥有劳动能力的人成为劳动能力的所有者,因而工人成为商品。如果劳动能力所有者拥有劳动的对象化条件,那么,他们就不会出卖劳动能力,他们就会使劳动能力在自己所有的劳动对象条件上对象化。如果他们丧失了这种对象条件,他们的劳动能力对象化就必须通过某种交换活动而重新获得它。这样,劳动能力和劳动对象的分离就成为一个前提,劳动能力的出售就产生了现实基础:"他没有,即丧失了实现他的劳动能力的对象条件,使他的劳动对象化的条件,相反地,这些条件,作为财富世界,作为对象财富世界,隶属于他人的意志,在流通中作为商品所有者的财产,作为别人的财产,异化地与劳动能力所有者相对立。"③ 在由私有制所造成的流通对立中,人格化的资本家和工人出现。马克思说:"正如货币所有者作为对象化劳动、自行保存的价值的主体和承担者是资本家一样,工人同样也只是他本身劳动能力的主体、人格化。"④ 在这里,与资本人格化的资本家相对立的,是劳动能力人格化的工人,是拥有劳动能力的劳动者,是劳动能力的所有者,但是他不拥有生产资料和生活资料。

于是,劳动与生产资料之间的对立出现。一方是资本家,另一方

---

① 《马克思恩格斯全集》第32卷,人民出版社1998年版,第39页。
② 《马克思恩格斯全集》第32卷,人民出版社1998年版,第40页。
③ 《马克思恩格斯全集》第32卷,人民出版社1998年版,第41页。
④ 《马克思恩格斯全集》第32卷,人民出版社1998年版,第42页。

是工人；一方是对象化劳动，另一方是活劳动能力；一方是劳动的客观条件，另一方是劳动的主观条件。它们之间因历史性的分离而对立着。如果一方不拥有另一方，劳动就不能实现。这样一来，作为丧失了劳动对象化客观条件的劳动力就处于"绝对的贫穷"境地，劳动因此变成了非对象化劳动。"这是劳动的完全被剥夺，缺乏任何客体的、纯粹主体的存在。是作为绝对的贫穷的劳动：这种贫穷不是指缺少对象的财富，而是指完全被排除在对象的财富之外。"[1] 工人作为"贫穷的主体"出现。但是，从积极的方面看，缺乏对象的劳动作为生产财富的一般可能性，作为价值的活的源泉存在着，但只是存在着。在物质财富的劳动中，劳动必须被资本家购买并入生产资料后才能成为现实的财富的源泉。当然，在机器体系的大规模使用中，劳动作为价值源泉虽然保持着，但与庞大的固定资本的生产能力相比就显得微不足道了。面对机器体系，劳动力边缘化，活劳动抽象化，劳动变得空无内容，生命变得枯燥乏味。这是资本主义物质生产中的劳动力与活劳动所处的生产地位和具有的特点。那么，什么样的劳动过程使劳动顺畅地对象化，并因生命力的实现而充满欢欣？这一问题的回答就导向了未来的共产主义。

资本主义大工业物质劳动又具有什么样的特征？在这种机器大工业生产中，产业工人阶级大规模地出现。在工厂生产中，他们生产物质财富的劳动具有自身的历史规定性：劳动的抽象化，劳动的物化，劳动的机器化，劳动的异化。但这种特点从一般劳动过程是无法看出来的。因为从一般生产过程看，劳动无非是人与自然之间的物质变换过程，它不含特定生产的社会形式规定性。马克思鲜明地指出这一点："劳动过程……是制造使用价值的有目的的活动，是为了人类的需要而对自然物的占有，是人和自然之间的物质变换的一般条件，是人类生

---

[1]《马克思恩格斯全集》第 30 卷，人民出版社 1995 年版，第 253 页。

活的永恒的自然条件，因此，它不以人类生活的任何形式为转移，倒不如说，它为人类生活的一切社会形式所共有。"① 品尝小麦的味道，从劳动过程看，根本不知道这是奴隶劳动的产物，是自耕农的收获，还是农业工人的劳动产品。要知道具体的劳动的特征，必须把劳动的社会形式规定性加上。在资本主义物质生产中，劳动的特点必然表现为资本的社会形式规定和机器体系中劳动的物质规定的双重统一。

资本主义物质财富生产中的劳动具有抽象性特点，这种抽象性具有双重性，一是资本生产关系下劳动的社会抽象性，二是劳动过程中物质规定下的劳动自身抽象性。首先，具体的劳动变成了抽象的劳动，这是一种历史发展进程自身客观抽象的产物，是特定社会交换关系的产物。商品交换关系本身就是一种抽象过程，交换价值本身就是抽象关系的社会形式规定。资本作为一般交换价值的货币规定，它寻求与自己相对立的劳动进行交换，这种劳动作为使用价值的消费过程必须无任何特殊规定性，必须作为一般劳动而存在。此时资本与劳动之间的交换关系产生了劳动的抽象性，劳动的抽象性在资本关系中出现。"劳动作为同表现为资本的货币相对立的使用价值，不是这种或那种劳动，而是劳动本身，抽象劳动；同自己的特殊规定性决不相干，但是可以有任何一种规定性。"② 劳动的这种抽象规定性是资本生产关系赋予的，它不是自身从来就有的规定性。

劳动就其物质规定性而言，它总是具体的，对不同对象进行不同的塑形活动。但是，恰恰在资本家和工人结成的雇佣劳动的生产关系中，劳动消除了一切特殊性，变得越来越抽象，越来越纯粹。用马克思的话来说就是，"劳动越来越丧失一切技艺的性质，也就发展得越来越纯粹，越来越符合概念；劳动的特殊技巧越来越成为某种抽象的、

---

① 《马克思恩格斯全集》第44卷，人民出版社2001年版，第215页。
② 《马克思恩格斯全集》第30卷，人民出版社1995年版，第254页。

无差别的东西，而劳动越来越成为纯粹抽象的活动"①，与劳动的任何特殊形式不相干。但是，资本的劳动过程还是具有劳动资料和劳动相结合时具有的物质规定性，这种劳动过程表现为一般劳动过程。于是，在这样可见的物质规定性上，特定的资本生产关系消失了，人们只看到抽象的劳动过程。而这恰恰是资产阶级庸俗经济学眼中的抽象性，在这样的抽象性上，资本关系被遗忘，资本主义生产方式因此而永恒存在。

资本主义物质财富生产中的劳动具有物化性特点。这里的物化不是指交换关系的物化，指的是劳动的对象化，指的是劳动力的活劳动施加于劳动对象上，从而使劳动对象变形，变成了一个具体的使用价值物。而各种物的使用价值就是马克思所说的物质财富。在资本主义生产中，产业工人的活劳动凝结了，变成了死劳动，动态的劳动形式变成了静态的劳动形式。"于是，原料被消费了，因为它被劳动改变了，塑形了……劳动不仅被消费，而且同时从活动形式被固定为，被物化为对象形式，静止形式"②，结果是劳动过程中的材料、工具和劳动这三个要素融合为一个中性的产品。生产过程的结果是，以使用价值为载体的庞大的商品堆积现象出现。

资本主义物质财富生产中的劳动具有附属于机器的特征。最大化追求剩余价值是资本主义生产的唯一目的。资本的社会竞争和工作日的固定迫使资本不断采用机器生产，以获取最大的相对剩余价值。科学技术被不断用于生产过程，机器持续地改良和采用成为趋势，生产工艺学发展起来，科学技术自身的研究和发展独立出来，成为一个生产部门。而劳动者日益成为庞大机器生产体系上的一个附属物。由于资本日益采用机器体系作为生产过程中的固定资本，资本主义生产过

---

① 《马克思恩格斯全集》第 30 卷，人民出版社 1995 年版，第 255 页。
② 《马克思恩格斯全集》第 30 卷，人民出版社 1995 年版，第 258 页。

程中就出现一个人与自然之间的巨大中介工具系统，它发挥着巨大的生产效率，个人劳动作用与之相比变得微不足道。"这里已经不再是工人把改变了形态的自然物作为中间环节放在自己和对象之间；而是工人把由他改变为工业过程的自然过程作为中介放在自己和被他支配的无机自然界之间。工人不再是生产过程的主要作用者，而是站在生产过程的旁边。"① 机器生产体系改变了个人劳动在总体劳动中的地位。

在资本主义物质财富的生产中，异化是劳动具有的特点。在雇佣劳动关系的基础上，整个资本主义生产制度建立起来。资本家与工人之间的交换一完成，工人就把劳动力的使用权交了出去，其劳动产品的所有权也一同让渡给资本家。结果，生产过程一结束，劳动产品不再是简单劳动的产品，而是变成了资本家所有的可交换的商品，变成了资本本身，变成了可以支配活劳动的对象化劳动。工人阶级在劳动中生产的产品愈多，他人的财产愈大，自己愈贫穷。于是，"劳动的产品，对象化劳动，由于活劳动本身的赋予而具有自己的灵魂，并且使自己成为与活劳动相对立的他人的权力"②。这是资本生产关系下劳动异化的表现。

马克思关于资本主义机器大工业中生产物质财富的劳动的特殊规定性是从资本增殖的直接过程上探讨的，这种劳动的根本特征是在劳动者与劳动资料历史分离的前提下，在雇佣劳动关系上重新统一，是劳动主体条件与客观条件的重新结合，是资本这个死劳动无度吮吸劳动力的活劳动的过程，是劳动作为价值源泉为资本创造出巨大物质财富从而实现巨大价值的过程。这种生产奠定了整个资本主义社会持续存在的基础。一方面，它使随后的实现剩余价值的流通过程中的诸种雇佣劳动出现，让科学技术研究成为一种社会生产部门；另一方面，

---

① 《马克思恩格斯全集》第31卷，人民出版社1998年版，第100页。
② 《马克思恩格斯全集》第30卷，人民出版社1995年版，第445页。

机器大生产的效率排挤出大量生产人口，使他们可以从事其他社会职业，如文化精神方面的生产，仆役性的、服务的以及国家的各种消费行为，等等。这些职业因实现和分有了总体劳动产品的价值而存在。

工人阶级主体在政治解放维度上的局限性

马克思不是从商品流通过程去看阶级斗争的，而是从直接的资本主义大工业生产的根基层面去看待资本主义生产关系的普遍化和两大阶级的对立斗争的，并从这种生产过程中引出矛盾，从而希望产业工人阶级能在自觉地组织、坚决地斗争和英勇地革命中摧毁旧的制度，建立新的社会。从这个角度出发，马克思非常看重产业无产阶级主体的革命性和建设性。他指出，建立在资本主义机器体系之上的工厂生产制度是社会规模的结合的劳动过程，它日益普遍化。它一方面在摧毁各种分散的、落后的生产形式中扩展到整个社会，从而造成资本的绝对统治，另一方面也同时形成反对资本统治的直接斗争的普遍化。一方面，它标准化和规则化工厂生产，实施各种节约措施，增加经济利益，特别是在工作日的外在限制和强大的竞争压力下寻求科技在生产中的应用，从而形成对科技发展的巨大刺激。另一方面，科技在生产上的应用构成了强大的生产力，加重了整个资本主义生产的无政府状态和灾难，导致了机器与工人之间的无情竞争，特别是消除了"过剩人口"可以依靠此种形式生产和生存的最后"避难所"，最终在社会形成两大对立阶级，并造成两大对立阶级之间的激烈斗争。资本主义生产方式的内在矛盾成熟起来，新社会的要素也一同发展起来，这种内在矛盾孕育着新制度的诞生。

马克思指出，这种内在矛盾的成熟表现为资本生产方式超越民族国家的界限而扩展到整个世界，表现为资本的世界性的集中和垄断，表现为资产阶级和工人阶级的冲突达到极致。因而，"资本的垄断成了与这种垄断一起并在这种垄断之下繁盛起来的生产方式的桎梏。生产资料的集中和劳动的社会化,达到了同它们的资本主义外壳不能相容的地步。这个外壳就要炸毁了。资本主义私有制的丧钟就要响了。剥夺者就要被剥夺了"①。在这里,一种创造新制度的激情预言勃然而出。马克思描述了资本生产关系彻底消除了曾经存在的劳动者直接与生产资料相结合以生产使用价值的旧有劳动形式,在这种旧有的劳动形式中,没有失业的存在,因为劳动条件与劳动者直接同一。但是,在劳动者和劳动条件的直接同一被消除后,在资本主义生产方式普遍化之后,劳动条件从劳动者手中被夺走了,生产劳动的条件以资本的形式社会化了,并与劳动者对立。劳动者除了劳动力一无所有,他与生产条件的再结合只能通过变成雇佣劳动者而进入资本家的工厂之中才能实现,此时资本的剥削关系便产生了。当这种剥削关系扩展到整个世界范围时,资本生产关系中的对立就扩展到整个世界。

在同一资本扩展过程中,机器的应用造成了排挤工人的效应,经济危机造成了解雇工人的后果。经济危机的来临,表明了资产阶级没有能力管理社会化大生产,资产阶级处在生产过程之外的寄生性表明他们已经成为社会发展的阻碍力量。新的社会应该在工人阶级的英勇斗争中创造出来。这是人类历史赋予工人阶级的历史任务。这个任务不是凭空想象而来的,马克思从资本主义生产方式的世界扩展逻辑出发,从其内在矛盾的成熟上得出工人阶级必然革命,能够革命,可以创建出新的社会制度,从而最终推进历史前进的结论。在这里,马克思说的工人阶级革命隐含两种范围的革命,一种是在资本主义发展起来的国家中的革命,另一种是在资本主义发展至世界范围时的全世界工人阶级的总体革命。当资本主义生产方式还没有扩展到世界范围而仅仅在欧美几个国家快速发展的时候,这些国家的工人阶级可以率先革命,从而去引领世界革命。

---

①《马克思恩格斯全集》第 44 卷,人民出版社 2001 年版,第 874 页。

但是，在欧洲资本主义国家中，工人阶级能够担负起这个历史重任吗？它将如何承担起这个任务？作为一个实践问题，它现实地摆在马克思和恩格斯的面前。在马克思看来，工人阶级必须自己起来解放自己和全人类，而不能等待资本主义的自我崩溃的到来。工人阶级必须发挥主体能动性，在政治上积极行动起来。在马克思和恩格斯看来，只要产业工人组织起来，成立自己的政党组织，联合起来，进行科学理论的不断教育，持久地开展合乎现实条件的斗争，就能够推动自身的解放，甚至通过暴力革命一举夺取政权，砸碎私有制，从而完成解放自己和全人类的历史任务。然而，在领导和组织工人阶级的斗争中，马克思和恩格斯看到了资产阶级经济的、政治的、意识形态的压制策略，同时他们也看到了工人阶级自身的局限性，双方互相结合，共同阻碍工人阶级正确地开展工人运动。

第一，资本家阶级在经济上具有联合性，政治上具有镇压性，意识形态上具有欺骗性。马克思在揭示利润率变为平均利润率的过程中认识到，资本家虽然有激烈竞争的一面，但更有联合的一面。马克思指出，资本家在繁荣时代可以像兄弟一样分享利润，但是在萧条时期不愿分担损失，他们之间表现为一种激烈的斗争，竞争被斗争所代替。马克思说，当危机来临时，当问题变成如何分配损失而不是如何分配利润时，每个资本家都想方设法尽量减少自己的损失，把损失推给别的什么人。对整个资产阶级而言，危机造成的损失不可避免，但是，每个资本家要分担多少损失，却要看单个资本家的力量大小与狡诈程度了。于是，和平的竞争变成资本家之间的敌对性斗争。然而，即使出现这样激烈的斗争，"资本家在他们的竞争中表现出彼此都是假兄弟，但面对整个工人阶级却结成真正的共济会团体"①。总体经济利益的一致性使资本家联合起来共同对付工人。资本家阶级在革命危机中

---

① 《马克思恩格斯全集》第46卷，人民出版社2003年版，第220页。

会毫不犹豫地拿起刺刀对工人阶级的反抗进行镇压,而在平时则对整个社会包括工人阶级进行意识形态的熏染和麻痹,造成工人阶级心理的软弱、服从和消极。

第二,在工人阶级方面,工人阶级的斗争意识在繁荣时代基本上处于消极状态。马克思和恩格斯认为,在资本主义经济繁荣时期,工人阶级的斗争意识会被削弱。"人民群众能充分就业,并且生活也还不错——当然那些与不列颠的繁荣分不开的贫民除外;因此在目前人民是不大听信政治鼓动的。"① 1848年欧洲工人革命之后的经济繁荣使革命处于低谷,这促使马克思和恩格斯思考工人阶级革命意识和现实条件的关系问题,促使马克思转而深入探讨资本主义的客观发展规律,而不是只注重政治上的鼓动。

第三,工人阶级的流动和相互之间的竞争导致革命意识淡化。马克思揭示了一般利润率的平均化规律,指出这种利润率的平均化作为结果是有前提的,其以一般剩余价值率为前提,而这个一般剩余价值率又以工人的流动为前提。马克思指出,一般剩余价值率以工人之间的竞争,以工人在社会生产部门之间不断从一个生产部门转进到另一个生产部门而形成平衡为前提。作为一种趋势,作为一种理论假定,这样的一般剩余价值率虽然不可能在现实中完整地表现出来,但是它总以各种形式呈现,它实际上就是资本主义生产方式的前提。这里,马克思从工人的流动性竞争方面来指出一般剩余价值率的形成条件,强调的是工人竞争。这种基于工作的竞争能够消除工人的革命斗争意识,使一些工人屈服于资本家的要求,并且变为资本家对付工人革命的方法和手段。

第四,工人贵族的出现使革命不再能够有效组织起来。这种工人贵族一方面指工人组织中的高层领导者的贵族化,另一方面指工人阶

---

① 《马克思恩格斯全集》第11卷,人民出版社1995年版,第455页。

级的贵族化。面对这两种贵族化现象，马克思和恩格斯批判了它们对工人阶级斗争的危害。1892年，恩格斯在《英国工人阶级状况》一书的英文版序言中总结了自19世纪40年代至90年代资本主义发展的历程，揭示了资产阶级和工人阶级之间对立关系的具体演变。他认为，资本主义愈发展，资本家们就愈会抛弃之前的初级手段而使用新的手段处理与工人阶级的关系。"现代政治经济学的规律之一（虽然通行的教科书里没有明确提出）就是：资本主义生产愈发展，它就愈不能采用作为它早期阶段的特征的那些琐细的哄骗和欺诈手段。"[1] 他指出，1847年危机之后，随着资本的积聚、世界市场的开辟、改良机器的大规模使用，工业资本家主导了生产贸易等经济活动，英国乃至整个西欧工商业逐渐繁荣起来。在这种形势之下，大工业也必须表现出它的某些道德性，工厂主已经不能再靠过去对工人进行的那种琐细偷窃的办法获得收益了，因为在规模越来越大的企业中，一旦出现企业主与工人的冲突，就会严重地损害企业的利益。所以，工厂主们似乎感染了新精神，具有了新道德，他们学会避免与工人产生纠纷，承认工人组织的存在和它们的力量，甚至还认可罢工，因为罢工被工厂主们作为实现自己目标的手段。

与此同时，资本家为了自身的健康安全，也改善了工厂和城市设施。资本家阶级似乎有道德了。这其实是资本主义生产发展本身在消除它早期的行为。恩格斯认为，过去50年，英国工人阶级中只有两种人获得改善，一种是工厂工人，工作日被法律规定在合理的界限，这给了英国工人阶级精神方面的优势。第二种是巨大的工联组织，它们是成年男子的组织。工联组织的领导者们既使雇主阶级满意，又让自己满意，他们成为工人阶级中的贵族。但是广大工人群众的贫困和生活依然和从前一样没有保障，他们在失业时期贫困、饥饿、绝望，有

---

[1]《马克思恩格斯全集》第29卷，人民出版社2020年版，第312—313页。

了工作后又陷于肉体和精神双重堕落。这是因为资本主义制度下的两条规律起了作用："一条规律把劳动力的价值限制在必需的生产资料的价值上，另一条规律把劳动力的平均价格照例降低到这种生活资料的最低限度上。这两条规律以自动机器的不可抗拒的力量对工人起着作用，用它们的轮子压轧着工人。"① 就是说，低收入仍然压迫着一般工人，使他们不能振作起来。

当然，英国在它是世界工业垄断国家的时代，其工人阶级与世界上其他国家相比，有一种暂时的贵族化现象。此时，在一定程度上，英国工人阶级是分沾了英国工业这一垄断地位的利益的。这些利益在工人中分配得极不均衡，获得大部分利益的是少数拥有特权的人，广大工人分得的利益很少。但是，当英国工业垄断地位丧失时，英国工人阶级的特权地位也一同丧失了，他们的经济状况下降到和其他各国工人阶级处于同一水平上。随着世界工业垄断地位的丧失和经济危机的到来，英国工人阶级将以新的姿态追求新的社会，"正因为如此，社会主义将重新在英国出现"②。所以，恩格斯断言，伦敦东头的觉醒将到来，新的工联将代替老的工联。

工人阶级必须成立自己独立的政党组织，积极开展斗争工作，锻炼和培养自己的政治成熟能力，并抵制机会主义思想的影响。马克思和恩格斯共同认为，夺取政权是工人阶级发起政治运动的目标，因此必须成立自己的组织，并在进行各种政治斗争中锻炼和增长自己的才干，形成组织的独立性，而不能听任统治阶级的摆布，成为他们的玩偶。"工人阶级的政治运动自然是以为自身夺得政权作为最终目的，为此当然需要一个发展到一定程度的、在经济斗争中成长起来的工人阶级的预先的组织。"③ 他们指出，工人阶级必须组织起来，成熟起来，

---

① 《马克思恩格斯全集》第29卷，人民出版社2020年版，第322页。
② 《马克思恩格斯全集》第29卷，人民出版社2020年版，第325页。
③ 《马克思恩格斯选集》第4卷，人民出版社1995年版，第603—604页。

并向统治阶级进行决定性的攻击。在工人阶级组织没有发展到这种地步之前，工人阶级不能随波逐流，而应该不断地进行反对统治阶级的政策宣传和鼓动工作，以此方式锻炼自身的政治能力，"否则，工人阶级仍将是统治阶级手中的玩物"①。

由此出发，他们批判了工人政党组织中的机会主义错误。马克思和恩格斯在1879年《给奥·倍倍儿、威·李卜克内西、威·白拉克等人的通告信》中，严厉批判了以仁爱有礼代替阶级斗争的思潮，要求无产阶级政党保持自己的性质。这种思潮要求工人阶级放弃自我解放的斗争，而服从有教养的资产者的领导，要求不进行暴力革命，而是改良式地修修补补。结果是什么？"正如民主共和国对前者（指1848年以资产阶级民派出现的人——笔者注）来说是遥遥无期的一样，资本主义制度的垮台对后者（指1879年的拉萨尔主义者——笔者注）来说也是遥遥无期的，因此对当前的政治实践是毫无意义的；人们可以尽情地和解、妥协和大谈其博爱。对待无产阶级和资产阶级之间的阶级斗争也是如此。在纸上人们承认这种斗争，因为要否认它简直已经是不可能的了，但是在实践中去抹杀、冲淡和削弱它。"② 这里，马克思和恩格斯猛烈批判了那种期待其他阶级领导革命和否定工人阶级自身具有领导革命能力的危害性。他们进一步指出"仁爱"思潮对工人党在思想上和实践上的腐蚀性，强调社会民主党应该首先是工人党，要在工人阶级中进行符合工人阶级利益的思想宣传，而不是把它当成非工人党，去向资产阶级宣传自己的超阶级的"仁爱"，去消除资产阶级或其他人的"怨恨"，去甘愿放弃工人阶级的长远目标而安然接受小资产阶级的修修补补的改良。如果这样的话，这些人最终将阻碍革命、招致失败。所以，马克思和恩格斯得出结论："在阶级斗争被当作一种

---

①《马克思恩格斯选集》第4卷，人民出版社1995年版，第604页。
②《马克思恩格斯选集》第3卷，人民出版社1995年版，第683页。

令人不快的'粗野的'现象放到一边去的地方，留下来充当社会主义的基础的就只有'真正的博爱'和关于'正义'的空话了。"① 革命被罪恶化了，改良成为解放的坦途。

恩格斯批判德国社会民主党中鼓吹不在重要问题上设定原则而只提抽象原则的观点，批判鼓吹看重眼前利益而忘记长远利益的观点，认为这对党和工人阶级的解放极其有害。他严厉地说："为了眼前暂时的利益而忘记根本大计，只图一时的成就而不顾后果，为了运动的现在而牺牲运动的未来，这种做法可能也是出于'真诚的'动机。但这是机会主义，始终是机会主义，而且'真诚的'机会主义也许比其他一切机会主义更危险。"② 面对党内一些知识分子脱离工人群众而表现出高高在上的优越感和绝对否定任何权威的观点，恩格斯对其进行批判的同时，还认为这对工人阶级运动非常有害。

由此可以看出，在马克思和恩格斯眼中，他们时代的欧洲产业资本的发展正主导着国内和国际的经济形势，产业无产阶级正成为所有为资本而生产的社会阶层中人数最多、灾难最重、反抗最大、革命性最强的阶级。但是，马克思和恩格斯也现实地看到产业工人阶级的主体性具有两重性，一方面，作为资本主义生产关系的劳动一方，它历史地拥有反抗资本统治、实现人类解放的强大力量和革命性。另一方面，它又具有自身的缺陷，政治不成熟，缺乏阶级自觉意识，缺乏组织性，容易被分化和收买，等等。所以，工人阶级需要成立自己的先锋队组织，进行宣传、鼓动，组织与开展斗争，以锻炼自身的政治成熟性和独立性，并以不断地开展现实的斗争去争取实现自身和全人类的解放。

---

① 《马克思恩格斯选集》第3卷，人民出版社1995年版，第684页。
② 《马克思恩格斯全集》第29卷，人民出版社2020年版，第288—289页。

二、非物质劳动条件下的诸众主体

20世纪八九十年代以来,随着苏东传统社会主义模式的崩溃,资本主义发展到全球资本主义时代。发达资本主义国家则发展到以金融资本的积累为主要积累形式的阶段,将一切资源私有化、市值化、利息化、租金化、债务化,几乎每一个人都处在无形的金融控制和盘剥之中。在新自由主义席卷全球的时代,马克思主义的左派政治畅想和批判话语边缘化了。"劳动被削弱,系统性替代模式的萌芽或者失败或者被彻底边缘化。20世纪最后20年左翼政治失败和社会崩溃在全球叠加,其影响无论以什么标准衡量都是压倒性的。"①

但是,西方左派从20世纪60年代欧美出现的新社会运动中寻求反抗主体和替代性规划的探求从未停止,并不断向新的主体扩展。于是,"工业工人阶级的高峰已经过去,而许多之前被忽视的政治主体正走向前台"②。到了全球资本主义时代更是如此,齐泽克就提出在一个全球资本主义及其意识形态相结合的时代里,激进左派如何在"自由民主的文化多元主义的时代重构一种左翼的反资本主义的政治谋划这一棘手问题"③。这一政治谋划必须再建构出激进主体。在齐泽克的"末人",巴里巴尔的"超个体",阿兰·巴迪欧的"忠诚于真理性事件的主体"和朗西埃的"无分者"等诸多主体形象中,哈特和奈格里的"诸众"主体可谓别具一格。之所以别具一格,在于他们借助包含真实变革力量的"马基雅维利的自由""斯宾诺莎的欲望""马克思

---

① [英]戈兰·瑟伯恩:《从马克思主义到后马克思主义?》,孟建华译,社会科学文献出版社2011年版,第126页。
② [英]戈兰·瑟伯恩:《从马克思主义到后马克思主义?》,孟建华译,社会科学文献出版社2011年版,第131页。
③ [斯洛文尼亚]斯拉沃热·齐泽克:《敏感的主体——政治本体论的缺席中心》,应奇、陈丽微、孟军、李勇译,江苏人民出版社2006年版,"导论"第5页。

的活劳动"① 三个概念,在遵循马克思的方法,即历史的趋势、真实抽象、对抗和主体性构成中,以他们自己的自下而上的方法与非物质劳动霸权概念相结合,在资本实现对全球劳动的实际吸纳的世界市场中,在消解了任何中介而使劳动直接对抗资本的帝国里,构建出了具有强烈反抗色彩的混合性的"穷人"诸众这一政治主体。

这一主体概念不仅包容了全球所有反抗资本的人,并能以非物质劳动霸权不可遏制的自主性力量出离资本关系,去建构一个绝对民主的新世界。生命本体论的诸众与作为诸众本体论基础的非物质劳动紧紧地连在了一起。于是,资本直接物质生产过程中的产业工人阶级主体让位于全球资本流通过程中的既具有革命反抗性又具有伦理建构性的诸众社会主体。

非物质劳动的新特点

哈特和奈格里要遵循马克思的方法前进。在他们看来,"马克思历史唯物主义方法的关键是社会理论必须与当下社会现实的轮廓相吻合"②。这就意味着,一旦历史发展,社会现实改变,旧有的理论就不再具有解释的充分性。理论必须随着现实而发展,哈特和奈格里要在遵循马克思方法的基础之上作出对当代劳动霸权性质转变的历史判断。

哈特和奈格里遵从马克思经济基础归根到底起决定性作用的观点,采用他们总结的马克思四大方法中的"历史趋势"这一方法,判断当代劳动与生产过程的图景正被非物质劳动的霸权所彻底改变。所谓"非物质劳动即生产非物质性产品的劳动,其产品包括信息、知识、思

---

① Michael Hardt and Antonio Negri, *Empire*, London: Harvard University Press, 2000, p. 185.
② Michael Hardt and Antonio Negri, *Multitude: War and Democracy in the Age of Empire*, New York: The Penguin Press, 2004, p. 140.

想、形象、关系和情感等"①。但这并不意味着没有产业工人和农业工人的物质性劳动了,也不意味着他们人数的下降,而是说当下只占全球劳动大军中一小部分的非物质劳动者的劳动正改变着其他劳动方式和社会存在形式。"总有一种劳动形式下的劳动者形象对其他劳动者形象施加霸权。这种霸权性的劳动者形象发挥着旋涡作用,能够逐渐改变其他劳动者形象,使他们采用霸权劳动者形象所具有的核心特质。"②这就是说,非物质劳动过程所展现的质和诸种特性正趋于根本改变其他劳动形式和作为总体的社会形式,并向整个社会扩展。由于非物质劳动主要依赖网络形式进行,它的非物质劳动形式普遍化了。"非物质劳动是基于通信交流、合作共事和情感联系之上的,趋向于采用社会网络形式进行。"③ 而这样一些非物质劳动能直接生产出具体的社会关系,各种社会关系成为非物质劳动必然采用的形式。这就打破了一种物质生产的纯粹经济学规定,而将生产指向社会诸领域。哈特和奈格里指出:"非物质劳动趋向于超出严格意义上的经济领域的有限范围,参与到整个社会的一般生产和再生产中去。"④ 这种非物质劳动的扩展表现在以下四个方面:

首先,在发达国家的就业领域中,服务业的非物质劳动在统计数字中是增长最快的工作类型之一,如餐厅服务员、售货员、计算机工程师、教师、健康工作者等。其次,从质上看,其他劳动形式与生产形式越来越采用非物质生产的方式进行。计算机技术普遍进入各种生产之中,信息、交流、知识、情感等注入生产中。再次,非物质劳动

---

① Michael Hardt and Antonio Negri, *Multitude*:*War and Democracy in the Age of Empire*, New York:The Penguin Press, 2004, p.65.
② Michael Hardt and Antonio Negri, *Multitude*:*War and Democracy in the Age of Empire*, New York:The Penguin Press, 2004, p.107.
③ Michael Hardt and Antonio Negri, *Multitude*:*War and Democracy in the Age of Empire*, New York:The Penguin Press, 2004, p.66.
④ Michael Hardt and Antonio Negri, *Multitude*:*War and Democracy in the Age of Empire*, New York:The Penguin Press, 2004, p.66.

生产出来的财富越来越重要。诸如专利、版权和各种非物质商品的专卖性利润越来越高。最后,非物质生产所特有的分散性网络形式正扩展到整个社会。这四个方面表明非物质劳动正获得生产的霸权。

在哈特和奈格里看来,非物质劳动具有劳动对象和劳动过程的非物质性特点,其分成两类,一类是智力与语言,另一类是情感劳动。在19世纪和20世纪的大部分时间里,工业劳动处于全球霸权地位。但在20世纪最后数十年,"工业劳动失去了它的霸权地位,取而代之的是'非物质劳动',即创造了非物质产品的劳动,这些非物质产品包括知识、信息、交流、关系或情感反应"①。应如何把握它的一般性质和特点?哈特和奈格里认为可以从以下两个方面着手:"第一个基本形式指向的劳动基本上是智力的或语言的,如问题的解决、象征性和分析性的任务,以及语言表达。"② 这类非物质劳动制造了主意、象征、代码、文本、语言角色、形象等产品。另一个基本形式是"情感劳动"。这种情感与情绪不同,"它涉及身体和心灵。实际上,情感如高兴和悲伤显示的是生物机体的生命现存状态,表达的是某种身体状况和某种思维模式"③。情感劳动生产情感或操控情感。这些情感包括轻松、健康、满意、兴奋和激情等感觉。我们看到的专家助手、空乘服务人员和外卖员等的微笑服务,就属于这类劳动。在发达国家,这种情感劳动日益成为一种趋势,不仅老板要求雇员这样做,而且工人也有意识地进行这样的训练。所以,"一个有着良好态度和社会技能的工人从另一个角度说是一个擅长情感劳动的工人"④。这里,哈特和奈格

---

① Michael Hardt and Antonio Negri, *Multitude*: *War and Democracy in the Age of Empire*, New York: The Penguin Press, 2004, p. 108.
② Michael Hardt and Antonio Negri, *Multitude*: *War and Democracy in the Age of Empire*, New York: The Penguin Press, 2004, p. 108.
③ Michael Hardt and Antonio Negri, *Multitude*: *War and Democracy in the Age of Empire*, New York: The Penguin Press, 2004, p. 108.
④ Michael Hardt and Antonio Negri, *Multitude*: *War and Democracy in the Age of Empire*, New York: The Penguin Press, 2004, p. 108.

里介绍了非物质劳动的智力活动、语言活动和情感活动三方面的劳动内涵。这些方面显示出劳动过程的非物质性，处于动态的活劳动的过程性。它不像物质劳动强调物质实体被对象化，强调静止的死劳动的出现。

非物质劳动具有强烈的主体性与生命政治性。哈特和奈格里认为，在当下的现实生产生活中，大多数劳动都包含非物质劳动。沟通交流涉及一切领域。新闻和各种传媒工作者，不仅传递信息，而且要表达观点，制造情感，引人入胜。健康工作者更注重情感、认知和语言表达。虽然几乎所有非物质劳动都与物质劳动连在一起，但哈特和奈格里强调的是产品的非物质性，他们"将这种霸权性质的非物质劳动形式理解为'生命政治劳动'，即这种劳动不仅创造出物质产品，而且创造出关系以及终极的社会生命本身"①。过去的劳动概念总是区分经济的、政治的、社会的、文化的，生命政治劳动则包括所有方面，几乎所有的人都是生命政治的劳动者，只要他在进行沟通的劳动。

虽然工业劳动在今天总量没有下降，非物质劳动仍然处于少数地位，但是它在质上已经形成了霸权趋势，"正如在早期阶段所有劳动形式和社会自身不得不工业化一样，今天的劳动和社会自身也不得不信息化，转变为智力劳动，转变为交流的和情感的了"②。在这里，哈特和奈格里从非物质劳动的物质规定性而不是它的社会形式规定性上对非物质劳动进行描述，认为非物质劳动主要是主体间的创造性交流和主体间社会关系的结成，他们得出非物质劳动完全是主体性生产，真正是生命政治性生产。他们说："非物质劳动具有生命政治的性质，在那里非物质劳动被定位指向了社会生命形式的创造。这样一来，非物质劳动不再仅仅局限于经济领域，而直接变为一种社会的、文化的和

---

① Michael Hardt and Antonio Negri, *Multitude*: *War and Democracy in the Age of Empire*, New York: The Penguin Press, 2004, p.109.
② Michael Hardt and Antonio Negri, *Multitude*: *War and Democracy in the Age of Empire*, New York: The Penguin Press, 2004, p.109.

政治的力量。在终极意义上,就哲学而言这里涉及的生产是主体性的生产,是社会的新的主体性的创造和再生产。"① 结果,非物质生产与生命存在直接同一,变成了生命活动本身的表达。

非物质劳动模糊了工作时间和非工作时间的界限,并日益覆盖社会各种不稳定的工作。在缺乏稳定性和长期性合同工作的情况下,非物质劳动者不得不同时从事多个工作,在不同地点来回奔波。因而这些工作任务几乎占用了劳动者的全部生命空间。所以,"在各种形式的非物质劳动中,有一种趋势是模糊工作时间和非工作时间的区别,将工作日无限地延长到充满生命的全部时间"②。

非物质劳动的霸权倾向于创造非物质的共有物。这种共有物的共有性与诸众的奇异性并不矛盾,反而共有性容纳肯定诸众的奇异性,而奇异性的结合则有助于共有物的生产。正是由于共有性与奇异性相互促进的关系,即使全球范围内地方的差异、劳动过程的差异和诸众的差异强烈地存在,劳动主体也能够和平相处,并在共有物的使用中扩展共有物自身的内容和范围。生命政治生产的条件就是对共有物的开发性占有和使用。

非物质劳动催生了一个新的资本剥削机制。哈特和奈格里指出:"信息、交流与合作成为生产的标准,网络则成为它的主导性的组织形式。因此,生产的技术体系与它的社会构成密切一致,一方是技术的网络,另一方是社会主体的合作,两方共同发挥作用。这种对应一致的关系规定了新的劳动拓扑结构,也确定了新的剥削实践与剥削结构的特征。"③ 在非物质劳动条件下,资本剥削不再是对个体或集体劳动

---

① Michael Hardt and Antonio Negri, *Multitude*: *War and Democracy in the Age of Empire*, New York: The Penguin Press, 2004, p. 66.
② Michael Hardt and Antonio Negri, *Multitude*: *War and Democracy in the Age of Empire*, New York: The Penguin Press, 2004, p. 66.
③ Michael Hardt and Antonio Negri, *Multitude*: *War and Democracy in the Age of Empire*, New York: The Penguin Press, 2004, p. 113.

时间计量后的剩余价值的侵占,"而是对合作劳动生产出的价值的攫取,是对通过社会网络而流通的日益生成的共有物的攫取"①。这是因为合作劳动形式不再由资本家创造,而是由非物质劳动者自行创造,资本家位于生产之外了。但资本家通过资本关系强行占有,这种占有方式表现为一种金融性的外在抽取。

在非物质劳动的范式中,穷人成为生命政治生产的活力体形象。按照马克思对劳动力的描述,由于客观生产条件被剥夺,劳动的实现成为不可能,人自身成为抽象的劳动潜能。它一无所有,除了劳动能力,这是劳动的绝对贫穷状态。在哈特和奈格里看来,马克思对资本关系下劳动力特征的分析具有双重性,首先是贫困,其次是生产性。在当代,在共有物被资本彻底私有化、市场化后,所有资本的对立面主体都因缺乏劳动对象而成为"绝对贫困"的穷人了。但是,穷人仍然具有强大的创造财富的劳动潜能。在非物质劳动范式下,在共有财富被资本外在剥夺的状况下,创造性的劳动主体性却更加鲜明地表现出来,穷人的诸众登场。

"穷人的诸众"已不再是工业无产阶级

哈特和奈格里要发展马克思主义理论,他们注意打造新的概念工具去反映新的全球资本主义发展的现实。但是,马克思总是从生产力的物质规定性和生产关系的社会形式规定性的双重维度来定义生产时代,同时更加注重从劳动生产的本质性社会生产关系去规定人的社会阶级属性。与马克思以双重维度论证时代和阶级特性相比,哈特和奈格里则侧重于单维度地从劳动的物质规定性上定位时代的转化,将具体的资本剥削关系的新形式置于远方,以外在的形式存在着。因此,

---

① Michael Hardt and Antonio Negri, *Multitude*:*War and Democracy in the Age of Empire*, New York:The Penguin Press, 2004, p. 113.

在哈特和奈格里看来，当非物质劳动霸权取代了工业物质生产劳动霸权的时候，非物质劳动者就作为资本帝国内部的对立者出现，即作为诸众新主体出现。诸众这个曾经在 17 世纪政治学中讨论的主体概念被他们在 21 世纪复活。他们以诸众主体替代了现代的工业无产阶级。我们看到，在资本实现的世界市场上，他们的诸众作为被新自由主义剥夺了一切劳动客观条件的主体，以一种"穷人"的姿态出场，但在非物质劳动中，恰恰是"穷人"主体表现得生机勃勃，富有变革的朝气。哈特和奈格里为"穷人"诸众规定了诸多性质。

第一，诸众是全球资本关系下最为广泛的"穷人"。在哈特和奈格里看来，当资本真正实现了世界市场，将所有人口都纳入资本对劳动实质吸纳的关系中时，劳动者被剥夺了对象化的客观条件，全部劳动者都与资本对立了。但是，非物质劳动特有的劳动对象却无法被剥夺，那就是非物质的共有物，一种主体间的关系。当劳动日益基于共有物进行时，共有性的生产就成为诸众存在的核心条件，而社会生产就是共有性的生产。以前被排除在工资劳动之外的人，包括穷人、失业者、无工资的人、无家可归者等，在今天"都被包含在社会生产过程之中"[①]。他们都是生产者了。他们之所以以穷人形象出现，哈特和奈格里认为，是因为在全球资本帝国中，绝大部分人被剥削和剥夺了。"我们需要意识到并且抗议造成全球日渐增加的剥夺人们必要的收入、食物、保护、教育、健康的那些形式。总之，我们要意识到穷人是帝国全球秩序的牺牲品。"[②] 但是，全球性的社会生产以这样或那样的形式纳入这些穷人，于是穷人在非常广泛的程度上从事各种形式的服务业。"在最一般的层面上，生命政治生产——包括知识生产，信息生产，语

[①] Michael Hardt and Antonio Negri, *Multitude: War and Democracy in the Age of Empire*, New York: The Penguin Press, 2004, p. 129.

[②] Michael Hardt and Antonio Negri, *Multitude: War and Democracy in the Age of Empire*, New York: The Penguin Press, 2004, p. 129.

言形式生产，交流网络生产以及合作的社会关系生产——趋于包含所有社会层面，包括穷人。"① 这样一来，所有这些人都一无所有，但是又在社会生产中。结果，这些人构成了"穷人"的诸众，它被哈特和奈格里称为新型无产阶级，与传统工业无产阶级相对。

第二，哈特和奈格里从是否拥有财产的角度将诸众设定为穷人，设定为无财产、身份无限且广泛杂多和具有强烈反抗力量的主体。曾经的诸众是现代性开启时的一员，却在资产阶级革命中被有产者看作威胁财产私有权和破坏财产共和国社会秩序的力量，因而被定义为穷人而被压制了。过去，诸众被设定为财产共和国的对立面，设定为无财产的穷人，但穷人是有力量的。今天，诸众的力量必须被揭示出来，从而在全球帝国时代承担起反抗资本统治的任务。

在哈特和奈格里的认识中，与将诸众看成消极形象的霍布斯思想路线相反，马基雅维利开启了肯定穷人力量的思想路线，这一直延续到马克思。哈特和奈格里认为，马基雅维利指出穷人是资本隐形剥削的残余物，它被排除在财产之外，但又被包含于财富的生产之中，因此就出现了一系列悖论性矛盾：财富与贫穷、等级制与共同性、屈从与生产等等。马基雅维利就此揭示了社会是冲突性的因而是动态性发展的这一原理，同时也揭示了反抗的巨大作用。哈特和奈格里说："他的历史和政治分析的关键之处是发展，即从义愤走向社会失序或反叛的创造，并随之为诸众造反设置了条件。"② 这就是说，人类是赤裸的、痛苦的，但是痛苦中拥有生产潜能和反叛的力量。斯宾诺莎推进了马基雅维利的这个思路，强调了力量的身体性要素。斯宾诺莎还将贫穷与力量结合，指出贫穷是转变的起始点，它指向一种共同体的建设。

---

① Michael Hardt and Antonio Negri, *Multitude*: *War and Democracy in the Age of Empire*, New York: The Penguin Press, 2004, p. 130.
② Michael Hardt and Antonio Negri, *Commonwealth*, Cambridge & Massachusetts: The Belknap Press of Harvard University Press, 2009. p. 53.

在这个过程中，团结和爱发挥了积极联合的建构作用，使诸多力量在共有中不断增大而变强。斯宾诺莎还强调这种共同力量是支撑民主的最重要力量。

马克思继续推进他们的思路。哈特和奈格里认为，马克思也是从分析贫穷开始的。资本的原始积累是劳动者与生产条件的分离，造成双重自由：摆脱了以前的奴役从而是自由的，同时因一无所有而自由。在丧失了劳动客观条件的情况下，马克思还将活劳动看成消极和积极的两面，一是劳动因丧失对象资料而处于"绝对的贫困"状态，二是作为财富可能性的创造源泉存在，是一种潜能。哈特和奈格里指出："马克思将这种爆炸性的贫穷与力量的结合体看作对私有财产的终极威胁，它居于核心之处。"[①] 今天，哈特和奈格里继续推进这一思路，其历史语境是资本发展到新阶段，采用了新的剥削方式，剥削不再作为工厂生产的结果出现，而是以金融或租金实现剥夺。无论工人还是穷人都被纳入资本生产的核心，不再有穷人居于资本生产的边缘地带，因此"穷人的诸众在为革命性变革的规划中涌现"[②]。但是，即使是贫穷，诸众也拥有自己的力量。"我们要意识到穷人是帝国全球秩序的牺牲品。更为重要的是，我们需要意识到穷人并不仅仅是牺牲品，而且也是拥有强大力量的一群人。"[③]

第三，哈特和奈格里认为，今天的劳动和反抗的主体已经发生深刻变化，无产阶级构成本身已经发生深刻变革，必须重新定义今天的无产阶级。这种定义不是无根据的臆测，而是就生产本身的霸权性地位的改变而设定。他们认为，传统的无产阶级范畴指的是成年男性产

[①] Michael Hardt and Antonio Negri, *Commonwealth*, Cambridge & Massachusetts: The Belknap Press of Harvard University Press, 2009. p. 54.

[②] Michael Hardt and Antonio Negri, *Commonwealth*, Cambridge & Massachusetts: The Belknap Press of Harvard University Press, 2009. p. 55.

[③] Michael Hardt and Antonio Negri, *Multitude: War and Democracy in the Age of Empire*, New York: The Penguin Press, 2004, p. 129.

业工人，他们具有领导者的地位，领导农民劳动者和再生产性的劳动者，因为那时的大工业生产是占据霸权的生产。今天，非物质生产活动正逐渐取得生产上的霸权，支配着其他生产。过去的工人阶级的领导地位消失了，新的无产阶级构成出现。这是什么样的无产阶级构成呢？哈特和奈格里说："我们把无产阶级理解为一个宽泛的范畴，它包含所有那些他们的劳动直接或间接受到资本主义生产和再生产规范剥削，并屈从于资本主义生产和再生产规范的人们。"① 从这里我们看到，作为当代无产阶级的这些人的工作各式各样，没有什么同质性和一致性。一些人工作是有薪水的，一些人没有；一些人在严格的工厂高墙内劳动，一些人则分散在社会领域里劳动；一些人每天工作8小时、每周工作40小时，一些人的工作时间则扩展到整个生命时间；一些人的劳动被认为创造财富极少，一些人的则被认为极多。所有这些不同生产中的劳动者形象和非物质劳动力形象在今天越来越占据资本主义生产的核心地位，从而占据了当下无产阶级构成的核心地带。他们不再是过去的工厂产业无产阶级，而是最广泛的全球社会生产中的杂多的社会无产阶级。一种主要处于流通过程中的新的无产阶级形象生成了。

当代无产阶级不同于传统的产业无产阶级，哈特和奈格里进一步在空间和时间维度上比较它们之间的不同。在空间维度上，传统工业无产阶级固定于工厂的空间中，处于机器的旁边。而当代全球化创造了诸大陆、诸国家和诸地区之间的交流和联系，全球资本生产离不开移民的参与。但人员的流动产生了无限的偶然遇合机会，混杂、混种、融合、交流、合作，就产生了基于差异性的可能的共同性反抗。因此，"诸众可以被想象为一个网络系统，一个开放而广泛覆盖的网络系统。

---

① Michael Hardt and Antonio Negri, *Empire*, London: Harvard University Press, 2000, p. 52.

在这一系统中，所有的差异都能自由而平等地表达；这一网络系统提供了不同个人之间的偶遇性，这导致我们能在人人有责、共同所有、共同分享的环境中工作和生活"①。这里，他们把全球空间中的穷人都纳入了当代无产阶级的概念中。

在时间维度上，哈特和奈格里基于新型劳动现象学，比较了后现代的诸众无产阶级与现代无产阶级之间的差异。工业无产阶级的物质生产具有主客体的对立性，对象化劳动本身与工人分离，并统治工人。劳动时间具有明显的间隔性。但是，非物质劳动的诸众无产阶级则是生产、生活和生命融为一体，劳动过程就是生命过程，劳动形式就是生命形式，劳动时间就是生命时间。劳动时间直接变成了存在过程，因而劳动时间也变成了不可计量的。他们指出："通过在诸众之中形成和再形成的合作、集体存在和交流网络，时间在内在性平面上重新被占有。……诸众的活动构成了时间，这种时间超越了那种作为计量标准的时间。因此时间被定义为那一运动前后之间的不可测度性，被定义为一种内在的构成过程。这一本体论的构成过程通过集体的合作运动展开，并遍及由主体性生产所建构编织成的新织物中。这种本体论的构成之点就是新的无产阶级显现为一种建构力量的地方。"② 也就是说，所有时刻进行的联系交往在后现代都变成了一种劳动，都变成了一种社会性生产。劳动就是自主地创造与结合，它的活动过程已经超出了资本规定的劳作时间，资本的量的标准已经不能通过时间来衡量。劳动过程内在化了。

两者之间更为不同的是，"这是新型的无产阶级而不是新的产业工

---

① Michael Hardt and Antonio Negri, *Multitude*: *War and Democracy in the Age of Empire*, New York: The Penguin Press, 2004, pp. xiii-xiv.
② Michael Hardt and Antonio Negri, *Empire*, London: Harvard University Press, 2000, pp. 401 - 402.

人阶级。这一区别是根本性的"①。那么,这一区别的具体标准和表现是什么?哈特和奈格里指出,当下的无产阶级指的是所有被资本剥削的劳动者,包括所有合作着的诸众,而"产业工人阶级只是代表了无产阶级和它的革命的历史中的一个片段时刻。在这一阶段,资本能够将价值化约为可计量标准,在这一阶段似乎只有雇佣工人的劳动是生产性的,而其他部分的劳动只表现为再生产性的甚至是非生产性的"②。在帝国的生命政治语境下,资本生产已经将社会生活的生产和再生产更多地融合在一起,保持在现代社会条件下产生的对生产性劳动、再生产性劳动和非生产性劳动的区分标准在后现代变得愈加困难,必须抛弃过去生产劳动的狭隘概念,必须重构生产劳动的内涵,并在此基础上重构当代无产阶级形象。哈特和奈格里指出:"劳动——物质的或非物质的、智力的或肉体的——生产和再生产着社会生活,在这样一个过程中被资本剥削,这一生命政治生产的广阔视野使我们最终认识到最充分的无产阶级概念的普遍性。在生命政治语境中,生产和再生产之间的模糊性也一再凸显时间与价值的不可计量性。由于劳动走出了工厂高墙,要继续维持工作日可计量标准的那种假说越来越困难,因而将生产时间从再生产时间中分离出来或者将工作时间从休闲时间中分离出来也越来越困难。"③ 在这里,哈特和奈格里通过把流通过程中的所有活动变成生产劳动,使广泛的社会领域都成为生产领域,把所有投入资本总体生产过程中的劳动主体,不管是大流通还是小流通领域,都当作新时代的无产阶级。

第四,穷人不再是产业资本的后备军,那种在资本剥夺下处于困

---

① Michael Hardt and Antonio Negri, *Empire*, London: Harvard University Press, 2000, p. 402.
② Michael Hardt and Antonio Negri, *Empire*, London: Harvard University Press, 2000, p. 402.
③ Michael Hardt and Antonio Negri, *Empire*, London: Harvard University Press, 2000, pp. 402 – 403.

窘状态的产业工人阶级消失，取而代之的是普遍处于社会生产过程中的各类所谓的生产者。哈特和奈格里认为，产业生产霸权已经被非物质劳动霸权代替，穷人后备军在非物质劳动的网络下不存在了。"在更加一般化的角度上，工作与失业之间的社会分界正变得越来越模糊。"① 在后福特主义时代，稳定的有保障的工作不再存在，人们都处于不稳定的就业与失业之间。"现在没有任何劳动力是外在于社会生产过程的，在此意义上没有蓄水池或后备军。"② 从社会生产扩展上说，穷人也是诸众。"社会生产日益被非物质劳动所定义，诸如合作或者社会关系的机构和交流网络，今天包括穷人在内的整个社会的活跃性正变得愈加具有生产性。"③ 我们看到，在哈特和奈格里的社会生产概念里，没有失业现象，当然产业后备军概念也被取消。

第五，游牧与混种的全球公民出现，他们也不是一种移动的传统产业工人阶级的形象了。哈特和奈格里认为，在帝国中，帝国秩序化一切的宪制权同诸众超越标准的行动及虚拟力量共同形成的制宪权之间形成矛盾对立。打破这种宪制权同制宪权的对立，需要融入爱且能够建构出新社会的那种新主体形象来实施。而这种新型主体必须超越地方化的限制。在他们看来，随着资本世界市场的彻底完成，诸如具有局限性的民族、国家、种族、宗教、文化价值观等各种地方化身份高墙也被消除，人员任意流动的平滑的全球空间出现。这种空间将造就在游牧和混种过程中的一种新人形象。由于人们普遍流动，各种人群相互遭遇、沟通、杂交而形成了一种混种人群，这种混种人群不仅消解了各种地方化特征，而且吸收对方的积极力量而变得更加强大，

---

① Michael Hardt and Antonio Negri, *Multitude*: *War and Democracy in the Age of Empire*, New York: The Penguin Press, 2004, p. 131.
② Michael Hardt and Antonio Negri, *Multitude*: *War and Democracy in the Age of Empire*, New York: The Penguin Press, 2004, p. 131.
③ Michael Hardt and Antonio Negri, *Multitude*: *War and Democracy in the Age of Empire*, New York: The Penguin Press, 2004, p. 131.

成为普遍化的全球诸众。他们具有共同的欲望和虚拟性的生产力量，他们在各处抵抗帝国的压制，成为帝国全球空间中无处不在的反抗者。面对帝国，这些人按照自己的欲望在全球流动，寻求实现自己的解放。因而"流动本身就是反抗帝国体系的第一个伦理行动"①。进而，"流动的诸众必须获得全球公民身份"②。在这里，哈特和奈格里呼吁世界实行普遍性的福利待遇，进而全球公民才可能建构出新的替代社会。

总之，在非物质劳动与全球社会生产中，由于资本的金融性剥夺，哈特和奈格里的"穷人"诸众被制造出来。诸众具有奇异性，与财产共和国相对立，进行具有霸权趋向的共有的非物质劳动，他们被全球资本所剥夺、排除却又包纳，是一无所有的各类穷人，但他们最有力量，他们全球移动，具有不能被压制、消除的渴望民主自由平等的欲求，他们倾向于实现这种强烈的欲求。总之，诸众作为全球社会生产的后现代穷人主体，不再是马克思笔下的现代产业无产阶级的形象。

诸众主体的自主性与政治解放能力

诸众这个包罗万众的资本帝国时代的新型主体，具有强大的自主性。这种自主性含有广泛的性质，不仅具有革命反抗性，具有伦理博爱性，还具有积极的民主建构性。哈特和奈格里以三个具体形象表现这三种性质，即进行义愤反抗的战斗者、共有性生产中伦理之爱的共有者和能够进行绝对民主建构的"企业家"。

诸众首先作为自主性的新型战斗者形象出现。诸众的自主性，是意大利自主论马克思主义学派得以自立的根基，一切自主构想皆立足于此。20世纪60年代潘齐尔里等人强调工厂工人自主反抗的"工人主

---

① Michael Hardt and Antonio Negri, *Empire*, London: Harvard University Press, 2000, p.363.
② Michael Hardt and Antonio Negri, *Empire*, London: Harvard University Press, 2000, p.361.

义"主张，20世纪70年代之后奈格里重构《大纲》，提出劳动优先于资本的原则，一举奠定工人自主性的理论根基，并将这种自主性扩展到广大"社会工人"身上。到了21世纪，哈特和奈格里将这种劳动者的自主性推广到最广大的范围——资本世界市场中的全球诸众身上。但是，这种自主性必须在后现代语境中再次重构，他们将非物质生产置于诸众的生产根基处，将生命政治生产设定为自主的生产。这造就了一个来自斯宾诺莎哲学概念的新生，即"奇异性（singularity）"①，它被哈特和奈格里赋予了诸众个体生命自身具有的本体论性质。因为这一概念，诸众自主性、独立性、社会性与爱的伦理性都表现出来，使诸众成为与众不同的社会主体。

哈特和奈格里在探讨帝国时代的反抗者——诸众的独特特征时，指出诸众是处于世界市场之中被资本纳入生产和再生产中的人，是非物质劳动者，其自身具有一种奇异性。这样，非物质劳动自主的生产活动与生命的奇异性被他们连在了一起。"当诸众工作时，他们自主地生产和再生产整个生活世界。自主地生产和再生产意味着构建出一种新的本体论的实在。实际上，通过工作，诸众把它自身作为奇异性生产出来。恰恰这种奇异性在非处所的帝国中建立了一种新处所，恰恰这个奇异性就是由合作生产出来的实在，是由语言共同体表现出来的实在，是由混种运动发展起来的实在。诸众通过颠覆那种意识形态幻象而肯定自己的奇异性，那个意识形态幻象就是在世界市场的全球表面上所有人都是可以相互交换的。身处市场意识形态中，诸众通过劳

---

① "singularity"是哈特和奈格里《帝国》三部曲中的核心概念之一，他们在《帝国》中给出了它的来源。其起源于13世纪英国哲学家邓斯·司各脱（John Duns Scotus）对人的规定。司各脱以共同性质和个别性原则定义了人，认为人是质料的肉体与形式的灵魂的有机统一体，人在个别性上是具有人类共同性质的有个性的人，是自然界中最完满的实体。他否定了肉体与灵魂分离的论断。哈特和奈格里结合德勒兹对此概念的定义，把这个概念与斯宾诺莎关于人的积极性定义结合起来，意指个人生命本身所具有的不可缩减化约的创造、自由、友爱等欲望，每个人既有人的共同性质又有特殊个性，这是一个本体论的概念，它具有"单一性""个异性"等意。本书采用"奇异性"（王行坤）译词。

动在全球交换的每一节点上促进了各人类群体的生命政治的奇异化。"①而"遍布于生命政治生产的所有方面的协作与交流确定了生产性的奇异性"②。在这一论述中,我们看到哈特和奈格里将后现代的非物质劳动与奇异性结合在一起,奇异性的核心就是个体生命不可缩减的深沉个性,是一种从根基上就具有差异性的积极的生命力量,它使个体不仅具有高度的自主性,具有强烈地反抗一切外在压迫的自由欲求,而且具有强大的自我规划能力和寻求民主的渴望。在这种奇异性的特有规定中,在全球化的非物质的社会生产中,诸众相遇,必将会产生一种资本无法控制的政治行动。

因为奇异性,帝国时代的诸众新形象与"人民""乌合之众"和"产业工人阶级"完全不同。在生命政治生产语境下,诸众不同于"人民"的概念。人民是一,诸众是多元的奇异性。"诸众由一系列奇异性组成,就奇异性而言我们本意指一种社会主体,他们的差异不能化约为同一,而是一种保持着差异性的差异存在。"③ 同时诸众也不同于"乌合之众",乌合之众只是有差异的个体总和,但不具有奇异性,他们只是互不关心的冷漠的散乱集体,"只能被领导行动而不能自我组织进行行动——在这种意义上其根本是消极的"④。所以,"诸众,它用来称呼一种积极的社会主体,他们的行动是以他们在共有性中分享奇异性为基础的。诸众是具有内在差异性和多样性的社会主体,他们的建

---

① Michael Hardt and Antonio Negri, *Empire*, London: Harvard University Press, 2000, p. 395.
② Michael Hardt and Antonio Negri, *Empire*, London: Harvard University Press, 2000, p. 395.
③ Michael Hardt and Antonio Negri, *Multitude: War and Democracy in the Age of Empire*, New York: The Penguin Press, 2004, p. 99.
④ Michael Hardt and Antonio Negri, *Multitude: War and Democracy in the Age of Empire*, New York: The Penguin Press, 2004, p. 100.

构和行动依赖的不是认同或统一,而是在共有中的分享"①。当然,诸众也与产业工人阶级概念差别很大,产业工人阶级是工厂中的成年男性雇佣劳动者,它具有排他性,且拥有中心化的组织领导。但是诸众是广泛的"穷人"阶级,是各自自主联合的斗争者。这样,哈特和奈格里就把诸众设定为一种独特的政治主体形象,每个主体都具有独一无二的创造本质,这些主体倾向于在保持差异性中积极互动地去共同行动。奇异性不认同领导权威,否定和拒绝先锋队组织。奇异性成为诸众最根本的本体论特征。这是诸众不同于人民、乌合之众和产业工人阶级之处。

在此基础上,哈特和奈格里开始构造具有奇异性的诸众如何构成一种具有政治反抗性的阶级形象,新的阶级标准必须出现。他们认为,诸众是在反抗帝国统治的过程中结成一个阶级的。"诸众是一个阶级概念"②,这是哈特和奈格里首先肯定的。但这个阶级既不是马克思的本质性阶级概念,也不是自由主义的经验阶层概念,它是由斗争和规划所形成的概念。在哈特和奈格里的视域中,阶级的形成一方面是由阶级斗争决定的,另一方面是由阶级的未来规划规定的。首先,"阶级是这样一个事物,即它只能由集体斗争这样的线索来确定划分"③。他们推进了保罗·萨特关于反击闪米特人产生犹太人的逻辑,认为阶级也应该如此划分。世界存在差异性群体,只有当共同反对某个对象时,阶级才能产生,所以,"阶级是一个政治概念,在这里,一个阶级是也只能是一个共同一致对敌斗争的集体"④。其次,阶级是由阶级推

---

① Michael Hardt and Antonio Negri, *Multitude*: *War and Democracy in the Age of Empire*, New York: The Penguin Press, 2004, p. 100.
② Michael Hardt and Antonio Negri, *Multitude*: *War and Democracy in the Age of Empire*, New York: The Penguin Press, 2004, p. 103.
③ Michael Hardt and Antonio Negri, *Multitude*: *War and Democracy in the Age of Empire*, New York: The Penguin Press, 2004, p. 104.
④ Michael Hardt and Antonio Negri, *Multitude*: *War and Democracy in the Age of Empire*, New York: The Penguin Press, 2004, p. 104.

出的政治主张和政治规划表达出来的。"一种阶级理论不仅反映那一阶级斗争存在的范围,而且要为它的潜在的未来发展作出说明。"①所以,"阶级事实上是一种构成部署,是一种规划"②。这种阶级规划因有效地消解了政治斗争和经济斗争之间的界限,而形成了一种新的阶级存在。没有共同的阶级规划就没有阶级和阶级斗争。在帝国时代,"阶级是一个生命政治概念,同时也是一个经济与政治的概念"③。当生命政治出现时,生命政治生产所包含的范围就极大地扩大了,不仅包含经济的、文化的、社会的方面,而且包含资本帝国范围内所有反抗帝国的各种劳动者。因而,对劳动就不能仅仅理解为有酬劳动,劳动必须同一般意义上的具有创造性能力连在一起,即所有具有创造性能力的奇异体都是劳动者。这样,"穷人,就如我们将要论证的那样,不是被排除在阶级之外,而正是成为阶级的最重要部分的人"④。

在这种划分阶级的标准下,哈特和奈格里要重新制定马克思阶级斗争的政治规划。这种规划注重生成诸众的一般化条件。这种一般化条件并不意味着一体性或同一性,而是要求没有任何自然差异或者人种差异可分裂诸众。也就是说,不论何种劳动方式、生活方式,也不论哪个地域的人,在共同的规划下都可以交流与合作,并进行共同的反抗斗争,而不是表现为分裂。这样,诸众的阶级范围就确定了,即"首要方法是,把诸众看作所有在资本统治下的人的总体,因而也就

---

① Michael Hardt and Antonio Negri, *Multitude*: *War and Democracy in the Age of Empire*, New York: The Penguin Press, 2004, p.104.
② Michael Hardt and Antonio Negri, *Multitude*: *War and Democracy in the Age of Empire*, New York: The Penguin Press, 2004, p.104.
③ Michael Hardt and Antonio Negri, *Multitude*: *War and Democracy in the Age of Empire*, New York: The Penguin Press, 2004, p.105.
④ Michael Hardt and Antonio Negri, *Multitude*: *War and Democracy in the Age of Empire*, New York: The Penguin Press, 2004, p.105.

能把所有那些拒绝资本统治的人潜在地看作一个阶级"①。这与工人阶级概念有极大的不同。在哈特和奈格里看来，工人阶级具有排他性，不包括非雇佣劳动者、农业劳动者、女性再生产劳动者、各种穷人等，它是最重要的生产劳动者，是唯一能有效反抗资本统治的主体，而其他阶层从属于它。哈特和奈格里反对这种阶级优先性，指出："在各种劳动形式中没有一种劳动具有政治优先性；今天的所有劳动形式都是生命生产性的，他们共同生产，也一起分享反抗资本统治的一种普遍潜能。"②

就这样，哈特和奈格里的诸众概念具有最大的包容性，他们认为"诸众赋予了无产阶级概念最丰富的规定，把资本统治下的所有劳动者和生产者都纳入其中"③。在资本的世界市场中，资本对全球劳动的实质吸纳也同时完成，地球成为最大的工厂社会，整个世界的生产再生产过程化为一种全球性的社会生产过程，资本在共有物生产之外以金融、租金和债务等形式来剥夺共有物的价值。全球被剥夺者的诸众因此在历史上第一次形成了一个对抗性的阶级。在哈特和奈格里的表述中，马克思和恩格斯的"全世界无产者，联合起来！"的口号似乎以另一种方式在诸众主体身上得到了回应。

诸众还构成了拒绝成为全球资本帝国身体之一部分的活力体。哈特和奈格里进一步运用身体现象学来显现诸众民主规划的固有能力和欲求。他们从总体上规定了诸众的形象："联合构成诸众的诸形象——产业工人、非物质工人、农业工人、失业者、移民以及其他人员，都

---

① Michael Hardt and Antonio Negri, *Multitude：War and Democracy in the Age of Empire*, New York：The Penguin Press, 2004, p. 106.
② Michael Hardt and Antonio Negri, *Multitude：War and Democracy in the Age of Empire*, New York：The Penguin Press, 2004, pp. 106 - 107.
③ Michael Hardt and Antonio Negri, *Multitude：War and Democracy in the Age of Empire*, New York：The Penguin Press, 2004, p. 107.

是生命政治的形象,他们在确定的空间里代表了确定的生命形式。"①这些分散的诸众形象通过什么样的方式汇合成一个同一的反对帝国统治的主体呢?借助后现代思想中差异对总体的拒绝理论,借助梅洛-庞蒂和德勒兹的身体哲学中器官对身体的独立性思想,哈特和奈格里分析了帝国身体与诸众肉体之间的关系。他们通过对帝国全球权力体系等级制和其支配机构欲将诸众纳入资本全球身体中的分析,把处在全球资本体系中的各种被剥削者综合成一个具有反抗精神和反抗力量的活力体的社会存在,这个活力体拒绝资本全球身体把自己纳为身体中的一个肢体器官,拒绝将自己作为资本全球生产机器的一个从属部件,它要成为自主的活力体存在,建构自主自治的绝对民主体制。

哈特和奈格里指出,那些后现代劳动力的独特形象之所以不再以碎片化和分散化的形式存在,是因为它们通过自主的交往与合作汇聚成了一个共有的社会存在,现在必须专注于这种社会存在,而这种社会存在既富有又悲惨,既充满生产性又历经痛楚,同时缺乏属于自己的生产形式。这种社会存在虽然贫困、悲惨,但"这种共有性社会存在是一种强有力的基体,它在当代社会的生产和再生产中最为重要,它具有创造一个新的替代性社会的潜能。我们应该把这种共有的社会存在作为一种新的鲜活肉体,一种无规则的鲜活肉体,而它还没有形成身体。在此,重要的问题是这些共有的奇异性将形成何种身体"②。这里有两种可能性,一种可能性是他们被全球资本征召生产,被塑造成资本全球社会身体的生产性器官;另一种可能性是这些共有的奇异性利用肉体之力自主地自我组织起来,去建构另类社会。"这种鲜活肉

---

① Michael Hardt and Antonio Negri, *Multitude*:*War and Democracy in the Age of Empire*, New York: The Penguin Press, 2004, p. 158.
② Michael Hardt and Antonio Negri, *Multitude*:*War and Democracy in the Age of Empire*, New York: The Penguin Press, 2004, p. 159.

体之力是一种通过历史行动改变自己和创造一个新世界的力量。"① 这是两种身体的对抗和较量，在这种较量中，诸众肉体之力既能被组织成资本的全球社会身体的一部分，也能自主构建出反资本的新的民主化的另类社会。

在哈特和奈格里看来，当下，全球资本帝国正欲形成一种等级制的全球政治身体和全球经济身体。这种全球政治身体具有两种表现，一是各种等级组织器官机构由世界经济分工构成，二是超越民族国家界限的帝国全球权力扩张。这种全球政治身体表现为一种排他性的新型"种族隔离"，通过这种体系，少数富有者和大多数贫困者被固定化了。全球资本要把诸众作为全球身体的一部分去控制与指挥，为资本生产利益。

面对这种现实的资本全球身体，诸众表现出了一种拒绝的自主性。它凭借什么创造另类他物？哈特和奈格里认为是主体性生产与共有物之间的共生互惠关系中的力量。他们说："我们的出发点是这样一些认识，即主体性生产与共有物的生产能够一起形成螺旋式上升的互惠共生关系。主体性，是通过合作和交流而被生产出来，相应地，这一被生产出来的主体性自身又生产出新的合作和交流形式。它们转而又生产出新的主体性，如此循环不已。每一次从主体性的生产到共有物的生产的螺旋上升之连续运动都是一种创新，创新造成越来越丰富的现实。"② 在这种互相产生的质变和构成关系中，"我们应该认识到诸众身体的形成，它是一个从根本上新的身体，一个共有的身体，一个民主的身体"③。这种身体在斯宾诺莎和梅洛-庞蒂的哲学著述中不受总体支

---

① Michael Hardt and Antonio Negri, *Multitude：War and Democracy in the Age of Empire*, New York：The Penguin Press, 2004, p. 159.
② Michael Hardt and Antonio Negri, *Multitude：War and Democracy in the Age of Empire*, New York：The Penguin Press, 2004, p. 189.
③ Michael Hardt and Antonio Negri, *Multitude：War and Democracy in the Age of Empire*, New York：The Penguin Press, 2004, pp. 189 - 190.

配而自身拥有自主性活力体。所以，诸众作为充溢着生命力的主体和肉体，他们自己拥有力量，并能创造新社会。

诸众是质疑和反抗主权权力的人，他们天生追求民主。在哈特和奈格里的笔下，诸众绝不同于把现代主权看作政治身体而自己作为政治身体上的一个服从肢体或器官的那些现代主体。诸众是后现代主体，根本不需要一个中心化的超验权威的组织，它自身就是极欲实现自身民主欲求的力量，"不是一个某物命令而他人服从的政治身体，而是一个能够自我统治的活力体"①。从这个角度来讲，"诸众是唯一能够实现民主的社会主体，就是说，每个人的统治是所有人的统治"②。这样，哈特和奈格里就从政治哲学、伦理哲学和身体哲学的意义上论证了诸众的每个人都是自主的，是不接受异己命令的差异性存在，他们可以在共享的共有之物中交流、联系，形成共同行动的共识，并能积极行动。在这种共同服从每个人都认可的原则下，每个人的统治成为一切人的统治。

通过综合运用政治学的、伦理学的、身体现象学的繁复论证，哈特和奈格里的后现代"诸众"主体出场了。这个主体形象被打造得光芒灿烂，既不同于以"一"为特征的"人民"概念，也不同于冷漠分裂的"乌合之众"概念，更不同于具有排他性的传统产业工人阶级的概念，它既否定现代的"认同"观，又否定现代主权的"政治身体"观。它是奇异性，是积极的多元性，是主动参与、自主组织的统一性；是充满创造力的生命政治生产主体，是"穷人"的主体；是普遍拒绝资本关系统治的主体，是反抗的革命战士主体；是追求绝对民主实现的主体，是贯彻"爱"的伦理建构的主体。因而它是能够担负起在帝

---

① Michael Hardt and Antonio Negri, *Multitude*: *War and Democracy in the Age of Empire*, New York: The Penguin Press, 2004, p.100.
② Michael Hardt and Antonio Negri, *Multitude*: *War and Democracy in the Age of Empire*, New York: The Penguin Press, 2004, p.100.

国时代创造新世界任务的主体。在这里,"另一个世界是可能的"世界社会论坛口号,因诸众出现而有了实践的能动性主体。所以,"今天指向变革和解放的政治行动只能在诸众的基础之上产生"①。

三、诸众主体:一种新的可能性

在资本完成对全球劳动力的实质吸纳后,整个全球性的社会生产时代来临。不仅丹尼尔·贝尔所描述的后现代社会在整个西方乃至世界出现,传统产业工人阶级的人数在不断减少,服务业就业人数持续增加并超过制造业工人,知识技术发挥中心作用,全球各种移民劳工大量涌现。全球资本的社会生产关系产生了无数的"色层",劳动出现了繁杂的具体形式,劳动阶层变得多样化、复杂化和碎片化。面对这一现实,西方左派学者要推进马克思主义的发展,首先面临一个劳动反抗主体的建构问题:如何建构一个具有包容性的劳动主体形象呢?哈特和奈格里的"诸众"主体横空出世,获得成功。哈兹米格·柯西彦评价道:"哈特和奈格里的'诸众'的成功之处源于如下事实:它表现了当代社会的具体运行过程(尤其是统治阶级的碎片化),并包含了一种政治主体。"②

柯西彦实际上指出了哈特和奈格里的抱负,他们就是要在资本完成对劳动的实质吸纳后,在资本实现世界市场的历程中,在全球表现为一个世界工厂社会的条件下,将所有被资本统治的人变成一个反抗资本体系的主体,这个主体不仅包括传统的产业工人阶级、服务业的

---

① Michael Hardt and Antonio Negri, *Multitude*: *War and Democracy in the Age of Empire*, New York: The Penguin Press, 2004, p.99.
② [法]哈兹米格·柯西彦:《朗西埃、巴迪欧、齐泽克论政治主体的形塑——图绘当今激进左翼政治哲学的主体规划》,孙海洋译,《国外理论动态》2016年第3期。

非物质劳动者与家庭主妇,而且包括穷人、失业者、无家可归者、无工资的人等,同时还包括农民阶级和广大移民,几乎囊括资本家阶级之外的所有人员。哈特和奈格里将这些人员打造成一个激进的政治主体——诸众。

由于他们的诸众主体来源于意大利自主论马克思主义对劳动者个体自主的根深蒂固的认同,对禁绝权威的绝对民主的信仰,对基于苏联社会主义僵硬官僚专制组织形式的厌恶,所以,他们将诸众变成一个不同于产业工人阶级、人民和乌合之众概念的具有奇异性、开放性和包容性的集体概念。不仅如此,他们还将诸众与霸权性非物质劳动联系起来,在生产共有物的生命政治生产中显露出不可压制的脱离资本关系的自主性和自治性,在共同集会抵抗资本的统治中显现出爱的伦理建构性和制宪权。诸众充满实现民主的欲望,他们反对战争、要求和平,他们反对资本生命权力的支配,欲建立平等自由的民主新世界。但是,由于缺乏马克思阶级理论中的内在客观生产关系维度,诸众不免成为一个抽象的激进民主的纯粹政治概念。

作为生命政治的劳动力的诸众主体

要明白为何柯西彦说"诸众"主体的提出大获成功,不仅必须把它置于 20 世纪最后十年西方左派的完全衰败上,而且要把它置放在作为劳动力进入霸权性的非物质劳动生产的背景中。传统社会主义国家苏联解体,欧洲社会民主党执政遭弃,左派力量瓦解了。关于阶级的话语被压制到极点,新自由主义向世界大肆扩展。左派只能在边缘群体中寻找斗争的主体,只能在新社会运动中发现自己的存在。面对这样一种左派悲情,哈特和奈格里则信心满怀,他们不是怀旧或者谴责多元主义,而是提出问题:左派是什么?在时下变成了什么?过去的阶级图式、组织形式与斗争方式已经落伍,"左派要复兴和重新建构,只能在新的实践、新的组织形式和新的概念基础之上才能进行"①。

要实现这一要求，一方面必须告别过去，与过去的左派思想模式和行动模式断裂开，与那种以产业工人阶级为核心的左派认知、生产模式与斗争方式作本体论的告别。另一方面，左派学者必须面对全球资本主义新形势下所形成的新的人类学现实，找到新的斗争主体。这个新主体既具有生产的动力性，具有保持被剥削的奇异性，又强烈地渴望自由民主，并且这种民主既是能打破资本主义限制平等的平等上的民主，又是能消除传统社会主义限制自由状态下的自由的民主，这些自由和平等能够成为一种实现民主的革命性新形式的动力。

面对这样的主体目标，什么样的主体形象适合？诸众！哈特和奈格里欣喜地说："按照我们的观点，诸众是一个概念，它通过确立一种政治组织形式和一个民主规划，能够重新复兴、重新建构或者以新形式表现出左派的任务。"② 之所以打造这样一个主体概念，不是把它看作直接政治性的现实存在，而是以此命名一种历史趋势，以此把握一种正在出现的社会的和政治的趋向。"命名这样一种趋势是政治理论的首要任务，也是把握正在发展着的那种政治形式的强大工具。"③ 为此，哈特和奈格里将诸众概念设定为两种存在的规定，即本体论的诸众和政治性的诸众。

本体论的诸众是作为根基的诸众，没有对它的本体论规定，就不可能设想出反抗和建构的主体存在方式。这样一种能够担负起反对帝国权力统治形式的主体应该具有什么样的本性？斯宾诺莎哲学成为哈

---

① Michael Hardt and Antonio Negri, *Multitude*: *War and Democracy in the Age of Empire*, New York: The Penguin Press, 2004, p.220.
② Michael Hardt and Antonio Negri, *Multitude*: *War and Democracy in the Age of Empire*, New York: The Penguin Press, 2004, p.220.
③ Michael Hardt and Antonio Negri, *Multitude*: *War and Democracy in the Age of Empire*, New York: The Penguin Press, 2004, p.220.

特和奈格里的基础理论资源。在他们的理论中，诸众首先具有永恒形式，这种永恒形式就是斯宾诺莎的主体。哈特和奈格里认为，在斯宾诺莎的思想中，诸众具有理性、激情、爱，它在各种历史力量的复杂的相互作用中创造出了绝对的自由。这种绝对自由表现为，在整个人类历史中，拒绝权威与命令一直是人类的本性行为，而在这种拒绝中，人类表达了自己那种无法分割减缩的奇异性上的差异，同时在无可计数的反叛与革命运动中寻求自由。这种自由不可能被别人赐予，只能经过不断克服各种障碍和限制去实现。这样，爱的伦理、自由的能力和拒绝权威的习惯就变成了人最健全最高贵的天性，成为永恒性的标志。人不是被外在目的决定的，而是人自身就是目的。正是因为人类具有激情、理性，能够进行斗争，人类的能力和目的才存在着。在这种关于人的规定性上，哈特和奈格里得出结论："诸众总是以在场，永久的在场形式活动着。第一个诸众是本体论的，没有它就不能思考我们的社会存在。"① 诸众在17世纪就已历史地存在着，但是它在当时没有成为一种正在涌现的存在，它是将有未有的存在，直到当下它正发展为历史的现实。

政治的诸众是阶级斗争的诸众。哈特和奈格里说："第二个诸众是政治性的，它需要一个政治规划，使诸众在已出现的条件上生成为存在。"② 这种政治规划就是阶级形成的条件。诸众只有在反抗资本统治的斗争中才能生成为阶级，诸众也是政治性的。

帝国时代的资本主义实现了其全球支配形式下的那种持续不断的生命、生产和政治回路不停流动的状态，在这种状态下，一方面，全球所有社会力量被激活为生产力，另一方面，这种社会生产

---

① Michael Hardt and Antonio Negri, *Multitude*: *War and Democracy in the Age of Empire*, New York: The Penguin Press, 2004, p.221.
② Michael Hardt and Antonio Negri, *Multitude*: *War and Democracy in the Age of Empire*, New York: The Penguin Press, 2004, p.221.

力被迫屈从于全球资本的统治,而资本统治却越来越采取更加抽象的方式,越来越采取金融剥削的方式,因而也更加无视生产性生命再生产装置的意义。同时,它持续不停地把全球生命组织融入进生产和再生产中来,全球社会生产形成。结果,以前被排除在工资劳动之外的人,包括穷人、失业者、无工资的人、无家可归者等,在今天"都被包含在社会生产过程之中"①。这使他们的劳动都具有生产性,他们都在生产社会关系。由于在帝国经济中非物质劳动趋于霸权,广大民众都处于生命政治生产中,并成为其中的一员。诸众在新的生产形式下具有特有的规定性,这使得它变得不同凡响。

第一,作为生命政治生产的劳动力,诸众在本体论上具有奇异性。哈特和奈格里将诸众最根本的规定设定为奇异性,这种奇异性由三个基本方面定义,这三个方面都内在地关联多样性。其一,"每一个奇异性都指向它自身之外的多样性,同时又为后者所规定"②。这意味着奇异性不能孤立存在,它的存在和规定都源于其必然要与构成社会的其他奇异性结成一定的关系,只有在这种关系中才表明自己的奇异性存在。其二,"每一个奇异性都指向自身内部的丰富多样性。贯穿每一个奇异性的无数(个性)分化不仅没有削弱奇异性规定,反而实际上建构了奇异性的规定"③。奇异性在这里表现出了自身生命力所要求的积极的丰富个性需要,同时也因其他奇异性的影响而扩展和强化了自身的奇异性的内涵。其三,"奇异性总是处于生成差异——一种时间的多样性——的过程之中"④。这个特征紧跟前两个

---

① Michael Hardt and Antonio Negri, *Multitude: War and Democracy in the Age of Empire*, New York: The Penguin Press, 2004, p.129.
② Michael Hardt and Antonio Negri, *Commonwealth*, Cambridge & Massachusetts: The Belknap Press of Harvard University Press, 2009. p.338.
③ Michael Hardt and Antonio Negri, *Commonwealth*, Cambridge & Massachusetts: The Belknap Press of Harvard University Press, 2009. p.338.
④ Michael Hardt and Antonio Negri, *Commonwealth*, Cambridge & Massachusetts: The Belknap Press of Harvard University Press, 2009. p.339.

特征而来，如果说第一个特征指向奇异性间结成社会关系的多样性，第二个特征指向奇异性内在多样性的构成，那么，第三个特征则指向了每一个奇异性的持续的流变性，以及它的生成性和发展性。哈特和奈格里认为，他们关于人的奇异性规定，已经从本体论上彻底扫除了形而上学的超验性规定，贯彻了绝对的内在性原则，使奇异性由人自身的欲望和理性所推动，在现实的历史中通过激情和语言运动建构出来，而不是外在的神秘超验物的赐予。主体的奇异性规定不再神秘化，它完全由人自身内在的力量和社会所规定。因而，奇异性不具有任何身份特征，不具有任何阶级特点，是奇异性和共有性的统一。它包容差异但主张共有性，并以共有性中的差异性消解基于私有财产和超验主权之上的身份差异和对立，实现真正的奇异性和共有性的统一，实现绝对的平等、自由与民主。奇异性不容忍任何权力压迫和"腐化"的共有性，它将革命主体的形成看成一个由语言和交流产生的"事件"，而事件意味着断裂和质变，意味着新主体性的形成。

第二，作为生命政治生产的劳动力，诸众是共有者，具有共有生产的"剩余"特征。非物质劳动就是共有财富的生产，它自主进行社会生产而拒绝资本家的外在干预，表现为自我组织生产并且倾向共享劳动成果。哈特和奈格里看到压制诸众生成的资本权力的策略，但是，作为诸众生成基础的共有生产带来了资本力量压制不住的潜能。这种潜能就是"剩余"，就是"穷人"。何为"剩余"？"我们已经关注到这一事实，即共有物的生产总是包含一个剩余，这个剩余既不能被资本侵占，又不能在刻板森严的全球政治身体中被控制。这个剩余，在最抽象的哲学层面上是一个基础，在这个剩余的基础上对立被转化为造反。剥夺可以滋生怒火，升起义愤，引发对立，但造反只能从财富基础上爆发出来，这种财富基础就是一种智力、经验、知识和欲望的剩余。"① 这个"剩余"指的是不能为资本权力所占有的诸众主体中蕴含的对自由、民主和解放的无限欲求。资本可以从外部剥夺诸众的物质财富,但是它永远无法占有这种共有的内在剩余物。这样看来,哈特和奈格里的"穷人"就是指拥有上述剩余的人,这与马克思提到的劳动是绝对的贫困同时又是财富的最为积极的活的源泉这一思想有相似之处。"我们提出把'穷人'作为今天劳动范式性的主体形象,不是因为穷人是空,是被排除于财富之外的,而是因为他们被包含在生产的循环之中,并充满潜能,这些潜能总是超出资本和全球政治身体能够侵占和控制的内容。"②

第三,作为生命政治生产的劳动力,诸众具有生命理性特征。哈特和奈格里认为现代性的权力理性真理观建立在内部与外部二元对立的辩证法模式中,它表现为真理是在外部的一个超验的存在中,人们必须服从和追求这个外部的超验物。但在现代开端所开启的时代还存在另一种理性真理观,即人们可以从反抗力量的内在立场去创造另类社会秩序,由此发展出生命政治的理性。对共有性的体验能够产生出普遍与特殊的真实统一的认知理性。"遵循斯宾诺莎的'共有概念',我们集中关注通过集体社会实践而产生的共有性的生产和生产力。像普遍性一样,共有性也宣布为真理,但这一真理不是从上而来,而是自下而上建构成的。"③ 同时,真理还是在斗争实践中确立的。斗争不仅对现实权力进行批判,而且开启了建构新现实的活跃性。这样,共有性和现实的反抗斗争一起形成自下而上的真理。生命政治生产正是自下而上的生产,非物质劳动恰恰表现为生命展开的劳动,因而共有

---

① Michael Hardt and Antonio Negri, *Multitude*: *War and Democracy in the Age of Empire*, New York: The Penguin Press, 2004, p. 212.
② Michael Hardt and Antonio Negri, *Multitude*: *War and Democracy in the Age of Empire*, New York: The Penguin Press, 2004, p. 212.
③ Michael Hardt and Antonio Negri, *Commonwealth*, Cambridge & Massachusetts: The Belknap Press of Harvard University Press, 2009. pp. 120 - 121.

性成为生命政治生产的根本规定。由此，生命政治理性产生了三个特性：理性服务于生命，技术服务于生态，财富积累服务于共有性。结果，真理就在共有的生产中被建构出来，没有任何中介物存在。在第二种理性真理观中，作为生命政治生产的劳动力的诸众是具有生命理性的人。

第四，作为生命政治生产的劳动力，诸众具有爱的能力。哈特和奈格里认为，普遍的爱是人的积极生命存在与发展的根本伦理要求，这种爱的思想来自斯宾诺莎。斯宾诺莎的哲学思想与西方以恶为本的主流政治学家不同，他提出了以爱为本的爱的政治哲学。在哈特和奈格里看来，斯宾诺莎认为生命是一种努力，这种努力建立在欲望之上并指向欲望，欲望则通过情感发挥作用。因而欲望在爱之中得到了力量与肯定，进而爱在理性中产生作用，使理性加以深思。这一切环节积累着，发展着，前进着。"欲望与爱日益增强了生命的强有力的努力。这样一个过程直接就是政治性的。"① 因为政治是集体性的，而集体的社会生命的形成就是共同体的形成。人们之所以需要爱与集体，在于任何一个孤立的个人都不能强大到足以凭借一己之力保护自身，获得生存生活必需品，因而人们需要以爱为底色、以集体性为社会存在方式来满足自己。爱是人类生存互相需要的欲望与情感，而不是霍布斯式的一切人反对一切人的恶的斗争。不止如此，在哈特和奈格里眼中，斯宾诺莎还将这一过程看作朝向居于生命深处的自由与共有的努力。欲望使共有性的建构运动起来，爱强化了形成共有性社会的建构。当然，斯宾诺莎还看到了通过爱而产生的共有性社会建构过程不会无障碍地运行，人类的无知、恐惧与迷信还会制造障碍。这种障碍就是恶，这种恶在斯宾诺莎看来就是已经变坏的爱，是阻碍了爱正常

---

① Michael Hardt and Antonio Negri, *Commonwealth*, Cambridge & Massachusetts: The Belknap Press of Harvard University Press, 2009, p. 192.

发挥作用的腐化了的爱。如何消解这种恶？"对智力的真理教化与意志的正确使用就是恶的解毒剂。"① 哈特和奈格里还进一步认为，"在一个'力量本体论'中，伦理学与政治学走到了一起，这力量本体论消除了爱与力量之间的分离状态"②，而"力量与爱一起构成了反击存在的腐化和它所带来的悲惨状况的武器"③。在这里，哈特和奈格里将斯宾诺莎的力量与爱融入了生命政治生产中。这里的力量本体论指的是生命政治生产，它既具有现实的物质力量，又具有人与人之间合作交流而产生的爱。于是，爱成为一种经济生产力量。"爱——在情感网络的生产、合作计划的生产与社会主体性的生产中——是一种经济力量。"④这种力量蕴含在现实的生命政治生产中，它使爱不至于流于空泛无力的宣讲。

第五，作为生命政治生产的劳动力，诸众具有企业家的创造精神。生命政治生产是社会生产劳动，在这里"社会劳动的生产模式、一般智能的生产模式和共有的生产模式成为一个领域，在这个领域中诸众的企业家精神显现了出来"⑤。哈特和奈格里为展现诸众的创造新社会的能力而引入了熊彼特的"企业家精神"。在他们看来，"首先，这种企业家精神直接产生于合作的形式中，这种合作形式从资本主义生产的内部与外部涌现出来"⑥。以前，这种合作由资本家本人创造而

---

① Michael Hardt and Antonio Negri, *Commonwealth*, Cambridge & Massachusetts: The Belknap Press of Harvard University Press, 2009, p. 193.
② Michael Hardt and Antonio Negri, *Commonwealth*, Cambridge & Massachusetts: The Belknap Press of Harvard University Press, 2009, p. 194.
③ Michael Hardt and Antonio Negri, *Commonwealth*, Cambridge & Massachusetts: The Belknap Press of Harvard University Press, 2009, p. 195.
④ Michael Hardt and Antonio Negri, *Commonwealth*, Cambridge & Massachusetts: The Belknap Press of Harvard University Press, 2009, p. 180.
⑤ Michael Hardt and Antonio Negri, *Assembly*, New York: Oxford University Press, 2017, p. 144.
⑥ Michael Hardt and Antonio Negri, *Assembly*, New York: Oxford University Press, 2017, p. 146.

规训工人在其中生产，但是，"今天日益增加的合作是社会地创造出来的，是自主地从资本家命令之外创造出来的"①。"其次，当诸众拥有获得生产资料的途径，当诸众能够拿回固定资本并创造出自己的机械装配时，他便成了企业家。这些机器、知识、资源和劳动都由诸众联合起来。"②"再次，私有财产权必须被清理和抛弃，从而使财产变成共有。只有当社会财富被一起分享和管理时，社会合作的生产力才能实现它自身的潜能。"③ 哈特和奈格里通过提炼出这些表现，使得诸众企业家的精神显现了出来，因而它能拒绝任何外在权威式的领导权，而指向自主地组织生产和自我治理，去实现诸众自身的潜能。

第六，作为生命政治生产的劳动力，诸众是政治性的。哈特和奈格里认为诸众作为一个阶级存在，它是战士。只有为着一个政治规划而共同奋斗，诸众才能表现为能动的阶级。因此，诸众成为基于社会生产的自主性力量而反抗帝国和建构绝对民主的激进政治主体形象。

至此，诸众主体形象已经形成。在这里，我们看到哈特和奈格里不是从资本主义的本质性客观生产关系的展开中，而是从直接的技术性劳动形式中和流通领域里的活动中来判定劳动主体的规定，赋予它各种自主性品质。如果说其他左派学者只是在资本主义表面的社会边缘群体寻找反对资本的政治主体的话，哈特和奈格里则从全球资本统治的最高和最广泛的层面，深入资本社会性生产的非物质劳动新特征方面，将其综合、归纳，从而推出了一个与全球资本相对立的总体性劳动者主体形象——诸众，并在它的身上赋予最大的生命政治反抗力量与建构力量，这在全球左派理论一派阴霾的氛围中突然显现出一抹

---

① Michael Hardt and Antonio Negri, *Assembly*, New York: Oxford University Press, 2017, p. 146.
② Michael Hardt and Antonio Negri, *Assembly*, New York: Oxford University Press, 2017, p. 146.
③ Michael Hardt and Antonio Negri, *Assembly*, New York: Oxford University Press, 2017, p. 146.

亮色，也许这就是柯西彦所说的诸众主体成功的原因。

诸众主体：既是劳动过程的主体，又是其劳动成果

在哈特和奈格里看来，非物质劳动是当代资本主义经济中出现的霸权式的劳动方式，其作为生命政治生产正席卷整个世界人口，为全球资本积累服务。同样，反对资本帝国统治的诸众劳动形象也实际构成。由于非物质劳动本身就是对生命形式和社会关系的生产和再生产，因而是主体性生产，所以，诸众既是劳动过程的主体，又是其劳动成果。"在此意义上，这种生产模式就是另一种生命形式的表达，或者更加准确地说就是生命形式的生产，这在社会生产中日益增长，社会和社会关系远远超出了商品而成为生产过程的直接对象。生产意味着组织社会协作和再生产生命形式。"①

非物质劳动概念虽然早已出现在马克思的著作中，但它在今天的理论热度由当代意大利学者赋予。拉扎拉托（Maurizio Lazzarato）对这种非物质劳动进行过专题研究，他以"非物质劳动"来命名当代工人阶级工作的最新技术构成，而"非物质劳动被界定为生产商品的信息内容与文化内容的劳动"②。在拉扎拉托看来，与大工业生产相比，非物质劳动是社会关系的生产，"物质劳动的'原材料'就是主体性以及主体性在其中寄寓并进行再生产的'意识形态'环境。主体性生产……变得具有了直接的生产性"③。在当代生产中，非物质劳动越来越重要，越来越走向经济前台。拉扎拉托认为这一点没有得到深入探讨，"'社会'（以及那些更加具有社会性的领域，诸如语言、沟通等）

---

① Michael Hardt and Antonio Negri, *Assembly*, New York: Oxford University Press, 2017, p.144.
② [意] 毛里齐奥·拉扎拉托：《非物质劳动》（上），高燕译，《国外理论动态》2005 年第 3 期。
③ [意] 莫利兹奥·拉扎拉托：《非物质劳动》，霍炬译，载许纪霖主编《帝国、都市与现代性》，江苏人民出版社 2006 年版，第 148 页。

成为'经济'的过程还没有得到充分的研究"①。而要进一步研究，他认为这需要把它与价值增殖联系起来。哈特和奈格里依据资本被动回应劳动的政治历史观，在资本帝国时代将非物质劳动概念发扬光大，赋予其基础性本体论地位。他们从非物质劳动的抽象化、社会生产化和共有化三方面揭示非物质劳动的生命政治的本质。

第一，非物质劳动的抽象化造成劳动过程中主体与劳动成果的同一性。资本主义社会的抽象化在马克思那里至少有三种规定。首先，是社会过程的抽象化。商品交换关系普遍性和最高发展导致资本主义生产关系的出现，劳动变成了抽象劳动，抽象的价值关系统治了整个社会。其次，是资本主义直接生产过程的抽象化。这种抽象化表现为劳动与生产资料的直接结合，它将资本关系抽象化了，表现为人类一般劳动与生产资料相结合。最后，是劳动内容本身的抽象化。随着机器体系的采用、改良与发展，劳动丧失了具体劳动的丰富内容，而变成机器体系运转过程中的简单抽象无内容的单调活动。

哈特和奈格里发展了马克思抽象化规定的后两者，他们特别重视生产技术发展所造成的劳动本身操作的抽象化和简单化内涵的人类学意义，即劳动技术在当代计算机化和信息化的这种抽象化，造成了社会工人劳动的普遍简单化和自主性。哈特和奈格里特别喜欢引用马克思《大纲》中"机器论片段"中的话语："随着劳动越来越丧失一切技艺的性质，也就发展得越来越纯粹，越来越符合概念；劳动的特殊技巧越来越成为某种抽象的、无差别的东西，而劳动越来越成为纯粹抽象的活动。"② 在马克思那里，作为资本生产关系下的劳动抽象化，指的是就资本吮吸活劳动形成价值而言，所有劳动都是抽象的。但在哈特和奈格里这里，这种从资本看去的劳动抽象化反转为从诸众看去的

---

① [意] 莫利兹奥·拉扎拉托：《非物质劳动》，霍炬译，载许纪霖主编《帝国、都市与现代性》，江苏人民出版社2006年版，第148页。
②《马克思恩格斯全集》第30卷，人民出版社1995年版，第255页。

活力性，他们说："在许多方面抽象化斗争急剧增加，当工人把知识内在化并发展它们时，他们的劳动和他们生产的价值就愈发抽象了。"①

这里，哈特和奈格里作出了一个背离马克思关于抽象劳动和具体劳动辩证关系的认知。当马克思从资本社会关系的角度说抽象劳动既是这种劳动又是那种劳动时，哈特和奈格里则从劳动的主体性能力方面认为抽象劳动绝不是空虚，而是充盈和丰富，他们把资本主义生产过程的抽象性略去，只看重劳动的活力性，而凭借计算机和信息技术造成的劳动抽象化增加了劳动的活力性。哈特和奈格里的价值的抽象化，并不是马克思的交换价值的抽象形式，而是指劳动过程和劳动产品的非物质性，一种看不见的性质。结果，在哈特和奈格里眼中，这种非物质劳动本身就是知识、语言与交流的生命展开方式，劳动在其中既是主体也是对象，既是过程也是结果。以他们的逻辑去看，今天，随着生产的社会化，随着语言、信息、非物质表现、合作和情感等广泛化，此类劳动过程和价值更加抽象化，但"这种更加巨大的抽象化特别具有一种抵抗资本的潜能，具有一种决绝于资本的自主性"②。就是说，抽象化的生命活动自身能够抵制任何外在的干预。

第二，非物质劳动的社会性导致主体劳动过程与劳动成果的同一性。哈特和奈格里认为，劳动能力的日益普遍化、日益社会化，会造成一种马克思在《大纲》中所说的不同于市场交换社会的"共同性"社会的出现。他们说非物质劳动是社会关系的生产，是社会的生产，其特点"是以生产的社会性与共同性为前提的：个体的、特殊的劳动从一开始就被设定为社会劳动"③。他们引出马克思的相关论证："生产

---

① Michael Hardt and Antonio Negri, *Assembly*, New York: Oxford University Press, 2017, p.173.
② Michael Hardt and Antonio Negri, *Assembly*, New York: Oxford University Press, 2017, p.173.
③ Michael Hardt and Antonio Negri, *Assembly*, New York: Oxford University Press, 2017, p.173.

的社会性是前提，并且参与产品界，参与消费，并不是以互相独立的劳动或劳动产品之间的交换为中介。它是以个人在其中活动的社会生产条件为中介的。"① "生产过程越来越增加的抽象化依赖于社会关系网络，依赖于使生产可能的社会条件。换言之，它依靠一种共有的基础，包括分享性的知识、文化形式和协作的回路，这些构成了我们的集体存在。"② 在这里，哈特和奈格里把马克思在《大纲》中关于与货币中介上的一般劳动不同的"共同性"条件下的一般劳动，特别地凸显出来。马克思在《大纲》中基于交换价值的社会而畅想了与此不同的社会，即取消了交换价值中介的"共同性"社会的运行性质，在"共同性"社会中，劳动者都是作为社会成员直接劳动，直接分配和消费。而哈特和奈格里则将这种在未来可能出现的社会形式中的社会关系作为一种前提，直接引入非物质劳动之中，通过把非物质劳动所要求的协作性社会关系比拟为共同性的社会关系，从而把生命政治生产共同性化了。在哈特和奈格里这里，非物质劳动构成一种社会性的集体性存在，劳动就是劳动过程，就是成果自身，也是社会自身，它们同一了。

第三，非物质劳动的共有性形成了主体与劳动过程及劳动成果的一致性。哈特和奈格里指出："生命政治的价值建基在协作的共有性之上。这种由价值增殖说明的需要产生于主体，并进而改造主体：共有的领域因主体性生产而生机勃勃。"③ 哈特和奈格里认为，马克思也是从主体性出发来设定社会基础的，而作为社会基础的主体性必须具有与资本同等的性质，方能反抗资本，这个性质是劳动的总体化和抽象化，进而是包含差异的开放的共有化。他们引用了马克思的论述："当

---

① 《马克思恩格斯全集》第 30 卷，人民出版社 1995 年版，第 122 页。
② Michael Hardt and Antonio Negri, *Assembly*, New York: Oxford University Press, 2017, p. 173.
③ Michael Hardt and Antonio Negri, *Commonwealth*, Cambridge & Massachusetts: The Belknap Press of Harvard University Press, 2009, p. 317.

然，对于构成一定资本的特殊实体来说，必须有作为特殊劳动的劳动与之相适应；但是，因为资本本身同自己实体的任何一种特殊性都毫不相干，并且它既是所有这些特殊性的总体，又是所有这些特殊性的抽象，所以，同资本相对立的劳动在主体上也自在地包含有同样的总体和抽象。"① 马克思这里的劳动总体和抽象是由资本关系决定着的总体和抽象，但是哈特和奈格里舍弃资本关系，片面地从劳动自身看其性质，"劳动抽象化和社会化的事实包含着主体化的（常常为实现的）潜能"②，并认为马克思的总体性和社会个体性都没有指向主体性的同一。但是，在非物质劳动中，这两者同一于主体性了："相反，生产的社会性质暗示了一种开放的差异领域，在这一差异领域里主体性在不断变动的组合中合作着，冲突着。共有物被这些混种的不同的社会生产的主体性所建构出来。"③ 这里，共有物被建构出来，同时也反过来推动着劳动主体进一步实现自己的力量，并超出资本的统治关系。

哈特和奈格里进一步指出："非物质的、认知的、合作的和社会的生产模式的多维性隐含着一种变动性，这些扩展到整个社会领域的劳动形式趋向变成生产中的霸权，这些生产性过程的抽象化隐含着共有形式的涌现……这些人，他们通过他们的集体知识、他们的智力和他们的社会交流能力生产社会财富，他们相互关心、相互合作，他们寻求安全性，以保证他们自由而开放地抵达他们生产出来的共有物的入口。"④ 结果，在共有形式的劳动中，诸众既是劳动主体又是劳动过程，同时是劳动成果自身，三位一体了。

---

① 《马克思恩格斯全集》第 30 卷，人民出版社 1995 年版，第 254 页。
② Michael Hardt and Antonio Negri, *Assembly*, New York: Oxford University Press, 2017, pp. 173-174.
③ Michael Hardt and Antonio Negri, *Assembly*, New York: Oxford University Press, 2017, p. 174.
④ Michael Hardt and Antonio Negri, *Assembly*, New York: Oxford University Press, 2017, p. 175.

非物质劳动塑造了自身的劳动主体,它将劳动过程中所展开的抽象化、社会化和共有化同主体性生产统一起来,形成劳动主体与劳动过程和劳动成果的同一性特征,它强大的自主性要求资本关系外在化和离去,它在生产过程中的每一时刻、每一地点都反抗资本、建构自身,表现出浓烈的生命政治的特性。这与大工业生产中,物质性劳动资料和劳动成果与劳动者分离,从而作为资本的力量与劳动者对立完全不同。非物质劳动包含共产主义趋向。但是,这种把本质性资本雇佣劳动关系忘却、只凸显非物质劳动特征的主体真的能走向自主解放吗?这是一个疑问。

诸众主体与"现实的个人"在解读思路上的不同

哈特和奈格里声称他们是遵循马克思的方法并推进马克思主义理论的,在《帝国》系列中,他们既不满马克思的阶级本质论,也不同意自由主义的阶层经验论,他们要打造超越二者的诸众阶级主体理论,即本体论的诸众和政治的诸众。但他们这种发端于肯定文艺复兴时代人类内在创构力优先于反动权力的二元对抗思路,到帝国时代发展为生命政治生产反抗生命权力的新二元对抗形式,使得他们在构建诸众主体时走向了抽象的人的道路,从而违背了马克思的"现实的人"的历史唯物主义理路。由于反对任何革命先锋队的所谓超验权威,强调诸众的自主性、差异性和对自由、平等、民主的渴望,他们给诸众规定了斯宾诺莎哲学中的"奇异性"与"爱",即使他们自下而上地从社会性的非物质劳动出发,他们的诸众概念也因抽象性而被萨米尔·阿明所严厉批判:"把个人当成历史的主体,而将大众(即诸众——笔者注)视为民主事业的建构性力量,这种颠倒是一种'唯心主义'的发明。"①

---

① [埃及] 萨米尔·阿明:《帝国与大众》,段欣毅译,《国外理论动态》2007年第5期。

这也恰恰说明了哈特和奈格里的诸众主体设定思路的综合性与复杂性，其理论创新在没有真正把握马克思主义历史本质论的前提下，其历史经验论就使他们的理论走向了被马克思所批判和超越的抽象人类学唯物主义的历史观。对于财产私有制所造成的工人阶级的贫困状况与解放前景，马克思的思想从价值悬设下的异化劳动批判前进到物质生产批判，从抽象异化逻辑前进到生产力与生产关系内在矛盾的展开，从历史经验论前进到历史本质论，从而在科学历史唯物主义的视角下，解读人、社会、历史和人类解放。结果，人不再是费尔巴哈语境中抽象的人了，而变成了一定的历史的具体的社会关系中的现实的人，历史发展的动力不再是纯粹的"自我意识"或者人的"类本质"真正展开，而是客观的生产力与生产关系之间的矛盾运动。人类解放不再是外在的乌托邦想象，而是历史自身发展的内在趋向。解放不再在云间，而在所谓粗鄙的物质生产运动中。救世主不再是上帝的垂怜慈悲，而是劳动者阶级自身的抗争和革命。

这些认识完成于《德意志意识形态》的文本中，这就形成了马克思的广义历史唯物主义与能动的实践物质主义的辩证统一。正如唐正东教授在解读《德意志意识形态》中马克思思想的形成时所言："当马克思看到主体实践活动的本质在于生产力与交往形式（生产关系）的矛盾运动时，他同时也找到了这种实践活动为什么会导致私有财产的废除的原因。……马克思的实践唯物主义其实是与历史唯物主义辩证地统一在一起的，实践的唯物主义者必然以历史唯物主义为理论依据，而历史唯物主义也必然以实践的唯物主义者为革命主体。"① 这是一种总体的理论与实践的统一。在《德意志意识形态》之后，随着研读政治经济学的深入，马克思逐渐走进资本主义社会生产方式之中，发现

---

① 唐正东：《马克思对人类学唯物主义的超越及其理论意义》，《马克思主义与现实》2010年第3期。

了它的运转机制,揭示了资本主义社会的历史形成,科学阐述了它成熟时期特殊生产力与生产关系的矛盾表现,以及这一制度必然走向灭亡而共产主义必然到来的历史趋势。先前的抽象的人不再存在,存在的只是处于现实社会关系中的人。为了具体揭示资本主义社会的运行机制和现实的人的存在状态,马克思用从抽象上升到具体的科学方法,在《资本论》中呈现了本质性资本生产关系展开后所出现的丰富的资本职能关系中的人格关系,将附有丰富内容的阶级和阶层呈现出来。

在《资本论》中,商品使用价值和交换价值的对立统一关系中潜在凝聚着一种本质性生产力与生产关系的矛盾。当历史发展到劳动者与劳动条件分离的阶段的时候,过去时代自给自足的以使用价值为主的自然生产关系逐渐解体,建立在抽象交换价值之上的资本生产关系诞生。于是我们看到,构成生产力的主体力量与客观力量发生了分裂,分裂的生产力劳动主体一方成为被剥夺了一切生产资料和生活资料的劳动者,其作为绝对贫穷的劳动力商品出现在交换市场中,而生产力的客观性一方则作为生产劳动的条件被私人占有。于是货币所有者在市场上雇佣劳动力,从而将劳动的主观条件和客观条件结合在一起,开启了资本形式的生产。在这一生产过程中,劳动不但生产劳动力工资价值,而且为资本家生产他们无偿占有的剩余价值,由此资本的剥削关系产生。之后,资本实现价值和剩余价值的流通过程参与进来,各种流通中的不同职能资本关系随之产生,它们交叉、并列、继起、平行,构成了异常复杂的经济关系网络。处于这种关系中的人也被规定了具体的经济身份,人在现实性上是一切社会关系的总和,这一点在《资本论》中得到最充分的表达。

资本生产的整个运动,不仅再生产出商品和剩余价值,而且再生产出资本关系自身。随着资本主义社会生产的大发展,资本生产关系产生的社会对抗也越来越严重,我们看到,资本生产力越发达,工人生产的物质财富越多,资本家占有的财富越多,财富作为异己的力量越与工人对立。但是，工人阶级的解放条件恰恰存在于无度追逐剩余价值的资本运动中。科学技术和机器体系作为固定资本被不断应用于生产之中，资本有机构成不断提高，在造成生产力发展的同时，也降低了利润率，致使资本否定了自身。于是生产力的进一步发展将冲破资本私有制，社会个人所有制在新的历史基础上建立，生产在社会理智自觉合理的安排下，消除了之前的盲目性与危机感，使社会财富充分涌流，劳动作为人们的第一需要出现，人们各尽所能，按需分配，充分分享财富。这样，作为自然必然性的生产时间被极大节约，闲暇时间被极大扩展。自由时间再也不是少数人享有的专有权利，它成为人人享有的社会共同时间。人性的全面发展和自由发展也不再是想象，而是由它的历史奠定了前提条件，人类将因此而得到彻底解放。毫无疑问，马克思根本不是第二国际宣传的经济决定论者，他在现实工人实践中非常强调工人阶级的组织斗争、合作生产运动以及武装夺取政权对工人阶级的能动的解放意义。在马克思那里，人类解放的价值情怀浓烈而深沉地从历史本质论中涌现出来，并与实践唯物主义的能动性紧密结合。在马克思那里，人不再是抽象的人，而是现实的人。

哈特和奈格里的诸众思路与马克思历史唯物主义中现实的人的思路是相反的，虽然他们自觉地自下而上，力求从经济生产出发规定人，但是最终不是在现实生产关系中确定人，而是走向斯宾诺莎的哲学，用抽象的"奇异性""欲望""爱"等概念赋予诸众，结果，诸众变成了抽象的主体。其实，他们的这种从现实走向抽象的道路是他们的哲学历史观造成的。哈特和奈格里的哲学历史观是回应式的政治历史观，其实质奠定在力量与权力斗争关系的基础上。在力量与权力的对立中，力量优先于权力。这在意大利自主论马克思主义那里具体表现为劳动优先于资本，无产阶级优先于资产阶级，资本主义的历史发展就是资本家阶级不断被动回应工人阶级的反抗而不断采取新的统治形式的历史。无产阶级斗争成为推动资本主义发展的动力。而无产阶级斗争的力量归结为作为劳动力的不可抑制的活劳动性质。在这里，生产力与生产关系的矛盾运动不再存在，存在的就是人争取自由的欲望和反抗权力统治的力量，存在的就是主体的生命本身具有的纯粹性质。在帝国时代，资本主义生产关系将整个地球人类吸纳进来，并侵入社会关系中，结果全球社会关系变成了生产性的资本关系，金融性的资本剥削关系笼罩全球。全球社会工厂出现，全球控制社会形成。被置于资本帝国关系之下的广大民众成为诸众主体，在各种现代中介物被清除之后，这个主体直接与帝国权力对峙。是什么促使诸众能够积极地反抗呢？在哈特和奈格里那里，是力量，生命的力量，身体的力量，一种肉体本体的力量，抽象的人性规定出场。此时，马克思退场，斯宾诺莎走了出来。

哈特和奈格里是坚定的历史经验论者，他们的历史认识不仅达不到马克思的历史本质论高度，而且他们受后现代反本质主义的影响去批判历史本质是一种人造的虚假存在，他们要高扬不受本质约束的人的主体性。那种所谓实实在在存在的具有创造性的人被他们看作唯物主义的真正基础，而人与人之间的本质性生产关系则被抹去。在这种历史经验论的视野中，面对资本世界市场所形成的对一切中介消除的喧嚣世界，他们认为基于超验权力所需要的先验中介装置都不存在了，以中介为基础的本质论也丧失了存在的合理性，辩证法也终结了，将人归结为抽象的量的交换价值概念应该被抛弃，把人设定为质的使用价值概念应该被张扬。结果，他们要在抽象的使用价值的人身上实现对马克思理论的超越。

在他们看来，马克思与马基雅维利和斯宾诺莎同属批判现代性的理论家，他们的理论都具有批判现代理论共同具有的二元论逻辑范式，即设定内部和外部进行批判的逻辑。他们认为马克思的人类解放理论就是以劳动力为核心，在劳动力商品的使用价值和交换价值关系上进行内部与外部的设定。具体地说，马克思把劳动力作为资本内部与外部的连接点，在资本增殖的内部，劳动力认为自己作为交换价值，是资本的来源活体；而在资本的外部，劳动力则认识到自己是使用价值，具有抵抗资本奴役的自主性。所以，马克思是基于使用价值这个外部来构建解放图景的。这里，哈特和奈格里把劳动力的交换价值看成资本的内部，把使用价值看成资本的外部，这种内部与外部的对立辩证关系就表现为一种解放的政治话语。

在哈特和奈格里看来，反抗剥削就是破坏、不服从、造反甚至革命等行为，它们构成了现实的动力。这样一来，"在马克思的思想中，资本主义发展的内部和外部的关系完全由无产阶级的双重立场所决定，它既包含资本的内部也包含资本的外部。这种空间构型已经引出了许多政治观点，这些观点是建立在肯定使用价值平面的基础之上的，具有远离交换价值和资本主义关系的纯粹性与分离性"[1]。什么意思呢？就是说，使用价值不同于交换价值和资本生产关系，而具有一种依靠自身就能解放的纯粹性和分离性，后果就是交换价值和资本关系可以被彻底抛弃。这也意味着，在交换价值和资本关系的空间之外还存在一个使用价值的空间，在这个空间中解放能够出现。这样，哈特和奈格里终于把劳动力的交换价值和使用价值间的内在矛盾关系转换成了二元对立的空间构型逻辑关系。

他们认为，在后现代，马克思的这种空间构型逻辑落伍了。因为在后现代，资本的实质吸纳施行于整个全球社会，没有了外部，一切都变成了资本的内部。在这种情况下，马克思的解放政治理论也必须向前发展，才能有效地面对后现代帝国的社会统治。所以，哈特和奈格里说："在当代世界，那种空间构型已经改变。一方面，资本主义剥削关系正扩张到每一个空间，它并不只被限制在工厂中，而是倾向于

---

[1] Michael Hardt and Antonio Negri, *Empire*, London: Harvard University Press, 2000, p. 209.

占据整个社会领域。另一方面，社会关系完全地投身于生产关系之中，使社会生产和经济生产之间的任何外部性存在都成为不可能。生产力和统治体系之间的辩证法不再存在一个确定性的场所了。"① 这样一来，一切成了量的抽象化之物，在全球性的普遍交换体系中，一切质的差异都变成了无差别的量的不同。剥削关系从工厂扩展到社会，从社会扩展到全球，整个全球社会关系与生产关系融合在一起，任何生产关系和社会关系都成为剥削关系，任何人的活动都是生产活动，任何生产活动都是被剥削的活动，资本的抽象达到极致化。所以，资本"剥削和统治的目标倾向不再是具体的生产活动，而是普遍的能够进行生产的能力，即抽象的社会活动和它的无所不包的力量。这种抽象的劳动是一种无场所的活动，但它仍然非常强大"②。这里，哈特和奈格里论述了资本生产关系全球化之后，资本要把一切人的劳动都纳入资本的抽象剥削关系之中。先前现代的特定工厂场所的外部空间是存在的，在帝国的后现代它不存在了。那么，解放何以可能？于是，基于非物质劳动的诸众主体出现。因为，在哈特和奈格里的观点中，活劳动是历史发展最重要的力量。在资本抽象化的极致中，整个全球性社会的劳动者变成了一个总体性形象，表现为合作性的脑与手、心灵与身体。组成总体的劳动者的诸众表现为流动性，表现为争取自由的欲望，也表现为智力、情感劳动、语言交流等，这种力量是不可压抑的。

在帝国时代，外部已不存在了。"由使用价值所定义的内部和交换价值的外部根本找不到了，因而，任何使用价值的政治学（使用价值总是建立在一个可分离的幻象上）现在变得的的确确地难以想象，但

---

① Michael Hardt and Antonio Negri, *Empire*, London: Harvard University Press, 2000, p. 209.
② Michael Hardt and Antonio Negri, *Empire*, London: Harvard University Press, 2000, p. 209.

这并不意味着生产与剥削已经终结。"① 这就是说，在所有空间的使用价值都是交换价值时，使用价值已经没有自己的空间，而立足于使用价值空间的现代解放政治学已经无效。那么，有效的后现代解放政治学不应该应运而生吗？哈特和奈格里认为，它将在资本生产关系的普遍化中生长出来，因为反抗的主体性是随着生产的出现而生成的。"随着生产力趋向于彻底地去地方化和彻底地普遍化，它们不仅生产商品，而且生产丰富而强大的社会关系。这些新的生产力没有处所，因为它们占据了所有处所，它们在这种不确定性的非处所中生产着并被剥削着。"② 伴随着这种生产关系的普遍化和全面化，新的主体性出现。"人类创新性的普遍性，那自由、欲望与活劳动的综合体就是在非处所的后现代的生产关系中产生的东西。"③ 这种新产生的具有强烈自由、欲望和活劳动的力量是无法被同化到帝国之中的，它一定以强大的力量反抗帝国，实现一种革命性共和主义的规划。

这种全球活劳动力量被哈特和奈格里命名为诸众，诸众应该具有怎样的特性呢？他们不再关注当代资本主义发展出的最新资本形态和各民族国家与地区在全球化体系中的具体情况，也不关心不同地区不同民众在不同阶段的解放目标和各种现实可能性，他们只是想为纯粹世界市场实现后的全球诸众主体寻找到反抗和建构的最本体的规定性。在马克思的"活劳动"被作为基础之后，马基雅维利的"自由"和"创构力"概念来了，更为重要的斯宾诺莎的"奇异性""欲望""爱"和"共同性"以及"绝对民主"概念来了。抽象的人重新出现。

通过对比马克思的现实的人的思路同哈特和奈格里的抽象的人的

---

① Michael Hardt and Antonio Negri, *Empire*, London: Harvard University Press, 2000, p. 209.
② Michael Hardt and Antonio Negri, *Empire*, London: Harvard University Press, 2000, p. 210.
③ Michael Hardt and Antonio Negri, *Empire*, London: Harvard University Press, 2000, p. 210.

思路，我们看到了他们的思路中的确存在着阿明所批判的个人主义的自由主义色彩。马克思是从资本主义生产关系的展开中来规定人的，他的人类解放不是设定为"绝对民主"的实现，而是在生产力大发展并消除了资本关系后，在人类联合起来自觉控制、安排社会生产而赢得最大自由时间中实现的。在这一历史过程中，马克思支持工人阶级进行有组织的斗争，去自觉争取本阶级的权利和要求，并尽可能夺取政权，来加速生产力的发展，加速共产主义的到来。马克思在第二国际中严厉批判了巴枯宁派在工人斗争中无政府主义的机会主义主张。哈特和奈格里则将每一个诸众主体设定为"奇异性"、"爱"的"共有者"，其具有自主性。诸众将"绝对民主"作为解放目标。他们为此进行非组织性的反抗，因为诸众反对任何中心化的组织权威领导，推崇网络化的平面性的自主集会抵抗。说到底，哈特和奈格里的诸众抽象规定既是费尔巴哈抽象的人的"类本质"的当代表现，又是巴枯宁无政府主义斗争主体在当代的发展。这注定了诸众主体的想象性、混乱性和无力性。

第三章

社会矛盾的转型：从内在矛盾到二元对立

资本家作为资本家，无非是资本本身的这种运动。他在现实中是怎样的，他在意识中也是怎样的。因为他体现着关系的肯定的统治的一方，所以这些矛盾并不使他不安，相反，只有处在这些矛盾中间，他才感到很美好，而受这同一种被歪曲了的观念束缚的雇佣工人，则只是处在这种关系的另一极上，是被压迫的一方，实践迫使他反对所有这些关系，从而反对与这种关系相适应的观念、概念和思维方式。

——马克思

社会的彻底偶然性自身体现在对抗的经验中。如果反对我的力量否定了我的认同，那么争取这一认同就要依赖于斗争的结果；如果斗争结果并不受任何先在的历史规律的保障，那么在此情形下，所有的认同都具有偶然性的特征。目前，如我们所见，如果对抗就是伴随着所有认同确认的"外在构成"，那么在此情形下，所有的社会实践，从实践的某一方面看，都是链接的。通过链接，我们从分散成分中知道了新东西再生。

——恩斯特·拉克劳：《我们时代革命的新反思》

在我们关于帝国的图式中，在我们关于资本主义全球化的阐释中，反抗是需要发现和揭示的因素。……因此，我们采用马基雅维利的方法而非霍布斯的方法；斯宾诺莎的方法而非笛卡尔的方法，也许还用休谟的方法而非康德的方法。我们的任务是来说明抵抗如何是每一个政治进程的根基，主体是如何先于抽象的主权，个体是如何对立于抽象的权力的。

——安东尼奥·奈格里

哈特和奈格里把诸众立足的"非物质劳动"作为当代资本主义发展中最基本的范畴提出来，论述它的技术特征和历史作用，以期给予诸众一个坚实的经济基础，从而在这种非物质劳动范式中提供给诸众一种出离资本关系的唯物主义的而非超验的根据。诸众的解放是绝对民主的，是绝对自主性的平等联合。恰恰这种非物质劳动提供给他们这种无限开放的联系空间，因为外在于资本并与资本对立的那种平等自主的差异性关系出现了。

但是，这种论述已经偏离了马克思主义的理论视域。马克思总是从物质生产过程的一般和特定历史规定性的综合中去考察生产劳动过程的，对于资本主义生产方式也是如此。因此，马克思在面对资本主义社会的资本和雇佣劳动所构成的劳动与其客观条件相统一的历史规定的时候，就从生产力与生产关系的内在对立矛盾中解析出资本主义生产劳动方式的出现、发展及其未来前进方向。他是从技术范式和社会范式双重角度进行论述的，在劳动生产的抽象一般中显示了资本主义社会历史关系的维度，从而使劳动具体化为现实资本的劳动，具有了历史感。对此唐正东教授明确指出：马克思"显然是从生产过程的技术范式和社会范式两个角度来展开其解读思路的，而相对而言，后者显得更为重要。并且，正是因为马克思是把上述这两种解读范式不仅仅置放在一种静态的、经验的层面上，而是置放在动态的社会历史过程之中的，因此，对他来说，生产的社会范式绝不可能是那种对人与人之间关系的简单描述，而必然是对当下历史阶段的社会关系内在矛盾性的准确反映"①。

以此反观哈特和奈格里非物质劳动反抗资本的理论，就会发现他们割裂了非物质劳动与资本之间的内在关系，以资本外在于非物质劳

---

① 唐正东：《当代资本主义新变化的批判性解读》，经济科学出版社 2016 年版，"前言"第 3 页。

动过程而将资本一方撇在远方,而将非物质劳动本身的自然规定性凸显出来,并重点呈现非物质劳动者之间结成的各种开放的社会关系。他们把这种社会关系定义为基于纯粹劳动一般之上的非物质劳动主体之间的差异性关系,并把这种社会关系作为一方与资本权力一方构成外在的对抗关系,即力量反抗权力的二元对立关系,以此打开了一个广阔的非物质劳动者反抗资本权力的解放画卷。在这种开放性的任意连接的关系中,哈特和奈格里构思着诸众激进政治的反抗规划。

可以看出,哈特和奈格里的这种外在二元对立矛盾观已经偏离了马克思内在对立矛盾的方法论视域。为了更清楚地剖析哈特和奈格里的外在二元对立矛盾观,笔者将它放在与马克思内在矛盾观相比较的视域中加以解读,以呈现他们矛盾观的不同。

一、马克思对资本物质劳动过程中内在矛盾的论述

马克思基于历史唯物主义的视野,把人类社会既不是看作一个凝固不变的结晶体,也不是看作一个只是个人聚合在一起的散乱的集合体,而是看作一个不断发展变化的有机体。在这个社会有机体中,客观的生产力和生产关系之间内在矛盾的运动推动着人类社会不断前进。因而,资本主义社会,它不是从来就有的,也不是永恒存在的。它只是由过去社会中以细胞形式存在的价值形式在适宜的历史条件下不断发展之后才出现的,只是在资本关系的以太光芒照耀一切时,资本主义生产方式才形成并主导了现代历史,只是在这时候,一个资本的时代才出现。

在《资本论》及其手稿中,马克思就是要研究资本主义生产方式和与之相适应的生产关系和交换关系,揭示在其基础之上的现代社会经济运动规律和其必然走向崩溃的趋势,而共产主义就在这种历史必

然性中出现。为此,马克思深入探讨了什么是资本,它和劳动之间的本质关系,揭示了资本与劳动的本质关系如何形成并必然走向一种破裂。这样,马克思在对资本主义社会的生理学解剖中就产生了科学的价值理论和剩余价值理论。于是,作为人类历史发展基础的物质生产就在这种特定的资本关系的社会规定中具体化和历史化了,一种客观的历史生产运动出现在人们眼前。历史发展不再是一种单纯由人的激情推动的偶然事件所引发的所谓断裂事件构成的一种社会变迁,而是基于一种由生产力与生产关系内在矛盾所推动的物质生产内在实现形式上的变动而显现的。如果说历史发展需要一个本体论规定的话,那么这个规定就是物质生产的具体历史形式,它的变动本身就成为历史。

资本与劳动的对立关系内在于商品交换关系

1848年欧洲工人阶级革命的失败,极大地触动了马克思,使他开始思考一个问题:工人阶级为何丧失了革命性而陷入资产阶级意识形态之中?工人阶级要解放,仅仅具有危机时期的反抗是否就是充分的?如果不,那么需要什么样的社会客观基础?马克思重新进入政治经济学的研究,深入解剖了资本主义生产方式的运动机理,从客观上科学地回答了资本生产的历史内涵及其本质性劳资对立矛盾关系以及它必然崩溃的趋势。

随着马克思移居伦敦,随着他对资产阶级古典政治经济学批判的深入,到《大纲》中,他深化了对物质生产的理解,把一般性的物质生产上升到资本主义的物质生产,把在《德意志意识形态》中提出的生产关系的内涵具体化为历史性的资本关系,从工场手工业的历史场景前进到大机器生产阶段;将《哲学的贫困》中资本和雇佣劳动的不平等关系从分配关系领域下探到生产关系领域,在确定商品交换价值和使用价值二重性矛盾并由此得出劳动的二重性规定后,提出了科学的价值理论和剩余价值理论,于是资本生产关系的真正历史内涵被科学地揭示了。这样一来,在历史观层面上的生产力和生产关系的内在矛盾,历史地具体地转化为政治经济学批判层面的、由商品的交换价值和使用价值矛盾发展出的资本与雇佣劳动之间的矛盾,在此矛盾关系上历史地展现出资本主义社会的全面对抗性。在这样一个历史高点上,不仅资本主义社会的对抗性,而且整个私有制社会的对抗性都因此凸显出来,资本主义社会也因此显现出它的历史性。马克思激动地写道:"资产阶级的生产关系是社会生产过程的最后一个对抗形式,这里所说的对抗,不是指个人的对抗,而是指从个人的社会生活条件中生长出来的对抗;但是,在资产阶级社会的胎胞里发展的生产力,同时又创造着解决这种对抗的物质条件。因此,人类社会的史前时期就以这种社会形态而告终。"①

马克思认为资本主义生产关系是最后一个对抗性的生产关系,人们不禁要问:资本主义社会生产方式的具体历史规定性是什么?这种生产关系的对抗是怎样表现为资本与雇佣劳动之间的矛盾对立关系的?这种矛盾对立又如何进一步蔓延到整个社会的?马克思决定把它们彻底地揭示出来。

"我们称为资本主义生产的是这样一种社会生产方式,在这种生产方式下,生产过程从属于资本,或者说,这种生产方式以资本和雇佣劳动的关系为基础,而且这种关系是起决定作用的、占支配地位的生产方式。"② 在这里,马克思把资本主义生产方式的基础定位为资本与雇佣劳动之间的对立统一的生产关系,这种关系起决定性作用。但是,这种关系是怎样发展而来的?马克思认为必须从生产的发展历史出发来探讨这种客观的生产关系的形成。"资本关系的形成从一开始就表示,资本关系只有在社会的经济发展即社会生产关系和社会生产力发

---

① 《马克思恩格斯全集》第31卷,人民出版社1998年版,第413页。
② 《马克思恩格斯全集》第32卷,人民出版社1998年版,第153—154页。

展的一定的历史阶段上才能出现。它从一开始就表现为历史上一定的经济关系，表现为属于经济发展即社会生产的一定的历史时期的关系。"① 而这种一定历史时期的经济关系，就是曾经在过去社会中或多或少存在的商品交换关系在特定历史条件下发展起来的结果。因为"资本只能在商品生产和商品流通的基础上形成，因而只能在已有的、发展到一定阶段的商业的基础上形成……它们是资本主义生产的必要的既定的历史前提"②。所以，马克思为了说明资本生产关系，就必须首先从流通领域出发，再前进到生产领域，因为这是历史发展的轨迹。"我们从流通出发，是为了达到资本主义生产。这也是历史的发展进程，资本主义生产的发展在任何一个国家都是以商业在另外的、过去的生产基础上的发展为前提的。"③

一定的商业发展是资本主义生产方式出现的历史前提条件，在这种已经出现的交换关系中就蕴藏着初步的内在对立矛盾。马克思指出："商品内在的使用价值和价值的对立，私人劳动同时必须表现为直接社会劳动的对立，特殊的具体的劳动同时只是当作抽象的一般的劳动的对立，物的人格化和人格的物化的对立，——这种内在的矛盾在商品形态变化的对立中取得发展了的运动形式。"④ 这就是说，在简单商品流通中，随着一种简单社会交换过程的出现，出现交换的两极，两极形成交换关系和价值形式，这立即同步产生出商品关系的内在矛盾性。这种矛盾性表现为商品的使用价值与价值对立，各个私人的劳动相互对立，各个具体劳动马上转变为一般劳动互相对立，价值表现为主体的人格化，主体表现为客观价值关系的规定性，一种内在的社会矛盾性产生。资本关系就从这里发展而出。

---

① 《马克思恩格斯全集》第32卷，人民出版社1998年版，第42页。
② 《马克思恩格斯全集》第32卷，人民出版社1998年版，第356页。
③ 《马克思恩格斯全集》第32卷，人民出版社1998年版，第155页。
④ 《马克思恩格斯全集》第44卷，人民出版社2001年版，第135页。

我们知道,《资本论》的叙述是从商品开始的。为什么马克思一定要从商品出发?就是因为马克思要从最简单最客观的商品交换的价值形式内含的矛盾的发展中,从价值和使用价值的对立统一关系中,引出货币、资本以及资本与雇佣劳动对立的特殊历史规定性。我们看到,劳动产品之所以成为商品,是因为产品只有在交换关系中才具有了商品的形式规定性,并且在简单商品交换关系中存在着价值形式、存在着价值形式的完成形态的货币形式,同时还埋伏着交换双方简单的等价的对立关系。而资本与雇佣劳动的对立交换关系就是从这种经济关系的细胞形式中发展起来的。

马克思在简单商品交换形式中揭示了卖者和买者之间的对立性,这种对立是商品所有者进入流通中进行交换而产生的社会身份特征,决定这种社会身份特征的不是个性而是商品生产者之间的交换关系。这种对立关系还未发展到资本生产过程中的对抗性,还只是在简单交换关系中一种表层肤浅的表现。随着资本主义生产关系的出现,这种对立就发展到了资本家与工人之间的对立与对抗性。马克思说:"资产阶级生产的对抗性质,在买者和卖者的对立上表现得还很肤浅很表面,这种对立在资产阶级以前的社会形式中也存在,因为它只要求人们彼此当作商品所有者来发生关系。"[①] 当劳动力作为商品而被资本购买,进入资本与劳动的统一的生产过程中的时候,劳动力作为使用价值被消费,就变成了既为资本家生产劳动力价值又为资本家生产剩余价值的保值增殖生产过程,这时一种真正的剥削出现,深刻的社会对立对抗即刻产生。但是,由于这种关系隐藏得极深,许多西方学者无法真正理解作为《资本论》开端的商品中所包含的使用价值与价值的矛盾关系的历史意义,因为他们的经验论立场使他们无法深入抽象的历史本质性矛盾关系层面,他们或者把它经验化理解,或者把它作为人为

---

① 《马克思恩格斯全集》第31卷,人民出版社1998年版,第490页。

设定的本质假定而任性地抛弃,于是,对立统一的内在矛盾关系就被肤浅地拆解为外在对抗关系。而在外在对抗关系中,客观统一性消失了,对抗关系中的主体一方的自由选择意志的伟大性便凸显出来了。哈特和奈格里的诸众与资本间的对抗关系也是这样。

但是,马克思恰恰深入揭示出这种内在矛盾及其发展的形式。他认为资本关系产生于简单商品交换关系中,产生于使用价值与交换价值的对立转化中。它不是从 W—G—W 为买而卖的简单交换中产生,而是从同一个过程的为卖而买的交换中发展起来的,是从 G—W—G′ 中发展起来的。前一个过程以使用价值开始经过交换价值至新的使用价值结束,使用价值离开交换经济关系而进入实际消费过程并随后消失。后一过程从交换价值出发经过商品使用价值而在增殖的交换价值处结束,此时此刻,交换价值并不因此而结束经济运动,它重新进入为卖而买的过程中,经济关系就此持续存在着、循环着。马克思说:"资本关系所以会在生产过程中出现,只是因为这种关系在流通行为中,在买者和卖者互相对立的不同的基本经济条件中,在他们的阶级关系中本来就已经存在。不是由于货币的性质产生了这种关系;相反,正是由于这种关系的存在,单纯的货币职能才能转化为资本职能。"[1] 在这里,货币职能能够转化为资本职能的原因,不在于货币自身,而在于货币在一种关系中以自己为起点和终点的运动中在终点增殖了,这个增殖了的货币不再是等价交换中的等值流通手段,而是增殖的流通手段,货币成了资本。马克思指出:"我把这个增殖额或超过原价值的余额叫做剩余价值(surplus value)。可见……正是这种运动使价值转化为资本。"[2]

但是,在贯彻等价交换原则的流通领域,在第一个交换行为

---

[1]《马克思恩格斯全集》第 45 卷,人民出版社 2003 年版,第 39 页。
[2]《马克思恩格斯全集》第 44 卷,人民出版社 2001 年版,第 176 页。

G—W 中，G 的货币价值与 W 的价值等同，增殖的可能性绝不在 W 的交换价值上，而是在 W 的使用价值中，即在对它的消费中增加了价值。这样，对第一个交换行为中获得的使用价值，只有在对其消费中增加商品的价值，才能在交换的第二个行为 W—G（实际变为 W′—G′）中，G′因 W′而实现增殖。在这种分析中，必然要求出现一种特殊的商品，这个商品必须具有 W=W′的功能，用马克思的话说："它的使用价值本身具有成为价值源泉的独特属性，因此，它的实际消费本身就是劳动的对象化，从而是价值的创造。货币占有者在市场上找到了这样一种独特的商品，这就是劳动能力或劳动力。"[①] 也就是说，货币所有者在市场上必须找到这样一种商品，对它的使用就是创造价值。创造价值的只能是劳动，提供劳动的只能是劳动能力，劳动能力成为这样的特殊商品，而拥有劳动能力的劳动者就成为能够自由出卖自身劳动力的人，成为交换的一极。通过对流通中价值形式的深入分析，马克思揭示出劳动者是怎样成为劳动力商品的。于是，交换关系的对立性在资本和劳动之间出现了。

马克思曾经在《大纲》中对资本与劳动的对立关系作过非常深刻的思考，要更深刻厘清资本与劳动之间的对立关系，回顾这一文本是非常必要的。在那里，马克思力图通过分析资本和劳动的简单规定，找出它们之间的内在联系。资本与劳动的对立关系因此便出现了。"第一个前提是：一方是资本，另一方是劳动，两者作为独立的形态互相对立；因而两者也是作为异己的东西互相对立。与资本对立的劳动是他人的劳动，与劳动对立的资本是他人的资本。对立的两极的特点不同。"[②] 资本与劳动的规定首先被马克思置于简单的交换关系中加以分析，这种规定表现为资本作为交换价值与劳动对立，而劳动作为使用

---

① 《马克思恩格斯全集》第 44 卷，人民出版社 2001 年版，第 195 页。
② 《马克思恩格斯全集》第 30 卷，人民出版社 1995 年版，第 223 页。

价值与资本对立。在交换中，对立方都在转化为对方后转变了自身的规定。资本作为一般交换价值的货币在工人手中转化为生活资料的使用价值，劳动则转化为对方的使用价值。

在分析这种对立关系中，马克思力图从理论上分析交换价值从自我保存走向自我增殖的过渡，从而揭示出这种规定性。而资产阶级学者要么粗暴地直接定义资本是带来利润的东西，要么无力地不加说明。马克思是从交换领域走向生产领域来科学地揭示的。

首先，马克思从货币自身的矛盾出发，指出货币一方面作为一般交换价值代表着全部物质财富，另一方面作为有限的存在只代表有限的物质财富，因此，货币具有不断冲破一定量的界限而走向无限增殖的趋势。这种趋势转化为发财致富的强烈欲望。于是，货币就作为自我倍增的自为交换价值的规定出现，货币在概念上资本化了。其次，资本从货币存在形式上扩展到整个商品存在形式上，并在这种形式中发现资本的唯一对立面——非对象化劳动。马克思认为资本不是与使用价值对立，而是存在于一切以商品形式存在的使用价值之中，这样一来，资本的对立面就扩展到整个商品世界，与货币形式的资本对立的也是商品形式的资本。因为所有具有不同使用价值的商品具有唯一的共同性实体存在，这就是对象化劳动。于是，以货币形式存在的资本的对立面，就包含对象化劳动和非对象化劳动，即作为物的商品和作为人的劳动。这样，资本的对象范围真正扩展到全部社会世界，资本的自我保存和增殖才能出现。

如果说资本的保存是与对象化劳动相关，资本的倍增就一定与非对象化劳动相连。那么，对象化劳动和非对象化劳动有何不同规定？谁是资本增殖的因素？马克思展开了分析。他首先区分了对象化劳动和非对象化劳动这两个概念。他认为，对象化劳动是已经完成的劳动，是在空间上已经以物存在的劳动，是死劳动，它绝不能增加价值。与对象化劳动相反，非对象化劳动是处于时间中的劳动，是活的劳动，它只能作为一种能力而存在于主体之上，只能在活的主体上存在着，这样的非对象化劳动只能作为工人而存在。在区分了二者的差别之后，马克思得出，能够增殖资本的存在是非对象化劳动，"因此，能够成为资本的对立面的唯一的使用价值，就是劳动[而且是创造价值的劳动，即生产劳动]"①。这样，马克思就合乎逻辑地推出，资本增殖的最大对象就是劳动，与资本对立的就是非资本，而"实际的非资本就是劳动"②。劳动作为一种特殊的使用价值与资本交换，劳动成为一种可交换的商品，但是劳动作为劳动能力只能存在于人自身，于是人自身成为商品，即劳动力成为商品，一种特殊的能够创造剩余价值的商品。在劳动与资本的交换中，工人获得一定的货币而转让了自己的劳动力商品，工人对自己劳动力的支配权在一定时间和一定范围中转让给了资本。资本家得到了对他人劳动的支配权。资本换来的是创造价值的活动，是一种生产力，但是"这种生产力使资本得以保存和倍增，从而变成了资本的生产力和再生产力，一种属于资本本身的力"③。经过以上分析，马克思得出了只有劳动能使资本保值和增殖的结论，劳动能力成为商品也顺势而出。这也为《资本论》论证货币占有者和劳动力占有者必然于市场上相遇打下理论基础。

于是，在市场上货币占有者和劳动力占有者相遇。此时，他们相互之间是作为身份平等的商品占有者发生关系的，"所不同的只是一个是买者，一个是卖者，因此双方是在法律上平等的人"④。但是，这种平等交换关系的发生必须在一定的历史条件下才能出现。首先，劳动力占有者必须解除除了商品交换关系自身所生成的从属关系以外的其他从属关系，即必须消除过去时代存在的人身依附关系和政治从属关

---

① 《马克思恩格斯全集》第30卷，人民出版社1995年版，第230页。
② 《马克思恩格斯全集》第30卷，人民出版社1995年版，第232页。
③ 《马克思恩格斯全集》第30卷，人民出版社1995年版，第232页。
④ 《马克思恩格斯全集》第44卷，人民出版社2001年版，第195页。

系。只有这样,劳动力占有者才能作为一个独立自由的商品占有者出现在市场上,他才有权独立支配他的劳动力商品,并与其他交换者自由地发生交换关系。其次,劳动力占有者只能在一定时间内出卖他的劳动力商品,在此期间,他的劳动力商品的使用权让渡于货币占有者使用。超过这一时间,他将收回他的劳动力使用权。换句话说,他只是让渡一定时间内的自己劳动力的使用权,而不是完全放弃对自己劳动力的所有权。只有这样,劳动力占有者才能保证自己不是奴隶而始终是自由的劳动力财产的占有者,拥有支配自己财富的权力。最后,劳动力占有者必须是赤贫者,即除了拥有自己的劳动力之外,他不拥有其他任何物质资料,包括生产资料和生活资料。他只能靠出卖自己的劳动力来谋生。

资本只有在出现了自由劳动力的历史条件下才能出现,而自由劳动力的出现就是一部资本出现史。马克思深刻指出:"有了商品流通和货币流通,决不是就具备了资本存在的历史条件。只有当生产资料和生活资料的占有者在市场上找到出卖自己劳动力的自由工人的时候,资本才产生;而单是这一历史条件就包含着一部世界史。因此,资本一出现,就标志着社会生产过程的一个新时代。"[1] 这个资本新时代必然包含着一个前提条件,就是劳动者与劳动条件的分离,这种分离造成前一时代劳动生产原始统一关系的破裂和对立,造成一方是拥有生产条件的资本家,另一方是只拥有劳动力的劳动者。劳动与劳动条件的重新统一必须经过市场交换关系,一方购买劳动力使其与劳动条件相结合,另一方出卖劳动力使其与劳动条件相结合,但是结合的结果是增殖了的劳动产品,且为资本家所支配。这样一来,拥有劳动能力的人成了这样一种商品占有者,他不出卖劳动力就不能劳动,也无法获得生活资料;而资本不与劳动力交换就不能增殖性生产。双方交换

---

[1]《马克思恩格斯全集》第44卷,人民出版社2001年版,第198页。

后，资本对劳动力的实际消费即驱使劳动力脱离经济的流通过程，在流通领域以外的生产过程中进行劳动。"因此，资本不能从流通中产生，又不能不从流通中产生。它必须既在流通中又不在流通中产生。"① 这是马克思对资本运动辩证法的极为精彩的经典表述。

起初，在简单商品交换关系中，使用价值与价值的分离导致产生了它们之间的对立关系和对立运动，随着它们发展到一定历史阶段，出现了劳动者与劳动条件的分离，以及资本与劳动的对立关系。这绝不是随意产生的想象，这是一定的生产力与生产关系的矛盾发展到一定历史阶段所形成的特定经济关系和生产关系。在资本主义生产新时代，劳动与资本的内在矛盾关系历史地形成了，其矛盾关系从流通领域转入到生产领域，新的矛盾展开了。

资本和雇佣劳动之间的矛盾是资本自身的内在矛盾

马克思在追索资本主义生产关系历史地出现的时候，看到了历史中交换价值对直接生产使用价值的社会的狭隘关系产生的解体作用，看到了货币转化为资本所产生的对劳动与劳动客观条件的分离效用。他指出，货币要转化为资本是需要一定的历史条件的，这个条件表现为劳动者和他们的劳动客观条件相分离，表现为两者分离后相独立的历史过程。而一旦代表新生产方式的资本产生并发展起来，资本本身就必然使社会的全部生产服从于自己的运动，"并到处发展和实现劳动与财产之间，劳动与劳动的客观条件之间的分离"②。这种分离导致产生了资本与劳动之间的对立矛盾关系，并在资本生产和再生产中不断产生这种分离和对立矛盾，这种矛盾随着资本流通的扩展和竞争的激烈进行在更多领域和更大范围扩展开去，形成更多形式的对立和矛盾。

---

① 《马克思恩格斯全集》第44卷，人民出版社2001年版，第193页。
② 《马克思恩格斯全集》第30卷，人民出版社1995年版，第507页。

在资本主义生产形式中，旧有的劳动与劳动条件的天然结合被打破，但这二者必须重新结合、重新统一以进行生产，延续人类社会的存在。在这种特定的生产形式下，货币转化为劳动与劳动的客观条件，使劳动与劳动的客观条件再度统一。但是，这种劳动与其客观条件的再度统一所生产出来的价值已经超过了事先投入的资本价值，出现了一种余额，货币就变成了资本。在马克思看来，资本概念蕴含着自身滋长的条件。这种滋长条件就是资本增殖运动过程的主要产物——资本家和工人。普通资产阶级经济学家只能看到这个过程生产出来的物品，而看不见资本家和工人。这只是因为在这个过程之中，资本既以作为死劳动的劳动客观条件表现出来，又以作为活劳动的工人表现出来。由此，活劳动的对象性变成非对象性，即工人劳动过程是非自己的而为他人的，对他而言，劳动条件和劳动产物属于异己财富的对立性出现，因此，资本就是资本家。那种认为可以需要资本而不需要资本家的认识之所以是错误的，在于不能真正理解资本的概念。马克思指出："在资本的概念中包含着这样一点：劳动的客观条件（而这种客观条件是劳动本身的产物）对劳动来说人格化了，或者同样可以说，客观条件表现为对工人来说是异己的人格的财产。资本的概念中包含着资本家。"①

马克思已经在资本生产过程中看到了资本是一种矛盾性的生产运动，是一种能动的生产关系，而不是物。是资本关系和资本的客观运动过程把人与物资本化了，资本必然表现为资本家，以实现自身运动。所以，"资本实质上就是资本家；但是，它同时又是作为一种与资本家不同的资本家存在要素，或者说生产本身就是资本"②。与之对立的劳动则成为工人的经济性质。马克思指出："充当这种劳动——对于资本

---

① 《马克思恩格斯全集》第30卷，人民出版社1995年版，第508页。
② 《马克思恩格斯全集》第30卷，人民出版社1995年版，第509页。

来说是使用价值的劳动——的承担者,这就是工人的经济性质;他是同资本家对立的工人。"① 在这里,马克思看到了一种生产方式的运动过程,其中没有了主体,只存在对立经济关系的人格化。

货币占有者与劳动力占有者在市场上以交换双方的对立关系完成了交换,进入生产领域后,货币占有者变成了资本家,工人的劳动就成为雇佣劳动,由此出现了雇佣劳动和资本之间的对立统一矛盾。这种资本和劳动之间的矛盾关系就是资本主义生产关系的矛盾,是货币转化为资本、劳动转化为雇佣劳动后的新矛盾,是一种历史生成的矛盾关系。那么,是何种历史条件"才能使货币变成资本,使劳动变成设定资本即创造资本的劳动,变成雇佣劳动"②?

对此,马克思展开了分析。雇佣劳动是什么?马克思对其进行了严格的规定,指出这是一个在严格的经济学意义上使用的、与其他劳动形式不同而有自己规定性的术语。"雇佣劳动是设定资本即生产资本的劳动,也就是说,是这样的活动,它不但把它作为活动来实现时所需要的那些对象条件,而且还把它作为劳动能力存在时所需要的那些客观要素,都作为同它自己相对立的异己的权力生产出来,作为自为存在的、不以它为转移的价值生产出来。"③ 在这里,这种雇佣劳动作为一种生产关系,决定了这种劳动中诸种条件的特定性质。首先,劳动主体与劳动条件相分离,它只是作为活劳动能力这个单纯主体而存在,它不但同活劳动实现自己过程的那种客观条件相分离,而且也同能够保持活劳动能力持续存在的生存资料相分离,它成为抽象的单纯的劳动能力存在。其次,与抽象活劳动能力相对立的则是价值的存在,这种价值存在表现为对象化劳动的存在,而对象化劳动存在必须事先具备足够充足的积累,以使这种积累既能够为活劳动能力的保存和再

---

① 《马克思恩格斯全集》第 30 卷,人民出版社 1995 年版,第 254 页。
② 《马克思恩格斯全集》第 30 卷,人民出版社 1995 年版,第 455 页。
③ 《马克思恩格斯全集》第 30 卷,人民出版社 1995 年版,第 455—456 页。

生产提供对象条件,也能为生产剩余价值提供客观物质因素。再次,活劳动能力与积累的价值之间可以进行自由的交换,双方具有自由交换关系。这种自由交换关系不是通过直接的统治和奴役的方式实现,而是通过货币流通的中介形式实现,这种关系即"两极之间的以交换价值为基础而不是以统治和奴役关系为基础的关系"①。这里,马克思强调的是市场交换中介的重要性,指出价值方面必须通过市场中介而不是直接交换向生产者提供生活资料,对劳动产品也不是直接占有而是通过购买劳动占有劳动从而占有产品。最后,价值的一方必须以资本家出现,以生产价值与增殖价值为唯一目的,而不是把享受或者创造使用价值作为最终目的。

经过马克思的缜密分析,雇佣劳动四个规定的核心内容是已经生成的对象化劳动与活劳动的交换,但这不是单纯的交换,而是一方作为保存价值的对象化劳动,另一方是作为这种对象化劳动的使用价值的活劳动,交换是这样的双方间的交换。也就是说,用一定量的价值形式的货币(代表维持工人活劳动能力存在的生活资料)同那些换取了这些生活资料的工人的劳动能力的使用价值交换。

而恰恰因为这种交换,改变了劳动与产品之间的同一性所有权规定,使资本否定了这种所有权,资产阶级所有权的这第二条规律出现了。如果说在资产阶级生产方式之前的单纯孤立的劳动中,劳动者通过劳动生产出产品,并作为劳动力的天然所有者而占有自己劳动产品是所有权的第一个规律的话,那么现在,在资产阶级的生产方式中,在雇佣劳动的条件下,资本与雇佣劳动的关系表现为,在增殖过程中,资本占有了产品,工人丧失了所有权,所有权改变了。劳动的结果是,工人并不占有产品,产品是他人的财产,也即,他人的劳动表现为资本的财产。这样,就出现了资产阶级的所有权,这种所有权从第一个

---

① 《马克思恩格斯全集》第 30 卷,人民出版社 1995 年版,第 456 页。

规律转化而来，它通过继承权长期保存下去，不受单个资本家易逝性的影响。所以，"第二条是劳动表现为被否定的所有权，或者说，所有权表现为对他人劳动的异己性的否定"①。

马克思进一步指出第二条所有权规律所产生的越来越大的社会对立性。他说，就像以扫为了一碗红豆汤而出卖自己的长子权一样，工人为了获得维持自身劳动力存在的一定量的价值，就向资本家出卖了自己的劳动创造力。经过这样一种交换，就导致工人必然会变穷而资本家必然会变富的社会现象，因为工人劳动的创造力转变为资本的力量，与工人相对立，资本则把创造财富的劳动力量据为己有。"可见，劳动和劳动产品所有权的分离，劳动和财富的分离，已经包含在这种交换行为本身之中。"② 交换中的所有权关系真正改变了劳动与产品的同一性原则，在资本生产过程中，产品和劳动者相分离并对立着。

为深入分析这种对立性，马克思通过第一次生产过程和第二次生产过程的矛盾分析，揭示了资本主义生产方式中这种劳动和劳动产品的分离对立与异化矛盾的日益严重化和扩大化。

在第一次资本生产过程中，工人就丧失了对自己生产的产品的所有权，他为他人生产财产，因此毫无劳动积极性。不仅缺乏劳动积极性，而且，在这种资本生产过程中，工人的劳动不是分散的孤立的单个人的劳动，相反，是被资本组织和结合在一起的劳动总体。这种劳动结合的总体，由于不是劳动者之间的主动联合性的总体，而是被资本结合在一起的，所以，这种结合就丧失了劳动者自有的精神的统一和物质的统一，而被迫服从于外部的精神的统一和物质的统一。这种外部的精神统一是资本家的意志和智力，这种外部的物质统一是机器这种固定资本。结果，不仅这种被结合的劳动"服务于他人的意志和

---

① 《马克思恩格斯全集》第30卷，人民出版社1995年版，第463页。
② 《马克思恩格斯全集》第30卷，人民出版社1995年版，第266页。

他人的智力,并受这种意志和智力的支配——它的精神的统一处于自身之外"①,而且"这种劳动就其物质的统一来说,则从属于机器的,固定资本的物的统一"②。劳动主体一方面从属于资本家的意志,另一方面又从属于把科学思想客体化了的固定资本,在实际生产过程中,恰恰是固定资本作为实际的劳动联合者,把诸个劳动力连接起来,支配他们的活劳动。这是一种在直接劳动过程中的对立性的统一。

在生产过程中,一种异己性的矛盾出现了。从劳动一方看,由于资本生产中的劳动结合是一种自在的结合,不是自由的联合,所以,共同劳动中个人不能支配劳动中发生的关系,也不能自主支配各种特殊职能或工具。相反,由于劳动产品被他人占有,活劳动力就自然地把属于本人的劳动活动看成为他人进行的劳动活动,看成被某种力量强制性进行的生命活动,具有一种强烈的异己感。因此,这种劳动必然成为一种痛苦。劳动者是主体,劳动是劳动主体的劳动,但是,劳动产品和劳动自身却成为他人的财产和他人的劳动,表现为"他人的客体性(他人的财产),也表现为他人的主体性(资本的主体性)"③。因而,雇佣劳动关系下的劳动过程充满矛盾,表现为劳动主体从属于资本客体,资本客体反而表现为主体。相应地,从资本一方看,资本关系也表现为矛盾。因为资本本身是作为一种社会劳动而存在的,它不仅要转化为劳动主体,同时又要转化为劳动客体,是转化后的劳动主体和劳动客体两者的结合,但是它本身又作为一种特殊存在与这些要素相对立而并存着,如同灵魂对于肉体。相对于雇佣劳动,资本"表现为扩张着的主体和他人劳动的所有者,而资本的关系本身就像雇佣劳动的关系一样,是完全矛盾的关系"④。

---

① 《马克思恩格斯全集》第 30 卷,人民出版社 1995 年版,第 463—464 页。
② 《马克思恩格斯全集》第 30 卷,人民出版社 1995 年版,第 464 页。
③ 《马克思恩格斯全集》第 30 卷,人民出版社 1995 年版,第 464 页。
④ 《马克思恩格斯全集》第 30 卷,人民出版社 1995 年版,第 464 页。

在马克思的这种矛盾分析中，我们可以看到基于资本与雇佣劳动的根本矛盾而产生的诸多次级矛盾群。诸如，雇佣劳动者与劳动条件，与劳动过程，与劳动产品，与资本家之间的矛盾；资本总体与各部分资本，各部分资本之间的矛盾。前者是从劳动主体出发的矛盾，出现主客体关系的颠倒，这也是劳动异化理论在新的基础上的再现。后者则从资本客体出发，指向不变资本和可变资本之间的有机构成的矛盾。可见，资本生产过程中充满着各种矛盾。

资本的第一次生产过程结束，但是这次生产过程的结果则表现为劳动的产物对劳动的统治权。马克思看到，劳动产品之所以不能成为工人的支配物，而成为支配工人的东西，其根源在于生产开始前劳动力与资本的交换，在于工人用自己的活劳动能力换取了一定量的对象化劳动，从而向资本家转让了劳动能力的使用权和劳动产品的所有权。所以，马克思深刻地指出，这些"表现为劳动能力本身的产品，表现为它自身创造出来的东西，既表现为劳动能力自身的客体化，又表现为它自身被客体化为一种不仅不以它本身为转移，而且是统治它，即通过它自身的活动来统治它的权力"①。一种从交换关系原则中转化和生长起来的资本权力，出现在雇佣劳动者的面前。工人和作为劳动结果的资本权力相对立。

在经过流通开始资本的第二次生产过程时，马克思继续揭示资本主义生产方式下劳动的主客观条件的对立和统一在更加深刻、更为广泛的生产和社会层面表现出来的对立的矛盾形式，同时揭示出剩余资本对活劳动能力日益强化的异己性和统治权。首先，资本第一次生产过程结束后出现剩余价值。剩余价值是超过一般必要劳动的余额，也是劳动的产品。其次，这个剩余价值为了重新增殖自身，它就重新变成资本的特殊形态，即按照一定比例转变为劳动的客观条件和劳动的

---

① 《马克思恩格斯全集》第 30 卷，人民出版社 1995 年版，第 444—445 页。

主观条件，也就是变为不变资本部分和可变资本部分。这样，剩余资本就作为一个资本总体又分裂为与自身对立的他物。最后，这种剩余价值变成了与活劳动能力相对立的自为存在，变成了一种分裂性的存在和对于劳动的异己性权力，变成了人格化的对立。在马克思看来，这些条件转化为资本家的人格形式，成为具有自己意志和自己利益的人格化存在，与工人的人格对立着。

一切劳动过程条件的分裂都在社会层面的财产和劳动力之间表现出来，"财产同劳动之间，活劳动能力同它的实现条件之间，对象化劳动同活劳动之间，价值同创造价值的活动之间的这种绝对的分离——从而劳动内容对工人本身的异己性"① 都客观存在着。但是分裂的双方必须再统一，因此，这些分裂在资本生产过程中重新结合，再由劳动生产出来价值，它包括必要价值和剩余价值，它们都表现为资本，表现为与活劳动能力相对立的异己性的交换价值。"总之，作为资本，作为对活劳动能力的统治权，作为赋有自己权力和意志的价值而同处于抽象的、丧失了客观条件的、纯粹主体的贫穷中的劳动能力相对立。"② 这种对立统一产生的结果就是，劳动能力自身既为他人生产了财富，又为自己造成了贫穷，同时还再生产了这种劳动与资本的对立关系和资本财富继续消费贫穷劳动能力而增殖自身的能力。

资本生产的结果是进一步造就了资本生产关系的前提条件和更为重要的资本生产关系本身。马克思指出："生产过程和价值增殖过程的结果，首先表现为资本和劳动的关系本身的，资本家和工人的关系本身的再生产和新生产。这种社会关系，生产关系，实际上是这个过程的比其物质结果更为重要的结果。"③ 因此，在马克思的眼中，这种资本生产关系再生产是极其重要的，因为它本身的不断出现和再生产作

---

① 《马克思恩格斯全集》第 30 卷，人民出版社 1995 年版，第 443—444 页。
② 《马克思恩格斯全集》第 30 卷，人民出版社 1995 年版，第 444 页。
③ 《马克思恩格斯全集》第 30 卷，人民出版社 1995 年版，第 450 页。

为一种客观现实，就使处于这种关系中的资本和劳动永远处在对立之中，资本保持着对劳动的统治。

在资本生产关系中，劳动和资本的市场交换产生了对劳动产品所有权的辩证转换，产生了财产上的权利和义务，也就是资本主义社会里的财产权利和义务观念的规定。由此，资产阶级的权利与义务观念也得到历史唯物主义的说明。马克思通过剩余价值Ⅰ和剩余价值Ⅱ的概念，来表明资本作为劳动的产物却反而统治了劳动。"我们看到，通过一种奇异的结果，所有权在资本方面就辩证地转化为对他人的产品所拥有的权利，或者说转化为对他人劳动的所有权，转化为不支付等价物便占有他人劳动的权利，而在劳动能力方面则辩证地转化为必须把它本身的劳动或它本身的产品看作他人财产的义务。所有权在一方面转化为占有他人劳动的权利，在另一方面则转化为必须把自身的劳动的产品和自身的劳动看作属于他人的价值的义务。"① 在这里，马克思彻底揭示了资本主义生产关系下财产所有权的权利和义务观念的来源，同时也揭露了不存在所谓的资本与劳动的平等交换关系，存在的是资本对劳动创造的剩余财富的无偿占有。

资本与劳动对立关系基础上的各种对立形式，遍布于资本生产总过程。从资本生产总过程出发，马克思将其划分为资本价值的保存过程、资本价值的增殖过程和资本价值的实现过程三个过程，它们统一构成一个资本完成的过程。但是三个过程在时间和空间上是分离的，似乎表现为无联系的散乱性，但事实上，三个过程具有内在统一性，各是对方的前提，从而表现为一个有机联系的运动过程。

马克思说，总体来看，既然整个生产都是以资本为基础的，那么毫无疑问，资本当然要实现由它本身自我形成的所有必要要素，同时还要形成能够实现这种自我形成的各种条件，这就是说，上述三个过

---

① 《马克思恩格斯全集》第 30 卷，人民出版社 1995 年版，第 450 页。

程的统一也必须得到实现，否则，资本就无法持续运动。所以说，"资本并不直接是生产和价值增殖的这种统一，而只是和各种条件联结在一起的过程，而且正如过程表明的那样，是和外部条件联结在一起的过程"①。在马克思看来，资本的运动过程不只是内在的统一，同时还需要外部各种条件的支撑才能实现自身。由于总过程被分成了三个相互分开的独立过程，各个过程与特定的条件相联结，表现为不同的资本规定。而在《资本论》中，马克思把前两个过程合并为一个资本的生产过程，但这两个过程的区别仍然存在。就资本价值增殖过程而言，就是资本价值保存和增殖的生产过程，就是资本与劳动对立统一的过程。恰恰在这个过程中，"资本的价值增殖表现为完全取决于资本作为对象化劳动同活劳动的关系，即资本同雇佣劳动的关系"②。所以，马克思分析资本与雇佣劳动的关系是在直接生产过程阶段中，这两个过程成为他分析工作日中对立的必要劳动时间和剩余劳动时间的关系的基础，进而在生产工具的改进中科学地提出绝对剩余价值和相对剩余价值的概念，提出资本有机构成概念。资本与雇佣劳动矛盾的表现形式及其概念，在资本和雇佣劳动对立矛盾的基础上，通过资本生产过程的发展而步步前进，层层具体化。

矛盾并不仅仅停留在资本的生产过程中，它还通过流通过程向外界扩张和表现自身。马克思指出，资本完成生产过程后进入流通过程，为实现剩余价值，资本要打破一切限制，直至创造出世界市场。同时，它使生产本身的所有要素都从属于交换，并消灭了所有直接以使用价值为生产目的的原始生产方式。经过这个历史过程，商业形态发生了根本改变，原来的商业还只是表现为各个独立的生产部门有了一些剩余产品后而进行的剩余产品的交换活动，现在，一切生产的前提和要

---

①《马克思恩格斯全集》第 30 卷，人民出版社 1995 年版，第 387 页。
②《马克思恩格斯全集》第 30 卷，人民出版社 1995 年版，第 383 页。

素都要通过商品交换而获得，流通将一切要素变成了资本生产的交换前提。交换因而表现为生产的性质，虽然它本身还不是生产。而在流通过程中，买和卖是分离的，偶然性仿佛占据了统治地位。因而资本发展过程的总体统一性，在片面的流通过程中却表现为偶然性和碎片化。不管是流通的总体还是流通的片段，到处都把生产中的对立变为财富与购买力之间的对立，这种交换中的对立又为生产中的对立提供前提。马克思精辟地指出："资本主义生产的产生不仅以劳动者与劳动条件相分离的历史过程作为前提；资本主义生产还以越来越大的规模再生产这种关系并使之日益尖锐化。"[①]

可见，基于交换关系的内在对立统一是如何转变为资本与雇佣劳动之间的内在对立的，这种资本与雇佣劳动的对立又转变为生产过程中的对立性矛盾，这种对立性矛盾不仅生产和再生产着这种对立，而且生产和再生产着这两者扩大的对立，包括劳动者与资本物、劳动者与劳动过程、劳动者与劳动产品、劳动者与劳动产品占有者、资本与资本、资本分裂的这一部分与那一部分、劳动者和产品占有者的义务与权利观念等，它们都是对立的。而这种普遍的对立造成了资本对劳动的压迫和奴役日益深重。人们不禁要问：这种状态会永世存在吗？马克思接着分析了资本内在矛盾自我发展的崩溃性趋势。

基于内在矛盾发展的资本扬弃之路

马克思认为资本生产关系造成资本占有了巨大的劳动对象化财富，与劳动相对立，并统治着劳动。这是一种客体力量与主体力量之间关系的颠倒。而且，这种颠倒不是观念上的，而是现实中存在的，是历史生成的真实。但是，这种由特定生产关系所造成的颠倒不会永久存在，它一定会通过自身发展起来的生产力对生产关系的历史性扬弃而

[①]《马克思恩格斯全集》第32卷，人民出版社1998年版，第161—162页。

得到彻底克服，并发展出一种新的生产方式。马克思指出："这种颠倒的过程不过是历史的必然性，不过是从一定的历史出发点或基础出发的生产力发展的必然性，但决不是生产的一种绝对必然性，倒是一种暂时的必然性，而这一过程的结果和目的（内在的）是扬弃这个基础本身以及扬弃过程的这种形式。"① 就是说，资本主义生产方式作为一种历史形式，它具有历史暂时性而不具有绝对必然性。资本主义生产方式必然在自身内在矛盾的发展下经过扬弃而成为历史。

这种历史的扬弃运动不是外在的否定，而是基于资本生产关系与生产力内在矛盾机制的充分发展而生成的历史的内在否定。马克思指出："资本本身是处于过程中的矛盾，因为它竭力把劳动时间缩减到最低限度，另一方面又使劳动时间成为财富的唯一尺度和源泉。"② 这就是说，资本在追求剩余价值的过程中，尽可能地减少生产过程中的必要劳动时间，而相对延长剩余劳动时间，形成了剩余劳动时间是必要劳动时间的条件这样一种生产现实。为了生产绝对剩余价值，资本增加劳动人员，延长劳动时间，开拓世界市场；为了生产相对剩余价值，资本发展科学和技术，探索自然，将科学和自然力越来越多地应用于生产中，快速提高了生产力。结果就造成一种矛盾，即生产力创造的巨大财富不以劳动时间来衡量，但是资本却要用劳动时间去衡量，并把生产力创造财富的无限可能性束缚在生产力增殖价值的时间界限中，从而阻碍了生产的进一步发展。"生产力和社会关系——这二者是社会个人的发展的不同方面——对于资本来说仅仅表现为手段，仅仅是资本用来从它的有限的基础出发进行生产的手段。但是，实际上它们是炸毁这个基础的物质条件。"③ 这就是说，资本为获得最大剩余价值而尽力缩短必要劳动时间，其开发出的由机器体系和社会组织形成的巨

---

① 《马克思恩格斯全集》第 31 卷，人民出版社 1998 年版，第 244 页。
② 《马克思恩格斯全集》第 31 卷，人民出版社 1998 年版，第 101 页。
③ 《马克思恩格斯全集》第 31 卷，人民出版社 1998 年版，第 101 页。

大生产力能够生产出巨大的使用价值财富，这种生产更多使用价值财富的生产力使劳动时间越来越不作为生产财富的尺度，它具有超越劳动时间的资本界限来生产使用价值财富的强大趋势，但是生产力的这种趋势被资本自我限制了。因为在资本生产关系中，资本以狭隘的劳动时间去衡量这些过去积累的劳动对象化财富，只有它们的价值能够被雇佣劳动在一定的劳动时间里转移保存并无偿增大价值于新的产品中时，这些生产力才能得到使用，否则，资本就搁置和阻碍它的使用。

资本和雇佣劳动之间的对立关系发展到资本的生产力要历史地取消限制其生产发展的资本形式的阶段，而最大程度地生产使用价值财富以满足人类发展需要的新生产方式将出现，劳动与劳动资料将以另一种方式实现统一，资本关系中的人与物的颠倒关系将被再次颠倒。在生产力的大发展下，社会将完全抛弃过去的那种少数阶级霸占剩余时间的社会形式，充分的剩余时间变成了全体社会成员共同拥有和享有的自由时间，人类因此而彻底解放。

但是，资本关系的这种自我扬弃必须首先具有生产力大发展这样一种历史条件，而资本矛盾的展开正导致这样的历史条件的实现。在现实生产运动中，资本为获得最大的剩余价值，它总是力图缩减甚至取消必要劳动时间。结果它不断地提高劳动生产力，在生产过程中引入作为固定资本的机器体系，并通过科学应用不断扩大其规模、提高其效率，使其在生产中占据绝对的支配地位，让活劳动从属于机器体系。马克思指出："提高劳动生产力和最大限度否定必要劳动，正如我们已经看到的，是资本的必然趋势。劳动资料转变为机器体系，就是这一趋势的实现。"[①] 在这种机器体系的生产中，人类过去时代形成的技能积累和知识积累，同作为一般生产力存在的社会智力的积累，以及变成了固定资本的科学一道，与劳动相对立，它们都成为资本，表

---

① 《马克思恩格斯全集》第 31 卷，人民出版社 1998 年版，第 92 页。

现出资本的属性，从而表现为资本的生产力。在资本主义生产过程中，整个生产过程主要表现为科学技术在机器上的应用，而不再从属于工人的劳动技巧。过去的工人直接生产方式转变为机器本身的生产功能，这一根本转变就使直接劳动被贬低为机器生产过程的一个要素。

机器体系的使用产生了生产过程的连续性，这种连续性表现为固定资本不断贪婪地吮吸活劳动而滋生资本的剩余价值。在这种创造财富的过程中，固定资本和活劳动的作用表现出巨大的差异性，工人的劳动无论从劳动时间的量还是劳动使用的质的方面，与机器这种固定资本的生产力相比都低到不成比例。马克思说："随着大工业的发展，现实财富的创造较少地取决于劳动时间和已耗费的劳动量，较多地取决于在劳动时间内所运用的作用物的力量，而这种作用物自身——它们的巨大效率——又和生产它们所花费的直接劳动时间不成比例，而是取决于科学的一般水平和技术进步，或者说取决于这种科学在生产上的应用。"① 这造成了这样一种历史现实，即在生产过程中，工人现在只能是站在生产过程的旁边，作为机器运转节奏的跟随者，而不再是过去的生产过程中的那种主要作者。机器的生产使用，使劳动者的作用发生了根本的逆转。

机器体系的广泛应用不仅造成了生产力提高的客观条件，而且形成了劳动本身转变的主观条件，造成劳动的三种转变。一是生产的简单劳动过程向科学生产过程的转变，二是单个劳动向共同劳动的转变，三是直接劳动向社会劳动的转变。这就是说，随着社会生产知识和技能的积累与科学向劳动资料的转化，机器体系出现，而科学的发展和应用也越来越成为一种生产，过去的由简单劳动构成的生产过程已经无法适应大机器生产过程的竞争了，生产必须转向科学的生产过程。在这个作为固定资本的机器体系中，生产变成一种由资本积聚起来的

---

① 《马克思恩格斯全集》第31卷，人民出版社1998年版，第100页。

共同性，单个劳动必须变成共同劳动的形式才是生产的，否则，单个劳动是非生产的。资本组成的生产是社会性的生产，直接劳动在机器体系生产中直接变成了社会劳动本身。生产过程因机器体系而使劳动本身发生了巨大的变革。这种变革为雇佣劳动解体后新劳动生产方式的出现奠定了前进的基础。

随着资本生产的发展和机器的使用，一方面巨大的生产力被资本创造出来，个人普遍交往的世界市场已经形成，另一方面资本与劳动的对立在此基础上使劳动主体意识到生产力成为外在的异化的异己力量，成为人发展的限制，从而必须摆脱这种生产方式，创立新的生产方式。这种改变不在于乌托邦式的空想，而是经济的历史条件在资本发展过程中逐步具备的。马克思说，资本发展的历史后果是大发展的生产力和个人普遍交往的世界市场，它们形成了个人全面发展的现实基础，并被人们明确地意识到。"这种基础是个人全面发展的可能性，而个人从这个基础出发的实际发展是对这一发展的限制的不断扬弃，这种限制被意识到是限制，而不是被当作神圣的界限。"① 这就是说，个人在资本发展出的生产力的地方却看到了资本因攫取剩余价值而限制生产力发展的矛盾表现，从而看到资本自身的界限，但这不是生产力的界限，也不是个人的界限。相反，生产力和个人都应该打破资本对自身采取的限制而继续向前发展。因为在这种资本已经奠定的客观社会物质条件下，"个人的全面性不是想象的或设想的全面性，而是他的现实联系和观念联系的全面性。由此而来的是把他自己的历史作为过程来理解，把对自然界的认识（这也作为支配自然界的实践力量而存在着）当作对他自己的现实躯体的认识。发展过程本身被设定为并且被意识到是这个过程的前提。但是，要达到这点，首先必须使生产力的充分发展成为生产条件，不是使一定的生产条件表现为生产力发

---

① 《马克思恩格斯全集》第30卷，人民出版社1995年版，第541页。

展的界限"①。在这里，这种历史条件在资本的机器体系的日益广泛使用中出现了，它意味着历史转折的发生。

机器体系的资本形式的应用带来一个财富生产的大变革，这个变革使财富的基石和尺度发生了根本转移，由过去的直接劳动向人的一般生产力过渡，社会一般生产力成为生产财富的宏大基石。这既带来了劳动时间作为财富尺度的丧失，同时也使必要劳动时间大大缩短后相应增加的剩余时间可以不再为少数人所占有，而为社会成员共同支配提供了现实的可能性。马克思这样描述资本矛盾发展到顶点的令人兴奋的转折情形："在这个转变中，表现为生产和财富的宏大基石的，既不是人本身完成的直接劳动，也不是人从事劳动的时间，而是对人本身的一般生产力的占有，是人对自然界的了解和通过人作为社会体的存在来对自然界的统治，总之，是社会个人的发展。现今财富的基础是盗窃他人的劳动时间，这同新发展起来的由大工业本身创造的基础相比，显得太可怜了。一旦直接形式的劳动不再是财富的巨大源泉，劳动时间就不再是，而且必然不再是财富的尺度，因而交换价值也不再是使用价值的尺度。群众的剩余劳动不再是一般财富发展的条件，同样，少数人的非劳动不再是人类头脑的一般能力发展的条件。于是，以交换价值为基础的生产便会崩溃，直接的物质生产过程本身也就摆脱了贫困和对立的形式。个性得到自由发展，因此，并不是为了获得剩余劳动而缩减必要劳动时间，而是直接把社会必要劳动缩减到最低限度，那时，与此相适应，由于给所有的人腾出了时间和创造了手段，个人会在艺术、科学等等方面得到发展。"② 在这里，马克思以深远而宏伟的历史唯物主义的想象力，超越了自私狭隘的资本财富观的界限，充满历史感地指出资本发展到最后财富的基石和财富的尺度都将发生

---

① 《马克思恩格斯全集》第30卷，人民出版社1995年版，第541页。
② 《马克思恩格斯全集》第31卷，人民出版社1998年版，第100—101页。

历史性转变，指出决定生产发展的根本需求的转变，指出享受剩余时间的主体的转变，指出自由时间对人类发展的意义。资本与劳动之间的对立将以这种历史结局告以结束。

总之，马克思是从本质性内在矛盾的层面展开对资本主义生产过程的理论分析的，通过商品所有者双方在商品交换关系中形成的对立价值形式关系，将劳动力商品引入流通领域，通过资本家和劳动者之间形式上公平的交换，工人作为雇佣劳动力进入远离喧嚣市场的生产领域，在这里劳动与资本形成了真正的对立性统一，劳动者不得不作为活劳动这一使用价值为资本进行劳动，创造价值和剩余价值。在这里，资本分解为不变资本中的固定资本和流动资本与作为可变资本的劳动力，双方相结合进行着劳动生产活动，资本通过对活劳动的无偿吮吸而形成了剩余价值，于是，"资本关系的全部秘密就在于劳动向资本的这种转化"[①] 被最终揭示出来。资本与雇佣劳动的对立矛盾表现为工作日中的必要劳动时间和剩余劳动时间的动态组合也就得到说明。资本为最大程度榨取剩余价值，使得机器体系作为固定资本出现，科学进入生产过程中，极大地促进了生产力的发展。但是，资本因追求剩余价值反而发展到了反面，资本关系阻碍了生产力的进一步发展，资本与雇佣劳动之间的对立矛盾关系解体，新的社会生产方式历史地出现了。资本关系走到了自我扬弃的时代。

在马克思的视域里，资本主义社会中的人的关系都是经济关系的人格化，他们之间的本质关系是资本性的经济关系，他们之间的联系是资本性的经济联系。在资本关系下，各种物和活动及其关系都具有了资本性质。如果抽掉资本关系而单纯谈论物、活动和它们之间的联系，就成为一种非现实非历史的片面言论，这被马克思批判为外在的联系。而这种脱离资本形式关系探讨当代资本主义社会现象的做法，

[①]《马克思恩格斯全集》第32卷，人民出版社1998年版，第181页。

却成为很多西方学者理论的一个特征。

二、非物质劳动过程中诸众 与资本的二元对立关系

哈特和奈格里的历史观是回应式的政治历史观,他们从反抗优先于权力的立场出发,指出资本主义的发展阶段就是资本回应劳动的反抗而不断采取新的统治形式,而劳动者又在新的统治形式里进行再反抗的结果。帝国统治形式的出现就是资本回应福特制劳动主体的反抗而采取的最终统治形式,但是它必将为新的诸众的主体反抗所打破。

如果说诸众是哈特和奈格里在他们的后现代帝国时代提出的具有巨大反抗性与建构性的阶级主体的话,他们就必须为诸众提供一种生产领域中体现生命力量的本体论支撑,没有这种支撑,诸众的反抗动力就缺乏根基。这种本体论被他们设定为非物质劳动。在他们那里,这种劳动形式既具有扩展到一切生产形式的霸权特征,又具有生命政治的特点,既是单一自主的,又是合作和网络性的。他们认为从非物质劳动生成的是生命政治的生产,是主体性的生产,是自主的生产,是社会关系的生产,是社会生活自身的生产与再生产。诸众既是生产的主体也是生产的客体,它生产的产物是共有物,而且它力图在自由占有共有物中生产出更多的共有物。在这种非物质劳动里,马克思资本构成中的资本技术构成发生了改变,生产资料与劳动力本身合为一体了。

在哈特和奈格里看来,在资本关系下的生命政治生产过程中,生命政治劳动力表现出强大的自主生产性。它越自主,其生产效率越高;而资本越干预,其生产效率越低。在这种认知中,哈特和奈格里认为,由于资本关系开始外在于生命政治生产过程,相应的,马克思的资本

有机构成也开始解体，作为可变资本的劳动力越来越脱离不变资本的控制而自主生产，甚至变成了不变资本自身，或者说变成了固定资本自身。资本则越来越远离生产过程，在生产之外采用新的策略和方式对共有物生产进行控制、剥削和积累。这样一来，当代资本以金融剥夺为主要形式的资本积累就出现在生命政治生产过程的外部。因此，哈特和奈格里认为资本主义发展到生命政治生产时代，劳动和资本的关系就出现了历史性逆转，劳动可以出离资本关系了，资本关系变成了一件可以随意丢弃的外套。因而，马克思从本质层面出发的资本与劳动的内在对立矛盾关系，在哈特和奈格里的理论中变成了两者的外在对立关系。他们的这个理论判断恰恰在于以劳动的物质规定性否定了劳动的社会形式规定性，但实质上这是一种虚假的否定。不得不说这是他们对资本关系所作的经验化理解所致。

资本外在于非物质劳动过程

哈特和奈格里的理论抱负很大，他们决心要立足于资本主义全球化最新发展趋势，用新的概念工具去分析、把握当代现实，从而发展马克思主义。他们虽然遵循马克思从生产劳动出发的思路，却将处于资本关系下的纯粹的直接劳动关系极度提高到资本关系之上，以此聚焦当代资本主义经济发生的巨大变化。在他们看来，当代全球资本主义经济正处于一个历史转折时期，这个转折时期的经济特点催生了新型的劳动与资本的关系，劳动的技术构成打破了马克思资本有机构成范畴的内涵，真正呈现出"在今天的全球经济中谁在生产、他们生产什么以及他们如何生产的问题"[①]。恰恰是体现了这种劳动技术构成特征的新型劳资关系，定义了这个时代的解放可能性。他们说："经济生

[①] Michael Hardt and Antonio Negri, *Commonwealth*, Cambridge & Massachusetts: The Belknap Press of Harvard University Press, 2009, p. 131.

产正在经历一个过渡时期,在这一过渡时期资本主义生产的结果日益成为各种社会关系与生命形式。"①

在哈特和奈格里看来,三大趋势正出现在当代资本主义的经济中,它们一起指向生命政治生产的方向。劳动技术构成的第一个趋势是非物质生产的霸权,其实质是生命政治生产霸权。生产信息、知识、思想、形象等的非物质劳动,其实是心脑劳动,这造成生产的对象是主体,是社会关系以及生命形式自身等这样一些特征,同时它又具有变革其他经济形式的趋势。劳动技术构成的第二个趋势是工作的女性化。这既指全球女性工作人员于量上在全球雇佣劳动市场上的比例激增;又指工作时间如女性家庭劳作不分时间一样,延伸到生活时间中,从而消解了工作时间与非工作时间的区别,弹性工作流行;还指女性化劳动岗位的特点如情感、公关等成为劳动部门的核心。这就造成传统马克思主义中生产劳动和非生产劳动划分的失效,因为资本主义生产追求的主要目标成为社会关系和生命形式的生产,工作时间与休息时间混合在一起,劳动的生产力量变成生产社会生命的力量。因此,"要把这些转变理解为劳动的生命政治化,它强调了在劳动和生活、生产和再生产之间的边界越来越模糊化"②。劳动技术构成的第三个趋势是全球范围内的各种移民和劳工流动产生了社会与种族融合的新模式。这种移民和劳工流动在引发阶层和种族冲突的同时,也带来了混种、交流与新的更有生产性的融合。这三种趋势共同指向了非物质劳动的霸权方向。那么,什么是非物质劳动和它的霸权?它具有什么样的特征?又是如何等同于生命政治生产的?它为何能够迫使资本外在于生产过程?

---

① Michael Hardt and Antonio Negri, *Commonwealth*, Cambridge & Massachusetts: The Belknap Press of Harvard University Press, 2009, p. 131.
② Michael Hardt and Antonio Negri, *Commonwealth*, Cambridge & Massachusetts: The Belknap Press of Harvard University Press, 2009, p. 134.

基于资本对 20 世纪 70 年代工人反抗的回应,哈特和奈格里研究发现,这种回应导致了资本主义经济中劳动的非物质化霸权趋势。哈特和奈格里认为,"在任何经济体系中,都有许多不同形式的劳动并存,但总有一种劳动形式下的劳动者形象对其他劳动者形象施加霸权。这种霸权性的劳动者形象发挥着旋涡作用,能够逐渐改变其他劳动者形象,使他们采用霸权劳动者形象所具有的核心特质。这种霸权劳动者形象并不是在数量上占主导地位,而是以其改造其他劳动者形象的方式占主导地位。霸权在这里标示着一种趋势"①。当非物质劳动霸权出现时,"我们将阐明当代的劳动与生产过程图景正被非物质劳动的霸权所彻底改变。非物质劳动即生产非物质性产品的劳动,其产品包括信息、知识、思想、形象、关系和情感等"②。这些非物质劳动并不意味着进行物质生产的产业工人阶级和农业工人阶级就不重要,甚至在全球劳动大军中非物质劳动者人数也只是一小部分,但是,正是这一部分非物质劳动者正取得经济生产过程中的支配性地位。因为"非物质劳动过程的各种质性和诸种特征在总体上正趋向于彻底改变其他劳动形式或者社会存在形式"③。

哈特和奈格里认为,在 19 世纪到 20 世纪,工业劳动在全球经济中占据霸权,不但使农业、采掘业甚至社会生活本身工业化,而且根本改变了家庭、学校和军队等社会机构。当然,工业劳动也带来了一种共有性的普遍化因素。可是在 20 世纪的最后时期,"工业劳动失去了它的霸权地位,取而代之的是'非物质劳动',即创造了非物质产品

---

① Michael Hardt and Antonio Negri, *Multitude*:*War and Democracy in the Age of Empire*, New York:The Penguin Press, 2004, p. 107.
② Michael Hardt and Antonio Negri, *Multitude*:*War and Democracy in the Age of Empire*, New York:The Penguin Press, 2004, p. 65.
③ Michael Hardt and Antonio Negri, *Multitude*:*War and Democracy in the Age of Empire*, New York:The Penguin Press, 2004, p. 65.

的劳动，这些非物质产品包括知识、信息、交流、关系或情感反应"①。如传统术语所言的服务行业、智力劳动等，虽然它们都涉及非物质劳动，但都不准确。应如何把握它的一般性质呢？哈特和奈格里认为应该从两个方面出发。"第一个基本形式指向的劳动基本上是智力的或语言的，如问题的解决、象征性和分析性的任务，以及语言表达。"② 这类非物质劳动制造了主意、象征、代码、文本、语言角色、形象等产品。另一个基本形式是"情感劳动"。这种情感与情绪不同，有自身的特定内涵："它涉及身体和心灵。实际上，情感如高兴和悲伤显示的是生物机体的生命现存状态，表达的是某种身体状况和某种思维模式。"③ 情感劳动生产出情感或操控着情感。这些情感包括轻松、健康、满意、兴奋和激情等感觉。我们看到的专家助手、空乘服务人员和外卖员等的微笑服务，就属于这类劳动。在发达国家，这种情感劳动日益成为一种趋势，不仅老板要求雇员这样做，而且工人也有意识地进行这样的训练。所以，"一个有着良好态度和社会技能的工人从另一个角度说是一个擅长情感劳动的工人"④。这两个方面都给出了产品生产过程的非物质性。

当代后福特主义生产时代的非物质劳动，必然具有后福特主义时代工作上的弹性、流动性和不稳定性特征。哈特和奈格里认为表现在非物质劳动工作上的不稳定性正趋向于整个劳动力市场。他们写道："扩展到整个劳动力市场的那种非物质劳动上出现的契约条件和物质条

---

① Michael Hardt and Antonio Negri, *Multitude*: *War and Democracy in the Age of Empire*, New York: The Penguin Press, 2004, p.108.
② Michael Hardt and Antonio Negri, *Multitude*: *War and Democracy in the Age of Empire*, New York: The Penguin Press, 2004, p.108.
③ Michael Hardt and Antonio Negri, *Multitude*: *War and Democracy in the Age of Empire*, New York: The Penguin Press, 2004, p.108.
④ Michael Hardt and Antonio Negri, *Multitude*: *War and Democracy in the Age of Empire*, New York: The Penguin Press, 2004, p.108.

件，正在一般意义上造成劳动地位的更加不稳定。"① 这就导致出现了几个趋势。一个趋势是工作时间和非工作时间的边界模糊。"在非物质劳动的不同形式中存在一个趋势，即它模糊了工作时间和非工作时间之间的区别，把工作日无限制地扩展到填满生命的全部空间。"② 另一个趋势是不稳定性造成弹性与流动性工作出现。哈特和奈格里认为，"对非物质劳动来说，另一个趋势是出现这样一种效能，即没有稳定的长期合同，因此而接受了不稳定的工作位置，这种位置是弹性的（要完成多项工作）和流动性的（持续地在各地区间移动）"③。结果，这些趋于改变其他劳动形式的非物质劳动，对于积极变革社会来说就具有一种生命的巨大潜能。

这种潜能表现在两个方面。第一，非物质劳动作为生命政治生产形式出现，作为主体性生产而成为社会生产与再生产的主导方面。哈特和奈格里指出："首先，非物质劳动趋向于超出严格意义上的经济领域的有限范围，参与到整个社会的一般生产和再生产中去。例如，理念、知识和情感的生产不仅创造出了社会借以形成和维持的手段，而且这些非物质劳动还直接生产出社会关系。"④ 就是说，非物质劳动已经超越了经济领域，而步入了总体性社会自身的生产与再生产中，这种总体性社会生产与再生产包括经济、文化、政治、生命、社会等方面。于是，生命政治生产方式出现并发挥着创构的作用。哈特和奈格里"将这种霸权性质的非物质劳动形式理解为'生命政治劳动'，即这种劳动不仅创造出物质产品，而且创造出关系以及终极的社会生命

---

① Michael Hardt and Antonio Negri, *Multitude*: *War and Democracy in the Age of Empire*, New York: The Penguin Press, 2004, p.66.
② Michael Hardt and Antonio Negri, *Multitude*: *War and Democracy in the Age of Empire*, New York: The Penguin Press, 2004, p.66.
③ Michael Hardt and Antonio Negri, *Multitude*: *War and Democracy in the Age of Empire*, New York: The Penguin Press, 2004, p.66.
④ Michael Hardt and Antonio Negri, *Multitude*: *War and Democracy in the Age of Empire*, New York: The Penguin Press, 2004, p.66.

本身"①。他们指出:"非物质劳动具有生命政治的性质,在那里非物质劳动被定位指向了社会生命形式的创造。这样一来,非物质劳动不再仅仅局限于经济领域,而直接变为一种社会的、文化的和政治的力量。"② 在终极意义上,哈特和奈格里把非物质劳动变成了主体性生产,这种主体性生产能创造出新型的主体性,以及在这种新型主体性推动下的解放行动。他们强调:"在终极意义上,就哲学而言这里涉及的生产是主体性生产,是社会的新的主体性的创造和再生产。我们是谁,我们如何看待这个世界,我们如何在彼此关系中相互发生作用,就全部通过这种社会的、生命政治的生产创造出来。"③

第二,非物质劳动能够形成非中心的平面的社会网络,通过相互间的自由、平等、开放的关系而提高生产率。哈特和奈格里说:"以通信交流、合作共事和情感关系为基础,非物质劳动趋于采用社会网络的形式。非物质劳动只能在共有中被生产出来,而且非物质劳动越来越多地发明出新的、独立的合作网络,通过这些网络非物质劳动又进行生产。"④ 这当然又是共有物的生产。

因此,非物质劳动所具有的两大潜能出现,一是它参与和变革社会各个方面的能力,二是它的合作性网络形式。这两大特征在哈特和奈格里眼中正推动着非物质劳动形式扩展到其他劳动形式之上,产生着超越资本命令、超越资本控制的强大作用。

不言而喻,哈特和奈格里也比较了非物质劳动和物质劳动在量和质上的不同。在他们看来,今天的农业劳动和工业劳动仍然在量上占

---

① Michael Hardt and Antonio Negri, *Multitude: War and Democracy in the Age of Empire*, New York: The Penguin Press, 2004, p. 109.
② Michael Hardt and Antonio Negri, *Multitude: War and Democracy in the Age of Empire*, New York: The Penguin Press, 2004, p. 66.
③ Michael Hardt and Antonio Negri, *Multitude: War and Democracy in the Age of Empire*, New York: The Penguin Press, 2004, p. 66.
④ Michael Hardt and Antonio Negri, *Multitude: War and Democracy in the Age of Empire*, New York: The Penguin Press, 2004, p. 66.

据优势地位,而"非物质劳动构成全球劳动的少数,并集中在全球那些处于支配地位的地区"①。但是,在质而非量上,非物质劳动形成了霸权。他们说:"我们的论断是非物质劳动已经在质上形成了霸权,并已经向其他劳动形式与社会自身施加了一种趋势,换言之,非物质劳动在今天所处的地位与工业劳动在150年前所处的地位是相同的。"②根据这种趋势论,当下的劳动和社会自身也不得不进行信息化,进行向智力的、交流的和情感的劳动转化。所以,我们看到不论农业还是其他产业中,非物质劳动趋向已经现实化了。"总之,非物质劳动的霸权倾向于将生产组织从流水线的线性关系转变为分散式网络的无数不确定关系。信息、交流与合作成为生产的标准,网络则成为它的主导性的组织形式。因此,生产的技术体系与它的社会构成密切一致,一方是技术的网络,另一方是社会主体的合作,两方共同发挥作用。"③

就这样,哈特和奈格里从劳动的物质规定性而非劳动的社会形式规定性上对非物质劳动特征及其霸权进行了充分的研究和描述,得出的结论是:非物质劳动就是生命政治生产,它们高效率地生产出共有物,它们取得了当代资本主义经济生产的支配地位。但是,在这种非物质劳动的技术构成中,非物质劳动中的劳动者既是劳动主体又是劳动客体,资本的作用在哪里?资本是否被排挤出了劳动过程?哈特和奈格里就此进行了尖锐质疑。

回答是资本被"一分为二"了!哈特和奈格里从20世纪60年代世界流行的"一分为二"的革命口号中,看到了劳动自主化和资本外在于劳动过程的"一分为二"的现实萌芽,它发展到当下已经成熟。

---

① Michael Hardt and Antonio Negri, *Multitude: War and Democracy in the Age of Empire*, New York: The Penguin Press, 2004, p. 109.
② Michael Hardt and Antonio Negri, *Multitude: War and Democracy in the Age of Empire*, New York: The Penguin Press, 2004, p. 109.
③ Michael Hardt and Antonio Negri, *Multitude: War and Democracy in the Age of Empire*, New York: The Penguin Press, 2004, p. 113.

马克思把工业时代的资本分为不变资本和可变资本，它们在总资本里统一起来，其中不变资本统治着可变资本，这是一种"合二而一"。这种合二而一必须被打破。在20世纪60年代，特龙蒂提出了一个"一分为二"的理论判断，即从起始点上看，"资本主义的发展从属于工人斗争，它出现于工人斗争之后，并且必须改变它的再生产的政治机制以与阶级斗争相一致。"① 哈特和奈格里认为这是特龙蒂的一个伟大理论贡献，它开创了工人阶级斗争优先的政治立场，并表现为双向运动的辩证法。20世纪70年代社会工人的自主反抗斗争曾经推进了资本主义社会采取新的统治策略，使它再结构化自身。

在再结构化自身的过程中，资本主义经济出现了中心化的产业资本大公司霸权的衰落，代替大企业资本的是灵活的小企业资本，是以社会为基础的资本。各种服务性社会性生产大规模地出现，信息技术开始发展。结果福特主义的生产方式被后福特主义的生产方式所替代，工厂生产被以社会为生产活动场所的社会生产所覆盖。这种生产真正是"一分为二"，原有的大产业资本完全吸纳劳动力的功能不再有效。一方是日益具有自主性的劳动力，他们的生产具有非物质性和社会化协作倾向，工作时间几乎充满生活的全部，生产自身变成了生命主体性的生产，变成了社会关系和社会生活自身的生产；另一方是日益变成了纯粹命令的资本，它越来越脱离生产过程，在外部抽取劳动所创造的价值。劳动力不再被合并到资本身体中的不变资本里，而是成为更为独立和对立的力量。这是双向运动造成的劳动技术构成的变动，它发展到当代非物质劳动主导的时代已经完全成熟，它彻底排挤出了不变资本，以使劳动过程更自主、更有效率。

今天，作为生命政治生产的非物质劳动霸权的扩展，造成交流、

---

① Michael Hardt and Antonio Negri, *Commonwealth*, Cambridge & Massachusetts: The Belknap Press of Harvard University Press, 2009, p.291.

信息、情感和合作成为生产的标准,形成网络主导性的组织形式,结果使网络形式与社会主体生产密切一致,共同发挥生产的作用。那么,在这种非物质劳动的霸权下,资本对非物质劳动的剥削采取什么样的方式呢?哈特和奈格里指出,资本剥削不再表现为直接无偿占有剩余劳动时间中创造的剩余价值,而是对合作性劳动价值的占有。因为这种生命性合作劳动不再由资本家组织,而是由劳动者产生,所以,资本就产生了新的剥削形式。哈特和奈格里说,非物质劳动霸权的拓展造成了网络形式与社会生产主体的一致性,"这种对应一致的关系规定了新的劳动拓扑结构,也确定了新的剥削实践与剥削结构的特征"[①]。因而,"非物质劳动霸权下的剥削主要不再是对以个人或集体劳动时间所衡量的价值的侵占,而是对合作劳动生产出的价值的攫取,是对通过社会网络而流通的日益生成的共有物的攫取。生产性合作的核心形式不再是由作为组织劳动项目一部分的资本家创造出来,而是从劳动自身具有的生产性力量中产生。这的确是非物质劳动最重要的特征:生产出交流、社会关系与合作"[②]。

在生命政治生产时代所形成的劳动的技术构成中,在这种新型劳动拓扑学结构中,在这种"一分为二"里,资本只能采取新的策略和方式在非物质劳动过程之外进行外在的控制和剥削了。

资本只能对非物质劳动成果进行外在占有

哈特和奈格里认为马克思的资本有机构成概念在当代生命政治生产语境下的变动性,是非常有利于我们分析资本采用外在剥削新方式的。在资本有机构成中,包含着不变资本和可变资本,不变资本以机

[①] Michael Hardt and Antonio Negri, *Multitude*: *War and Democracy in the Age of Empire*, New York: The Penguin Press, 2004, p.113.

[②] Michael Hardt and Antonio Negri, *Multitude*: *War and Democracy in the Age of Empire*, New York: The Penguin Press, 2004, p.113.

器、厂房、原材料等劳动的客观条件表现出来,可变资本就是劳动力自身表现的主观条件。在这种资本构成中,活劳动将劳动的主观条件和客观条件统一在一起,生产出包含新的剩余价值的产品。而资本剥削的就是这种剩余价值。但是,在生命政治生产语境下,在价值的生产中,不变资本部分参与得越来越少,越来越不重要;而可变资本部分参与得越来越多,越来越重要。作为资本一方的不变资本的减少使其越来越离开生产过程,处于生产过程的外部。但是,资本并不因此放弃对劳动的剥削,它改变了剥削的方式,表现为资本采用外在剥削的新方式,以剥夺共有物为主进行资本的积累。哈特和奈格里就此指出:"今天资本主义积累越来越外在于生产过程,因而其剥削采取了对共有物侵占的形式。这一转变能够从两个表现形式上认识到。"①

在哈特和奈格里看来,当代共有物有两个形式:一个以有形的静态的稀缺的形式表现出来,一个以无形的动态的分有的形式呈现。前者是自然资源、公共设施和公共财产等,后者则表现为非物质性的产品及其主体生产关系自身的构建过程,表现为一种无形而动态的共有性存在。对于前者,新自由主义者采取剥夺性积累方式,即通过一种曲折甚至灾难性的私有政策的推行,将曾经社会共有的自然资源、公共财产等转变为私人所有,从而实现一种资本积累。大卫·哈维就专门指出过这一点。这种积累不是在生产过程中发生的,而是在生产过程之外发生的,它同掠夺性的资本原始积累的性质类似。这就与马克思主义的资本主义发展过程不一致了,在马克思那里,资本原始积累发生在资本主义生产方式开始出现的时候,当资本主义生产方式确立起统治地位之后,资本积累转向在资本生产过程的内部完成。但是,当代新自由主义的资本主义的资本

---

① Michael Hardt and Antonio Negri, *Commonwealth*, Cambridge & Massachusetts: The Belknap Press of Harvard University Press, 2009, p. 137.

积累又出现了剥夺性方式,这岂不是违背了马克思主义的线性历史观?对此,有学者得出结论,原始积累的不断出现是与资本主义发展并行不悖的。其实,这是资本主义发展到金融资本主义时代时出现的剥削方式,而金融剥削是产业资本发展到当下金融资本主导时代的资本积累的新形式。

在哈特和奈格里眼中,仅仅批判新自由主义的这种剥夺死劳动的政策是不够的,它不能揭示资本有机构成发生变化后的资本内在剥削方式的变革。它没有揭示资本有机构成中活劳动的生产率的作用,没有揭示资本如何对这种生产力进行控制和剥削,因为"就其本质而言,资本是而且必须是一种生产体系,这种生产体系通过它雇佣和剥削劳动力而增殖财富"①。因此,他们必须发展马克思的方法来分析资本对第二种共有物的新剥削方式。

既然资本积累是对剩余价值的剥削,既然剩余价值在生命政治生产中表现为新的共有物,那么,新的资本剥削方式必然以这一共有物的特征为前提而设计出来。因此,确定第二种共有物的特征是极其重要的。在哈特和奈格里看来,它是动态的,既表现为劳动产品的动态性,也表现为未来生产工具的动态性。"这一共有物不仅是我们分享的地球,而且也是我们创造的语言,我们建构起来的社会实践,规定我们关系的社会性模式,等等。"② 就此而言,这种共有物就是人工性的,是人工共有物,它消解了纯粹自然与人类文化之间的界限,表现为信息、图像、符码、主意、交流、情感等,而它们自身只有在集体协作中才能生产和再生产出来。所以,看清第二种共有物的特征和资本对它的侵占,是理解资本对生命政治生产采取外在剥削新方式的

---

① Michael Hardt and Antonio Negri, *Commonwealth*, Cambridge & Massachusetts: The Belknap Press of Harvard University Press, 2009, p. 139.
② Michael Hardt and Antonio Negri, *Commonwealth*, Cambridge & Massachusetts: The Belknap Press of Harvard University Press, 2009, p. 139.

关键所在。

哈特和奈格里认为，可以深化马克思的异化范畴来反映生命政治生产时代资本剥削方式的演变。"异化"成为哈特和奈格里揭示生命政治生产中资本与劳动关系的一个关键词，是它将资本排挤到生命政治生产过程之外。如果说马克思的异化范畴指的是资本关系中的劳动对象化产物变成了资本家支配工人的力量，与工人相对立并统治工人，从而产生工人与自己的劳动产品、劳动过程、自身生命和他人关系上的分离与对立感的话，那么，在非物质劳动时代，情感上的异化则表现为生产者对资本剥削的直接的强烈感受，即异常的憎恶与愤怒。"对理解工厂工人的被剥削而言，异化过去总是一个内涵贫乏的概念，但在一个人们仍然不愿意去多做思考的劳动——情感劳动与知识生产及象征性劳动一样——领域里，异化恰恰为我们理解剥削提供了一个非常有用的关键词。"①

在哈特和奈格里看来，资本家对非物质劳动过程的外在干预是非物质劳动者所难以容忍的，他们强烈要求活动过程按照自我意志进行，因为非物质劳动本身就是生命自身的活动，生命自身的活动容不下另外意志的横加干涉，他们强烈要求自主地进行社会性的协作生产。"当我们的思想和我们的情感发挥作用的时候，当它们因此而以新形式的主体面对老板的命令时，我们常常体验到新的强烈的逆反性和异化感。"②在这里，马克思的客观异化范畴演变成了一个情感上的憎恶排斥行为。这种异化迫使资本外在于生产过程，而不像在工业生产时代，资本家还处于生产过程中进行组织管理，发挥生产过程指挥者的作用。现在，由于"在生命政治生产中，资本并不决定协作性的

---

① Michael Hardt and Antonio Negri, *Multitude：War and Democracy in the Age of Empire*, New York：The Penguin Press, 2004, p.111.
② Michael Hardt and Antonio Negri, *Multitude：War and Democracy in the Age of Empire*, New York：The Penguin Press, 2004, pp.65-66.

管理活动"①，所以，"它没有提供协作，我们才可以说它剥夺了协作，并把这种剥夺作为它剥削生命政治劳动力的核心要素"②。因此，"这种剥夺不是发生在个体工人身上（因为协作已经昭示着一种集体性），而是发生在社会劳动领域，施加于信息流、交流网络、社会符码、语言创新以及情感与激情实践的层面上。对生命政治的剥夺涉及对共有物的剥夺，它发生在社会生产和社会实践上"③。在这里，异化导致了资本外在于共有物财富的生产过程，但是，资本又绝不放弃对生命政治生产所生产出的共有物价值的剥夺。

资本采用什么样的新方式剥夺与占有共有物？哈特和奈格里指出，它采用了金融化与债务化的抽取方式，因为金融机制具有抽象化（abstraction）和抽取化（extraction）两者合一的作用。哈特和奈格里认为，控制生命政治生产的资本的特有存在方式是抽象的金融形式："金融选择更加有效。在许多方面，金融化是对福特主义社会关系危机以及产业资本所依赖的其他社会基础危机的一种资本主义的回应。只有金融才能紧随生命政治经济那剧烈变化着的和愈益全球性的社会生产回路，并能抽取财富强施命令。只有金融才能监控和强制社会福利日渐缩减下的生命政治劳动力的灵活性、流动性和不稳定性。对金融而言，其关键之处是一直保持在生产过程的外部。它并不企图组织社会劳动力或指示他们怎么协作。它承认生命政治生产的自主性，但它在远方抽取财富。"④ 这种能力就是金融的抽象化和抽取化。哈特和奈格里说："资本已经在抽象化和抽取化这种双重行动中向前发展：老板

---

① Michael Hardt and Antonio Negri, *Commonwealth*, Cambridge & Massachusetts: The Belknap Press of Harvard University Press, 2009, p. 140.
② Michael Hardt and Antonio Negri, *Commonwealth*, Cambridge & Massachusetts: The Belknap Press of Harvard University Press, 2009, p. 140.
③ Michael Hardt and Antonio Negri, *Commonwealth*, Cambridge & Massachusetts: The Belknap Press of Harvard University Press, 2009, pp. 140-141.
④ Michael Hardt and Antonio Negri, *Commonwealth*, Cambridge & Massachusetts: The Belknap Press of Harvard University Press, 2009, p. 289.

从涌出价值的社会性生产和再生产领域中愈加抽象出来，资本主义愈加趋向于以通过金融机制抽取价值的形式而运转着。"① 因此，在今天，金融统治占据了霸权地位。

那么，资本金融化到底是如何进行自我增殖的？与其他学者从资本一方的自上而下的研究路径不同，哈特和奈格里自下而上地进行研究。在他们看来，资本积累方式的变化总是由反抗的工人采取新的生产方式引发的，资本金融化也是如此。他们认为，金融除了是投机活动之外，"金融还发挥着一种从社会世界和自然世界抓获价值的工具的作用，但是这一作用常常被隐匿起来"②。那么这种隐匿地抓获价值的机制以什么价值物为基础呢？——对共有物的抽取。哈特和奈格里认为，金融资本的生产模式基于对两种价值生产进行的抽取：一是"对社会协作进行控制和对在不可胜数的社会生命回路中生产出来的共有物进行抽取"③，二是"对地球和我们共同分享的各种自然财富进行价值抽取"④。这样，"资本主义生产方式的重力核心在今天正变成——在我们一般性定义上——对共有物的抽取。金融能够发挥一种霸权作用，只是因为共有物正在作为一种卓越的生产力量和主导性价值形式涌现出来"⑤。在这里，从资本被动回应劳动反抗的政治历史观出发，哈特和奈格里确证了金融资本抽取机制的价值基础和它的霸权地位的由来，即资本金融化机制是回应由新的生产主体实行新的生产方式所生产出

---

① Michael Hardt and Antonio Negri, *Assembly*, New York: Oxford University Press, 2017, pp. 116 - 117.
② Michael Hardt and Antonio Negri, *Assembly*, New York: Oxford University Press, 2017, p. 162.
③ Michael Hardt and Antonio Negri, *Assembly*, New York: Oxford University Press, 2017, p. 162.
④ Michael Hardt and Antonio Negri, *Assembly*, New York: Oxford University Press, 2017, p. 162.
⑤ Michael Hardt and Antonio Negri, *Assembly*, New York: Oxford University Press, 2017, p. 162.

来的共有物的。这与其他学者的金融客观化观点不同。

这样,哈特和奈格里提出了金融资本在生命政治生产语境下自我滋生的两个概念:抽象化和抽取化,它们是连在一起的。但是,它们到底是如何连在一起的?其根据是什么?哈特和奈格里继续指出:"对金融资本的第一次重大分析就凸显了它本质上的抽象性和由此产生的在生产人与控制生产的人之间愈加遥远的距离。"① 希法亭和列宁在20世纪早期就对金融资本进行了深刻的分析,发现了它在自身与产业资本之间关系上的新奇性,它表现为产业资本家处在生产之中安排生产,而银行家们则远离生产过程,从生产中抽象了出来。但是,这种距离却显示了利润向租金转化的趋势。哈特和奈格里就此指出:"像所有租金自我滋生的活动一样,金融因为它从生产中抽象化了和它在远处的统治能力而具有自身特征。"② 抽象化就是金融资本的一种特征。

在哈特和奈格里笔下,金融资本的出现显示出控制产业资本的趋势。它与产业资本建立了愈加紧密的联系,向产业资本提供后者所需要的资本,帮助它集中和垄断,因而金融资本控制了产业资本。在世界市场上,货币资本的集中和它对生产的控制造成了一种在各个资本主义生产者竞争中的利润率的平均化,当然也导致了资本剥削率的平均化。同时,金融资本的抽象化与抽取化也一同出现在世界市场上。列宁指出金融资本具有寄生性。但是,金融资本是抽取实体产业资本利润的寄生性的虚假物吗?哈特和奈格里认为:非也。在他们看来,金融资本如同产业资本一样是真实的实存,但二者具有差异。"首要的差异就是生产尤其是当下的生产性协作,趋于在资本直接安排生产之外被组织起来。金融的关键——与作为总体的资本主义积累——是如

---

① Michael Hardt and Antonio Negri, *Assembly*, New York: Oxford University Press, 2017, p. 162.
② Michael Hardt and Antonio Negri, *Assembly*, New York: Oxford University Press, 2017, p. 163.

何将价值从居于他处的财富中抽取出来……这就是在抽象化和抽取化之间的联结环节。"① 这种联结环节的形成在于货币的共有性。在哈特和奈格里眼中,商品的交换关系打破了具体劳动的孤立性,建构出了具有共有性的抽象劳动,抽象劳动转化为交换价值,交换价值转化为一般等价物,一般等价物转化为货币,而一般等价物具有共有性。于是,共有性也成为货币的性质。金融资本本身就是货币资本,因而金融资本也具有了共有性。生命政治生产是具有共有性的生产,那么只有具有同样共有性的金融资本才能抽取共有物的价值。经过哈特和奈格里的这样一番论证,金融资本的抽象化与抽取化连在了一起。

金融资本对共有物的抽象化与抽取化采取了多种具体形式。哈特和奈格里经过研究指出,第一个方式是对共有物进行私有化的抽取方式。"事实上,理解当代抽取的最佳向导是跟随对共有物抽取的形式,共有物是被抽取的内容并被变形为私有财产。"② 这种抽取的财富内容包含两个方面,即作为共有物的自然财富和社会财富。第二个方式就抽取内容而言是在数据时代对数据的抽取。其表现为社会诸方面的信息成为数据库,资本对相关数据进行售卖或采用付费使用方式。第三个方式是对大都市等社会领域的抽取。大都市的房地产价值交易是金融抽取的主要内容。同时在社会协作生产中还存在自动抽取加工费等形式的抽取方式。当然,"债务提供了一种从社会生活中抽取价值的机制"③。金融资本通过设计复杂的家庭抵押贷款和租金实践,其中包括止赎和驱逐等工具,从而构建起一种既剥削穷人也剥削中产阶级的剥夺性关系机制。所以,西方国家的民众生活普遍债务化了。

---

① Michael Hardt and Antonio Negri, *Assembly*, New York: Oxford University Press, 2017, p. 164.
② Michael Hardt and Antonio Negri, *Assembly*, New York: Oxford University Press, 2017, p. 166.
③ Michael Hardt and Antonio Negri, *Assembly*, New York: Oxford University Press, 2017, p. 170.

今天，金融化已经发展到以金融衍生品剥夺共有物财富的程度，哈特和奈格里认为这也是资本应对生命政治生产的一种新剥削方式。他们指出，在20世纪70年代，非物质劳动等社会生产的价值已经变得不可测度。而此时，在西方出现了商品期货等衍生品交易现象，它开始创造出一种测度和通约不同种商品之间价值的交易机制。后来它逐渐发展到大规模的各种金融衍生品交易形式，交易工具日益复杂化和精致化，它们互相连接成网，且能通过连续的相互计算而实现交易的互相转换。这样，金融衍生品就成为测度和确立价值的机制。对于这种机制出现的原因，哈特和奈格里不是从客观的资本发展过程而是从他们的政治历史观出发进行了解释："衍生品是金融资本回应测度难题的组成部分。就实存的生产性活动的结构而言，衍生品的抽象地位——衍生品是基于资产并抽象于资产——允许衍生品在广阔财富形式系列中去构成一种可以互相转换价值的复杂网络。"① 结果，社会生产的价值在不可测度下却在金融衍生产品市场里被量化了，虽然是以任意的形式，但这种测量是真实和有效的。而这种在直接生产过程之外的金融衍生品交易却产生了巨大的套利。这又是一种外在于生产过程的金融抽取形式。

总之，在生命政治生产的时代，资本抽取价值的形式发生在生产过程之外。与产业资本的工厂生产不同，共有物的生产是在金融资本家之外进行组织的，是生产者之间自主地自我组织生产。这就使资本抽取形式发生了转变，由利润转向租金化。哈特和奈格里说："不断更新的抽取核心因而处于从利润到租金的历史过渡之中。"② 资本的一种新的外在剥削形式出现了。

---

① Michael Hardt and Antonio Negri, *Assembly*, New York: Oxford University Press, 2017, p. 165.
② Michael Hardt and Antonio Negri, *Assembly*, New York: Oxford University Press, 2017, p. 169.

资本不仅从外部剥削生命政治生产，还对非物质劳动采取新的控制策略。为此，新自由主义国家针对当代出现的三种经济趋势，分别采取了三种控制策略形式。第一种，针对非物质劳动的趋势，设计了深度和广度策略。首先对生产性协作的共有物进行分化策略，推行私有化政策，分割公共或公有财产领域，使其呈现分裂化、碎片化状态，同时设置监控和管制。接着，将分裂化、碎片化的共有物纳入金融抽取的网络控制之中，掠夺共有物，使生命政治生产丧失基础。第二种，针对工作的"女性化"趋势，新自由主义治理设置不稳定的工作，迫使劳动力从事多种工作，造成劳动力的"时间的贫困"，即压缩了生命政治生产所要求的更多的时间。第三种，针对全球日益增长的移民潮同劳动力混合的趋势，新自由主义国家设定各种地理和社会制度障碍，阻碍劳动力的自由流动，造成全球范围劳动力的"空间的贫困"，从而控制了生命政治生产所需要的劳动力的自由流动与自由组合。

可见，当资本主义发展到生命政治生产时代，由于这种劳动主体的自主性特点，资本从各个方面给生命政治劳动力穿上了约束性的紧身衣。哈特和奈格里写道："劳动和劳动力的变革已经导致了一个生命政治生产时代的到来。在这样一个时代里，主体性生产在创造经济价值中发挥了举足轻重的作用。资本理解了这一过渡，它通过进一步的生产社会化而发展了自身的效率。借由将生活世界物化和人自身物化，在将社会吸纳进资本的态势下，资本主义的征服实践在总体层面上给劳动力穿上了一套束缚性的紧身衣。"[1] 但是，这层既是剥削又是控制的"紧身衣"真的是无法撕裂的神秘魔衣吗？哈特和奈格里认为，这身魔衣必定会被诸众撕碎。

---

[1] Michael Hardt and Antonio Negri, *Assembly*, New York: Oxford University Press, 2017, p. 75.

活劳动的能量远大于资本对劳动的征服力

在生命政治生产语境下,资本关系的"紧身衣"越来越无法束缚非物质劳动。在哈特和奈格里看来,资本之所以不能征服非物质的活劳动,缘于这一劳动过程的四大特征,即主体性、自主性、虚拟性和共有性。

第一,生命政治生产下的劳动是生命性活动自身的呈现,它强烈地按照生命外化的原则展开,不接受外在干预,它的活动是主体性生产自身。哈特和奈格里认为,主体性代表一种生命力量,在非物质劳动中,那些信息、图像、代码、情感以及社会关系等的生产本身就是构成主体性的建构要素。这一领域也是主体性内居其中并进行生产的领域。传统经济观点认为,劳动就是主体与自然之间的结合统一,但是在非物质劳动中,作为主体对象的客体发生了质变,自然客体变成主体自身了。"由生命政治劳动所塑造的'自然'日益成为主体性自身。经济生产和主体性之间的这种关系剪除了传统劳动过程观念的基础,并同时创造出一种潜在的令人目眩的回环。"[①] 这种回环就是非物质劳动的单纯劳动过程的循环发展的特征,它依靠生命活力,又激发出更盛的生命活力,并进行着一种带有欢欣感的创造,变成了维尔诺眼中的"表演"行为。因此,非物质劳动是一种本体论式的主体性生产活动。

非物质劳动还是在诸生命之间结成的主体性关系中进行劳动的,这种关系也具有主体性。哈特和奈格里指出,非物质劳动"生产性合作的核心形式不再是由作为组织劳动项目一部分的资本家创造出来,而是从劳动自身具有的生产性力量中产生。这的确是非物质劳动最重

---

① Michael Hardt and Antonio Negri, *Commonwealth*, Cambridge & Massachusetts: The Belknap Press of Harvard University Press, 2009, pp. 172 – 173.

要的特征：生产出交流、社会关系与合作"①。这种非物质劳动之间的劳动关系向其他领域扩展，打破了现代性生产的经济、政治、社会、文化之间的界限，使生产成为社会生产过程，使生产成为生命政治生产，它既是经济的、政治的，又是社会的、文化的。所以，非物质劳动就具有了生命政治性，变成了主体性生产。哈特和奈格里强调："非物质劳动被定位指向了社会生命形式的创造。这样一来，非物质劳动不再仅仅局限于经济领域，而直接变为一种社会的、文化的和政治的力量。在终极意义上，就哲学而言这里涉及的生产是主体性的生产，是社会的新的主体性的创造和再生产。"② 由于非物质劳动就是主体自身的生产，一种终极追问和回复出现了："我们是谁，我们如何看待这个世界，我们如何在彼此关系中相互发生作用，就全部通过这种社会的、生命政治的生产创造出来。"③ 结果，任何资本的干预都遭到非物质劳动者的排斥，活劳动与生命存在直接同一了。

第二，非物质劳动具有自主性，不仅在活劳动过程的社会关系上是这样，而且在日益科学化并不断重新占有固定资本的劳动中更是如此。哈特和奈格里关注生命政治生产时代作为非物质劳动者的新型工人形象，认为在生命政治生产时代生产愈加社会化了，这种社会化具有两方面意义。"一方面，人们在合作与互动的网络中的生产更具有社会性；另一方面，生产的结果不是商品而是社会关系与终极性的社会自身。"④ 这种双重性显示了工人的自我组织、自我管理和自我能力的发挥。他们强烈地表现出劳动的自主性。

---

① Michael Hardt and Antonio Negri, *Multitude: War and Democracy in the Age of Empire*, New York: The Penguin Press, 2004, p. 113.
② Michael Hardt and Antonio Negri, *Multitude: War and Democracy in the Age of Empire*, New York: The Penguin Press, 2004, p. 66.
③ Michael Hardt and Antonio Negri, *Multitude: War and Democracy in the Age of Empire*, New York: The Penguin Press, 2004, p. 66.
④ Michael Hardt and Antonio Negri, *Assembly*, New York: Oxford University Press, 2017, p. xv.

哈特和奈格里非常欣赏马克思在《大纲》中关于人是固定资本的预言，认为这对于当下的生命政治生产时代而言是一个极为深刻的洞见。但人是固定资本自身到底意味着什么？哈特和奈格里结合当代生产进行了自己的思考。"当马克思宣称固定资本——我们一般把它理解为机器——已经变成'人自身'时，他已经预测到我们时代的资本发展。"① 在资本主义发展中，当科学技术发展和人类知识的积累日益变成机器同时又被劳动者掌握而使用时，就出现了一种逆转的时刻，活劳动日益显示了对资本和资本主义生产管制的优先性，"由于活劳动越来越变为社会性力量，活劳动（同更加普遍的生命活动）越发作为一支独立的活动而活动，并外在于资本命令控制的规训结构"②。在这种时候，过去的科学知识积累而结晶化为机器并以固定资本形式存在着，而在今天，这种知识性的固定资本又为人吸收进自己的身体中，变成自主活动的一部分。从这两个意义上，哈特和奈格里认为这就是固定资本是人自身的含义。在他们眼中，这是一种劳动能力占有固定资本的过程，虽然充满历史的痛苦，但是，已经在当下时代出现了。这就需要研究当代劳动力的形象和劳动过程的特点，这种劳动力形象不仅是广阔的社会生产网络创造的人，而且本身也是自主性的劳动者。

这使劳动过程出现新的形势。哈特和奈格里指出："在这种形势中，时间上绵延与空间上扩展的工人生产着进取心，集体合作的发明都最终固化为价值而被资本所抽取。但这也是一种形势，在其中生产过程间的关系控制在工人手中，而资本主义的价值增殖与指挥机制正愈益被分离出去。劳动已经到达了如此具有尊严和力量的层面，以至于它能够潜在地拒绝在命令下强制实施的增殖形式，从而使劳动发展

---

① Michael Hardt and Antonio Negri, *Assembly*, New York: Oxford University Press, 2017, p. 115.
② Michael Hardt and Antonio Negri, *Assembly*, New York: Oxford University Press, 2017, p. 116.

了自己的自主性。"① 这表明，在生命政治语境中，固定资本已经以诸众生命自身为载体，进行着生产和再生产。这种固定资本是一般智力等非物质性的，它已经并入劳动者身体之中并成为一个活生生的现实。因此，由这种劳动者进行的劳动状态就对资本进行了质疑和威胁。因为在非物质生产中，主要由嵌入劳动而被劳动所激发的活知识发挥着作用，而非由资本管理和调度的死知识发挥功能。哈特和奈格里断言道："生命政治劳动倾向于生成自己的社会合作形式，并自主地生产价值。事实上，生命政治生产的社会组织越自主，其越富有生产性。"② 这里，非物质劳动的自主性顽强地表现出来。

第三，非物质劳动具有虚拟性（virtuality）。哈特和奈格里认为，非物质劳动所创造的财富形式是生命性的、创造性的、活劳动性的。它本身不是一种物质性的可计量的价值，无法用现代性的超验价值尺度标准进行测量，只能用超越性的尺度衡量它，因为非物质劳动是虚拟性的。何为虚拟性？哈特和奈格里在《帝国》中从哲学角度讨论了非物质劳动的虚拟性问题。他们认为，在后现代，现代的超验物丧失了存在的基础，真正存在的就是诸众的创造之物。这样，在超验标准之外就必然出现无可计量之物，它就是诸众主体的创造性，这种创造性不可能用任何外在标准来测量，相反，各种标准应该由创造性来决定。因此，哈特和奈格里指出："没有超验的权力或者标准能决定我们世界的价值。价值将只会为人类自身持续的创新和创造来决定。"③ 这里就定义了那超越超验标准的非物质劳动为"虚拟状态"。

---

① Michael Hardt and Antonio Negri, *Assembly*, New York: Oxford University Press, 2017, p. 117.
② Michael Hardt and Antonio Negri, *Commonwealth*, Cambridge & Massachusetts: The Belknap Press of Harvard University Press, 2009, p. 150.
③ Michael Hardt and Antonio Negri, *Empire*, London: Harvard University Press, 2000, p. 356.

后现代的政治已经外在于那种超验的固定的价值测度标准了，但是价值本身仍然存在，并无处不在。资本的剥削和创造性生产一刻不停地组织起来的劳动证明了这一点。但是，在帝国中这种价值是在超验标准之上产生出来的，不受超验标准的度量。在这里，哈特和奈格里区分了"外在于标准"和"超越标准"概念。"外在于标准"是指"在一个全球性的层面上，权力对生产的估价和秩序化具有不可能性"①，即超验性标准失效。而"超越标准"指的是"生产性情境中的生命力和作为欲望的劳动的表达，以及自下而上开始构成帝国的生命政治结构的劳动能力"②，这当然是指一种新形式的劳动能力。而"这种超越标准指向了一种虚拟性，这种虚拟性覆盖了帝国全球化全部生命政治的结构"③。那么，这种虚拟性具有何种内容呢？哈特和奈格里认为，这种虚拟性是普遍存在于诸众之中的一系列力量，诸如存在、爱、创新与创造等。这种力量倾向于打破外在标准和权力控制而自主实现自身。

哈特和奈格里从这种立场出发去研究虚拟性如何自我实现的问题："从虚拟状态出发，经过可能性而达到真实状态的这种过渡是根基性的、创造性的行动。"④ 这种创造性行动的表现就是活劳动。"活劳动恰是那构成虚拟状态到真实状态的通道；活劳动是可能性实现的工具。"⑤ 这种活劳动已经溢出了外在权力对其秩序化的统治，成为一种

---

① Michael Hardt and Antonio Negri, *Empire*, London: Harvard University Press, 2000, p. 357.
② Michael Hardt and Antonio Negri, *Empire*, London: Harvard University Press, 2000, p. 357.
③ Michael Hardt and Antonio Negri, *Empire*, London: Harvard University Press, 2000, p. 357.
④ Michael Hardt and Antonio Negri, *Empire*, London: Harvard University Press, 2000, p. 357.
⑤ Michael Hardt and Antonio Negri, *Empire*, London: Harvard University Press, 2000, p. 357.

"生产的超出",而"这种生产的超出立即就是一种集体解放力量的结果,也是由劳动的生产性和自由性能力构成的新型社会的虚拟性的实质"①。经过这种理论过渡,哈特和奈格里将柏格森、德勒兹与马克思连接起来,虚拟性变成了活劳动自身,而活劳动已经溢出了资本关系。

第四,非物质劳动具有共有性。哈特和奈格里认为,非物质的活劳动在后现代直接变成一种因知识、情感、科学和语言的力量而被激发出活力的社会力量。这种非物质劳动的本质特征表现为外在于标准的一般智力的生产活动和普遍性身体的生产活动。这时,"劳动仅仅表现为行动的力量,它同时既是奇异化的又是普遍化的:奇异化是就劳动已经变成诸众的大脑和身体的专有领域而言的;普遍化是就诸众在从虚拟状态到可能状态的运动中所表达的欲望而言的,而这种欲望被持续地构造成为一种共有的事物"②。在非物质劳动中,只有当共有之物形成了,生产才能进行,普遍性的生产率才能提高。任何阻碍这种力量实现自身的外在障碍物都是需要克服的。在共有物的生产中,活劳动反抗的潜能显现出来。他们写道:"在各种劳动的形式中没有政治优先性:今天所有的劳动形式都是社会生产性的,它们在共有物中生产,也一起共有一种反抗资本支配状态的普遍潜能。"③

就这样,哈特和奈格里把超越标准之物设定为虚拟的创造力量,把虚拟的创造力量指为活劳动,把活劳动化为不断扩展自身内涵的非物质劳动,把非物质劳动指向能够打破外在资本经济权力和帝国政治权力所设置的障碍性统治原则,从而为诸众出离资本关系及帝国权力关系设置了本体论的基础。

---

① Michael Hardt and Antonio Negri, *Empire*, London: Harvard University Press, 2000, p. 357.
② Michael Hardt and Antonio Negri, *Empire*, London: Harvard University Press, 2000, p. 358.
③ Michael Hardt and Antonio Negri, *Multitude: War and Democracy in the Age of Empire*, New York: The Penguin Press, 2004, pp. 106-107.

总之，哈特和奈格里通过解构生命政治生产时代资本有机构成的统一性，把不变资本中的那种固定资本转变为劳动者自身的能力，从而将资本排除于非物质劳动过程，使资本在外部只能以金融化形式剥夺共有物价值，最终把非物质劳动与资本置于外在的二元对立关系中。继而他们又分析论证了诸众活劳动自主自为过程的特征，认为作为生命政治生产的非物质劳动具有突破资本关系束缚的强大潜能，即使资本采取了抽象化和抽取化的金融剥削方式，但这种日益外在于劳动过程的资本存在状态正是活劳动自我解放的现实前提。

三、非物质劳动二元对立观与资本内在矛盾观的不同

哈特和奈格里以生命政治生产时代所谓资本有机构成发展到消解的程度为前提，来探讨非物质劳动霸权下出现的社会生产和社会关系所特有的规定性。它表现为因资本远离生产过程而使这种社会生产和社会关系本身不再具有资本形式关系的性质，而只是作为在非物质劳动中结合而成的单纯的一般的社会生产和社会关系本身，它们具有强大的自我组织、自我管理和自我生产的特性；它们立足于共有物而高效生产着共有物，同时它们又使共有物在开放的社会关系下被广泛地分享。在社会生产中形成的社会关系不再为资本增殖服务，而为共有物的增长服务，社会关系不再为排他性的资本专有，而是向所有人开放。因此，在生命政治生产中，在资本有机构成中，在真正的劳动过程里，一方是几乎无不变资本存在而只有可变资本自身的非物质劳动，另一方则是已经离开劳动过程而只在"远处"以金融剥夺形式存在的所谓资本，这就形成了作为总体一方的非物质劳动自身与在"远处"以抽象性抽取形式存在的金融资本一方的对立。

在马克思那里，作为资本主义生产方式内在矛盾存在的双方，即作为拥有生产资料和生活资料的资本一方，与除了出卖劳动力获取工资之外一无所有的劳动者一方之间形成了本质的对立统一关系。这种内在对立统一关系是一种过程性的关系运动，首先完成双方交换关系，劳动变成了雇佣劳动，然后劳动者进入生产过程，进行为资本的劳动。但是这种本质雇佣劳动关系到了哈特和奈格里这里发生变化，劳资交换关系被忽略，他们专注于在交换之后的具体劳动过程及劳动产品的物质规定性，专注于它们与具体资本家及资本剥削形式之间的外在对抗关系。于是，劳动与资本的内在对立关系就被转化为劳动着的一方与外部资本家及作为分配关系存在的资本剥削关系一方的对立。这一对立性质的转变是从资本生产关系具有的内在的客观矛盾向直接社会生产过程中出现的外在的二元对立的过渡，后者不再是资本经济生产的内在对立统一的形式了，而是双方的力量与权力的对抗关系。哈特和奈格里就在这种外在对立中，在那种"远处"的空间里，探求生命政治生产语境下单纯的社会生产和社会关系的积极解放作用。

资本有机构成的消解

欲把握哈特和奈格里资本有机构成消解的特定含义，就必须首先理解马克思的资本有机构成概念，把握马克思的资本主义生产总过程一般规律的内在发展机理。理解了马克思的有关论述，我们再反观哈特和奈格里的论证，就能发现他们与马克思论述间的差异性所在。

马克思是在叙述资本主义一般积累规律中提出资本有机构成概念的。在马克思那里，资本主义生产过程是生产资料和劳动的统一，但是这种统一是双重维度的。一方面，在资本价值上，不变资本和可变资本的比率构成作为整体的资本价值存在；另一方面，在生产过程中发挥作用的物质上，生产资料和使用这些生产资料的必需劳动力构成了不同的比率。前者被叫作资本的价值构成，后者被称为资本的技术构成。马克思"把由资本技术构成决定并且反映技术构成变化的资本价值构成,叫作资本的有机构成"①。而每一个生产部门中诸个资本的构成的平均化,就构成了部门总资本构成;平均化一切部门的资本构成,就获得了社会总资本的构成。这个构成比率非常重要,资本增长、资本积累、资本一般利润率下降规律以及资本主义生产方式的最终崩溃都基于这个构成比率的变化。

在马克思那里,"随着资本主义生产方式的发展,可变资本同不变资本相比,从而同被推动的总资本相比,会相对减少,这是资本主义生产方式的规律"②。由此造成社会总资本有机构成的提高,相应地必然造成一般利润率不断下降的趋势。由于资产阶级经济学家无法在形式上区分剩余价值和利润的不同,就无法科学地得出剩余价值率和利润率的形式区别,进而无法说明不同部门的不同利润率如产业利润率、商业利润率、利息率和地租的内在差别所在。马克思总是从总体出发进入到具体,他的资本有机构成提高和一般利润率趋于下降是从社会总资本与总利润关系的角度而言的,此时的总利润等于总剩余价值。但在资本主义生产的总过程中,总剩余价值在各部门之间进行分割而表现为总利润的各个独立范畴时,不同的社会生产部门由于执行不同的资本运动职能,必然造成各个生产部门资本构成的不同,造成各部门间各自相对独立的资本利润率和积累形式的差异,导致从总利润中分割出的利润的比例的不同,从而造成各职能资本之间的差异和对立。在资本主义发展的不同时代,虽然各资本间具有一种长期形成的利润均等化趋向,但在资本主义生产总过程中的竞争性波动里,各职能资本在分割总利润上因地位不同而比例不同,结果造成作为社会权力的资本因资本家占有资本的差异而支配比例不同的社会权力。所以,"每

---

① 《马克思恩格斯全集》第44卷,人民出版社2001年版,第707页。
② 《马克思恩格斯全集》第46卷,人民出版社2003年版,第236页。

个资本家都按照他在社会总资本中占有的份额而分享这种权力"①，从而造成了某种分割利润多的部门似乎就是主导性部门的观念，进而造成此种部门的资本生产劳动形式就是主导性的这一认知。

哈特和奈格里继承了意大利自主论马克思主义的社会工厂思想，认为资本生产已经越出工厂高墙而扩展到流通领域中，整个社会都在流通过程里进入了生产之中，形成一种社会生产，而这种社会生产又发展到生命政治生产的程度。在这种前提下，他们认为当代资本主义正过渡到生命政治生产的时代，非物质劳动在这个时代取得了霸权地位，它打破了经济的、政治的、社会的、文化的界限，正改变着一切领域的既有劳动模式，使其向非物质劳动转变。在这种生命政治生产中，他们发现资本有机构成发生了根本性的反转，提出与马克思关于资本有机构成不断提高的结论相反的论断，即不变资本不是上升而是急剧下降，可变资本不是趋于减少而是骤然上升，甚至达到将不变资本从资本构成中驱除的程度，从而造成资本有机构成的消解，极度凸显了非物质劳动的自主性作用。

哈特和奈格里是通过指出生命政治生产时代劳动的技术构成变化，来揭示当下全球经济中到底是谁在生产、生产了什么和如何生产的问题，以此得出资本生产发生了转折性变革的结论。为此，他们总结了三大经济趋势：非物质劳动霸权的趋势，工作的"女性化"和全球移民与混种的合作性模式。谁在生产？全球的诸众。由于人们普遍流动，各种人群相互遭遇、沟通、杂交而形成了一种混种人群，这些流动人群消解了各种地方化特征，相互吸收对方的积极力量而使自己更加强大，形成了普遍化的全球诸众，诸众具有了共有的欲望和虚拟性的生产力量。生产什么？非物质产品，即图像、信息、知识、情感、符码以及各种社会关系，它们都处在资本主义价值增殖的过程中，但它们

---

① 《马克思恩格斯全集》第 46 卷，人民出版社 2003 年版，第 217 页。

超越了物质性的有形商品层面，表现为非物质性。如何生产？以心脑劳动、认知劳动、情感劳动以及全时段劳动等形式进行共有物的创造。

在这种非物质劳动中，劳动的对象是知识、主意、图像、代码、情感、关系以及主体等，这种劳动对象不表现为不变资本形式，劳动者是诸众。在哈特和奈格里看来，在这种劳动者与劳动对象的劳动统一过程中，几乎不存在所谓的不变资本部分的存在，只有劳动主体的生命力在对象化，在劳动者身上似乎他（她）的生命自身既是可变资本又是不变资本，似乎马克思的固定资本变成"人自身"的预言实现了。从劳动的技术构成中反推资本价值的有机构成，在几乎不存在不变资本部分的前提下，只有作为可变资本的劳动主体在生产，表现为人对人的生产。在这种认知中，哈特和奈格里得出结论：在非物质劳动中，资本价值构成消解了。他们写道："今天，资本有机构成中的破裂越来越大，资本正逐步分解，可变资本（尤其是生命政治性的劳动力）正日益从具有命令与控制的政治力量的固定资本那里分离出来，生命政治劳动倾向于生成自己的社会合作形式，并自主地生产价值。事实上，生命政治生产的社会组织越自主，其越富有生产性。因此，资本越来越难以创造一个连贯的生产循环，越来越难以将劳动力并入或纳入价值创造的过程中。也许我们不应该再使用'可变资本'一词来指代这种劳动力，因为它与固定资本间的生产关系越来越稀薄微弱了。"[①] 在这里，劳动力在生命政治生产中成了非资本的自主生产者。

这是一个崭新的生产时代，哈特和奈格里说，经济生产正向生命政治生产转变，作为可变资本的劳动力生命生产正发挥着越来越大的价值创造作用。在这种生产中，生产主体就是生产客体，生产客体也是生产主体，生产彻底主体化了。在这种生产中，资本外在于劳动过

---

① Michael Hardt and Antonio Negri, *Commonwealth*, Cambridge & Massachusetts: The Belknap Press of Harvard University Press, 2009, p. 150.

程，但又力图抽取主体劳动所共同生产的共有物价值。一种质疑从哈特和奈格里的口中发出：在这种情形下，资本与劳动之间的关系到底具有什么样的性质？他们回答：这是一种资本对劳动形式吸纳关系的重现，而资本采用新形式，要求将其实质吸纳于自身中，这使劳动和资本出现一种大分裂。哈特和奈格里评价马克思的资本对劳动吸纳的思想是非常有用的，这为他们论证非物质劳动脱出资本关系控制提供了理论资源。"马克思的资本对劳动实质吸纳的观点对我们的论点很有用。马克思的这一观点意味着，当资本不能在它的规训机构和生产过程中简单地吞并事先存在于资本之外的创造性的劳动活动（此仅为一种形式吸纳）时，它会实际上创造出新的适合于资本主义的劳动形式，也就是说，这种形式能将劳动充分地并入资本主义身体之中。"① 此时，资本对劳动的实质吸纳完成，它将劳动力变成了资本身体中一个完全被支配的器官。

但是，哈特和奈格里指出："在生命政治语境中，可以说资本吸纳的不是劳动，而是作为一个整体的社会或者说是社会生命自身，因为生命在生命政治生产中既是生产的东西又是被生产的东西。这种资本和生产性的社会生命之间的关系不再具有马克思术语意义上的有机性，因为在这种生产过程中，资本日益具有外在性，其发挥的作用越来越小。"② 然而，在后现代，资本发明和设置了诸多支配装置包围着劳动力，惩戒的国家、捕获的机构、剥削的制度、金融的网络等等出现，它们使资本能够以完全寄生性的形式盘旋在生命政治劳动力的头上。但是，"生命政治劳动力在资本主义身体中不再发挥器官的作用，而是变得越来越具有自主性了。有机关系的破裂和劳动自主性的成长成为

---

① Michael Hardt and Antonio Negri, *Commonwealth*, Cambridge & Massachusetts: The Belknap Press of Harvard University Press, 2009. p.142.
② Michael Hardt and Antonio Negri, *Commonwealth*, Cambridge & Massachusetts: The Belknap Press of Harvard University Press, 2009. p.142.

资本主义生产与控制新危机形式的核心,我们必须把注意力转向这一点"①。在这里,哈特和奈格里提出有机构成的破裂。这种破裂既使资本不得不进行外在的剥夺性剥削,实行金融与租金式的外在抽取,同时又使非物质劳动日益增强自主性,它可以自我组织、自我管理、自我分配、自我消费,最终指向脱离资本关系的控制。

基于以上论述,我们可以看到,马克思同哈特和奈格里在资本有机构成上的观点存在差异。在马克思那里,资本有机构成的前提条件是资本和工人交换后雇佣劳动关系的结成,在雇佣劳动关系结成之后出现资本的分化性统一——不变资本和可变资本,出现负载这些价值形式规定的物质性技术构成,由此资本生产过程才能进行,资本家才能无偿占有剩余价值。到了哈特和奈格里这里,作为交换后的雇佣劳动关系被撤除不论,凸显的是抽象的非物质劳动过程,在具体的劳动过程中将非物质劳动主体作为可变资本,在断言不存在具体的所谓不变资本的情况下,认为资本的有机构成破裂了。

但是,如果我们把雇佣劳动关系考虑进去,那么,不变资本是否就不存在呢?哈特和奈格里所说的具有经济霸权的非物质劳动不太可能是在雇佣关系之外的纯粹个人间偶然遇合的事件,它必然是资本雇佣组织的社会生产活动。如果将雇佣劳动关系考虑在内,生命政治生产就涉及工人劳动力的生产和再生产问题,涉及工资,涉及维持劳动力存在的物质性的生活资料,涉及物质性生活资料的生产和再生产问题,当然也涉及非物质劳动所必需的劳动资料问题,这些都是作为资本存在的。在一个由不变资本构成的巨大生产体系下,置身于这种关系中,作为非物质劳动对立面的不变资本立即出现。所谓资本有机构成的破裂就是一个很难成立的论断。

---

① Michael Hardt and Antonio Negri, *Commonwealth*, Cambridge & Massachusetts: The Belknap Press of Harvard University Press, 2009. p.142.

然而，从哈特和奈格里高扬劳动优先于资本的逻辑出发，其逻辑发展必然导致资本有机构成破裂与消解观点的出现，因为这是不以暴力革命改变资本所有制下自主性劳动主体解放的一种理论要求。

社会关系的再生产不再只为资本增殖服务

哈特和奈格里在说到生命政治生产的特点时，总是说非物质劳动结成的社会生产和社会关系就是生命自身的生产和展开，是对共有物的创造，是资本关系无法直接掌控的。那么，与马克思的作为生产关系总体的社会关系相比，他们基于社会生产之上的社会关系的特有规定是什么？厘清这一概念内涵对于把握哈特和奈格里的理论运行极其重要。

在马克思那里，社会关系是人们在一定的具体的历史的生产方式中结成的客观的人与人之间的关系，其中生产关系是最根本的关系。马克思总是在这种层面定义社会和社会关系的。马克思指出："社会不是由个人构成，而是表示这些个人彼此发生的那些联系和关系的总和。……成为奴隶或成为公民，这是社会的规定，是人和人或 A 和 B 的关系。A 作为人并不是奴隶。他在社会里并通过社会才成为奴隶。"[①] 这里，马克思深刻揭示了社会关系形式规定的客观决定性，人被这种关系赋予了社会规定的阶级性。在资本主义社会中，资本关系作为劳资内在对立的生产关系首先决定了其他一切经济关系和社会关系，在资本生产过程中，资本关系演化为自身运动中的各种特殊职能资本形式的关系。在产业资本的总过程中，各部门无非是生产资本职能部门、货币资本职能部门和商品资本职能部门，如果更加简化，就分为资本剩余价值的生产部门和剩余价值的实现部门。马克思指出，在产业资本的循环过程中，资本总是通过不断采取而后又放弃货币资本、生产

---

① 《马克思恩格斯全集》第 30 卷，人民出版社 1995 年版，第 221—222 页。

资本和商品资本的形态而实现自我滋生的，各职能资本之间具有内在的联系性。但是在现实资本主义生产过程中，这些职能资本却常常独立化和硬化为具有自身特殊运动规定的过程，以分离而独立的形态表现出来，以社会部门分工的形式出现在人们面前。这就使生产资本和流通领域中的资本各有实现自身特定规定性的特殊形式和特殊关系，因而在诸职能资本之间具有了不同的关系表现形式。

马克思指出了资本的生产过程与流通过程的差异性。他说，资本主义生产的总过程是生产过程与流通过程的统一，是生产剩余价值和实现剩余价值的统一。具体到两个过程，却有形式上的不同。马克思指出，"这个剩余价值的取得，形成直接的生产过程"①，只要工人把剩余劳动量对象化在商品之中，产业资本家就在剩余价值的商品形态上第一个占有剩余价值。这只是处于资本主义生产总过程中的第一个行为，它结束后，必须开始总过程的第二个行为，即把整个社会总体生产资本所饱吸的工人的无偿劳动，把价值和剩余价值凝结成的总商品售卖出去，才能实现剩余价值。

但是，出卖商品的过程和生产商品的过程是不同的，因为"直接剥削的条件和实现这种剥削的条件，不是一回事。二者不仅在时间和地点上是分开的，而且在概念上也是分开的。前者只受社会生产力的限制，后者受不同生产部门的比例关系和社会消费力的限制"②。这里，马克思区分了生产剩余价值的条件和实现剩余价值的条件的差异，区分了进行直接剥削的条件和实现这种剥削的条件间的不同，而每一个过程的特殊实现条件构成了本过程自身的规定性。

实现剩余价值的流通领域表现出自身的特殊规定性。而"流通是一团云雾，它的背后还隐藏着整个世界，资本相互联系的世界"③，在

---

① 《马克思恩格斯全集》第46卷，人民出版社2003年版，第272页。
② 《马克思恩格斯全集》第46卷，人民出版社2003年版，第272页。
③ 《马克思恩格斯全集》第31卷，人民出版社1998年版，第28页。

这个世界里，作为资本的生产资料和生活资料与作为劳动力的劳动者的根本对立关系在雇佣劳动中重新统一了，它生产着流通中内含价值与剩余价值总和的所有商品，没有资本的生产就没有资本的流通。马克思透过流通的云雾看到的是生产过程，看到的是生产世界从根本上决定了流通世界的关系。这种生产在流通的背后发生，并被喧嚣的流通所遮盖。但是，资本与劳动的交换关系是在流通中实现的，资本生产出的总商品的价值量是在流通过程中实现的，各生产部门之间的生产和再生产所需要的要素条件是在流通中实现的，工人生产和再生产自身的需要也在流通中实现，因而货币的流通将一切物和人连接起来，构成一个巨大的经济联系网络。

马克思指出了这种流通社会表面具有的特征："在发达的资本主义生产的前提下，从而在雇佣劳动制度占统治地位的前提下，货币资本显然起着主要的作用，因为它是可变资本借以预付的形式。雇佣劳动制度越发展，一切产品就越要转化为商品，因此，除了几个重要的例外，产品全都必须经过转化为货币这样一个产品运动的阶段。"① 这样一来，货币流通必然成为交换的中介，因为社会生产的持续进行要求雇佣劳动的持续出现，要求资本方的可变资本部分反复地以货币形式表现出来，把资本的货币形式转化为劳动力的货币资本，以把劳动力代入生产之中。

因此，"在整个社会范围内同时进行经营的一切生产部门，不论它们属于第Ⅰ部类还是第Ⅱ部类，可变资本都必须以货币形式来预付"②。在可变资本不断预付的同时，不变资本的补偿也在进行。可见，在剩余价值的实现领域和生产重新准备阶段，整个社会都被卷裹进来，都在进行着交换行为，似乎都在为资本的生产而活动。资本生产关系及

---

① 《马克思恩格斯全集》第 45 卷，人民出版社 2003 年版，第 537 页。
② 《马克思恩格斯全集》第 45 卷，人民出版社 2003 年版，第 442—443 页。

其演化出的各种流通性经济关系遍及社会范围的各个角落，似乎流通也在增殖着资本的价值，似乎交换行为也是生产行为。在马克思这里，资本生产总过程中的诸方面流通关系和流通行为以喧嚣的形式表现在社会表面之上，而生产过程好像远离社会表面而在远方安静地进行着。整个社会似乎就是流通的运动，整个社会关系似乎就是流通关系，而整个社会流通运动似乎就是直接的生产活动。

这是马克思的资本主义社会生产关系在不同领域具有的特定内容和特定表现。对哈特和奈格里而言，由于他们无法正确区分资本直接生产过程和流通过程之间的联系和差别，他们就将流通过程生产过程化了，将社会流通运动生产运动化了。因为这种无区别的混淆，他们的社会生产概念和社会关系概念就与马克思相关概念的内涵有着很大的不同，表现为既缺乏资本关系的形式规定，又将商品流通中的服务性生产劳动与属于生产过程的科学知识劳动混在一起，概括为非物质劳动，把它上升为社会生产范畴，并将非物质劳动中的直接劳动关系命名为社会关系。由此，我们发现在哈特和奈格里那里，社会关系已经从资本关系的社会规定中被强行拉了出来，凸显的是它本身的物质规定性。

早在20世纪70年代，奈格里就把特龙蒂的"工厂社会"概念发展为"社会工厂"概念；到了资本全球统治的帝国时代，哈特和奈格里认为这种社会工厂扩展到全球。资本对劳动的实质吸纳施行于整个全球社会，没有了外部，一切都变成了资本的内部，全球社会工厂出现。在全球社会工厂条件下，资本将自身抽象极致化，企图把所有人的生产性的活劳动都加以控制和剥削。但是，作为总体劳动者形象出现的诸众，在他们的非物质劳动创造的生产性社会关系中，总是力图脱离资本的控制。

从劳动一方看，资本的反方就是劳动的自主性力量。到了当代生命政治生产的时代，哈特和奈格里依旧坚持这种观点，认为进一步发展的社会关系能够脱离资本的自主性。在《诸众》里，社会关系还是与主体性、社会生命自身等并列在一起，充满具体性，到了《共有体》和《集会》中，社会关系被他们确立为总的概念。在《诸众》里，他们将非物质劳动归结为社会关系和生命形式："在非物质劳动中，生产溢出了传统认识中的经济领域的边界，而直接与文化、社会及政治密切联系在一起。在这种情形下，生产出的东西不是物质商品，而是真实存在的社会关系和生命形式。"① 这种生命政治生产不同于高高在上的生命权力，而是处于最根基的社会之中，持续创造出超出生命权力的新关系。"与生命权力相反，生命政治生产内在于社会之中，并通过劳动的合作形式创生着各种社会关系和社会形式。"② 在这里，哈特和奈格里的社会关系和社会形式倾向于指那些具体的关系。

在《共有体》中，生命政治生产关系的特质成为哈特和奈格里分析的重点，这时的生命政治生产关系就指向了总体关系，同时显示它并不总是为资本增殖服务，而常常溢出资本关系的范围。"资本主义生产正变为生命政治性的"③，而"生命政治生产的结果是社会主体性和社会关系与生命形式"④。这里，生命政治生产的规定性被哈特和奈格里赋予社会和生命的质的色彩，即"生命政治的生产倾向于超出量的测度而采取共有的形式，这种形式很容易被分享，却很难被作为私有

---

① Michael Hardt and Antonio Negri, *Multitude: War and Democracy in the Age of Empire*, New York: The Penguin Press, 2004, p. 94.
② Michael Hardt and Antonio Negri, *Multitude: War and Democracy in the Age of Empire*, New York: The Penguin Press, 2004, p. 95.
③ Michael Hardt and Antonio Negri, *Commonwealth*, Cambridge & Massachusetts: The Belknap Press of Harvard University Press, 2009, p. 131.
④ Michael Hardt and Antonio Negri, *Commonwealth*, Cambridge & Massachusetts: The Belknap Press of Harvard University Press, 2009, p. 270.

财产圈为一己之用"①。同时,"生命政治的生产过程不是被作为一种社会关系的资本再生产所限定,而是作为自主性的过程表现出了一种潜能,这一过程能够摧毁资本而创造出全新的事物"②。在这里,哈特和奈格里将生命政治生产的社会关系从具体的概念上升到抽象的总体概念,同时规定了生命政治生产的两个特性。一方面,"质"性成为生命政治生产的显著特征,使其难以完全为资本所控制,同时它们的主体具有"超出"性的生产能力,具有难以被私有化的共有性,资本的量的剥削范围被它们超出了。另一方面,生命政治生产具有强大的自主性,它越来越强地产生脱离资本控制的趋势。

在《集会》中,哈特和奈格里对生命政治生产语境下的社会关系进行了总结。他们是这样描述这种社会生产与社会关系特征的:"关键是在双重意义上把握日益增强的生产的社会性质——诸众如何生产和生产什么。"③"首先,在资本主义关系的内部和外部,诸众在扩展着的协作网络中进行社会化的生产。其次,它的产品不再是物质的和直接的商品:它生产和再生产社会自身。诸众这种双重意义上的社会生产不仅是造反的基础,而且是替代性社会关系结构的基础。"④ 在这里,哈特和奈格里提出了生命政治生产下的社会生产和社会关系概念,认为这种生产是在诸众协作形式中进行的,是社会自身的生产。这种社会生产的协作关系就是社会关系,它可以超出资本关系,转变为新型的社会关系。这种新型社会关系就是社会生产自身的关系,就是社会自身。就这样,他们在生命政治生产语境下,设定人与人之间的社会

---

① Michael Hardt and Antonio Negri, *Commonwealth*, Cambridge & Massachusetts: The Belknap Press of Harvard University Press, 2009, pp. 135 - 136.
② Michael Hardt and Antonio Negri, *Commonwealth*, Cambridge & Massachusetts: The Belknap Press of Harvard University Press, 2009, pp. 135 - 136.
③ Michael Hardt and Antonio Negri, *Assembly*, New York: Oxford University Press, 2017, p. 78.
④ Michael Hardt and Antonio Negri, *Assembly*, New York: Oxford University Press, 2017, p. 78.

生产就是他们在劳动中结成的协作关系，这种协作关系就是社会关系本身，因此这种社会关系指的是在社会生产中的协作关系的统称。它们已经远离了资本关系的控制，是一种纯粹的非物质劳动过程中的劳动关系。哈特和奈格里撤除了劳动资本关系的形式规定性，赋予它们单纯的物质规定性。

综上所述，哈特和奈格里的社会生产主要指处于流通领域剩余价值实现过程中的各种行业中的非物质劳动，也指直接生产过程之一环节的科学研发劳动。他们的社会关系主要是非物质劳动中结成的直接劳动关系。在资本家和金融剥削关系处于远方的情况下，在哈特和奈格里的眼中，生命政治生产中的社会关系已经不再为资本增殖服务了，它在发展自身的同时，要求抛弃资本这种阻碍自身发展的外在障碍。

社会关系具有开放性

哈特和奈格里说："在生命政治生产语境下，我们发现，资本不应仅仅被理解为一种社会关系，而更应该被理解为一种开放的社会关系。"① 而在这种开放的社会关系中，资本的有机构成消解了，资本不再通过由资本家在总体资本里分出和配置不变资本和可变资本的价值组合去生产剩余价值了，因为资本已经从生命政治的生产中脱开，生产过程单方面由诸众劳动主体自主进行。而在这种消解中，基于非物质劳动过程中自主结成的协作性关系作为社会关系，具有了根本的开放性。这种社会关系已经不再由资本设置，而是由诸众自主设置，它不排除任何人，它强调偶然性遇合，贯彻劳动过程的自由、平等、开放原则，劳动成果要求共有共享。哈特和奈格里的社会关系已然将资

---

① Michael Hardt and Antonio Negri, *Commonwealth*, Cambridge & Massachusetts: The Belknap Press of Harvard University Press, 2009, p.150.

本的形式规定撤去，只表现为马克思眼中纯粹的劳动过程中的人与人、人与物之间的劳动关系。这种关系在非物质劳动过程中的特点就是开放性，它承载着哈特和奈格里生命政治生产的"质"性"出离"逻辑。

第一，这种社会关系的开放性表现为担任劳动力的诸众主体是开放的。在帝国时代，资本将全球劳动变得实际上从属于自己，建立起全球控制社会和金融剥夺共有财富的关系，同时将一切人类变成了资本的对立面，变成了各种劳动者的总体——诸众。从劳动一方看，在生命政治生产时代，过往的排他性的工人阶级成为生产阶级，农民、妇女、流浪者、各种无薪或半薪的人都是非生产阶级，现在都成为全球社会生产中的一员。生产劳动的范围无限，生产劳动者也相应无限。哈特和奈格里说："当我们说生命政治生产时，这意味着我们对劳动的理解不能被限定在有酬劳动之中，而必须与它们在一般性上具有的人类创造性能力紧密相连。穷人，不是被排除在阶级理论之外，而是成为阶级的最重要部分。"① 进而，哈特和奈格里把所有拒绝资本统治的人看作一个阶级，这是一种最为开放的劳动者构成方式。

第二，社会关系的开放是劳动岗位的开放和劳动时间的开放。哈特和奈格里指出，后福特主义时代的工作特征是灵活性、流动性和不稳定性。在过去的福特制生产时代，工作的特征是劳资合同的长期性、工作的稳定性、岗位的排他性，但是这一切都在生命政治生产时代消解了，后福特主义造成了所有岗位都处于开放的状态，向任何人提供，但任何人都不能长期占有。在新经济范式下，曾经的经济的、政治的、社会的和文化的界限被生命政治生产的劳动所打破，生命政治生产是所有这些性质的融合，既是经济的又是政治的，既是社会的

---

① Michael Hardt and Antonio Negri, *Multitude: War and Democracy in the Age of Empire*, New York: The Penguin Press, 2004, p.105.

又是文化的，它不再被界划为单一的劳动。而全球诸众也因追求自由、平等、幸福的强烈欲望而自由流动，流动呈现为诸多方向的地理转移。同时，工作的"女性化"趋势明显，生产时间与非生产时间界限模糊，工作时间延伸到生命的所有阶段和所有空间，工作时间再也不是固定的、封闭的了。

第三，社会关系的开放是在网络技术体系支撑下的开放。技术构成的变革必须从历史发展中揭示出来。在哈特和奈格里看来，自20世纪70年代福特制危机后，面对工人的反抗和利润率的下降，资本开始了反击。第一波是资本在工厂内采用自动化和机器人生产，排挤出工人；在工厂外，则实施信息化网络以扩大生产范围。第二波是资本采用数字化技术，这比自动化更重要。这两波资本回应的后果是广大的社会领域被纳入生产范围，在增殖资本提升利润的同时，也造成了工厂外的"生产模式与社会生活的各种形式更加密切地交织在一起。……自动化工厂外的社会相应地愈加具有生产性，并更加复杂化，同时把各种'公共服务'并入，将复杂技术、基础科学、产业服务与人类服务联合在一起"[1]。而数字化加剧了这一切，并把劳动的技术变革彻底地带进整个社会。

资本回应的第三波是计算机和数字网络生产的引入，它将工厂自动化与社会数字化联结在一起，将生产模式与生活形式重合起来。结果，工业经济基础被颠倒，"社会——一种持续地被创造和被再创造出来的'人工'社会——变成了财富的生产核心"[2]。而在更广的范围上，信息技术和网络技术建构了一个全球网络分散性的平面空间，所有人都能通过它而随机地结成一种生产关系，当然也是一种社会关系。社

---

[1] Michael Hardt and Antonio Negri, *Assembly*, New York: Oxford University Press, 2017, p. 112.
[2] Michael Hardt and Antonio Negri, *Assembly*, New York: Oxford University Press, 2017, p. 112.

会性生产在网络世界普遍发展起来。哈特和奈格里说:"非物质劳动的霸权倾向于将生产组织从流水线的线性关系转变为分散式网络的无数不确定关系。信息、交流与合作成为生产的标准,网络则成为它的主导性的组织形式。因此,生产的技术体系与它的社会构成密切一致,一方是技术的网络,另一方是社会主体的合作,两方共同发挥作用。这种对应一致的关系规定了新的劳动拓扑结构。"① 这种新型的劳动拓扑学意味着社会关系因网络与数字技术而更加开放。

第四,社会关系的开放表现为共有财富的生产和享受的全面开放。非物质劳动霸权以两种基本形式生产非物质的共有财富。"第一个基本形式指向的劳动基本上是智力的或语言的,如问题的解决、象征性和分析性的任务,以及语言表达。"② 另一个基本形式是"情感劳动"。这种情感与情绪不同,"它涉及身体和心灵。实际上,情感如高兴和悲伤显示的是生物机体的生命现存状态,表达的是某种身体状况和某种思维模式"③。这两类非物质劳动分别制造了信息、主意、象征、代码、文本、语言角色、形象、情感等产品。这些非物质产品天生具有共有性,同时也只有在全面共有中才能更有效率和更多地生产出来,它们拒绝封闭性的排他性的私有。

哈特和奈格里认为,在生命政治生产时代,以共有为基础的生产,其价值增殖和积累性质已经发生本质变化,它不再是物质的量,而是生命在协作性的社会关系中进行的一种质的生产,并展现蓬勃的发展性。此时,"价值增殖和积累必然表现为一种社会的性质,而不是一个

---

① Michael Hardt and Antonio Negri, *Multitude*: *War and Democracy in the Age of Empire*, New York: The Penguin Press, 2004, p.113.
② Michael Hardt and Antonio Negri, *Multitude*: *War and Democracy in the Age of Empire*, New York: The Penguin Press, 2004, p.108.
③ Michael Hardt and Antonio Negri, *Multitude*: *War and Democracy in the Age of Empire*, New York: The Penguin Press, 2004, p.108.

个体的性质"①。这样,"共有物就存在于广泛而开放的社会网络中,并通过这种社会网络而发挥作用"②。于是,价值的创造和在此基础上的共有物的积累就表现为社会生产力的扩展,表现为共有经济的增长。毫无疑问,这种增长具有人类学解放的意义。哈特和奈格里指出:"共有物的积累并不意味着我们拥有更多的主意、更多的图像、更多的情感、更多的其他物等等,而是意味着一种更为重要的东西,即我们的能力与感受提高了和增加了:我们思考的能力,感受的能力,看的能力,与他人结成关系的能力,爱的能力。"③

第五,社会关系自身的开放。生命政治生产只有在人与人的协作中才能进行,共有物只有在各种联系中才能增多,信息网络和数字技术的全球化为非物质生产提供了无限多的偶然遇合机会,使社会关系愈加扩展,向所有人开放,这就形成了一个无限广阔、无限多层、无限多样的社会关系网络,不拒绝任何人的进入。这种社会关系同时就是生产关系,也是生命存在的方式。更为重要的是,它外在于资本的控制,按照社会关系自身的自主逻辑发展自身,生产共有物。"非物质劳动霸权下……生产性合作的核心形式不再是由作为组织劳动项目一部分的资本家创造出来,而是从劳动自身具有的生产性力量中产生。这的确是非物质劳动最重要的特征:生产出交流、社会关系与合作。"④同时,这种生产"日益嵌入了信息通信网络与数字联系的世界中,这

---

① Michael Hardt and Antonio Negri, *Commonwealth*, Cambridge & Massachusetts: The Belknap Press of Harvard University Press, 2009, p. 283.
② Michael Hardt and Antonio Negri, *Commonwealth*, Cambridge & Massachusetts: The Belknap Press of Harvard University Press, 2009, p. 283.
③ Michael Hardt and Antonio Negri, *Commonwealth*, Cambridge & Massachusetts: The Belknap Press of Harvard University Press, 2009, p. 283.
④ Michael Hardt and Antonio Negri, *Multitude: War and Democracy in the Age of Empire*, New York: The Penguin Press, 2004, p. 113.

种联系遍及工业布局、农业体系以及所有其他经济形式"①。今天,"我们只能进行社会性的共同生产,财富持续地被劳动生产,而劳动日益镶嵌于社会性的劳动协作网络中"②。在哈特和奈格里这里,社会关系与资本关系发生了撕裂,它倾向于脱离资本关系。

我们该如何认识哈特和奈格里的社会关系概念以及那种劳动与资本的外在对立?马克思对劳动过程与资本价值增殖过程之间关系的分析,有助于我们理解他们的经验性解读思路。

马克思指出,劳动过程同时就是资本增殖过程,二者是同一个过程,但是二者具有不同性。不同性在于:劳动过程表现为劳动的内容,资本增殖过程则表现为劳动的社会形式;前者是劳动的质,后者是劳动的量。这既是一种同一,也是一种统一。人们常常不去区分劳动过程和资本价值增殖过程的区别而形成片面性观点。马克思进一步指出:"劳动过程的实质在于生产使用价值的有用劳动。在这里,运动只是从质的方面来考察,从它的特殊的方式和方法,从目的和内容方面来考察。"③但是,价值形成的过程截然不同,马克思辨析道:"在价值形成过程中,同一劳动过程只是表现出它的量的方面。所涉及的只是劳动操作所需要的时间,或者说,只是劳动力被有用地消耗的时间长度。在这里,进入劳动过程的商品,已经不再作为在劳动力有目的地发挥作用时执行一定职能的物质因素了。它们只是作为一定量的对象化劳动来计算。无论是包含在生产资料中的劳动,或者是由劳动力加进去的劳动,都只按时间尺度计算。它等于若干小时、若干日等等。"④ 在这里我们看到,劳动与资本是处于对立统一的关系中的,工人劳动的

---

① Michael Hardt and Antonio Negri, *Assembly*, New York: Oxford University Press, 2017, p. 93.
② Michael Hardt and Antonio Negri, *Assembly*, New York: Oxford University Press, 2017, p. 93.
③《马克思恩格斯全集》第 44 卷,人民出版社 2001 年版,第 227—228 页。
④《马克思恩格斯全集》第 44 卷,人民出版社 2001 年版,第 228 页。

质负载着不属于自己而属于他人的那种在劳动产品上体现出的价值的量，资本价值的量又支配着劳动的质，出现了特殊劳动与抽象劳动之间的对立统一关系。

从马克思论证的劳动过程同时是资本价值增殖过程的区别出发，哈特和奈格里对非物质劳动概念的规定论述就显现出片面性，他们只强调了非物质劳动过程的质的一面，而将量的一面直接作为远离生产过程的资本关系而弃之不顾，不加分析，认为它的量是资本的属性，是可以脱离它的。劳动的质与价值的量被人为地割裂，一分为二，两者的统一性消失。因此，在他们看来，非物质劳动过程中的劳动协作关系作为一种社会关系，已经不再具有资本的性质，反而与资本对立。这就违反了雇佣劳动关系的规定，因为非物质劳动首先是作为雇佣劳动或雇佣劳动的变形版本而进行的那种劳动，其劳动者本身就是可变资本。否则，资本帝国时代的劳动者又怎么会作为社会劳动力进入社会性的非物质性的工作中呢？

哈特和奈格里以金融资本新形式的剥夺性占有关系等同于根基性的产业资本的剥削关系，这种认识使他们只能从流通过程出发，而不可能从雇佣劳动关系的资本生产过程的起始点出发，只能从资本直接生产过程的终点出发来认识资本关系。在他们眼中，资本生产关系变成了金融性分配占有关系，这种分配占有关系就是资本生产关系。但是，从资本直接生产过程看资本剥削关系和分配关系就会发现，在生产过程还没有结束的时候，资本家只是暂时潜在地无偿占有剩余价值，却无法实际占有以货币形式实现的剩余价值，就此而言，资本剥削关系无法完全实现。只有雇佣劳动结束，资本家在流通领域实现了剩余价值，才完成了对劳动的剥削关系，此时，他真正占有了由产品形式的剩余价值转化而来的货币形式的剩余价值。

但是，在马克思那里，生产资本家是第一个但不是唯一一个占有剩余价值的一方，他还必须把由剩余价值转型成的利润的一部分分割成利

253

息和地租等形式交给其他职能资本家。而无论是借贷资本利息还是私有地产地租都是从属于产业资本的，是它的派生形式。今天，在哈特和奈格里的理论中，在全球资本帝国的统治下，作为借贷资本的当代表现形式的金融资本是对诸众生命政治生产的共有财富的剥削的第一个占有者，它以租金形式抽取占有共有财富。从经验上看，金融资本当然处于远离生产过程的地方，因为它根本不是生产资本，它处于流通领域，因而它的剥削关系似乎也存在于远方。这样一来，在哈特和奈格里眼中，特有的金融资本关系等同于资本关系，资本关系就处于非物质劳动过程之外了。当然，在非物质劳动中，金融资本家完全离开，任劳动者自行组合，结成协作关系去生产共有物，这当然也是金融资本家所愿意的，因为这节省了任命管理者的可变资本的支出。这种双重现实造成了哈特和奈格里心中资本关系处于劳动之外的经验感受。

但是，在以雇佣劳动关系为基础的资本主义生产中，作为产业资本运动总过程中的一个职能资本环节存在的金融资本，即使它取得了支配生产资本的地位，它也仍然履行着资本关系的规定性，那种资本与劳动之间的对立统一关系依然现实地存在着。经验性地片面强调生命政治生产的质的主体性，并不能否定劳动的资本的形式规定，认为它正在稀薄化地远去。

第四章

解放路径的转型：从革命到出离

至于我们，那么，根据我们的全部经历，摆在我们面前的只有一条路。将近40年来，我们一贯强调阶级斗争，认为它是历史的直接动力，特别是一贯强调资产阶级和无产阶级之间的阶级斗争，认为它是现代社会变革的巨大杠杆；所以我们决不能和那些想把这个阶级斗争从运动中勾销的人们一道走。在创立国际时，我们明确地制定了一个口号：工人阶级的解放应当是工人阶级自己的事情。

——马克思

我们的中心论点是，社会主义是"民主革命"的一个完整部分，除此之外别无意义。

——恩斯特·拉克劳：《我们时代革命的新反思》

资本主义全球体系支配范围的扩展和支配程度的深化，正在通过提供资源、提供种种形式的组织能力，通过澄清资本主义之外其他形式的全球化的目的，播下这种支配性体系发生大转变的种子。虽然表达这一辩证法可以有很多方式，但在我看来，在某种新兴的社会主义形式的全球化之内，提出人权全球化这个主题，最有力、最准确地表明了大变革的世界历史中心方向。

——莱斯利·斯克莱尔：《资本主义全球化及其替代方案》

"个人现在受抽象统治"①，马克思在《大纲》的"货币章"中，指出了商品交换关系的普遍性和人对物依赖性关系的历史特征。这种在商品交换过程中形成的抽象的、以价值形式表现的价值交换关系，成为客观存在的物质性关系，它首先在社会交换中构成一张从任意商品交换者出发的由交换联结的无限关系网络。对于货币的依赖打破了人们之前狭隘的人身依赖关系，进入对独立的冰冷的物的依赖关系之中。这种关系是感性经验所无法把握的，只能通过观念来把握，它存在于观念之中。由此出现了观念统治人的哲学思想。

面对资本主义商品流通体系这样一种在整个资本主义生产过程中处于实现价值和剩余价值特定阶段的社会性现象，如果不能深入资本主义生产方式的直接生产阶段，是无法真正把握其历史暂时性的，只能把它看成一种普遍的永恒的现实。这种不深入本质性的资本主义直接生产阶段的观点，在批判资本主义社会时，就表现为对物化现象、物化意识的不满和批判。这种批判将走向两个方向，一是强调个人的超越性，最终走向生命意识和伦理价值的反抗。从尼采呼唤超人的到来，马克斯·韦伯要求个人活得像英雄，青年卢卡奇对无产阶级意识的高扬，到20世纪60年代法国出现的打倒同一性、呼唤差异主体性、强调偶然性和生命政治的自由反对权力的哲学，当代又发展到了爱的伦理政治学。第二个方向是在流通表层上的反对性的社会运动。从伯恩斯坦的"运动就是一切"，到今天各种新社会运动的提倡，并出现期待这种体系内爆的无奈设想。主体的超越反对和新运动的社会反对都无法改变流通中的物化关系一分一毫的效力，个人和运动反而依靠这种效力而生存。批判和运动时的激情及之后毫无作用的沮丧感交互出现。面对流通体系的强大，常常出现一种悲剧性的文风。

---

① 《马克思恩格斯全集》第30卷，人民出版社1995年版，第114页。

只有深入资本主义生产方式的根本之处，只有揭示出资本主义生产方式的本质矛盾，才能彻底破除资本主义流通领域的云雾和迷障。只是因为资本主义生产方式的建立才使一切产品采取了商品的一般形式，只是因为资本和劳动力交换变成了生产的前提才使资本主义彻底建立。从资本主义生产方式的本质矛盾入手，揭示资本主义生产方式必然崩溃的历史趋势，从而那种普遍的商品交换关系的抽象统治也一并消失才成为可能。在当代，哈特和奈格里选择了从喧嚣的流通层面潜入到无声的生产领域对资本主义进行批判。他们提出了非物质劳动的霸权，将其定义为生命政治生产，使其具有强大的自主性，使诸众可以出离当代资本关系，去建立共有、共享、绝对民主的共有体这样一种自由人的联合体，以马克思重建个人所有制的方式去实现对资本主义的超越，实现共产主义。但是，这种非物质劳动真的能够提供这种解放的历史条件吗？它到底是资本的直接生产方式的一种霸权形式，还是仍然处在流通领域中的一种劳动形式？要想深刻地理解这一点，我们需要把他们的出离思想放在与马克思社会革命观的比较视域中来加以考察。

一、马克思对物质劳动条件下革命式解放路径的论述

马克思把人与自然之间的物质变换活动看作人类社会存在的永恒的自然必然性根基，把生产力与生产关系的本质矛盾作为人类历史发展的内在动力，把一定生产力和生产关系的统一性所决定的具体的经济基础和上层建筑作为人类生存的社会客观存在结构，把这种客观社会结构规定下的人确立为现实的人。资本主义工业社会的出现是生产力和生产关系内在矛盾发展的历史产物，历史性的资本生产关系以其抽象而强大的

力量把社会生产分裂为劳动的客观条件和主观条件的根本对立，以对剩余价值的无度追求和激烈竞争而不断提升资本的有机构成，以利润率不断下降造成资本主义生产方式必然崩溃的趋势，而工人阶级不断觉醒和自觉联合所形成的剥夺私有阶级财产使之社会化的革命运动，开辟了共产主义实现的现实道路。

但是，资本生产关系作为一种历史性存在，在生产过程和流通过程中表现为一种诸资本形态的强大物化现象，并在各层面用似乎与剩余价值无关的利润、利息、地租等资本范畴分割剩余价值，割裂了资本生产关系中的内在联系，以特殊职能资本形态的独立、硬化和个别资本在流通中的偶然性掩蔽着总体资本的必然性，形成了资本主义社会特殊的神秘性和主客颠倒现象，造成永恒而普遍存在的假象。因此，我们必须从马克思关于资本主义生产方式的内在运动规律出发，扫去资本关系与资本运动的价值抽象性所造成的神秘性和物化假象。在看清资本主义发展的历史趋势下，才能去判断当代资本主义的发展阶段和它的革命原则、革命途径和革命前景。

资本主义工业社会中的抽象性及其特点

在马克思看来，机器大工业的资本主义社会是一个劳动者和劳动生产条件完全分离的社会，是一个由资本关系完全统治的社会，是一个劳动实际上从属于资本的社会，是一个无限剥削工人创造的剩余价值的社会。这个社会与之前的社会完全不同，它充满商品价值生产和价值交换以及价值增殖形成的资本关系的抽象性。这种特定经济关系表现在物上，似乎变成了物自身的自然属性，结果造成了资本主义社会深刻的神秘性，从而使社会变成一个着了魔的颠倒的世界。马克思深刻而尖锐地指出："资本主义生产方式的神秘化，社会关系的物化，物质的生产关系和它们的历史社会规定性的直接融合已经完成：这是一个着了魔的、颠倒的、倒立着的世界。在这个世界里，资本先生和土地太太，作为社会的人物，同时又直接作为单纯的物，在兴妖作怪。"①

工业资本主义社会的神秘性特征，根源在于资本的神秘化，资本的神秘化根源在于货币的神秘化，货币的神秘化根源在于商品的神秘化，商品的神秘化根源在于价值形式的神秘化，而价值形式的神秘化只能通过价值范畴的科学说明而得到破除。因此，不揭示价值范畴的真正实体——抽象的人类劳动凝结，就无法科学说明价值形式；不能科学说明价值形式的形式化本身所生成的交换价值的特殊社会关系的规定性，就无法科学说明商品、货币、资本乃至资本主义生产方式的历史性，就无法从根基上打破笼罩在资本主义社会中的资本神秘化现象。为了揭示资本的神秘性，马克思从分析资本主义社会财富最简单的商品要素开始，一步一步由商品拜物教、货币拜物教前进到最高的资本拜物教。

马克思明确指出，劳动产品作为商品具有二重性，表现为使用价值和价值的统一。具体有用的劳动形成了商品的使用价值，使用价值构成了可触摸的商品体财富的物质内容，并且构成了价值或交换价值的物质承担者。但与使用价值截然不同的价值，没有任何物质性，本身不带有使用价值身上的任何一个原子，它抽象得好像空无内容，无法捉摸，但是它客观存在，构成了商品交换的等同性前提，同时它只能在产品作为商品进行交换的社会过程和社会关系中才能显现出来，没有产品的普遍商品化就不可能出现价值概念。因而，价值概念成为一种特定的社会的存在和历史的存在。马克思深刻指出，在前资本主义社会是不可能出现价值概念的，因为在那个时代不平等被作为人们之间和劳动力之间关系的自然条件，所以，"价值表现的秘密，即一切劳动由于而且只是由于都是一般人类劳动而具有的等同性和同等意义，

---

① 《马克思恩格斯全集》第 46 卷，人民出版社 2003 年版，第 940 页。

只有在人类平等概念已经成为国民的牢固的成见的时候,才能揭示出来。而这只有在这样的社会里才有可能,在那里,商品形式成为劳动产品的一般形式,从而人们彼此作为商品占有者的关系成为占统治地位的社会关系"①。在这里,价值秘密被揭示出来。那么,价值是什么?马克思给予了定义,价值是抽象的人类劳动的单纯凝结,无差别的人类劳动的结晶,是人类劳动的对象性,而且是"幽灵般的对象性"②。这种价值对象性的幽灵般存在,具有两个规定。其一是抽象人类劳动的凝结,表现为单纯劳动时间的累积,但不管是结晶的抽象人类劳动还是累积的单纯劳动时间,其中不含任何物质性原子,仅凭经验根本无法捉摸。其二是社会性的,即"价值对象性只能在商品同商品的社会关系中表现出来"③。这就是说,只能在商品交换关系中把握隐藏着的价值体,而在交换关系之外价值不出现;同时,显现价值的交换关系本身也是看不见的,即使能把握交换关系的实在性,但由于价值以交换价值表现出来,交换价值又以现实市场价格表现出来,结果人们常常看见的是现实价格,看见的是价值量而看不见价值本身。价值的社会抽象性形成了价值的神秘性,经验论者根本无法深入把握。

如果说价值本身因抽象而神秘,那么商品交换关系中的价值形式本身更加重了神秘性。不仅因为价值形式是一种无形的暂时交换关系的形式化表现,它存在于两个商品交换者之间,却无法被感性直观到,而且因为在价值形式中,等价形式自身表现为一种似乎可以直接交换任何物的天然属性,社会性反而变成了自然性。马克思指出,商品交换关系就是一种运动中的关系,价值形式表现出这种处于交换关系中的相异商品两极对立的辩证运动性,商品两极相互规定,并产生出相对价值形式和等价形式的各自规定,这是孤立的静止的观点无法理解

---

① 《马克思恩格斯全集》第 44 卷,人民出版社 2001 年版,第 75 页。
② 《马克思恩格斯全集》第 44 卷,人民出版社 2001 年版,第 51 页。
③ 《马克思恩格斯全集》第 44 卷,人民出版社 2001 年版,第 61 页。

的。马克思说:"相对价值形式和等价形式是同一价值表现的互相依赖、互为条件、不可分离的两个要素,同时又是同一价值表现的互相排斥、互相对立的两端即两极;这两种形式总是分配在通过价值表现互相发生关系的不同的商品上。"① 在这种价值形式中,商品化为了价值抽象。处于相对价值形式中的商品的价值必须通过处于等价形式中的商品的价值来表现,等价形式中的商品物似乎因为表现价值而天生具有等价形式的性质,似乎具有直接交换某物的性质,价值形式中的等价形式的谜就这样出现了。"从这里就产生了等价形式的谜的性质,这种性质只是在等价形式以货币这种完成的形态出现在政治经济学家的面前的时候,才为他的资产阶级的短浅的眼光所注意。"②

马克思通过简单价值形式,真正揭示了商品的对立性的存在,既是使用价值又是价值,但只有当商品处于同另一个不同商品的交换关系中的时候,商品的价值才能作为交换价值被表现出来,商品才取得了使用价值与交换价值的双重存在,孤立中的商品本身是没有现实的交换价值存在的。由此马克思更进一步,在价值关系中揭示了商品自身存在的使用价值和价值的内在对立性,而解决商品的这种对立矛盾只能通过外部的交换运动。"潜藏在商品中的使用价值和价值的内部对立,就通过外部对立,即通过两个商品的关系表现出来了,在这个关系中,价值要被表现的商品只是直接当作使用价值,而另一个表现价值的商品只是直接当作交换价值。"③ 通过这一分析,我们看到,一个以内在对立形式存在的经济细胞形成了。这个经济细胞倾向于按照自己的客观要求去发展。我们看到,商品的这种内在对立随着交换的扩大而普遍化,商品世界的共同活动产生了一般等价形式,简单价值形式逐渐发展到一个完全的形态,即一般价值形式。从而一个特殊的被

---

①《马克思恩格斯全集》第44卷,人民出版社2001年版,第62—63页。
②《马克思恩格斯全集》第44卷,人民出版社2001年版,第73页。
③《马克思恩格斯全集》第44卷,人民出版社2001年版,第77页。

社会公认的商品被从商品世界中分离出来，作为一般等价形式，专门充当一般等价物，货币就这样产生了。马克思说："从这个时候起，商品世界的统一的相对价值形式才获得客观的固定性和一般的社会效力。"① 结果，这个一般等价形式的社会规定性和充当一般等价物的物自身的自然形式就被社会地合并在一起，形成货币商品，执行货币的职能。这样，货币就在商品世界的价值表现中独占了一般等价形式，"一般价值形式才转化为货币形式"②。货币成为商品世界的完成形态。

通过交换过程，劳动产品变成了商品，具有了可感觉而又超感觉的神秘性质。马克思指出商品的这种神秘性不是来自使用价值，而是来自商品形式本身。为什么商品形式本身具有神秘性？马克思说："商品形式的奥秘不过在于：商品形式在人们面前把人们本身劳动的社会性质反映成劳动产品本身的物的性质，反映成这些物的天然的社会属性，从而把生产者同总劳动的社会关系反映成存在于生产者之外的物与物之间的社会关系。"③ 这就是说，个人劳动只有通过交换行为才能变成社会劳动的一部分，个人劳动也才具有社会性。而这种社会性劳动交换关系具体化在劳动的产品这个物与物的关系上，交换的社会关系物化了。这样一来，本来是人和人之间因交换而发生的一定的社会关系，反而以物与物之间的关系这种虚幻的形式表现在人们面前。在商品世界中，这种人手的产物之间的关系变成独立的物与物之间的关系，并在人们面前表现出来，使人们认为商品间的各种关系就是商品物自身具有的，马克思称这种现象为商品拜物教。

货币的神秘性是商品的神秘性的进一步发展。商品交换过程就是商品以价值形式让渡自身，而使交换双方各自获得对方商品使用价值的过程。这一过程造成了商品首先要价值实现，然后才能使用价值实

---

① 《马克思恩格斯全集》第44卷，人民出版社2001年版，第86页。
② 《马克思恩格斯全集》第44卷，人民出版社2001年版，第87页。
③ 《马克思恩格斯全集》第44卷，人民出版社2001年版，第89页。

现的特殊占有方式。交换过程的扩大和加深使价值形式进一步发展，使商品最终分离为商品和货币，商品作为特殊等价物与货币作为一般等价物相互对立，从而实现了以一种货币商品来全面表现各种特殊商品价值的社会职能。货币在它自身充当一般等价物的过程中，在商品流通中发展出了价值尺度、流通手段、支付手段、贮藏货币和世界货币的职能。"货币——财富的随时可用的绝对社会形式——的权力增大了。……一切东西都可以买卖。"① 货币消灭了商品一切质的差别，变成绝对的支配诸种使用价值这一社会财富的社会权力。可是货币本身也是一种商品，任何人都可以拥有它，把它作为私产。因此，那些拥有货币的人就把货币权力变成了私人权力，从而"社会权力就成为私人的私有权力"②。货币的神奇权力力量使无限的致富欲出现。货币商品一般价值的社会功能附着在它的自然形式上，变成了似乎是货币自身的自然属性。马克思说："正是商品世界的这个完成的形式——货币形式，用物的形式掩盖了私人劳动的社会性质以及私人劳动者的社会关系，而不是把它们揭示出来。"③ 货币的神秘性因此比商品更加神秘，货币拜物教也更加耀眼夺目。

商品生产和商品流通越来越发达，发达的商品流通（W—G—W）中产生了以货币为起点和终点的独特的货币和商品间的流通运动的经济形式（G—W—G′），在后者的运动终点，货币作为价值增殖了，货币经过此过程改变了单纯的货币属性，增加了新的规定性，货币羽化为资本的流通形式。在这种流通形式中，价值神奇地变成了过程中的能动主体，不断变为商品或货币的形态并随即抛弃原有的形态，以此种形式的运动实现增殖。这种价值变换形态的运动使货币变成了资本，一种能自我增殖的货币，在这种情况下，新的经济形式的规定性出现

---

① 《马克思恩格斯全集》第 44 卷，人民出版社 2001 年版，第 154—155 页。
② 《马克思恩格斯全集》第 44 卷，人民出版社 2001 年版，第 156 页。
③ 《马克思恩格斯全集》第 44 卷，人民出版社 2001 年版，第 93 页。

了。马克思立即比较了两种流通形式产生的不同结果,"在简单流通中,商品的价值在与商品的使用价值的对立中,至多取得了独立的货币形式,而在这里,商品的价值突然表现为一个处在过程中的、自行运动的实体,商品或货币只是这一实体的两种形式"①。这种形式特征不再是货币与商品间的简单交换关系,而是它"同它自身发生私自关系"②。就是说,这种关系表现为一种价值运动过程,价值变成了运动主体,它本身处于运动过程中,时而表现为过程中的货币,时而表现为过程中的商品,但是,在运动过程结束处它神奇地产生了增殖的货币,价值在这一过程中成为生产出剩余价值的价值,货币"从而也就成了资本"③。资本出现了。马克思接着分析,从资本流通形式 G—W—G′看,这一形式不是商业资本特有的运动形式,因为"产业资本也是这样一种货币,它转化为商品,然后通过商品的出售再转化为更多的货币。在买和卖的间歇,即在流通领域以外发生的行为,丝毫不会改变这种运动形式"④。且这种运动可以周而复始无限循环地增殖下去。在这种过程中,货币自身似乎具有能够生出更多货币的属性,货币作为资本的神秘性出现。在此基础上,马克思指出,产生的资本拜物教是不同于货币拜物教的,资本拜物教使人发现货币在作为一般价值形式上更具有自我滋生的性质。物能自我增殖,物神出现。

但是,这种神秘的价值增殖到底来自何方?它发展为一种统治性的生产形式有何特征?马克思进行了揭示。他科学地指出,作为余额的剩余价值不可能产生于流通过程,只能在流通之外作为"间歇"处的生产过程中产生,只能在劳动力成为商品的雇佣劳动关系中产生。在工人与资本家完成劳动力价值交换后,工人劳动力的使用价值在一

---

① 《马克思恩格斯全集》第 44 卷,人民出版社 2001 年版,第 180—181 页。
② 《马克思恩格斯全集》第 44 卷,人民出版社 2001 年版,第 181 页。
③ 《马克思恩格斯全集》第 44 卷,人民出版社 2001 年版,第 181 页。
④ 《马克思恩格斯全集》第 44 卷,人民出版社 2001 年版,第 181 页。

定时间内归属于资本家，资本家在生产中消费劳动力的同时，工人的活劳动创造了两个价值，它既生产出工人工资的价值，又为资本家创造出无偿占有的剩余价值。这样，马克思指出了不同于其他生产过程的资本主义生产过程所特有的规定性："作为劳动过程和价值形成过程的统一，生产过程是商品生产过程；作为劳动过程和价值增殖过程的统一，生产过程是资本主义生产过程，是商品生产的资本主义形式。"①这就是说，资本的增殖是在生产过程中由工人无偿劳动创造的，而不是流通领域中的欺骗所得。总体上看，资本剩余价值在生产过程中生产出来，但只能在流通过程中实现。因此，资本总生产过程是剩余价值的生产过程和实现它的流通过程的统一。资本增殖的秘密被揭示出来。

然而这个秘密却因抽象的价值在资本运动中物化在不变资本和可变资本的物上而被狭隘的经验所坚决拒绝。在经验主义者的眼中，包括科学技术在内的一切劳动生产力都成为资本固有属性，资本的利润来自客观的生产条件而非剩余劳动。如果从生产过程进入流通过程，形成资本再生产的总过程，那么流通领域中商业资本和生息资本也会出现，从而加重了资本的神秘性。在生息资本上，资本的神秘化达到最大程度。马克思指出，利息是剩余价值的一部分，但是它颠倒地表现为资本的真正果实，"在这里，资本的物神形态和资本的物神观念已经完成。在 $G—G'$ 上，我们看到了资本的没有概念的形式，看到了生产关系的最高度的颠倒和物化：资本的生息形态，资本的这样一种简单形态，在这种形态中资本是它本身再生产过程的前提；货币或商品具有独立于再生产之外而增殖本身价值的能力，——资本的神秘化取得了最显眼的形式"②。我们看到，由于抽象的资本价值关系物化，似

---

① 《马克思恩格斯全集》第 44 卷，人民出版社 2001 年版，第 229—230 页。
② 《马克思恩格斯全集》第 46 卷，人民出版社 2003 年版，第 442 页。

乎增殖的价值是物的属性产生出来的，物化掩盖着利润、利息是对它们真正来源的剩余价值的真实剥削关系，抽象的全面物化使秘密顽固地保持着，神秘性充满了资本主义社会并达到最大化。

马克思指出，资本主义生产方式因资本生产关系的物化而具有根本的颠倒性。首先，它表现在直接的生产中，机器体系、科学技术和结合的社会劳动都变成了资本的生产力，资本的物完全支配了活劳动，主客关系的颠倒性在大工业时代发展到高峰。马克思说，资本主义生产方式是建立在雇佣劳动基础上以生产剩余价值为唯一动机的商品生产，在从简单协作到工场手工业再到机器大工业的过程中，资本以死劳动吮吸活劳动而增殖自身的颠倒程度也发展到最大，资本在机器体系上实现了劳动对资本的实际从属，完成了资本对工人的绝对统治。如果说协作和工场分工还是从劳动者主体的技能出发，工具仍然从属于工人，那么机器体系的出现使资本的劳动过程逆转为从作为生产资料的机器出发，工人从属于生产资料了。这样，在生产过程中就出现了一种不依赖于工人个人的体力和技能的异己的独立的工业永动机，出现了自行运动的"工业骨骼"。马克思描述道："通过传动机由一个中央自动机推动的工作机的有组织的体系，是机器生产的最发达的形态。在这里，代替单个机器的是一个庞大的机械怪物，它的躯体充满了整座整座的厂房，它的魔力先是由它的庞大肢体庄重而有节奏的运动掩盖着，然后在它的无数真正工作器官的疯狂的旋转中迸发出来。"①这种大工业生产的客观骨骼改变了工人的劳动状态，使死劳动得以尽情吮吸活劳动而增殖自身。

我们看到，在资本大工业社会里，工厂作为最发达的机器体系生产形态，使结合总体工人从属于机器运动，主客颠倒。"自动机本身是主体，而工人只是作为有意识的器官与自动机的无意识的器官并列，

---

① 《马克思恩格斯全集》第44卷，人民出版社2001年版，第438页。

而且和后者一同从属于中心动力。……表明了机器体系的资本主义应用从而表明了现代工厂制度的特征。"① 这种工厂生产特征表现如下：第一，工场手工业中使用劳动工具的技巧从工人身上转到机器上面，工具的效率从人类劳动力的人身限制下解放出来，工场手工业分工的技术基础消失。代替专业化工人等级制度的，是工人作为机器的助手所要完成的各种平等化或均等化的趋势。第二，工厂里的生产运动是从机器出发，不再是从工人出发，因此即使更换工人，生产过程也不会中断，生产已经连续起来。这使工人必须从小训练出适应机器的划一的连续运动，并产生一种兵营式的纪律观念。第三，工人变成机器自身的局部机器，他只有依赖整个工厂，并因此更加依赖资本家。使用机器的目的不是使工人摆脱劳动，而是使他们的劳动变得毫无内容。由于资本主义生产既是劳动过程又是资本增殖过程，这就使资本因转化为机器而颠倒了工人与劳动条件之间的关系，表现为机器使用工人，而不是工人使用机器。第四，科学技术转化为资本的生产力量，单个机器工人的局部技巧在由科学表现的巨大自然力及社会群众劳动所共同构成的资本力量面前微不足道。第五，资本工厂生产造成了工人过剩的现象。因为生产工具被机器操纵，工人的使用价值消失了，工人的交换价值也停止了，部分工人被机器转化为过剩人口。

在工厂中，大机器体系自身彻底成为支配活劳动的资本，资本概念中的东西表现为工艺上的现实。隆隆运转的机器铁人支配着工人劳动，结果，"资本主义生产所固有的并成为其特征的这种颠倒，死劳动和活劳动、价值和创造价值的力之间的关系的倒置"② 状态普遍产生了。

资本主义生产方式的颠倒性还以流通过程中的各种假象表现出来。

---

① 《马克思恩格斯全集》第 44 卷，人民出版社 2001 年版，第 483 页。
② 《马克思恩格斯全集》第 44 卷，人民出版社 2001 年版，第 360 页。

在马克思看来，在资本的直接生产过程中，即便资本家追逐相对剩余价值而将生产力变成了资本的力量，掩盖了剩余劳动是剩余价值的唯一源泉，但是，资本对活劳动无偿剩余劳动创造的剩余价值的占有关系还能在工作日的界限中被资本家本能地感觉到。可是一旦流通过程加入，"原始价值生产的关系完全退居次要地位"①，而一切都"被卷入流通过程的物质变换和形式变换中去"② 了，这时，流通过程的范畴规定完全分离和掩盖了资本增殖的真正起源关系，而将资本增殖变成了流通中偶然的和时间的产物。马克思指出，在实现剩余价值的流通领域，竞争中的偶然性是它的特征。每个个别资本都在互相让渡利润，但利润实现的程度似乎取决于资本家个人的狡诈与市场行情的瞬息万变。对个别情况来说，偶然性占据了统治地位。流通时间对资本价值和剩余价值的形成而言只是起到消极作用，但是对它们的实现起到积极的作用。这就造成一种假象，似乎流通时间可以产生一个不以劳动为转移的资本增殖自身的规定性。这种假象使人们产生出流通创造剩余价值的认知。

此外，在流通中展开的是复杂的社会过程，是资本的平均化过程，因而资本便以新的形态表现出来。这种新形态与剩余价值好像完全分离，似乎与剩余价值毫无关系，宛然变成了社会化的流通过程自身在不断地再生产着自己。由于资本的现实生产过程是剩余价值的生产过程和实现它的流通过程的统一，它产生出资本的新形态，由剩余价值转化而成的利润形式不再和投在劳动上的资本部分发生关系，而是与总资本形成比例关系。利润率受自身各种规律的调节，其波动不再受剩余价值率的直接决定。马克思说："这一切使剩余价值的真正性质越来越隐蔽，从而也使资本的实际的驱动机构越来越隐蔽。"③ 由于利润

---

① 《马克思恩格斯全集》第46卷，人民出版社2003年版，第937页。
② 《马克思恩格斯全集》第46卷，人民出版社2003年版，第937页。
③ 《马克思恩格斯全集》第46卷，人民出版社2003年版，第938页。

转化为平均利润，价值转化为生产价格，生产价格再进一步转化为平均市场价格，因此流通过程产生了两种分离，一方面把商品的平均市场价格同它们的价值分离开来，另一方面把诸生产部门的平均利润率同具体资本对劳动的实际剥削程度分离开来。

经过流通过程的这种分离和平均化，商品的平均价格在根本上是不同于它的商品价值的，更进一步来看是不同于实现在商品中的劳动的，同样，平均利润率也根本相异于资本对工人剥削而得到的剩余价值率。在这种情况下，人们看到的一个商品的利润率对平均利润率的偏离好像是由市场价格决定的，而与资本对劳动的剥削程度没有关系。这就造成了利润率自我固定存在的假象，"正常的平均利润率本身好像是资本所固有的，不以剥削为转移的"[①]。当利润进一步分割为企业主收入和利息时，一切从流通产生的假象更加彻底地表现出来。因为利润的分割形式"完成了剩余价值形式的独立化，完成了它的形式对于它的实体，对于它的本质的硬化"[②]。在资本家的收入中，利润好像与工人雇佣劳动创造的剩余价值无甚关系，只与资本家本身劳动有关系，表现为他的劳动所得。资本家的利润分割出的第二部分——利息，又进一步转化为流通中商业职能资本的利润和货币经营资本的利息，在这一流通层面上，商业利润和货币利息二者纯粹表现为流通中产生的收获物，不仅与雇佣劳动毫无关系，也与资本家劳动毫无关系，它们真正表现为独立资本自身的产物。

马克思指出，在这一流通环节上，在生息资本形式上，资本自我繁生的物神达到了最异化的形式。毫无疑问，土地私有权作为对平均利润的限制，把剩余价值的一部分作为地租转移到土地所有者手中。这种地租并不是直接剥削工人所得，它反而表现为土地这个自然要素

[①]《马克思恩格斯全集》第46卷，人民出版社2003年版，第939页。
[②]《马克思恩格斯全集》第46卷，人民出版社2003年版，第939页。

的产物。通过社会平均化过程，剩余价值源泉通过流通所转化的资本新形态与源泉自身分裂开去，以自己的运动而增殖着。马克思指出："剩余价值的不同部分互相异化和硬化的形式就完成了，内部联系就最终割断了，剩余价值的源泉就完全被掩盖起来了，而这正是由于和生产过程的不同物质要素结合在一起的各个生产关系已经互相独立化了。"[1] 这就是说，资本生产关系在流通环节已经转化为各个职能资本层面的具体的生产关系，其利润、利息、地租等与剩余价值源泉的内在联系被割断并硬化和独立出来，表现为具体职能资本自身滋生出各种形式的收入。就资本生产总过程而言，如果说资本与劳动对立的本质关系如同大树的根系，那么，它的诸个根须对雇佣劳动剥削所得的剩余价值则经过流通的枝干，转化为各种各样的形式与色泽相殊的职能资本的叶子，它们层层叠叠展现出来，遮盖了根干。因此，在资本的流通过程中假象更加盛行。

面对大工业资本主义社会资本的抽象性统治关系，马克思不是从经验论而是从本质论的角度，不是从非历史的外在联系的现成性而是从历史发生学的角度，对其进行了从抽象到具体的科学揭示。他通过分析劳动产品交换关系中出现的价值形式，揭示了商品社会和资本主义社会的历史存在性的秘密和特点。马克思充满历史感地写道："劳动产品的价值形式是资产阶级生产方式的最抽象的、但也是最一般的形式，这就使资产阶级生产方式成为一种特殊的社会生产类型，因而同时具有历史的特征。因此，如果把资产阶级生产方式误认为是社会生产的永恒的自然形式，那就必然会忽略价值形式的特殊性，从而忽略商品形式及其进一步发展——货币形式、资本形式等等的特殊性。"[2] 在这里，一种从商品内在矛盾出发而展开的、在历史因素凑合下生成

---

[1]《马克思恩格斯全集》第 46 卷，人民出版社 2003 年版，第 940 页。
[2]《马克思恩格斯全集》第 44 卷，人民出版社 2001 年版，第 99 页。

的特殊形式的大工业资本主义社会历史地出现了，它充满抽象性、神秘性和颠倒性。

活劳动被劳动力遮蔽

资本主义生产方式以雇佣劳动为基础而生产剩余价值，它是以资本与劳动力之间的交换开始资本的生产进程和流通进程的。在此过程中，创造和实现剩余价值的活劳动被劳动力遮蔽，从而形成工人与资本家之间公平交换的假象，它掩盖了资本剥削工人劳动的社会现实。这里的活劳动被劳动力遮蔽指的是资本家以支付"劳动的价值"掩盖了其事实上是"劳动力的价值"的本质内涵，以公平交换的第一个过程掩盖了工人为资本家提供无偿剩余劳动的第二个过程。工人的劳动力商品是交换价值，这种交换价值遮蔽了工人的活劳动的使用价值，这使劳动过程结束时工人与劳动产品分离，工人与产品无关，产品属于资本家，此时，商品占有规律转化为资本占有规律。在资本占有规律下，工人在生产过程中为资本家生产财富的同时却为自己生产着贫困。

结果，资本主义生产方式一出现，在它的生产过程中就不断生产和再生产出商品、剩余价值和更重要的资本关系本身，不断生产和再生产出资本家和雇佣工人的对立关系。这种对立关系迫使工人不断与资本家进行交换，变成雇佣工人，为资本家无偿生产剩余价值。但是，在资本和劳动的交换关系中，劳动力的价值对活劳动价值的遮蔽，掩盖了资本剥削劳动的社会形式本质，同时在这种遮蔽的社会形式之外，还存在着资产阶级观念形式的遮蔽现象。揭开这些遮蔽，对工人阶级寻求革命解放具有根基性的理论意义和历史意义。

为此，马克思首先分析了资本主义生产方式的历史特殊性。他指出，资本主义生产是以普遍的交换价值为中介的生产，是使商品成为一切产品一般形式的生产。而只有当劳动力普遍成为商品的时候，资本主义生产才会出现，过去的简单商品生产形式才会被扬弃为资本主义生产形式。马克思说："资本主义生产扬弃了商品生产的基础，扬弃了孤立的、独立的生产和商品占有者的交换或等价交换。资本和劳动力的交换变成了形式上的。"① 在这里，资本主义生产方式被马克思置放在人类社会生产的发展历程之中，是在它自身历史基础上出现的，这种基础就在于劳动力普遍成为商品，与资本相交换之后被并入资本之中，为资本生产价值和剩余价值，旧有的把私人劳动力直接作为自己生产条件的简单商品生产，被扬弃为以雇佣劳动为基础的资本主义的社会性生产。生产基础的改变，使一个所有产品都采取一般商品形式的社会出现了。

在资本主义生产方式中，马克思指出货币向资本转化所经过的两个过程。第一个过程是劳动力的买卖过程，这是商品交换的过程，遵循的是等价交换原则。第二个过程是劳动力的使用过程，这时，资本家和工人之间已经不存在交换关系，而是工人的整个劳动过程已经被资本家占有了。但是对于资本主义生产过程，资产阶级学者只是从第一个过程出发去进行理论的建构，从而出现被马克思批判的那种虚幻性和肤浅性。马克思批判古典政治经济学提出的"劳动的价值"用语是错误的和虚幻的。"劳动的价值"之所以错误，在于劳动本身是价值的实体，它本身没有价值，有价值的是劳动力商品。

马克思批判道，那种将劳动在形式上分为对象化劳动和活劳动而引出"劳动的价值"的做法是很荒唐的，因为"在商品市场上同货币占有者直接对立的不是劳动，而是工人。工人出卖的是他的劳动力。……劳动是价值的实体和内在尺度，但是它本身没有价值"②。只有劳动力是商品，其价值表现为再生产劳动力的生活资料的商品的价

---

① 《马克思恩格斯文集》第 8 卷，人民出版社 2009 年版，第 428 页。
② 《马克思恩格斯全集》第 44 卷，人民出版社 2001 年版，第 615 页。

值。同时,需要明确的是,决定商品价值的是社会化必要劳动量而不是对象化在其上的劳动量。"因为商品的价值不是由实际对象化在商品中的劳动量来决定,而是由生产该商品所必要的活劳动的量来决定。……可见,决定商品的价值量的,是生产商品所必需的劳动量,而不是劳动的对象形式。"① 在这里,"劳动的价值"之所以是虚幻的,在于它是对本质关系的颠倒表现形式,是资本这种特定生产关系产生的必然虚假范畴。马克思批判道:"在'劳动的价值'这个用语中,价值概念不但完全消失,而且转化为它的反面。这是一个虚幻的用语……但是这类虚幻的用语是从生产关系本身中产生的。它们是本质关系的表现形式的范畴。事物在其现象上往往颠倒地表现出来,这是几乎所有的科学都承认的,只有政治经济学例外。"②

马克思指出,"劳动的价值"在现实中存在着虚幻的关系表现形式——工资,以交换关系中的工资形式掩盖了对劳动的实质剥削。第一,把劳动价值看作劳动力价值,这是根本不合理的表达,因为劳动创造的产品价值总是大于劳动力价值。第二,日工资形式掩盖了有酬劳动和无酬劳动的区分,"工资的形式消灭了工作日分为必要劳动和剩余劳动、分为有酬劳动和无酬劳动的一切痕迹。全部劳动都表现为有酬劳动"③。第三,商品交换关系具有欺骗性,资本和劳动的交换被看成完全类同于其他商品的交换。第四,工资是在劳动之后支付的,以致人们在日常思维中形成劳动的价格观念。第五,人们习惯于把不可通约的使用价值和交换价值结合使用,导致无法进一步区分劳动力作为使用价值与其他物品作为使用价值在消费中的不同性质。第六,在工人把工资看作不变的工作日的劳动报酬时,资本家则把劳动的价值和劳动力执行劳动职能创造的更多价值看作其在交换中直接欺诈的利

---

① 《马克思恩格斯全集》第44卷,人民出版社2001年版,第615页。
② 《马克思恩格斯全集》第44卷,人民出版社2001年版,第616页。
③ 《马克思恩格斯全集》第44卷,人民出版社2001年版,第619页。

润来源。他们都不能理解劳动力价值本身的独特性。第七，工资形式自身的运动加深了这种虚幻认识。工资是随着工作日时间长度的变化而变化的，同一工作的工资在不同劳动者之间具有差别性。这种资本家和劳动者交换关系中生成的虚假形式造成了表面的活劳动对劳动力的遮蔽，在本质上形成劳动力对活劳动的遮蔽。马克思深刻地指出："就'劳动的价值和价格'或'工资'这个表现形式不同于它所表现的本质关系，即劳动力的价值和价格而言，我们关于一切表现形式和隐藏在它们背后的基础所说的话，也是适用的。前者是直接地、自发地、作为流行的思维形式再现出来的，而后者只有科学才能揭示出来。"①

如果说资本主义生产方式的虚幻关系在古典政治经济学家那里还能深入到生产过程并体现出一定的深刻性的话，那么在庸俗经济学家那里，这种交换关系就成为他们理论中的一切，而不平等的生产过程被他们彻底忽略。由此出发，他们的理论就变成了一种肤浅。马克思说，资本主义生产的第一个过程，就是劳动力的买和卖的交换行为，它向我们表明资本家和工人仅仅是独立自由的商品的买者或卖者，他们公平交换。即使工人出售的劳动力商品与其他商品不同，具有自己创造价值和剩余价值的独特使用价值，但是商品特殊的使用价值本身丝毫不会改变双方交易的经济的形式规定性，丝毫不会改变买者代表货币而卖者代表商品这样一种事实。马克思讽刺道："因此，只要把第一个过程孤立起来并抓住它的形式上的特点，就足以证明资本家和工人之间的关系无非是商品占有者之间为了他们彼此的利益和通过自由契约来互相交换货币和商品的关系。这个简单的手法并不是魔术，但是它构成了庸俗经济学的全部智慧。"②

货币向资本转化的第二个过程在生产过程之中。工人作为雇佣劳

---

① 《马克思恩格斯全集》第44卷，人民出版社2001年版，第621—622页。
② 《马克思恩格斯文集》第8卷，人民出版社2009年版，第482页。

动者开始变成活劳动为资本家所消费,这个过程不仅是生产出工人工资价值的过程,而且"是一个吸收无酬劳动的过程,是一个使生产资料(材料和劳动资料)变为吸收无酬劳动的手段的过程"①。在这里,劳动者变成了活劳动,劳动力形成产品的使用价值和抽象价值的特殊性出现了。劳动是火焰,是为劳动对象赋予使用价值的能动性。在机器大生产中,劳动借助机器的巨大的塑形力量改造着进入机器体系中的物的原有特性,使其变成另一种有用性。机器成为人类延长的肢体,劳动成为机器体系上随机器节奏活动的不可或缺的生产要素。虽然劳动从属于机器,但是机器必须在劳动加入的过程中才能有用,否则就会中断、朽坏而失去生产产品的作用。从这个意义上说,所有劳动资料都是过去劳动的产物,现在又必须作为劳动工具在劳动中将劳动对象冶炼成为新的有用物。活劳动成为一种酵母,使死劳动变成新物。这些使用价值或作为生活资料被生活消费掉,或作为生产资料进入新的生产过程而形成新的产品。当然,这一劳动生产过程也同时是价值增殖的过程,这种劳动变成了抽象的人类劳动,形成产品的价值,并在一定的时间点超出工资价值而继续创造出新的无酬价值——剩余价值。

在资本主义生产过程中,生产的产品变成了商品,变成了使用价值和交换价值的统一体,并且这种交换价值的总和超过了资本家给予工人工资的价值。马克思指出,在资本家的预付资本中,劳动力被当作价值看待,在生产过程中,劳动力却被当作形成价值的要素发挥职能。劳动者变成了劳动力的劳动职能执行者,变成了提供剩余劳动的人格化的工人。就这样,劳动凝固化为产品后,工人离开产品,产品为资本家所有,资本在生产过程中增殖了,货币转化为资本。

但是,在预付资本的形式构成中,在利润的形式中,这种活劳动

---

① 《马克思恩格斯文集》第 8 卷,人民出版社 2009 年版,第 406 页。

无偿创造剩余价值的本质内容发生了形式上的变化，工人是作为可变资本与不变资本结合生产产品的。在预付资本那里，资本被分成两个部分——不变资本和可变资本，这种资本形式产生了虚假现象，即作为不变资本的机器、原材料等生产出利润，而作为可变资本的劳动力生产出工资。这种形式变化造成了资本和劳动力协同生产的假象，结果资本家将实现后的总产品价值分成归自己所有的利润和归工人所有的工资，这掩盖了利润作为剩余价值也是由作为劳动力价值的活劳动所创造的实质关系。马克思指出，利润形式"代替的是一种协同关系的假象，仿佛工人和资本家在这种协同关系中是按照产品的不同的形成要素的比例来分配产品的"①。因此，生产过程结束后劳动力概念再一次掩盖了活劳动。

　　作为商品的劳动力对活劳动的遮蔽是商品交换关系的结果，它进一步在生产过程中发展成为资本的剥削占有关系，但同时又掩盖了资本占有关系的形成。资本主义生产是不断扩大的再生产过程，剩余价值不断地资本化。但是，每一次生产活动都以资本和工人之间的交换开始，每一个资本生产周期都以在直接生产活动后归资本家所有的总产品在流通中实现产品总价值结束。这种不断地扩大再生产造成一种更加不合理的现象，即："现在，对过去无酬劳动的所有权，成为现今以日益扩大的规模占有活的无酬劳动的惟一条件。资本家积累的越多，他就越能更多地积累。"② 资本家之所以能够越来越多地积累，在于商品占有规律已经发展成为资本占有规律。在分析资本主义扩大再生产中，马克思指出，交换的表面形式形成的神秘性作用，掩盖了交换形式下的劳动被剥削的实质内容："资本家总是购买劳动力，工人总是出卖劳动力，甚至可以假定这种交易是按劳动力的实际价值进行的；那

---

① 《马克思恩格斯全集》第 44 卷，人民出版社 2001 年版，第 610 页。
② 《马克思恩格斯全集》第 44 卷，人民出版社 2001 年版，第 673 页。

么很明显,以商品生产和商品流通为基础的占有规律或私有权规律,通过它本身的、内在的、不可避免的辩证法转变为自己的直接对立物。"① 可是,我们看到,劳资双方最开始的交换只是在表面上表现为公平的等价交换,事实上,交换之前和交换之后都是非等价的,因为不仅资本家拿来与劳动力相交换的那个价值是此前由工人生产的剩余价值的一部分,而且这部分资本也必须由工人在生产中予以补偿并提供新的剩余价值。但是,这种交换后的内容被交换形式遮盖了。"这样一来,资本家和工人之间的交换关系,仅仅成为属于流通过程的一种表面现象,成为一种与内容本身无关的并只是使它神秘化的形式。劳动力的不断买卖是形式。其内容则是,资本家用他总是不付等价物而占有的他人的已经对象化的劳动的一部分,来不断再换取更大量的他人的活劳动。"② 在这里,马克思深刻揭示了交换形式遮蔽剥削内容的真实过程和现象表现。

马克思通过对资本生产过程本质的分析,不仅揭示了交换形式对剥削内容的遮蔽,而且指出了最初劳动产品所有权在简单商品交换关系中所生成的私有权在资本与劳动的交换形式下转变为资本所有权的历史过程,阐明了资本占有方式的秘密。资本的所有权一旦形成,就作为资本家和工人共同遵循的客观性规定,发挥着它的经济作用:"所有权对于资本家来说,表现为占有他人无酬劳动或它的产品的权利,而对于工人来说,则表现为不能占有自己的产品。所有权和劳动的分离,成了似乎是一个以它们的同一性为出发点的规律的必然结果。"③但是,这种资本占有方式不是对商品生产规律的违背,而是商品生产规律的应用的历史结果。在这里,马克思以历史发生学方法深刻揭示出资本所有权出现的辩证过程。

---

① 《马克思恩格斯全集》第 44 卷,人民出版社 2001 年版,第 673 页。
② 《马克思恩格斯全集》第 44 卷,人民出版社 2001 年版,第 673 页。
③ 《马克思恩格斯全集》第 44 卷,人民出版社 2001 年版,第 674 页。

在资本主义生产关系下，劳动者与劳动条件分离，工人丧失了生产资料和生活资料，在社会上唯一拥有的就是自己的劳动力，除此之外一无所有。除了向资本家出卖劳动力，生产剩余价值之外，他什么也生产不了。资本与劳动的交换关系形式形成了劳动力对活劳动的遮蔽，它们表面交换形式的公平性假象掩盖着内容的非公平性，即工人阶级作为活劳动存在，在社会总生产过程的直接生产时间中一直被迫去创造价值和剩余价值，而资产阶级及其附属阶级则无偿地占有工人阶级的剩余劳动时间和在其中创造的剩余价值，并充分地享受着自由时间，将一切生存的重压强置在工人阶级的肩上。因此，工人阶级需要解放自身。

社会革命的必然性与共产主义

马克思是在生产力和生产关系内在矛盾不断发展的基础上，揭示出工人阶级必然革命、资本主义制度必然崩溃和共产主义必然到来的历史趋势的。在他的笔下，革命不再只是偶然性，不再只是单纯的工人阶级对资本压迫的被动反应，而是资本主义生产关系阻碍生产力进一步发展所客观带来的劳动者阶级必然对其进行革命改造，从而推翻资本主义制度，建立起能够最为充分地发展生产力的共产主义社会。如果说在《共产党宣言》中，马克思立足于主体性的阶级斗争，从资本主义私有制所引发的危机中得出资产阶级灭亡和无产阶级胜利同样不可避免的结论的话，那么在《资本论》及其手稿中，马克思则真正进入生产力与生产关系的内在矛盾联系中，真正从具体的资本主义生产方式的表现形式中，在揭示资本有机构成运动的特征和一般利润率不断下降的趋势中，为资本主义生产方式的必然崩溃和共产主义的必然到来奠定了科学的客观历史基础。在此过程中，工人阶级应该组织、团结起来，为争取自身解放而积极斗争。在马克思的革命必然性和共产主义思想中，工人阶级的革命客观性基础和斗争的主观能动性被有机地统一起来。

在马克思看来,资本主义生产方式打破了小私有制下劳动条件与劳动者天然统一却以分散而孤立的形式进行生产的社会状态,它使劳动条件和劳动者相分离,形成资本和劳动的对立关系,进而又通过雇佣劳动方式将作为劳动力商品的劳动者当作可变资本与作为不变资本的生产资料相结合,使其进行着无偿提供剩余价值的商品生产和再生产。在这种生产条件和劳动者重新结合的形式中,资本以有机构成的形式进行着资本的生产和积累。在资本有机构成形式中,凝结着生产力与生产关系对立矛盾的资本主义特有的历史规定性。劳动力与生产资料按一定比例构成的这个总体表现为使用价值,它们在生产过程中相互作为使用价值发挥生产有用产品的作用,由于"工人在劳动过程中不是同生产资料的价值发生关系,而是同生产资料的使用价值发生关系"①,因此它们共同体现着生产力。然而,它们在生产使用价值的同时又在其中生产价值和剩余价值,这体现了资本的生产关系。资本主义生产方式以最大程度追逐由剩余价值转化而来的利润为唯一目的,这个目的造成资本家不断提高资本有机构成,加大资本积聚,加速资本集中,扩大社会化生产规模,不断扩展外部市场,从而急剧发展生产力,生产出大量的物质财富。

但是,在这一过程中,在资本家获得不断增加的绝对利润量的同时,却导致了利润率不断下降的趋势,这种利润率下降的趋势又造成对生产力使用和发展的自我限制。资本积累中的自我否定的矛盾出现了。马克思深刻揭示出资本主义生产扩大与价值增殖的总矛盾,他说:"矛盾在于:资本主义生产方式包含着绝对发展生产力的趋势,而不管价值及其中包含的剩余价值如何,也不管资本主义生产借以进行的社会关系如何;而另一方面,它的目的是保存现有资本价值和最大限度

---

① 《马克思恩格斯全集》第 46 卷,人民出版社 2003 年版,第 243 页。

地增殖资本价值（也就是使这个价值越来越迅速地增加）。它的独特性质是把现有的资本价值用作最大可能地增殖这个价值的手段。它用来达到这个目的的方法包含着：降低利润率，使现有资本贬值，靠牺牲已经生产出来的生产力来发展劳动生产力。"① 这就是说，资本为了最大程度地增加资本的价值，以采用、更新、扩大机器等不变资本的形式扩大再生产，靠牺牲过去的生产力去发展现在的生产力。在直接生产过程中的这种对剩余价值的无度增殖欲望同在流通中实现这种增殖的剩余价值之间就发生了矛盾。这种矛盾发展到顶点，出现了阻碍生产力发展的现象，一方面延缓新的独立资本的形成，这立即威胁到了资本主义生产的发展，另一方面还出现了生产过剩、资本过剩、投机盛行、危机到来的现象，资本主义生产因此停顿了。这种停顿"不是在需要的满足要求停顿时停顿，而是在利润的生产和实现要求停顿时停顿"②。就是说，生产不是由于人们的社会需要满足了而被社会理性暂时中止，而是在利润过低和无法实现时被迫中止。这种生产停顿、中止只是缘于利润率是资本主义生产的唯一的推动力。当没有东西生产出来，无法为资本家提供利润的时候，生产必然休眠，社会因此而瓦解。总之，资本主义生产方式的内在矛盾造成了它的自我限制。由此，马克思得出一个惊人的科学结论："这种特有的限制证明了资本主义生产方式的局限性和它的仅仅历史的、过渡的性质；证明了它不是财富生产的绝对的生产方式，反而在一定阶段上同财富的进一步发展发生冲突。"③

随着资本有机构成的不断提高，必然造成产业后备军日益扩大，造成产业后备军和就业大军一起遭受资本的剥削和奴役。马克思从分析可变资本和不变资本在资本扩大再生产中必然出现的比例变动关系

---

① 《马克思恩格斯全集》第 46 卷，人民出版社 2003 年版，第 278 页。
② 《马克思恩格斯全集》第 46 卷，人民出版社 2003 年版，第 288 页。
③ 《马克思恩格斯全集》第 46 卷，人民出版社 2003 年版，第 270 页。

出发，揭示出资本膨胀力与可供支配的劳动力之间的内在联系。他指出，随着资本生产的扩大或收缩，产生出现役劳动力大军和产业后备军。而产业后备军对资本主义财富的生产而言，既是它的必备条件又是它的存在常态。这样，我们就从资本与劳动的对立与结合的两种状态中看到工人的存在状态：一方面是其活劳动正被资本合并的就业工人，另一方面是处于资本生产过程之外的失业工人。无论是哪种存在状态，无产阶级都处于资本的专制支配之下。马克思指出，生产社会财富的那种职能资本越大，财富增长能力和规模就越大，相应地工人阶级数量和他们的劳动生产力就越大，而产业后备军也就越大，常态化的过剩人口就越多，他们就越发贫困并与劳动折磨成反比。马克思冷峻地指出："这就是资本主义积累的绝对的、一般的规律。"① 我们看到，在资本积累过程中，资本一方是财富的积累，工人一方是劳动折磨和奴役的加深，是贫困和无知的扩展，是粗野和堕落的累积。工人阶级必须革命，通过改变资本生产关系而打破自身对资本的经济从属性，从而解放自身。

资本有机构成的提高不仅造成利润率下降的趋势，而且造成剩余价值难以实现的危机。在直接生产过程中，资本已经吸饱无偿的剩余劳动，而且同时"随着表现为利润率下降的过程的发展，这样生产出来的剩余价值的总量会惊人地膨胀起来"②。但这种惊人的膨胀如果不能排泄出去，变成增大的货币，剩余价值将束缚在资本的产品的身上而固化死亡。所以，资本直接生产过程一经完成，就必须立即走向流通市场，开始资本的第二个行为，即实现剩余价值，否则资本就可能面临产品价值或者部分损失或者全部损失的危险。

但实现剩余价值的条件和生产剩余价值的条件不同，它受社会消

---

① 《马克思恩格斯全集》第44卷，人民出版社2001年版，第742页。
② 《马克思恩格斯全集》第46卷，人民出版社2003年版，第272页。

费力的限制,而不是社会生产力的限制。如果社会消费力充足,商品完全出售,总资本实现进而剩余价值实现;如果社会消费力不充足,则出现商品的积压与过剩。社会消费力取决于什么呢?首先,马克思指出:"社会消费力既不是取决于绝对的生产力,也不是取决于绝对的消费力,而是取决于以对抗性的分配关系为基础的消费力;这种分配关系,使社会上大多数人的消费缩小到只能在相当狭小的界限以内变动的最低限度。"① 这表明,在资本主义的对抗性分配关系下,工人工资低下,造成他们的贫困化,从而造成他们的消费有限性。其次,社会消费力还受到资本家自身扩大再生产的限制。资本家追求积累,将剩余价值的大部分作为追加生产资本重新投入生产,这是由资本家阶级自身消费力的节约和自我扩大再生产造成的。这样,就出现了日益庞大的生产规模与有限的市场消费力之间的巨大鸿沟和根本矛盾。这种鸿沟和矛盾似乎不受个人调节而表现为一个自然规律的东西,它必然导致资本主义生产循环的断裂和危机的出现。为消解这种危机,资本家阶级必须向外寻求市场,不断扩大资本生产关系的外部范围,同时,资本过剩和人口过剩一并增加,这同一内在矛盾也一起扩大。资本的生产和消费之间发生冲突,最终导致暴力性危机的爆发。

资本主义生产危机以不可消除的暴力形式出现,以破坏性的方式重置生产,这是以对社会生产力的极大破坏为代价的。这意味着资本主义生产关系存在的历史合理性不再存在,它要退出历史舞台,要进行"脱皮",而新的生产方式即将宣告出现。马克思指出,雇佣劳动是人类生产活动采用的最后一种奴隶形式,它本身是对之前不自由的生产方式的内在否定,现在它自身已经产生出否定雇佣劳动和资本的物质条件与精神条件,"资本的这种形式就要被脱掉"②。这是资本主义生

---

① 《马克思恩格斯全集》第46卷,人民出版社2003年版,第273页。
② 《马克思恩格斯全集》第31卷,人民出版社1998年版,第149页。

产方式历史发展的结果,是它的客观灭亡的历史必然性。这种必然性的具体表现就是生产力发展与资本关系的桎梏作用所造成的各种危机现象的发生,资本以生产过程中不断产生的客观暴力消灭资本,从而保存资本,这种矛盾性宣告了资本生产方式的历史非合理性。马克思兴奋地指出,在资本主义生产中,矛盾、痉挛、危机不断发生,它们都表现为资本主义生产发展同它的生产关系的不相适应,正是危机以暴力消灭资本从而保存资本的这种不合理现象成为"忠告资本退位并让位于更高级的社会生产状态的最令人信服的形式"①。资本主义生产方式必然崩溃的危机发生内在机制终于被找到,这是它的历史非法性,而外在的政治批判、工人阶级的斗争和武装夺取政权的历史合理性基础终于被奠定。因此,在资产阶级社会中,工人阶级的革命就具有了历史必然性与历史合理性。

工人阶级的革命是推翻资产阶级统治,建立起共产主义社会。在《共产党宣言》中,马克思和恩格斯向世界庄严宣布了无产阶级的伟大目标,即:代替资产阶级旧社会的将是共产主义新社会,那是一个自由人联合体,"在那里,每个人的自由发展是一切人的自由发展的条件"②。在那里,人人自由发展的前提条件是生产力高度发达,生产关系是社会所有制。马克思在《资本论》中提出超越资本主义所有制而重建个人所有制的问题。这种个人所有制是指以联合起来的社会的个人共同拥有生产条件,从而消除资本家个人对生产条件占有的对立形式,以社会理智的形式自觉安排社会生产,避免危机,真正在生产领域实现共产主义。马克思从生产资料所有制的历史辩证法的角度回顾历史和展望未来:"从资本主义生产方式产生的资本主义占有方式,从而资本主义的私有制,是对个人的、以自己劳动为基础的私有制的第

---

① 《马克思恩格斯全集》第 31 卷,人民出版社 1998 年版,第 149 页。
② 《马克思恩格斯文集》第 2 卷,人民出版社 2009 年版,第 53 页。

一个否定。但资本主义生产由于自然过程的必然性,造成了对自身的否定。这是否定的否定。这种否定不是重新建立私有制,而是在资本主义时代的成就的基础上,也就是说,在协作和对土地及靠劳动本身生产的生产资料的共同占有的基础上,重新建立个人所有制。"①

毫无疑问,这种个人所有制绝不是回归私有制的小生产制度,而是建立社会个人所有制下的社会化大生产制度。马克思在《1861—1863年经济学手稿》中就已经从生产所有制方面思考所有制自身的演变逻辑了。他从生产资料所有制的历史发展中总结出三种所有制形式:首先出现的是单个的私人所有制,然后发展到社会所有制下的资本主义私有制,再发展到社会所有制下的社会个人所有制,在最后一个所有制社会中,彻底消除了资本主义社会所有制中的社会对立性质,实现了真正的社会和谐。

在马克思看来,资本主义生产方式产生了积极的历史结果,表现为为生产而生产的资本不断降低必要劳动时间,增加了生活资料的量并减少了其价值,而这样一个结果是通过社会生产形式获得的。但是,这同时也产生了一种社会生产发展中的自我障碍,即:"个别人占有生产条件不仅表现为不必要的事情,而且表现为和这种大规模生产不相容的事情。"② 资本主义生产是一种社会化大生产,也是一种社会所有制,但这种资本主义的社会所有制具有自身的特征,表现为不生产的人占有生产资料,而生产者却不占有它。马克思说:"在资本主义生产方式下出现的情况是,资本家即非工人是这种社会大量生产资料的所有者。"③ 资本家作为人格化的资本利用资本组织社会性生产,但是资本家能够成为促进社会团结的人吗?马克思说:不,绝不会这样,因为这种社会所有制仍然是私人所有制,它产生的结果只能是社会性的

---

① 《马克思恩格斯全集》第44卷,人民出版社2001年版,第874页。
② 《马克思恩格斯文集》第8卷,人民出版社2009年版,第386页。
③ 《马克思恩格斯文集》第8卷,人民出版社2009年版,第386页。

对立和对抗。对于资本家而言，从他对工人的关系的角度来看，他不是代表工人们的自觉联合，不是代表工人们的社会团结，他只代表与工人对立的资本力量。由此去看资本社会所有制，就能发现它是对单个人生产资料所有制的否定，它是社会的私人所有制。

资本主义社会的私人所有制的内在对立和矛盾已经阻碍了生产力的进一步发展，应该消除这种生产的社会所有制，建立起真正的社会个人的所有制。马克思以深厚的历史想象力指出："因此，这一对立形式一旦消除，结果就会是他们社会地占有而不是作为各个私的个人占有这些生产资料。"① 结果，"资本家对这种劳动的异己的所有制，只有通过他的所有制改造为非孤立的单个人的所有制，也就是改造为联合起来的、社会的个人的所有制，才可能被消灭"②。在这里，个人所有制之前被马克思加上了"社会的"定语，就是说把已经是社会所有制的大生产的资本私有制所发展起来的大生产方式继承下来，而不是使过去那种小生产时代分散的孤立个人对有限生产资料的所有制重新返回。当消灭资本私有制后，实行一种社会的个人之间联合起来的社会所有制，并且按照社会理性制订的社会计划进行生产，而且这种生产一定是进一步发展了的社会化的大生产。在这种生产制度中，曾经在资本主义生产方式中出现的对立、异化和拜物教同时被肃清。马克思指出："自然，认为产品是生产者的所有者的那种拜物教，也就同时结束，并且在资本主义生产内部发展起来的劳动的一切社会形式，也就摆脱把它们全都加以歪曲并表现在对立形式上的那种对立。"③ 生产资料和劳动者的分离与对立在社会的个人所有制中消失，而社会的个人所有制从生产这个根基上保证了整个社会的和谐性、一致性。只有在这种生产中，人作为人才能真正地实现。

---

①《马克思恩格斯文集》第8卷，人民出版社2009年版，第386页。
②《马克思恩格斯文集》第8卷，人民出版社2009年版，第386页。
③《马克思恩格斯文集》第8卷，人民出版社2009年版，第386页。

在共产主义社会中，真正的自由也出现了。这种自由既是生产力高度发达从而以极少的时间生产充沛的物质财富进而为全体社会成员赢得广泛自由闲暇时间的产物，又是人类已经能够自主控制物质生产过程的自觉表现。所以，自由变成了劳动的结果，变成了必要劳动时间之后剩余劳动时间中的人的合目的的能力的发挥与个性的全面发展。因为此时，生产和再生产个人本身的自然必然性时间被压缩到最小，曾经外在的资本生产关系对人的强制和异化已经消灭。所以，自由王国在必然王国的彼岸出现。马克思深刻地指出了这一点："事实上，自由王国只是在必要性和外在目的规定要做的劳动终止的地方才开始；因而按照事物的本性来说，它存在于真正物质生产领域的彼岸。"[①] 而大量社会共享的闲暇时间是精神发展和个性张扬自由驰骋的彼岸。

同时，人与自然之间的物质变换关系作为自然必然性王国，这一领域是否存在自由呢？马克思认为也存在，这种自由表现为人们联合起来对生产进行控制和调节，使其符合人类生存和发展的要求，而不是超出人的控制反过来控制人。"这个自然必然性的王国会随着人的发展而扩大，因为需要会扩大；但是，满足这种需要的生产力同时也会扩大。这个领域内的自由只能是：社会化的人，联合起来的生产者，将合理地调节他们和自然之间的物质变换，把它置于他们的共同控制之下，而不让它作为一种盲目的力量来统治自己；靠消耗最小的力量，在最无愧于和最适合于他们的人类本性的条件下来进行这种物质变换。但是，这个领域始终是一个必然王国。在这个必然王国的彼岸，作为目的本身的人类能力的发挥，真正的自由王国，就开始了。但是，这个自由王国只有建立在必然王国的基础上，才能繁荣起来。工作日的缩短是根本条件。"[②] 可见，自由不是一种脱离物质生产必然性的抽象

---

① 《马克思恩格斯全集》第 46 卷，人民出版社 2003 年版，第 928 页。
② 《马克思恩格斯全集》第 46 卷，人民出版社 2003 年版，第 928—929 页。

的思维和精神生活，恰恰相反，它建立在必然王国所需要的社会必要劳动时间缩短而赢得的自由时间的扩展上，只有在这种自由时间里，全部社会成员的思维和精神自由才能真正实现。

通过以上论述，我们看到基于历史本质论和历史运行论的有机结合，马克思用历史发生学的方法对资本主义生产方式的历史性存在进行了科学的阐发，揭示出大工业资本主义社会的抽象性、神秘性、颠倒性、虚幻性和异化性特征，并揭示出它必然走向崩溃的客观趋势，提出了工人阶级开展革命斗争建构共产主义社会的历史任务。他反对不触动资本生产关系的运动，因为只要资本生产关系还存在，就作为客观权力统治着工人阶级，无论工人是处于直接生产过程之中还是在此之外都是如此。如同马克思尖锐指出的："从社会角度来看，工人阶级，即使在直接劳动过程以外，也同死的劳动工具一样是资本的附属物。"[①] 因为看不见的雇佣关系时刻控制着工人阶级。

因此，工人阶级要解放自身，在面对已经在经济、政治、社会和文化等层面组织起来的资产阶级时，它必须建立起工人阶级自身的组织，并发起革命运动去打破资本所有制，无论是暴力的革命活动还是非暴力的和平行动。这就是马克思主义的革命观。

二、出离：非物质劳动条件下的解放路径

在资本帝国统治时代，资本生产方式已经发展到全球社会生产的地步。全球资本将全球无产阶级实质性吸纳进来，在私有化社会生产所依赖并不断生产出的共有物的前提下，主导性的金融资本在世界市场中以抽象方式榨取全球诸众在社会生产中生产的生命政治性的剩余

[①]《马克思恩格斯全集》第44卷，人民出版社2001年版，第661页。

价值。不仅如此，全球资本的经济统治权力已经内化为各种政治统治权力，并在政治、社会、文化及生态诸领域具体化为微观权力机制，意图用生命权力将诸众紧紧缚住，全球控制社会形成了。但是，资本对共有物的私有化和腐化，阻碍了生命政治生产力的进一步发展。而作为社会生产的生命政治生产越来越具有生产霸权，其生产自主性越来越强，诸众要求挣脱资本束缚，自主地去生产共有物，要求出离资本帝国主权统治关系，去实现绝对民主的规划。

由于哈特和奈格里把资本关系和主权关系分别看作劳动和资本、主权和诸众之间具有的"一种动态的双方关系"①，因而这种关系会因劳动或诸众一方的离开而丧失存在。在这样一种时代关系的判断下，哈特和奈格里立足于二元对立关系原理，从工人斗争优先而资本被迫"回应"的政治历史观出发，为诸众解放提供了"出离"的策略设想，以期在全球阶级斗争万马齐喑的背景下，发展出一种后现代的新型诸众反抗政治人类学。但是，由于他们把主权关系经验性地看作主权权力方与被支配方之间的对抗关系，将资本雇佣关系经验化为具体的工人个人与资本家个人之间的对抗关系，因而，在不彻底动摇资产阶级政权从而根本变革生产资料资本所有制的前提下，出离注定是一种理论的想象。

出离：诸众从资本关系和主权关系中抽离出来

阶级的解放必须首先建立在对时代生产特征的判明上，然后提出斗争的战略和策略。相对于工场手工业时代和机器大工业阶段，哈特和奈格里把当代资本主义生产的物质规定性既定位为生命政治生产，又定位为"社会生产"。这种社会生产实际上被哈特和奈格里看作工厂

---

① Michael Hardt and Antonio Negri, *Multitude: War and Democracy in the Age of Empire*, New York: The Penguin Press, 2004, p.332.

生产扩展到社会范围和全球层面，形成了全球性的工厂社会的生产，它是资本对劳动的实质性吸纳在全球范围的实现。在社会生产中，生命政治生产是其主导性趋势，因此，社会生产在很大程度上就是生命政治生产，这里没有资本的位置，而资本则愈发借助金融对其进行外部的抽取。

面对资本对生命政治生产的外在剥削，面对资本帝国对诸众的生命权力统治，哈特和奈格里立足于反抗优先原理和资本构成消解的趋向，提出了出离式的阶级斗争策略，以诸众自主出离资本关系来置资本于无效之地，同时解放自己。这种出离思想是他们在劳动主体反抗优先的政治历史观下的"拒绝工作"战略在后现代的最新发展。

哈特和奈格里是从主体出发定位反抗优先原则的，他们认为这秉持了马克思《大纲》中劳动优先的观点。他们说："与《资本论》中马克思的叙述从资本开始相比，他的研究（指《大纲》——笔者注）一定先从劳动开始，并且马克思始终认为在现实中劳动是首要原则。"①这是一种反抗的真理。哈特和奈格里认为，马克思《大纲》的这条原则来自青年黑格尔派的"实体主体性"概念。他们研究了青年黑格尔派哲学的发展历程，认为青年黑格尔派用实体性的主体性概念成功地反对了黑格尔从世界精神出发的唯心主义叙事，正是这种主体性概念提出了一种新的现实的世界观。这种主体性就是建设新世界的哲学家，哲学家成为历史发展中的主人公。哈特和奈格里进而认为，青年黑格尔派的这一主体性原则也是马克思遵循的方法："这实际上也是马克思本人的方法。他对在资本统治之下并被资本用来谋利的劳动本性以及它们的生产力研究，不仅指向了从劳动视角出发应该出现的新

---

① Michael Hardt and Antonio Negri, *Multitude: War and Democracy in the Age of Empire*, New York: The Penguin Press, 2004, p.64.

世界观，而且指向了通过它们的历史性活动而创造出一个新的现实世界。"① 这种认识结合对《大纲》文本解读出的劳动优先观点，哈特和奈格里确立了他们自己的主体至上、反抗优先的对抗原理，表现为：在资本关系中劳动与资本对立，劳动优先于资本，劳动为首要原则；在权力关系中支配方与被支配方对立，反抗优先于镇压，反抗为首要原则；在生命政治关系中生命政治生产与生命权力对立，生命政治生产优先于生命权力，生命政治生产为首要原则。从这一对抗原理出发，生产主体对资本关系的出离、诸众主体对帝国统治的反抗就出现了。

在哈特和奈格里看来，在当代生命政治生产的语境下，劳动力越来越具有生产的自主性，越来越具有离开资本而自主结合生产的趋势。他们指出："在生命政治生产语境下，我们发现，资本不应仅仅被理解为一种社会关系，而更应该被理解为一种开放的社会关系。"② 以前，资本把自己购买的劳动力和自己对劳动力的命令指挥结合在一起，用马克思的话说是，用可变资本和不变资本形成的有机构成进行剩余价值的生产。"但是今天，资本有机构成中的破裂越来越大，资本正逐步分解，可变资本（尤其是生命政治性的劳动力）正日益从具有命令与控制的政治力量的固定资本那里分离出来。生命政治劳动倾向于生成自己的社会合作形式，并自主地生产价值。事实上，生命政治生产的社会组织越自主，其越富有生产性。"③ 在这里，哈特和奈格里提出一个基于客观性的论断：资本有机构成本身因为不变资本的日益缩小和可变资本的日益增大而破裂，不变资本无法控制可变资本，可变资本可以脱去资本外衣变成主体劳动者，直接拒绝资本家而出离，自主地

---

① Michael Hardt and Antonio Negri, *Multitude: War and Democracy in the Age of Empire*, New York: The Penguin Press, 2004, p. 65.
② Michael Hardt and Antonio Negri, *Commonwealth*, Cambridge & Massachusetts: The Belknap Press of Harvard University Press, 2009, p. 150.
③ Michael Hardt and Antonio Negri, *Commonwealth*, Cambridge & Massachusetts: The Belknap Press of Harvard University Press, 2009, p. 150.

与其他出离的劳动者自我组合进行共有物的生产。因此，资本在合并劳动力进行增殖生产时愈加困难，因为作为可变资本的劳动力与不变资本的关系越来越微弱了，资本到哪里去行使自己的命令，吸纳活劳动而增殖自身呢？

这就出现了资本主义因劳动主体拒绝和出离资本关系而产生的存在危机。马克思指出，资本存在的合理性就是不断地生产剩余价值、生产物质财富，当其无法生产剩余价值、生产物质财富的时候，资本就到达了危机和崩溃时刻。哈特和奈格里认为，当代新自由主义资本主义正处于这样的困境，它越来越无法组织剩余价值的生产，而只能进一步发展和凭借金融资本的抽象化去外在地剥削生命政治生产，这就形成了资本主义存在的危机。他们指出，在各地方与全球层面，生产只有在共有的框架里才能实现自己，劳动已经变成共有中的活动，生命正发挥作用，由此形成的金融化形式下的资本主义发展主要表现为对共有物及其他财富的外在剥削。他们说："资本主义发展正被一种它自身无法解决的经济的、社会的以及政治的危机困扰。这种危机至少可以这么解释，即相对于生产力日益变得共有化，生产关系与财产关系仍然以个体化、私有化原则及其规范对其进行规定，这些原则与规范却不能掌控新的生产率，并完全外在于价值的新的共有性源泉。"① 就是说，资本私有化关系的发展不仅阻碍了生命政治生产力的进一步发展，而且妨碍了生命政治生产本身，从而在资本方面形成了它的危机和历史终结的可能性。

但是，哈特和奈格里明确指出，资本一方的客观性危机并不意味着资本关系的终结与失败，它仅仅提供了这种潜在的可能性。相反，没有劳动主体的主动革命，资本生产方式不可能自动崩溃。所以，诸

---

① Michael Hardt and Antonio Negri, *Declaration*, New York: Argo Navis Author Services, 2012, p.49.

众必须意识到这种客观可能性，从而进行自主动员与组织，加速资本的死亡。而生命政治生产本身恰恰提供了诸众自主斗争的客观生产条件，因此资本关系中蕴含了致自己一方于死地的生产因素。哈特和奈格里说："危机并不意味着崩溃，资本的矛盾虽然严重但并不表明它的死亡，更或者它能创造出一种另类资本主义的统治形式。相反，资本内部的破裂和涌现的生命政治劳动的自主性正展现为一种政治的豁口。我们可以在资本关系的破裂上下个赌注，可以在日益涌现的生命政治劳动的自主性上进行政治性建构。资本带来的开放的社会关系只提供了一个机会，但需要政治组织将其推过门槛。"①

这个跨越门槛的行动就是"出离"。哈特和奈格里分析了跨越门槛的条件，指出在生命政治生产的语境下，对资本而言，生命政治劳动展现的自主性可以撬开资本的社会关系，这基于两大事实。一是经济生产中共有性的核心地位，二是作为劳动能力的主体生产力总是超出资本雇佣时所设定的边界，即它在资本边界之外依然可以生产出更多财富，"生命政治劳动力的能力超出工作并充满生活空间"②。在这种情况下，一方面共有性是生产的基础，另一方面生命政治生产具有"超出"性，这就意味着劳动者可以自主进行为自己的生产。于是，哈特和奈格里提出了他们的"出离"式的阶级斗争路线。"即在生命政治语境下，阶级斗争采用出离的形式。"③ 何谓"出离"？他们解释道："对出离而言，从初始意义上，我们的意思是通过现实化劳动力的潜在自主性而使劳动力在其与资本的关系中实行退出的过程。因此，出离不是对生命政治劳动力的生产能力的拒绝，而是对资本为生命政治劳动

---

① Michael Hardt and Antonio Negri, *Commonwealth*, Cambridge & Massachusetts: The Belknap Press of Harvard University Press, 2009, p.151.
② Michael Hardt and Antonio Negri, *Commonwealth*, Cambridge & Massachusetts: The Belknap Press of Harvard University Press, 2009, p.152.
③ Michael Hardt and Antonio Negri, *Commonwealth*, Cambridge & Massachusetts: The Belknap Press of Harvard University Press, 2009, p.152.

力的生产能力实施日益严重的限制性束缚的拒绝。这是生产能力的表达，这种生产能力通过步出自己同资本之间关系的豁口，通过跨越门槛而超出资本关系下所能实现的成就。"① 在这里，出离策略包含两大步骤，首先是劳动者从与资本形成的关系中退出，其次是生命政治生产者在退出的同时互相间结成新型的生产关系，进行新的生产活动，进行自身共有性的建构。出离的基础是生命政治生产的共有性的存在与其强大的生产力，出离的动力是它的自主性。

毫无疑问，出离就是对资本的拒绝，这是意大利自主论马克思主义拒绝战略的当代发展形式。哈特和奈格里特别强调对资本的出离式拒绝所带来的事件性的革命效用。"我们一直关注宪定秩序的断裂，断裂由生产者对生产关系的拒绝和他们推翻生产关系的物质条件的组织所引发。实际上，马克思主义和共产主义革命传统——它构成了我们著作的第一个观点——把革命过程首先理解为发生在经济生产领域中的行动。"② 今天，诸众要立足于生命政治生产的视域进行革命，因为经济生产已经扩展到整个社会领域，经济价值的生产日益与社会关系的生产和生命形式不可区分。"工人革命已经远远不够，生活中的革命和生命革命必须出场。"③

当然，作为维护资本经济统治关系的帝国主权统治权力关系遍布地方和全球层面，它的生命权力无所不在，并以例外状态和战争形式实施主权权力关系。诸众的终极目标是追求自由和民主，诸众在追求民主的同时必须追求和平，因为没有和平就没有民主，没有民主也就没有和平。因此，诸众反对资本，既要出离资本关系，又要反对帝国

---

① Michael Hardt and Antonio Negri, *Commonwealth*, Cambridge & Massachusetts: The Belknap Press of Harvard University Press, 2009, p. 152.
② Michael Hardt and Antonio Negri, *Commonwealth*, Cambridge & Massachusetts: The Belknap Press of Harvard University Press, 2009, p. 239.
③ Michael Hardt and Antonio Negri, *Commonwealth*, Cambridge & Massachusetts: The Belknap Press of Harvard University Press, 2009, p. 239.

发动的各种形式的战争，争取和平。于是，反对帝国权力统治，诸众必须抵抗帝国主权统治关系，从帝国权力关系中出离就是一种抵抗形式，它空置帝国主权权力，使其处于无用的状态，使其崩溃。因为"主权的双方性（two-sided）不仅意味着它是一种关系，也意味着它是一种持续不断的斗争。这种关系对于主权权力而言永远是一种障碍，这至少在暂时性上能够阻碍和限制主权拥有者们的意志。从另一方来说，这一关系是一种场合，在这种场合中，主权可以被挑战也可以被推翻，在政治中犹如在经济中，被统治者的武器是持续对他们受奴役的地位的拒绝并从这种关系中退出。这种拒绝主权关系的行动也是一种出离，在追求自由中离开那种压迫、奴役和迫害的力量"①。由于主权是一种主权权力方和被支配方之间的关系，因而它本身不是独立自主的存在，"没有被支配方的积极参与，主权就崩塌了"②。这就是哈特和奈格里资本关系和主权关系下的出离逻辑。

但是，帝国会暴力地阻止出离行动，而诸众的暴力的反抗也就同时出现。暴力，在哈特和奈格里那里是消极的，诸众反抗帝国暴力的暴力，至多只能保卫民主而不能建构民主。因此，暴力在什么样的条件下是革命的呢？这成为哈特和奈格里需要面对的问题。"也许我们应该这么说，伟大的解放战争最终指向'以战争反对战争'，就是说，用一种积极的行动摧毁那暴力统治体制，这种暴力统治体制力图使我们的战争状态永久化，并支撑那不平等和压迫性的体制。这是实现诸众民主的一个必要条件。"③ 在摧毁帝国常态化战争暴力以实现诸众的民主的过程中，哈特和奈格里制订了诸众反抗暴力的民主暴力使用原则：

---

① Michael Hardt and Antonio Negri, *Multitude：War and Democracy in the Age of Empire*, New York：The Penguin Press, 2004, p. 333.
② Michael Hardt and Antonio Negri, *Multitude：War and Democracy in the Age of Empire*, New York：The Penguin Press, 2004, p. 334.
③ Michael Hardt and Antonio Negri, *Multitude：War and Democracy in the Age of Empire*, New York：The Penguin Press, 2004, p. 67.

相对于帝国主权总是以常态化战争暴力维护主权权威，民主的暴力只能作为实现民主目标的工具，而不能为其他目的所使用；相对于帝国总是进攻性地运用暴力，民主的暴力只能在防御中使用；相对于主权总是悬置自由与民主去使用暴力，民主的暴力只能在民主状态下被决定和组织实施。

面对资本施行的生命权力的普遍统治，诸众的生命政治反抗也是全面性的，他们可以出离以空置资本关系和主权关系，使其丧失作用。出离是一种本体论的解放策略，在生命政治语境下，"无产阶级在社会中作为一个整体而存在并在那里生产，同时反抗着这同一个社会总体。这标志着另一种人类学的政治和造反的条件。对剥削和异化的拒绝愈加清晰地指向以总体式存在着的资本社会，并指明了一种出离的过程，即一种人类学的（和本体论的）从资本支配中的离开"①。哈特和奈格里分析了权力是一种双方关系的特殊规定性，强调了诸众的出离。但是，从什么样的资本关系和帝国主权关系的具体中撤出？他们撤向何方？这些是哈特和奈格里必须回答的。

出离不是向外部的逃离

诸众总是从体现资本关系和主权关系的具体社会机构中出离的，这些社会机构具有共有性，但诸众毅然抛弃被资本和主权腐化的共有性形式，去自主积极地建构繁生性的共有性形式，创造出新的社会生命存在方式。哈特和奈格里说："揭示那些真正存在着的共有性形式，是建立诸众从自己与资本结成的关系中出离基础的第一步。"② 在生命政治生产语境中，共有性既作为生命政治生产的前提又作为它的产物，

---

① Michael Hardt and Antonio Negri, *Commonwealth*, Cambridge & Massachusetts: The Belknap Press of Harvard University Press, 2009, p. 241.
② Michael Hardt and Antonio Negri, *Commonwealth*, Cambridge & Massachusetts: The Belknap Press of Harvard University Press, 2009, p. 153.

构成了相互促进、不断发展的互惠螺旋式上升关系。但是，在资本帝国中，帝国主权和资本权力高度交叉重叠，融为一体，共同腐化了共有性，使其表现为腐化的共有性形式，这种腐化形式不仅严重抑制了生命政治生产力的发挥和发展，同时造成了身处其中的主体性的虚弱。在这些腐化的共有性形式中，私有的资本权力被资产阶级关于自足性的政治权力的虚假论述神秘化与遮蔽了。必须揭开这种掩蔽，显露出共有性繁生的真相。在繁生的共有性形式中，生命政治生产才能繁荣，诸众才能实现自由、平等、民主，从腐化的资本共有性中的出离才能成为诸众自主的政治行动。否则，就会出现"为什么出离""出离到哪里"的疑问。

哈特和奈格里分别以"繁生"和"腐化"两个范畴来反映作为共有物的非物质生产的积极的生产形式特征和资本主义阻碍共有性生产的形式特征，并将两个范畴延伸到对主体性的不同塑造上。何谓"腐化"？何谓"繁生"？哈特和奈格里把亚里士多德和斯宾诺莎的相关思想合在一起进行了发挥性阐发。就亚里士多德的古老概念而言，"腐化"指称一种不断分解既有构成的过程，使既有物腐烂变质，丧失其向前发展的可能性，它是阻止向前的生产。"我们意在把腐化概念指涉为一种更加普遍的分解或变异过程"，同时，"我们可以把腐化理解为反繁生——一种繁生和构成的逆转过程"。[1] 而"繁生"，指的是生命政治生产的积极再生产欲望和劳动潜力的发挥，它使人变得团结而有力量。哈特和奈格里说："这种生产纯粹是而且只能是人类的再生产，纯粹是而且只能是繁生的力量。欲望着去生产就是繁生，或者就是劳动的超出和一种力量的积累，这种力量被并入了奇异化本质的集体运动

---

[1] 参见 Michael Hardt and Antonio Negri, *Empire*, London: Harvard University Press, 2000, p. 201。

之中，既是它的原因又是它的结果。"①通过对"腐化"和"繁生"的定义，哈特和奈格里把它们应用到对资本关系和帝国主权特征的分析上。在哈特和奈格里的语境中，"繁生"指的是基于支持、推动和高扬诸众生命政治生产的实现的状态，"腐化"则是阻碍、分化和抑制诸众生命政治生产推进的制度状态。

在帝国时代，资本权力和主权权力在很大程度上重合在一起，形成对全球共有物的全面腐化。哈特和奈格里指出，当代资本全球秩序正出现一个打破各领域区分的新趋势，它趋向于模糊权力和生产双方之间的边界，即模糊双方过去在政治、经济、社会与文化形式之间的鲜明边界。一方面，政治权力不再仅仅定位于合法化公共事务中的规范和秩序，而是要求生活的所有方面参与社会关系的生产。另一方面，经济生产日益生命政治化了，其目标不在于商品的生产，而在于信息、交流、协作的生产，它本身成为社会关系和社会秩序的生产。文化也直接是政治秩序和经济生产的一个要素。总之，在帝国里，一种由不同形式的权力、战争、政治、经济、文化组成的集合出现，这个集合最终变成了一个在其总体中生产社会生命的模式，因此也成了一种生命权力的形式。在这种形势下，各领域都是生产领域，各领域又都是政治主权施行的领域。于是，"在帝国之中，资本和主权是完全地交叉重合了"②。因而，帝国对共有性的腐化也达到了最高程度。

资产阶级财产共和国是共有性的最大腐化形式，这种腐化形式以主权的自主性表现为对每个人的绝对支配。但这是一种神秘化的假象，因为对共有性的腐化根本上是资本权力的操弄，它将自身对共有性的支配权力隐藏在法律规定之中，藏匿于国家主权之内。因而，哈特和

---

① Michael Hardt and Antonio Negri, *Empire*, London: Harvard University Press, 2000, p. 388.
② Michael Hardt and Antonio Negri, *Multitude: War and Democracy in the Age of Empire*, New York: The Penguin Press, 2004, p. 334.

奈格里认为，对国家主权权力的过度关注和强调，就掩盖了经济权力、财产权力和资本权力。人们过度强调超验权威和暴力形式，但"问题是，关注超验权威和暴力正在遮蔽和神秘化真正支配性的权力形式，这种权力形式直到今天一直在持续地统治着我们——这种权力内嵌于财产和资本之中，内嵌于法律之中并为法律所充分支持"①。今天，我们面对的主要权力形式是世俗资本经济中的权力。这种权力是世俗的、平凡的，具体化在法律体系和各种社会治理机构之中。哈特和奈格里指出："今天，我们真正面对的权力形式并不是剧烈的戏剧性的或令人战栗的邪恶性的，而是尘世的和世俗的。我们需要停止把政治与神学混在一起。主导性的当代主权形式已经完全内嵌在法律体系与治理机构之中并由它们所支持，它是以法律原则同样也以财产原则为特征的一种共和国形式。换句话说，政治不是一种自主性领域，而是完全浸没于经济和法律的结构之中。"②就是说，在国家里，各种共有物屈服于各种等级制的法律规定，在国际上，国家自身处于等级制中，国家也只能成为想象的共同体。

大都市成为生命政治生产的场所，它的共有性因被资本私有化和等级化而腐化。在哈特和奈格里看来，大都市本来就是共有物生产的工厂，在这里，人们一起生活，一起分享各种资源，相互交流，交换商品和主意；在这里，人们共同使用的语言、图像、知识、情感、网络等都是"人工共有物"，人们依赖它们自主地进行生命政治的生产，并形成自己的增殖循环；在这里，人们自由地相遇，开放地交流，丰富着生命和生活，增长着力量；等等。但是，资本在大都市设置各种边界，等级化都市空间，以分离人们的自由相遇和沟通。同时，又把

---

① Michael Hardt and Antonio Negri, *Commonwealth*, Cambridge & Massachusetts: The Belknap Press of Harvard University Press, 2009, pp. 3-4.
② Michael Hardt and Antonio Negri, *Commonwealth*, Cambridge & Massachusetts: The Belknap Press of Harvard University Press, 2009, p. 5.

大都市私有化，设定地租去榨取大都市共有性生产的财富，大都市被资本腐化了。当然，作为人类共同生活基础的大自然这种"自然共有物"，也毫无例外地被资本私有化腐化了。

企业被哈特和奈格里当作共有物被腐化的另一种典型形式。在他们看来，企业是资本主义生产的巨大装置。在生产过程中，工人们进行分工协作，共同生产产品。在这种生产中，工人在企业集体中可能感到一种归属感。但是，这种生产是为工厂主无偿进行剩余价值的生产，它被资本家剥削了。同时，资本家还在企业中设置等级制和分化安排，以阻止工人们的接近。企业的共有性也被资本腐化了。

至于家庭，它是社会最初的共有性机构。在家庭中，家庭成员间应该充满关爱和和谐，并共同增强新的共有性。但是，在资本主义家庭中却充满着父权等级制，出现排斥性、自恋性和个人极端主义以及家庭私有制的积累。这些都使家庭共有性被腐化了。

哈特和奈格里在分析全球帝国、民族国家、大都市、企业和家庭等被资本私有化腐化的同时，也看到了生命政治生产在共有性中繁生的特点。但是，资本主义制度施予共有性以腐化的形式，不仅私有化共有物，而且生产出消极的主体性，并进一步用意识形态幻象掩蔽共有性的真相。哈特和奈格里认为，主体性不是天然的，而是社会机构生产出来的。资本的共有性的腐化形式必然造成了处于其中的主体性的愧疚和无力感。哈特和奈格里在他们所著的《宣言》一书中，就分析了四种被资本腐化的软弱的主体性形象：负债者、被媒体化者、被保护者和被代表者。他们完全屈服于资本。同时，资本还制造个人主义独占的意识形态来遮蔽和麻醉民众，制造他们的认同，麻醉他们的精神，软弱他们的力量，使他们因看不到自身的力量而无意抵抗。在哈特和奈格里看来，资产阶级主要制造了两种意识形态的理论幻象。第一种幻象是"资本主义市场和资本主义生产体制是永恒的、不可逾越的"①。这种怪诞的资本主义自然性表现出一种神秘化,制造着对历史未来的绝望和对当下现实的接受。第二种幻象存在于诸多理论观点中,其核心是"提出一种无政府主义的他者并加进一种限制的神秘主义,除此之外,不提出对当下统治体制的任何替代物"②。由于这种意识形态幻象的泛滥,民众无法表达痛苦,不能生成意识,也不能建立起反抗,只有悲观的态度和无为无争的实践。这两种意识形态幻象相互配合,共同制造着民众疲惫无能的主体状态。所以,哈特和奈格里要批判这些意识形态强加给共有性的幻象。

在帝国时代,资本对生命政治生产所需要的共有性进行了全面腐化。因此,从腐化的共有性形式中出离,建构繁生的共有性形式,就成为必然。这种出离,不是一种逃离出去而孤独隐居,而是就地共同地创造有益的共有性。但是,诸众首先必须出离。"诸众必须离开家庭、公司和国家,但同时他们也必须在他们所激发出来的共有性的希望上进行建设。记住在生命政治生产中开放与扩展通向共有性的路径,就意味着掌握了生产和再生产工具的控制权;它对于离开资本的过程和诸众自主性构建而言也是一个基础;因此,这种出离规划是今天阶级斗争采用的首要形式。"③ 在这里,哈特和奈格里终于回答了出离的必要性和出离后就地进行繁生化的自主建构性的问题。

基于共有性出离的反抗政治策略的新特征

哈特和奈格里认为,现代革命因后现代主体的出现而无效了,诸

---

① Michael Hardt and Antonio Negri, *Empire*, London: Harvard University Press, 2000, p. 386.
② Michael Hardt and Antonio Negri, *Empire*, London: Harvard University Press, 2000, p. 387.
③ Michael Hardt and Antonio Negri, *Commonwealth*, Cambridge & Massachusetts: The Belknap Press of Harvard University Press, 2009, p. 164.

众将开启帝国时代抵抗革命的新途径和新策略。和平地出离资本关系，撤出帝国主权关系，发明诸众斗争的新武器，哈特和奈格里在后现代的新型阶级斗争中发现了不同以往的新特征：诸众出离资本关系后的时空新可能性、出离主权关系斗争的全球性与综合性、诸众出离的自主性与组织非中心化、出离斗争的非传播性，这一切都将开拓出一种诸众全球出离的新局面。

在帝国时代，在非物质劳动的霸权下，生命政治生产劳动者出离资本关系，将在时间性和空间性上开辟出诸众新的发展前景。哈特和奈格里认为在生命政治生产的语境下，马克思关于资本主义时间性的区分已经失效。在马克思那里，资本主义生产的时间划分为必要劳动时间和剩余劳动时间、工作时间和生活时间。但是当下，生命政治生产发展到了社会生产的阶段，两种时间划分开始消解，它们不仅叠合在一起，具有并立同时性，必要劳动时间与剩余劳动时间并立，生活时间和工作时间并立，而且所有时间都变成了生产时间，充满了资本的剥削逻辑和指挥逻辑。旧有的马克思主义的时间标准失去了效用，出现了新的时间性。对于资本而言，同时性的时间性对于过去线性先后划分的时间单元来说成为意外，出现资本的例外时间性；对于贫穷的诸众而言，他们的生产力总是超出资本剥削机制，形成超出时间性。这样一来，我们就在生命政治生产的同一时间领域遇到两种越出旧时间划分标准的相互对立和并立的时间性："资本主义的例外时间性和诸众的超出时间性。"① 这种时间并立叠合产生一种革命的可能性，即：在当下以诸众的超出时间性脱离资本的例外时间性，就能开启诸众解放自己的新道路。因此，解放不在未来，就在当下；出

---

① Michael Hardt and Antonio Negri, *Commonwealth*, Cambridge & Massachusetts: The Belknap Press of Harvard University Press, 2009, p. 242.

离就是革命事件自身,也在当下。哈特和奈格里说:"革命运动在同一时间性视域中与资本控制比邻而居,革命运动既在资本控制之内,又在反对资本控制的位置通过出离运动而明白地显现出来,出离实施了诸众的超出生产力反对资本指挥的例外性。"① 出离的革命策略显示了当下就是斗争的时间性特征。

生命政治生产已经蔓延到整个社会领域,不仅在大都市是这样,而且全球地理范围内都是如此。哈特和奈格里指出,大都市成为生命政治生产的核心地带,"在大都市领域里,社会生命生产着也在被生产"②。由于资本实行弹性、流动性和不稳定的工作机制,造成了劳动力的不断移动,结果资本在去辖域化的同时也制造着对自己而言的混乱和不稳定,威胁到自身的剥削和控制。因为流动的人口变成了一种游牧运动,不断地推翻资本设定的各种边界,制造着对资本的压力。因而,资本又被迫不断再辖域化,在空间中制造新的分化、边界、障碍和等级制,以维护秩序。我们看到,在国内和城市空间,资本进行着去辖域化和再辖域化,不断设定中心与边缘,建构新的城市郊区和城市中心,以维持剥削。在世界范围内,资本也重新设置中心和边缘的地理空间,出现了从实质吸纳向形式吸纳的反转的新历史现象。哈特和奈格里指出:"今天的剥削结构要求一种对空间的不断重设和对边界的持续重构,以维持社会劳动力的贫困和不稳定。"③ 但是,在生命政治生产语境下,城市已经成为核心的共有物而存在,资本对空间的这种重构引发了诸众的义愤和反抗,他们要用造反去夺取城市这个共有物。在不稳定的劳动不断打破内外的界限的过程中,反抗运动不再

---

① Michael Hardt and Antonio Negri, *Commonwealth*, Cambridge & Massachusetts: The Belknap Press of Harvard University Press, 2009, pp. 242 - 243.
② Michael Hardt and Antonio Negri, *Commonwealth*, Cambridge & Massachusetts: The Belknap Press of Harvard University Press, 2009, p. 244.
③ Michael Hardt and Antonio Negri, *Commonwealth*, Cambridge & Massachusetts: The Belknap Press of Harvard University Press, 2009, p. 246.

需要政治先锋队的领导，因为每个劳动者都在协作与交流的网络中存在，他们可以自我决定进行出离活动。因而，城市地理时空的每一点都成为随处出离的出发点，这构成了出离策略的空间性特征。

综合来看，"生命政治生产的时间性和空间性同它的网络之间是矛盾的，但是这一矛盾性质至少预示着一种开端、一种潜能。"① 哈特和奈格里指出，这种开端和潜能意味着诸众的反抗转向实际造反和建设的可能性，即：把大都市这种生命政治生产的共有网络关系，作为斗争力量积累的基础以及斗争发育成熟的基地，通过多样性的出离斗争而开启新的历史局面。这样一来，反抗事件的时间维度与斗争组织的空间维度结合在一起，构成了摧毁资本和帝国等级制的事件。因此，"多样的时间性在事件中爆炸开来，多样的空间形象在扎克雷式起义中相互连在一起。如同资本主义治理一样，扎克雷式斗争也重构社会空间，但是它是从另一个角度做的，即摧毁等级制，开辟新运动途径，创造出新型领土关系"②。哈特和奈格里把资本生命权力统治的时间与空间作为诸众进行游牧式移民运动的条件。全球移民通过地理转移而拒绝资本的剥削，诸众在都市层面通过协作性网络关系深化地方性抵抗，结果是"结构化全球公共空间需要的是出离中的诸众去创造出团结的制度，并强化穷人反抗的人类学条件"③。这样，哈特和奈格里的新的解放时空开启了。

在全球层面涌现的诸众出离运动显示了对抗的全球性与综合性特征。在哈特和奈格里笔下，出离就是革命的事件，事件就意味着一种与过去断裂并指向新未来的可能性，每一次事件都具有这种政治人类

---

① Michael Hardt and Antonio Negri, *Commonwealth*, Cambridge & Massachusetts: The Belknap Press of Harvard University Press, 2009, p. 246.
② Michael Hardt and Antonio Negri, *Commonwealth*, Cambridge & Massachusetts: The Belknap Press of Harvard University Press, 2009, p. 246.
③ Michael Hardt and Antonio Negri, *Commonwealth*, Cambridge & Massachusetts: The Belknap Press of Harvard University Press, 2009, p. 247.

学的意义。在全球层面，诸众的无数出离将汇合成一条阔大的事件洪流，最终推翻资本与帝国的统治。资本已经在全球层面实现了对劳动的实质吸纳，帝国已经在全球范围施行着主权权力，资本经济权力与帝国主权权力已经重合在一起。诸众与资本及帝国的对抗必然发生在全球的各个对抗层面。哈特和奈格里总结了这些层面：首先是政治层面的生命政治生产与生命权力的对抗，其次是非物质生产中非物质劳动与资本剥削的直接对抗，再次是和平与战争的对抗，复次是民主与专制的对抗，最后是全球从属地域与全球支配性资本机构之间的对抗，即南方与北方的对抗。这是一种全球层面的广泛的对抗，一种采用出离事件形式的反抗，它将产生出新型的斗争形式的组织特点：自主性、非中心化和民主化。

在哈特和奈格里眼中，过去的阶级斗争策略在今天失去了效用。从巴黎公社到十月革命产生出无数的革命概念，从诸众的抵抗到政治领导人的创造，从国内战争到革命性组织的建立，从反对权力自身的组织与结构到对国家权力的绝对控制，从选举公开到建立无产阶级专政统治，这样一些现代革命的概念过时了，这样一些革命行动在今天变得不可想象。哈特和奈格里说，在后现代的今天，"对抗的实践正被重新找到，就是说，在诸众中重新发现。这使反抗行动不再被分解出不同的步骤，而是同时发展起来。抵制、出离、空置敌人的权力，与新社会的诸众的构成都是一体的，都是同一个过程"①。在今天，如阿伦特所区分的政治性的美国革命与社会性的法国革命已不再存在，所有领域的革命混为一体，"经济的、社会的和政治的诸因素压力已经被紧紧地扣结在一起，并在每一次革命事件中体现出来"②。在生命政治

---

① Michael Hardt and Antonio Negri, *Multitude：War and Democracy in the Age of Empire*, New York：The Penguin Press, 2004, p. 69.
② Michael Hardt and Antonio Negri, *Multitude：War and Democracy in the Age of Empire*, New York：The Penguin Press, 2004, p. 78.

生产条件下，出离事件本身就是对资本的综合性斗争。

哈特和奈格里阐述了从过去到当代的抵抗形式发展的谱系，总结出当代斗争形式的组织特征：自主性、非中心化和民主化。他们指出从人民军队到游击队再到后现代的网络运动三种不同斗争方式分别对应的组织特征是中心化、多中心化和分散化。他们认为从20世纪70年代开始，全球诸众的反抗斗争转变了，游击战的组织形式从中心化结构转向网络化结构，从农村地区转入城市地区，从开阔的空间转向封闭的空间。这种斗争的转变与后福特主义生产方式采用的信息系统和网络结构紧密相关，与这种信息和网络基础上的非物质劳动的生命政治生产相关联，与后福特主义生产造成的现实条件相一致。首先，当下诸众的抵抗斗争具有网络化的分散性与无中心的形式特征。哈特和奈格里竭力从20世纪70年代以来美国和欧洲出现的新社会运动中总结出斗争特征，认为它们开启了政治斗争和武装斗争城市化的序幕，城市游击战出现了。他们进一步指出，城市游击战是诸众抵抗后现代统治权力的斗争方式，具有不同于以往的特征。"城市是一个热带丛林。城市游击战的战士们了解城市的每一个毛细血管，因此他们能够在任何时间突然聚集起来展开攻击，并随后分散消失在他们的隐身之处。"[1] 而城市游击战的焦点目标不再是各种统治权力，而是改变城市自身。

其次，当下诸众的斗争主要呈现为一种生命政治生产的自主性特征。与现代斗争所要求的纪律主体性不同，后福特主义时代的诸众是在网络化中进行生命政治生产的，直接生产出新型主体性以及新型生命模式。所以，诸众以"创造性、交流性以及自我组织的合作性作为他们的首要的价值所在"[2]。

---

[1] Michael Hardt and Antonio Negri, *Multitude：War and Democracy in the Age of Empire*, New York：The Penguin Press, 2004, p.81.
[2] Michael Hardt and Antonio Negri, *Multitude：War and Democracy in the Age of Empire*, New York：The Penguin Press, 2004, p.83.

最后，当下诸众的斗争具有内在性特征。由于诸众的斗争充满了自我选择、自我组织的特征，因而他们的抵抗目标总是从个人生命主体出发进行选择，不依赖于任何外在权威，内在性出现了。"它的斗争焦点变成内在性的东西——在组织自身中生产新的主体性和新的生命形式的全面性。"① 在哈特和奈格里笔下，后福特主义生产方式的采用，造成了抵抗所具有的民主化斗争的分散性网络组织形式、生命政治生产的主体自主性以及诸众之间的相互联系交流的内在性。这些特别凸显出主体自主斗争的趋向。斗争不再需要一个领导阶级和一个权力中心，而是需要绝对的民主，需要一种集会的斗争形式。只有绝对的民主才能使平面网络环境下的斗争效率最大化。总之，绝对民主化所需要的外在组织条件和内在主体条件在后福特主义生产时代就具备了。

具有以上形式特点的反对资本帝国的出离斗争具有强烈的"非传播性"特征。哈特和奈格里勾画出当代无产阶级的构成，几乎包含了所有被资本剥削和屈从于资本的人。当然，他们反抗资本统治的斗争也不同于过去时代的那种具有传播性特征的斗争浪潮，而是具有了"非传播性"特点。他们认为，自 1968 年 5 月风潮至 1989 年柏林墙倒塌的 20 年时间里，"资本主义生产的重构与全球性的扩张一直伴随着一种无产阶级斗争的彻底变革"②。在总结 20 世纪最后十年的斗争特征时，哈特和奈格里指出，这些斗争分布在全球各地，分散孤立地进行，互无联系，表现为一个地方的斗争与另一个地方的斗争毫无关系，过去斗争周期中的传播和地区沟通消失了，这就意味着出现了一种新型的矛盾情境："在我们这个大肆庆祝通信交流的时代里，斗争反而变成

---

① Michael Hardt and Antonio Negri, *Multitude: War and Democracy in the Age of Empire*, New York: The Penguin Press, 2004, p. 83.
② Michael Hardt and Antonio Negri, *Empire*, London: Harvard University Press, 2000, pp. 53 - 54.

几乎是非传播性的了。"① 通信交流的全球广泛联系与各地方似乎在孤立地斗争之间形成了矛盾。

该如何理解这个时代的斗争呢？哈特和奈格里认为，这是新的资本帝国统治时代特有的斗争形式，这些斗争在丧失了斗争在过去时代的传播范围、持续时期和可交流性上的内容时，却在强度上得到了它们的一切。这些斗争虽然只发生在地方和与地方直接相关的环境中，却致力于解决一个超国家的关联性的问题，这个问题恰恰对应于帝国式资本主义管制的新统治形象。这种新的统治形象表现为后福特主义的社会控制，表现为新自由主义的全球性的私有化，它们在全球制造了普遍的剥削、排除、种族、贫困问题。因而，每一个地方的反抗——反剥削、反贫困、反种族歧视、反私有化，都直接反抗着这个全球资本主义体系。由于其非传染性，这种斗争在这样一个斗争的国际周期中在平面范围上被阻滞而无法传播，但是"它们反而被迫垂直性地突然跃起而直接地锤击全球层面"②。也就是说，每一次地方的孤立斗争都是对资本与帝国权力核心的打击。

面对这样一种在全球层面上出现的分散的、孤立的斗争运动现实，哈特和奈格里认为这已经超出了过去斗争的性质而具有了新特征。他们意识到，这是一种具有新的质性的社会运动的涌现。这种新的质性表现在何处？哈特和奈格里总结出三个方面：第一个方面，以地方化斗争重击全球性的帝国体系。他们认为，"每一个斗争，虽然坚定地扎根于地方化的环境，但它们直接飞跃至全球层面而在一般性上直接攻击帝国的构成"③。第二个方面，斗争是消解了各种社会界限的生命政

---

① Michael Hardt and Antonio Negri, *Empire*, London: Harvard University Press, 2000, p. 54.
② Michael Hardt and Antonio Negri, *Empire*, London: Harvard University Press, 2000, p. 55.
③ Michael Hardt and Antonio Negri, *Empire*, London: Harvard University Press, 2000, p. 56.

治斗争。他们认为，所有斗争都摧毁了经济斗争与政治斗争相分离的传统界限，"这些斗争同时是经济的、政治的和文化的——因此他们是生命政治的斗争，是覆盖了所有生命形式的斗争"①。第三个方面，这些斗争同时也是创构替代性社会的斗争，"它们正在创造着新型的政治空间和新型的共同体的形式"②。

之所以出现这样的斗争性质，是与帝国新的统治形式相对应的。哈特和奈格里认为，现代斗争的传播性和后现代斗争的非传播性各自对应了自己的时代，而每一个时代都形成了自己的斗争策略，即马克思所描述的鼹鼠挖掘地道和德勒兹所提出的蛇行表面。在马克思所处的时代，资本对劳动处于形式吸纳阶段，许多地方仍然在资本统治之外，无产阶级的斗争如同鼹鼠，条件允许时即露出地面，条件不允许时就转入地下，并挖掘地道通达其他地区。而当代是资本对劳动的实质吸纳阶段，任何地方都成为资本逻辑运转的市场，鼹鼠和地道已经不再存在，存在的只是平滑的世界市场表面上蛇行式的斗争。哈特和奈格里写道："在向帝国的当代过渡中，那鼹鼠所挖掘的地道已经被蛇的无限游移所取代。现代世界的深度和它的地下通道已经在后现代全部变成表面性的了。今天的斗争悄无声息地蛇行于这些表面的帝国的地形中。"③ 在这里，哈特和奈格里确认了在后现代已经不需要去建构现代斗争周期中所要求的共同的敌人和共同的斗争交流语言，因为在后现代，"帝国表现为一个表面的世界，它的虚拟核心可从表面的任何一点直接穿越抵达"④。因而，"这些斗争并不需要水平横向地相连

---

① Michael Hardt and Antonio Negri, *Empire*, London: Harvard University Press, 2000, p. 56.
② Michael Hardt and Antonio Negri, *Empire*, London: Harvard University Press, 2000, p. 56.
③ Michael Hardt and Antonio Negri, *Empire*, London: Harvard University Press, 2000, pp. 57-58.
④ Michael Hardt and Antonio Negri, *Empire*, London: Harvard University Press, 2000, p. 58.

接,而是每一个斗争都垂直地跃起,直接击向帝国的核心"①。所以,任何地点的斗争都事实上反抗了同一个敌人——帝国,每一种斗争的语言都是对资本统治话语的攻击。斗争的非传播性恰恰是帝国时代斗争的有效特征。

诸众面对资本帝国生命权力的普遍统治状态,他们可以通过出离资本关系和帝国主权关系而置它们于无用之地。但诸众的出离不是一无所有地离开,哈特和奈格里认为诸众要带走自己所有的东西,这种东西就是共有物。"我们要带走我们自己的东西,这意味着重新占有共有物——我们过去的劳动成果以及对于我们而言的自主性的生产和再生产方式。这就是战斗的领域。"② 而这种战斗本身表现了以上所述的和平式出离策略的特征。

我们该如何评述哈特和奈格里的出离策略呢?我们可以通过马克思对资本主义生产总过程的考察来反观出离策略。马克思认为,资本主义生产总过程是资本直接生产过程与流通过程的统一,二者互为前提,构成资本的增殖运动。但是,资本的生产过程与流通过程还是不同的,在时间和地点上是分开的,因而两个领域贯彻的原则也不同。资本生产过程是劳动直接并入资本之中,并保值、增殖。资本家在生产过程结束后,在总产品价值中实现了对工人剩余价值的直接剥削。但是,这种被剥削来的剩余价值必须变成资本的一般形式货币才能实现,才能使资本表现为资本。因此,生产结束就必须进入流通过程。

在流通过程中,资本家和工人之间的关系就完全不同于在生产过程中的关系。在直接生产过程中是资本家与雇佣劳动者之间的剥削关

---

① Michael Hardt and Antonio Negri, *Empire*, London: Harvard University Press, 2000, p. 58.
② Michael Hardt and Antonio Negri, *Commonwealth*, Cambridge & Massachusetts: The Belknap Press of Harvard University Press, 2009, p. 164.

系，在流通过程中资本家和劳动者之间的关系转变为卖者与买者的市场关系。在流通过程中，资本家和工人之间的关系转化为商品所有者之间的自由和平等关系，这种关系不同于直接生产过程中资本家对劳动者的直接剥削性的支配关系。因而，在流通过程中，工人反抗的不是资本生产关系，而是一般交换关系。只要商品关系不消失，工人的出离仍然处于交换关系中，至多是暂时地中断交换关系，但它不会损伤资本生产关系一分一毫。马克思这样写道："资本的生产过程总是同资本的流通过程联系在一起的。这两个过程是生产过程本身的要素，而生产过程同样也表现为流通过程的要素。这两者不断地交织在一起，互相渗透，因而总是以虚假的形式表现出自己的特征。然而在流通过程中，一方面剩余价值获得新的规定，另一方面资本经历多次转化；最后，在这一过程中，资本从自己的可以说是有机的生活进入外部生活关系，在这种关系中，互相对立的不是资本和劳动，而是一方面是资本和资本，另一方面是处在简单流通关系中的各个个人，商品所有者即买者和卖者。"① 在这段论述中，马克思区别了生产过程和流通过程中资本家与工人之间的不同关系。

所以，当哈特和奈格里把流通过程也作为生产过程看待的时候，将流通关系也作为资本生产关系看待的时候，他们提出的诸众出离策略，能空置谁？又能置诸众自身于何种关系之中呢？诸众的出离并不能推翻资本关系，除非资本能够无偿地提供诸众自我组织进行共有性生产的条件。但是，这怎么可能？反观马克思，他认为，工人阶级革命的根本目的是变革经济生产关系，而变革生产关系就是彻底改变生产资料的资本主义所有制，为达到这一根本目的，工人阶级必须组织起来，进行夺取政权的革命，从而在夺取政权之后从政治上改变生产资料所有制，开启共产主义的历史建构行程。如果敌人异常强大，工

---

① 《马克思恩格斯全集》第 32 卷，人民出版社 1998 年版，第 412—413 页。

人阶级的斗争策略就是最大程度地利用资本主义提供的可能条件，通过罢工等手段去改善生产条件和经济条件，但这只能是争取工人阶级解放的最低策略。哈特和奈格里的出离策略强调置资本于不顾，要求进行自我组织的反抗斗争，但是斗争不涉及夺取政权，自我组织生产又怎么可能呢？因此，出离策略只是一种理论想象。

三、出离之后：
建构一种基于诸众主体的"共有体"

哈特和奈格里的理想目标是建立绝对民主的共有体世界，他们是基于权力关系的对抗矛盾构建诸众解放目标的。哈特和奈格里把今天帝国统治我们的主导权力形式归结为资本权力、财产权力和法律权力，将统治主权下降到资本经济关系的法律规定和社会机构的日常权力运作中，对诸众而言它们变成了一种先验的权力结构，发挥着统治功能。资本关系变成了财产权力关系，财产权力关系上升为宪章法律，宪章法律变成了帝国主权的世俗专制统治形式，于是，世俗资本权力与超验主权权力融为一体。但是，资本主义发展到全球资本主义时代，出现了生命政治生产趋于霸权的形势，造成工业资本时代的资本有机构成在当代解体的倾向，在共有性中自主性的生命政治劳动主体正在远离资本，生命政治生产的共有性是建构共产主义的基础，在全球社会生产领域中资本正"一分为二"，即一方面资本是资本，另一方面是出离的诸众自我建构新社会的过程。于是，诸众从经济解放到政治解放，从而变成了从权力关系中的出离，诸众自主性的伦理建构变成了绝对民主的实现。因而诸众的理想社会就是在生命政治生产的语境下，诸众在出离资本关系后，努力地建构共有体的社会制度。绝对民主意味着诸众解放的彻底实现，而共有体就是绝对民主的实现形式。就这样，在生命政治生产语境下，哈特和奈格里开始探索既不是私有制也不是公有制的共有制的特征，提炼生命政治生产中的共有性的本性，构想既不是资本主义也不是传统社会主义的共有体社会建构的诸种要素。

我们看到，哈特和奈格里将他们的伦理建构政治学的目标设定为建构一个实现绝对民主的共有体社会："我们将本书命名为《共有体》，意在表明回到关于政体的经典论述主题，去探讨社会的公共机构的结构和政治的社会宪章。我们也想强调，一旦我们认识到构成共有体这个概念的社会公共机构结构和它的社会宪章之间的关系，对共有财富世界的制度化和管理即聚焦和扩展我们集体生产和自我治理的能力就成为一种急需。"① 在探索这种急需的过程中，我们可以看到他们的解放哲学与马克思主义的解放思想在本质上是不同的。在他们那里，诸众的解放不再是马克思主义意义上资本主义内在矛盾引发的客观危机里无产阶级通过暴力或和平手段夺取资产阶级政权，从而彻底变革资产阶级生产资料所有制的革命，诸众的共有体社会也不是马克思主义语境中物质生产力高度发达之上自由王国的实现。在当代资本主义条件下，哈特和奈格里强调的首先是和平地而非暴力地脱离资本关系，而后诸众自主性地进行非资本关系的共有体的制度化建构。但是，不彻底推翻资本主义生产关系，却希望丧失了生产资料和生活资料的"自由"诸众在不经过资本主义雇佣劳动而能神奇地再生产自身的情况下，去自主地进行共有体的建设，这除非在无资本暴力干预且必须存在一个物质生产阶级无偿地为他们提供物质产品保障的前提下才有可能。但这既无视了资产阶级统治的暴力性，又背弃了他们关于穷人诸众解放的初衷。

---

① Michael Hardt and Antonio Negri, *Commonwealth*, Cambridge & Massachusetts: The Belknap Press of Harvard University Press, 2009, p. viii.

共有制：既不是私有制也不是公有制

哈特和奈格里的理想是建构出共有制之上的共产主义，生命政治生产的共有性特征恰好为之提供了可能性基础。共有制既不是私有也不是公有，它是被统治权力长久压制的诸众的财产制度。哈特和奈格里认为，人类历史中本来就存在共有性的生产制度，只不过被两种主导性的私有制和公有制遮蔽与限制了。结果，在现代性的发展中，出现了两种社会生产所有制的意识形态神话，即资本主义私有制意识形态和社会主义公有制意识形态。它们宣传各自生产制度的危机的解决方案就是对方，表现为资本私有制危机必须用社会主义的国家管制来解决，社会主义公有制的危机必须采用资本主义的私有化来消弭，其中没有诸众共有制的任何地位。但是，在当代非物质劳动霸权日益强大的趋势下，非物质劳动所表现出来的生命政治生产力强大的自主性和共有性特性，使其既不能在资本私有制下得到发展，也不能在公有制的国家严格管控下得到助力，它只能在共有制下得到最大程度的壮大。哈特和奈格里认为，共有制因为非物质劳动霸权而第一次在历史上具备了成为现实的可能和必然性。"制度化共有性（the common）的政治规划……正以斜线的形式划去了两个虚假的互相替代的存在物——既不是私有也不是公有，既不是资本主义也不是社会主义——它为政治打开了一个新的空间。"①

这个政治新空间是生命政治生产创造的，它首先以否定的方式，宣告了新自由主义这个当代资本主义最新发展形式对生命政治生产力发展的无能性。在哈特和奈格里看来，世界经济正处于转型时期，生产从福特主义向后福特主义转变，以工业生产为中心的范式向生命政

---

① Michael Hardt and Antonio Negri, *Commonwealth*, Cambridge & Massachusetts: The Belknap Press of Harvard University Press, 2009, p. ix.

治生产为核心的范式转变。对应于这种生产形式转变的是20世纪六七十年代在西方出现的新阶级斗争周期,这场持续斗争的实质是社会工人反对资本的帝国主义与工业规训形式,是在超越有形工厂高墙的社会工厂生产中,社会工人的自由自主生产的主体性对规训控制的反抗。为回应这场斗争所引发的全球股市波动与财富丧失的威胁,新自由主义的资本主义形式产生,随后单边主义也应运而生。单边主义和经济的新自由主义联合起来,这种联合在其终极性上,是推出强大的中心政治权威去平静市场,去提供利润的稳定来源。但是,资产阶级采用的方式仍然是过去的外在的规训和控制形式,以此应对新的生命政治生产方式,这就注定其无效且有害,因为这是在用旧药治疗新病。

新自由主义采用对社会生产领域普遍私有化的政策,由此形成规训式的控制社会,这种规训式控制是外在于生命政治生产过程的,因为其没有能力介入生产并组织生产,只能从外部以各种租金形式捕获利润,侵占价值。因而它的特征是分配财富而不是生产财富。哈特和奈格里就此指出新自由主义的特征:"新自由主义政策的全部首要性特征——强化私有财产权利和弱化劳动权利,私有化共有财富和公共产品,自由市场以及自由贸易——聚焦于商业和财富的再分配。"[1]如同大卫·哈维所定性的那样,新自由主义化要达成的主要目的是再分配财富和收入,而不是生产财富和收入。新自由主义是通过剥夺公众和穷人,使富人首先获利的资本积累战略,新自由主义要从根基上恢复富人的阶级权力。在新自由主义政策之下,无论在民族国家还是在全球范围,富人愈富,穷人愈穷。"抽取过程——石油、天然气和矿产资源——是新自由主义的范式产业。"[2]

---

[1] Michael Hardt and Antonio Negri, *Commonwealth*, Cambridge & Massachusetts: The Belknap Press of Harvard University Press, 2009, p.266.
[2] Michael Hardt and Antonio Negri, *Commonwealth*, Cambridge & Massachusetts: The Belknap Press of Harvard University Press, 2009, p.266.

这种新自由主义抽取的财富很大比例来自社会主义国家死亡之后遗留的僵尸，即对抛弃社会主义的那些国家既有财富的抽取。同时在第一世界、第二世界和第三世界中，先前积累在公共财产、公共产业和机构中的财富也通过私有化和市场化被转移到私人手中。这场以私有化共有物为基础的新自由主义的饕餮盛宴看似令资本家阶级志得意满，然而却使他们自身处于真正的生存危机中。因为"资本主义生产模式的本质是而且必须是生产财富，这一本质恰恰是新自由主义的薄弱之处"①。新自由主义的危机不在于单边主义或多边主义能为财富的私有化再分配提供多么有效的政治安排与武力保障，而在于新自由主义本身既不能刺激财富生产，又不能组织财富生产，这是它的致命范式。没有财富的生产，任何资本主义都无法支撑长久。

在哈特和奈格里的笔下，生命政治生产的出现并日益成为霸权，对新自由主义造成了致命打击。因为新自由主义无法介入生产，而私有化共有物的条件又阻碍了生产。生命政治生产指的是非物质劳动产品的生产，表现为形象、代码、知识、情感、社会关系和生活形式。这是一种纯粹的主体性生产，是共有性下的生产，任何外在干预都阻碍不了的非物质产品的生产。比如知识在资本主义经济不同历史发展阶段中的作用就不同：在重商主义时代，知识已经表现为资本的生产力；在大工业阶段，知识成为根本生产力，但是它在工人之外存在并控制工人；在知识生产时代，"一般智力"成为核心生产力，它内在于工人而外在于资本控制体系。这就形成了一种彻底的转变，知识不再仅仅是价值创造的工具，知识生产本身就是一种价值创造。

知识不仅不再是资本能控制的武器，而且使资本面临一个矛盾：

---

① Michael Hardt and Antonio Negri, *Commonwealth*, Cambridge & Massachusetts: The Belknap Press of Harvard University Press, 2009, p. 266.

资本"越是被迫通过知识生产来实现增殖,知识越是逃离资本的控制"①。知识生产是这样,非物质劳动的其他形式如信息、形象、理念、交流、情感、社会关系等的生产无不如此。这迫使资本采用金融资本统治的新剥削方式,但这种统治形式使资本远离生产过程,成为一种生产的多余。新自由主义形式的资本主义出现了危机,哈特和奈格里指认道:"这场危机在其最为概括的意义上由生命政治劳动这个新本体造成。"② 这个劳动的新本体是主体性生产,它不能为外在的资本所控制,它具有独立性和自主性。由此,哈特和奈格里得出结论:"新自由主义已经死亡,因为它不能理解与应对生命政治的生产力,它无法提出促进生产与增殖财富的计划。生命政治生产为资本设置了一道难题,新自由主义却无法回答。"③

哈特和奈格里的新政治空间也以否定社会主义为前提。他们认为,对于生命政治生产来说,社会主义同样无法促进它的生产力发展。社会主义是什么？这里,哈特和奈格里把社会主义看作资本主义的国家管理经济的形式,其典型表现就是苏联社会主义模式。"社会主义和资本主义永远不是对立物,如许多苏联批评家所分析的那样,社会主义只是资本主义生产国家化管理的一种机制。"④ 在哈特和奈格里的理论中,社会主义的特征就是以强大的国家权力管理经济,这种国家管理经济的形式不独存在于社会主义国家,同样存在于资本主义国家和其他发展中国家。也就是说,国家管理经济不是社会主义的独特性质。但是,社会主义特别强调国家管理经济,公有制的社会主义国家在发

---

① Michael Hardt and Antonio Negri, *Commonwealth*, Cambridge & Massachusetts: The Belknap Press of Harvard University Press, 2009, pp. 267 - 268.
② Michael Hardt and Antonio Negri, *Commonwealth*, Cambridge & Massachusetts: The Belknap Press of Harvard University Press, 2009, p. 264.
③ Michael Hardt and Antonio Negri, *Commonwealth*, Cambridge & Massachusetts: The Belknap Press of Harvard University Press, 2009, p. 268.
④ Michael Hardt and Antonio Negri, *Commonwealth*, Cambridge & Massachusetts: The Belknap Press of Harvard University Press, 2009, p. 268.

展资本工业现代性上更具效力。这样,哈特和奈格里就把公有制化为国家权力,把社会主义资本主义化了。这里需要注意的是,哈特和奈格里的社会主义特征与我们理解的社会主义是不同的,我们必须清晰地区分开这两者。

经过上述逻辑转化,哈特和奈格里从国家僵硬的规训形式与活跃的生命政治生产的冲突中推导出社会主义公有制亦无法推进生命政治生产力的发展。他们强调,"强大的社会主义因素——经济的官僚计划和管理、国营的工业和公共服务、协调国家调控资本和组织劳动等等——在整个资本主义国家中也很常见。"① 在 20 世纪下半叶,现代性的发展主义表现为崇尚国家作用,让国家在经济发展中发挥主导作用成为当时的主流经济意识形态。这种发展主义以不同形式在与美国或与苏联结盟的国家中出现,都注重通过国家干预和官僚计划去提升生产能力。而同依附理论连在一起的拉美国家,其出口替代工业化规划同样依赖于国家对市场和关税的控制,依赖于国家对工业形成与管控的干预。"总而言之,社会主义只是对工业资本进行促进和管控的一种体制,只是通过政府和官僚机构强制实施工作规训的一种体制。然而,随着工业经济向生命政治经济的过渡,社会主义的管理和管控丧失了它们所有的有效性。"②

在哈特和奈格里看来,社会主义在本质上就是一种工业经济发展的规训制度,与生命政治生产方式是不相容的,因此导致苏联的崩溃。"社会主义意识形态及其统治没有能力超出工业范式是导致苏联崩溃的一个重要因素。"③ 他们认为,苏联解体并非因为军备竞赛与阿富汗战

---

① Michael Hardt and Antonio Negri, *Commonwealth*, Cambridge & Massachusetts: The Belknap Press of Harvard University Press, 2009, pp. 268 - 269.
② Michael Hardt and Antonio Negri, *Commonwealth*, Cambridge & Massachusetts: The Belknap Press of Harvard University Press, 2009, p. 269.
③ Michael Hardt and Antonio Negri, *Commonwealth*, Cambridge & Massachusetts: The Belknap Press of Harvard University Press, 2009, p. 269.

争的高昂代价，在哈特和奈格里看来，必须关注苏联最后数十年其内部社会动力与对社会生产的阻碍性因素。在 20 世纪 60 年代到 80 年代之间，苏联社会绝不是西方冷战极权主义者所宣传的那样——是一片活力荒漠，相反，其充满文化与思想的活力。但这些活力不被社会主义所鼓励，反而被社会主义无限制地压制着，故而导致一种深深的社会停滞。对于那些活着的苏联人而言，苏联社会主义的权力体制似乎能永远运行，但是同时他们也知道，它不会长久存在。结果，苏联因固守工业经济的规训制度而导致缺乏应对社会生产领域中生产活力的有效形式而遭到失败。在这里，苏联社会主义失败的原因被哈特和奈格里归结为陈旧的工业经济规训形式。他们还指出："社会主义体制可以有效地对工业社会施加规训，但是，一旦朝向生命政治生产的转型开始涌现，社会主义规训就变成一种束缚，并对生命政治生产所内在要求的社会自主性和文化创造性施以强硬的束缚。"[1] 因此，"社会主义与生命政治生产的不相容性对所有形式的社会主义、官僚计划、国家管控等等——不仅仅苏联，都是有效的。在最本质因而最抽象的层面，社会主义的两个主要方面——经济活动的公共管理和规训工作体制——直接与生命政治生产相冲突"[2]。在这里，哈特和奈格里得出了上述充满争议性的结论。

在哈特和奈格里的思路中，社会主义被当作被新自由主义资本主义所戕害的世界的一种反转方案，但这也是幻象。他们说，面对世界自然共有性财富和社会共有性财富被私有化因而造成穷人愈穷、富人愈富的现象，社会主义的方案呼吁政府管理和调节，似乎这就是天定的解决路径。至少国家调节可以避免金融崩溃的最坏局面，国家控制

---

[1] Michael Hardt and Antonio Negri, *Commonwealth*, Cambridge & Massachusetts: The Belknap Press of Harvard University Press, 2009, pp. 269 - 270.
[2] Michael Hardt and Antonio Negri, *Commonwealth*, Cambridge & Massachusetts: The Belknap Press of Harvard University Press, 2009, p. 270.

能够减缓地球的毁灭。在最低程度上，社会主义能够向穷人分回一些全球精英通过剥夺而积累的财富。因此，社会主义被当作纠偏新自由主义的药方。当然，哈特和奈格里肯定了在全球范围内公平分配财富的倡议，但是他们认为这样的社会主义根本不能解决问题。因为这种社会主义同新自由主义一样只是分配财富，不是生产财富。他们写道："社会主义被看作一种财富分配的机制，而非财富增生的机制。我们关于社会主义幻象的基本观点在于，像新自由主义一样，社会主义在生命政治生产时代不能实现激励、管理和调节生产的任务。"① 这是哈特和奈格里的观点。但是，就现实而言，他们的观点违背了现实社会主义实践所取得的成就，不能不说是一种理论上的偏见。

在生命政治生产的共有性上，哈特和奈格里说共有财富被私人圈占，被公有制下的各企业、诸机构等据有，但是无论在资本主义命令下还是在社会主义政府控制中，结果是相同的，那就是生命政治生产的循环被阻碍并被腐化了，生命政治生产的自主性受到最大程度的抑制。为此，哈特和奈格里开出的替代解决方案是实行共有制。"生命政治生产属于共有制。公有机制或私有机制都不能够管理和包容生命政治生产。"② 生命政治生产的共有属性就与共产主义连在一起。哈特和奈格里认为，在当代，共产主义概念被腐化为社会主义，被看成对社会和经济活动国家管制的极权化方式。这违背了马克思把共产主义定义为重建"社会个人所有制"的原意，他们两人在生命政治生产上看到了实现共产主义的可能性，他们要重新定义共产主义的概念。"我们在概念的本来意义上定义共产主义：私有制对应于资本主义，公有制对应于社会主义，而共有制则对应于共产主

---

① Michael Hardt and Antonio Negri, *Commonwealth*, Cambridge & Massachusetts: The Belknap Press of Harvard University Press, 2009, p. 273.
② Michael Hardt and Antonio Negri, *Commonwealth*, Cambridge & Massachusetts: The Belknap Press of Harvard University Press, 2009, p. 272.

义。"① 因而，在生命政治语境中，哈特和奈格里所推出的生产所有制既不是私有制，也不是公有制，而是社会生产中的共有制。一种新的政治空间被打开了。

共有体源自生命政治生产过程的特点

生命政治生产过程的特点使共有体的建构成为可能。在哈特和奈格里那里，生命政治生产过程具有共有性、自主性和质的不可测量性等几个核心特征。正是因为这些特征，诸众才能够出离资本关系，从而积极建设新世界。

第一，生命政治生产的共有性特征使共有体拥有了自身出现的生产基础，出现了一种向共产主义社会历史过渡的可能性。哈特和奈格里认为当代资本主义生产发生了根本性转变，从工业性的物质生产向后福特主义的网络化的非物质劳动霸权发展，而非物质劳动生产形式本身就是生命政治生产，它要求在真正有益的共有性形式之下发挥最大的生产效率。"共有性在它的自然和人工的形式上正变成所有经济部门核心与本质的要素。"② 在生命政治生产条件下，非物质劳动者要求对生产出的产品共有和自由使用，他们强烈抵制对它们进行私有化或公有化的那种控制性的法律规范和经济政策。哈特和奈格里坚定地认为，这种生命政治生产霸权的趋势意味着马克思主义哲学中那种历史过渡的物质基础出现，即由资本主义向共产主义过渡的物质生产基础已经日益强大地显现出来。他们兴奋地写道："过渡已经处于过程之中：当代资本主义生产在满足自己增殖需要的同时，却打开了过渡的

---

① Michael Hardt and Antonio Negri, *Commonwealth*, Cambridge & Massachusetts: The Belknap Press of Harvard University Press, 2009, p. 273.
② Michael Hardt and Antonio Negri, *Commonwealth*, Cambridge & Massachusetts: The Belknap Press of Harvard University Press, 2009, p. 283.

可能性，并为一种基于共有制的社会与经济秩序创造了基础。"①

如果说马克思强调生产力是推动生产关系发生变革的最根本力量，那么，哈特和奈格里则将生命政治生产中的共有性既理解为生产力同时也理解为生产关系的形式，共有性自身与规定共有性的形式之间产生了内在矛盾。这个矛盾拒绝有害的共有性形式，指向有益的共有性形式，并展现出对传统政治经济学理论的彻底改造作用。哈特和奈格里说："理解今天经济生产的关键是共有性，要把它既理解为生产力又理解为财富借以生产的形式。"② 不同的财富生产形式对生产力具有不同的反作用。有害的共有性形式阻碍生命政治生产的进步，有益的共有性形式则促进生命政治生产的发展。在采用有害或有益的形式之下，生命政治生产就表现为衰败或兴盛的变化，形成一种新的经济周期现象。通过这种周期，生命政治生产抛弃有害的形式而采用有益的形式，进而推进社会的发展。

在哈特和奈格里的笔下，生命政治生产的经济周期与传统工业资本的经济周期根本不同。传统工业霸权下的经济周期表现为扩张、繁荣、下降、衰退、再扩张的运动。这种经济周期总是从资本一方的客观性去研究，哈特和奈格里则从主观性上即从诸众的生命政治生产的主体性上去看生命政治生产的周期。在生命政治生产语境下，共有性经济的周期仍然存在，它表现为共有性的有害形式造成分裂社会的结合及其对生产力发展的阻碍性，共有性的有益形式则产生出更加多样的社会结合及其所表现出来的社会增长。前者是经济衰退，后者是经济繁荣。这是从主体上看的周期运动，它有别于客观性经济周期观。哈特和奈格里因此指出："生命政治的周期是非常不同的。这种经济仍

---

① Michael Hardt and Antonio Negri, *Commonwealth*, Cambridge & Massachusetts: The Belknap Press of Harvard University Press, 2009. p. x.
② Michael Hardt and Antonio Negri, *Commonwealth*, Cambridge & Massachusetts: The Belknap Press of Harvard University Press, 2009, p. 280.

然受增长和衰退的影响,但是这种增长和衰退必须放在与共有性的质的关系中来理解。如我们一再主张的那样,存在有害的共有性形式,也存在有益的共有性形式,一些社会制度促进共有性的生产,另一些则腐化共有性。如果生命政治经济的增长被看作社会结合的过程,它增强了我们一般的社会力量,那么在某些毒素分解身体的意义上,生命政治经济的衰退必然被理解为社会裂解的过程。"① 这就是说,腐化共有性的那种有害的形式及机构在摧毁社会财富,分裂社会结合,并为社会生产力强行设置障碍,而有益的共有性形式则是促进社会结合与生产力发展的。

在哈特和奈格里看来,这种周期反映的实质是共有性作为生产力和生产关系形式之间的矛盾运动所产生的现象,它内在地要求有益的共有性形式。由于私有制的资本主义生产形式本身就是一个巨大而复杂的腐化系统,它必然严重腐化身处其中的共有性生产,而社会主义公有制又以国家形式垄断和规训共有性,因而也是一种腐化。这就迫使生命政治生产力寻找两者之外的指向共产主义的共有制之下的那种有益的共有性形式。

共有性把自由获得共有财富当作发展自身生产力的本质前提,它寻求并去创造提供这种自由的制度。哈特和奈格里在信息经济和知识生产的领域中看到了自由是共有性的属性。他们指出,很多互联网与软件从业者和学者们都指出,在网络环境下自由地获取和使用共有性的程序、知识等财富,对于创造性和发展来说起着本质性作用。在这些生产领域,共有知识、共有代码、共有交流通信回路,能够最大程度地促进生产的发展。相反,以专利和知识产权的权利方式去私有化知识和代码,就会摧毁共有性的自由获得和使用的路径,从而阻碍生

---

① Michael Hardt and Antonio Negri, *Commonwealth*, Cambridge & Massachusetts: The Belknap Press of Harvard University Press, 2009, pp. 284 - 285.

产和创新。所以，必须从共有性立场出发，去定义生命政治生产的效率。这种效率观完全颠覆了资产阶级经济学的标准叙述，按照那种标准叙述，私有财产不仅是自由的核心，而且也是效率、规训和创新的核心，并以那种标准叙述反对公有的控制。现在，共有性已经成为自由与创新的核心，它反对私有的控制，反对由私有财产权、法律结构及市场力量所施加的控制，要求生产者在共有性财富世界中可以自由进入、自由使用、自由表达、自由互动。"在这种语境下，自由只能是共有性的自由。"① 因此，"共有性的自由是生产的本质属性"②。

生命政治生产的共有性消除了"稀缺性"，显示了分享发展方式无限积累的丰富性。哈特和奈格里认为，在共有性的生命政治生产语境下，许多经济学的核心概念内涵都发生了根本的变化。稀缺性和经济发展都与此前不同了。立足于生命政治生产，经济活动不再受所谓财富物质的"稀缺性"制约。非物质劳动的产品是分享不尽，从不减少的。这是由财富本身非物质性的性质决定的。哈特和奈格里说："生命政治生产具有一种独一无二的性质，即在生产财富的过程中它不会摧毁或减损原材料。生命政治生产使生命运行，但并不消费它（产品）。"③ 这就是说产品一直持存且不排除他人使用，它不是排他性的。当人们共同分享一个理念或一个意象时，一个人使用它们进行思考的能力不仅没有任何减损，相反，人们之间交换理念和意象却反而增加了各自的能力。"情感的生产、交流的回路以及协作的模式直接就是社会性的和分享性的。"④ 在这种生产中，稀缺性消失，分享的丰富性

---

① Michael Hardt and Antonio Negri, *Commonwealth*, Cambridge & Massachusetts: The Belknap Press of Harvard University Press, 2009, p. 282.
② Michael Hardt and Antonio Negri, *Commonwealth*, Cambridge & Massachusetts: The Belknap Press of Harvard University Press, 2009, p. 282.
③ Michael Hardt and Antonio Negri, *Commonwealth*, Cambridge & Massachusetts: The Belknap Press of Harvard University Press, 2009, p. 283.
④ Michael Hardt and Antonio Negri, *Commonwealth*, Cambridge & Massachusetts: The Belknap Press of Harvard University Press, 2009, p. 284.

产生。

在生命政治生产里,经济的发展和价值的积累也发生了根本转变。发展和积累由过去注重个人资本或私有企业剩余价值积累转换成注重社会价值的增殖和积累。这种社会价值的积累不单单表现为物的积累,而更多地表现为非物质产品财富的积累。独特的非物质产品的生产形式和产品形式本身作为社会生产和社会财富,其丰富性和共有性增强着每个主体的主体性感受能力和创造能力,从而使整个社会感受能力和创造能力也一同得到强化。哈特和奈格里指出,一旦人们采用共有性的立场,政治经济学的许多核心概念就不得不被重新思考。"在这一语境下,增殖和积累必然地呈现出社会的特征而非个体特征。共有性存在于并发挥作用于广阔而开放的社会网络之中。价值的创造和共有财富的积累都归因于社会生产力量的扩展。在这个意义上,经济增长必然被理解为社会的增长。"① 在这里,经济发展不再是价值的量的积累,而是主体性的生产力的持续增强。

如果说社会增长这一概念很抽象而难以把握,哈特和奈格里则从哲学意义上赋予这种增长积累以另一种意义,即增长积累意味着增加了社会感受性。"共有性的积累与其说意味着我们拥有更多的理念、形象与情感等,更为重要的不如说意味着我们的力量与综合感觉增强了:增强了我们的思考能力、感触能力、同他人结成关系的能力以及爱的能力。用最接近经济学的术语说,这种社会增长既包含社会里可使用的共有性财富储备库的增长,也包含基于共有性的生产能力的增长。"② 这是一种保证主体性生产能力可以充分发挥的增长。

第二,生命政治生产是高度自主性的,它能够冲破资本关系的束

---

① Michael Hardt and Antonio Negri, *Commonwealth*, Cambridge & Massachusetts: The Belknap Press of Harvard University Press, 2009, p.283.
② Michael Hardt and Antonio Negri, *Commonwealth*, Cambridge & Massachusetts: The Belknap Press of Harvard University Press, 2009, p.283.

缚而走向自主联合，从而打破各种权力的压迫，实现真正的民主自由。哈特和奈格里对非物质生产范式的特征进行了分析，指出其核心特征之一就是非物质劳动中结成了所谓的"亲密关系"，它外在于资本而内在于生产，是自主性的经济特征。"这里我们已经紧紧抓住的非物质生产范式的核心方面是它伴随协作、合作和交流出现的亲密关系——总之，是它在共有性中的根基。"① 这种亲密关系不是外在的资本关系而是诸众之间纯粹的人与人之间的关系，它有利于社会的结合。

他们认为马克思有个观点值得思考，即认为资本家的历史功绩是资本家作为社会生产的组织者将工人们在工厂中结合起来，构成协作性生产关系进行生产。但在非物质生产中，资本家变成了外在于生产过程的人，生产由在生产中自主结成关系的生产者自主进行。"在非物质生产范式中，劳动自身趋于直接为生产而生产出互动、交流、协作的工具。情感劳动总是直接构成一种关系。理念、形象与知识不但在共有性中生产出来——没有一个人可以单独地思考，因为所有思想都在同过去和现在的他人思想的合作中被生产出来——而且每一个新理念、新形象都激发和开启新的协作。最后，语言的生产包括自然语言和人工语言，如计算机语言和不同种类代码，总是合作性的，并总在创造出新的合作工具。在这种情况下，在非物质生产中合作的生成已经变得内在于劳动而外在于资本了。"② 在这里，哈特和奈格里比较马克思工厂内的生产性协作关系的组织者和非物质生产中的协作关系的组织者之间的不同，前者由资本家组织，后者由非物质劳动者自主进行，然后得出结论：非物质生产中合作关系外在于资本家，因而外在于资本关系。

---

① Michael Hardt and Antonio Negri, *Multitude: War and Democracy in the Age of Empire*, New York: The Penguin Press, 2004, p.147.
② Michael Hardt and Antonio Negri, *Multitude: War and Democracy in the Age of Empire*, New York: The Penguin Press, 2004, p.147.

实际上，用马克思主义观点看，当代非物质劳动合作关系之所以发生，是劳动者在与资本发生雇佣关系之后出现的，其具体合作关系表现出非物质劳动过程各环节之间的内在联系性，这是生产过程自身的特殊联系，它无法脱离资本关系。而且这种劳动自主性越独立，其创造的价值就越为资本家所占有，这种合作关系越从属于资本关系。这里，就涉及资本雇佣关系的本质性与具体劳动过程中协作关系的物质规定性之间的不同。哈特和奈格里经验化并割裂了雇佣关系的统一性，以特殊劳动过程自身的物质自主性规定反对这种劳动的资本社会关系的形式规定性，因此得出要求自由民主的合作关系的"亲密"性。

第三，生命政治生产是主体性生产，其主体性生产的质是资本的量所无法度量的，这种本体论存在是通向新社会的真正动力。哈特和奈格里说："生命政治劳动过程的自主性与不可测度性——即溢出已生产出的价值的特性——是当代资本主义指挥号令出现矛盾的两大关键要素。"[①] 这两大矛盾因素表明主体性生产的"超出"性已经不是资本主义量的测度体系所能掌握的，就是说生命政治生产者无论就其欲望还是生产能力都远远超出资本为其划定的时空范围，它必然指向新的社会生产体系。这种新体系支持质，保存质，发展质，因而要把诸众奇异性作为整体生命活动看待。这里的"质"是哈特和奈格里代替"量"的特有概念，指的是诸众生命的创造性、生命政治生产所表现的生命展开自身以及共有性财富。

在哈特和奈格里看来，需要建立起一种不同于资本以时间单位计量工人劳动的模式，要发明出非计量（non-measure）的模式，要发明以斗争和建构为内容的新的经济表，它抛舍时间，以创造性活动为价值的最高标准。这样，在非计量模式下诸众形象不是资本压抑下的愧

[①] Michael Hardt and Antonio Negri, *Commonwealth*, Cambridge & Massachusetts: The Belknap Press of Harvard University Press, 2009, p. 270.

疚式的消极性，而是充满创造活力的积极性。生命政治的价值建立在协作性的共有性之上，这种价值增殖不仅展现了生产主体的创造性，同时也反过来大幅度改造、提升、丰富了主体性，因此，"共有性的领域因主体性生产而生机勃勃"①。斯宾诺莎说，两个人走到一起团结起来，他们的力量就大得多，更多的人团结在一起，力量就更加强大。

在生命政治生产语境下，诸众自主进行的主体性生产协作，就成为一种遍布社会空间的整体生命活动，"生产劳动的不可计量性和溢出就是一个横跨整个生命政治社会结构的过程"②。在这个过程中，这些后现代劳动力不再以碎片化和分散化的形式存在，他们通过生命政治生产的交往与合作汇聚成了一个共有的社会存在，这时，一种历史的过渡就出现："我们所谈的过渡恰恰需要那种从私有制和公有制控制中脱离并发展起来的诸众的自主性；需要通过在协作、交流和组织社会的相遇中而被教育和训练产生出的社会主体的质变；需要持续进行的共有性的积累。这就是资本如何创造出它的掘墓人：为追逐它的利润和拼命维护自身的生存，资本必须培育出生产性诸众日益增加的力量和自主性。当力量的积累跨过了某个阈值，诸众将带着能够自主管理共有财富的能力而涌现出来。"③

生命政治生产的上述特性意味着诸众能够出离资本关系，同时能够建立新的有益的共有性的形式，这种有益的形式不仅是对共有体的建构，也是诸众主体具有的政治制宪权的表达。

---

① Michael Hardt and Antonio Negri, *Commonwealth*, Cambridge & Massachusetts: The Belknap Press of Harvard University Press, 2009, p. 317.
② Michael Hardt and Antonio Negri, *Commonwealth*, Cambridge & Massachusetts: The Belknap Press of Harvard University Press, 2009, p. 317.
③ Michael Hardt and Antonio Negri, *Commonwealth*, Cambridge & Massachusetts: The Belknap Press of Harvard University Press, 2009, p. 311.

共有体：一种可能的伦理目标

哈特和奈格里的诸众解放的终极理想目标是实现共有体这样一种社会，建构出一种绝对民主的社会制度。在这种制度中，帝国主权和全球资本叠合的生命权力被消灭，战争与例外状态绝迹，政治、财产、社会、文化意识等方面的等级制不再存在，身份被抛到九霄云外，一切外在的反动现代性强制也烟消云散。在一片和平的世界里，在"每个人的统治由每个人行使"的绝对民主状态中，在生命政治生产的共有性的各种有益制度形式下，作为奇异性的诸众以共有者的积极主体性形象，在爱的伦理原则指导下，在全球范围内自由、平等地流动、相遇、杂交、融合、交流、协作，以不断促进生命政治生产力发展的方式去共同地生产和生活，生命充盈了爱，爱充盈了整个世界。在他们看来，这就是消灭了私有制和公有制国家之后的马克思的共产主义世界。

但是，在帝国生命权力的统治之下，创建出共有体社会制度是可能的吗？哈特和奈格里坚定地回答：这是一个可能的伦理目标，因为生命政治生产形成了一个能够实现这一社会制度的强大的伦理主体性形象——共有者的诸众。而新世界并不是客观逻辑的自动到来，恰恰是由共有者诸众主体以"企业家精神"自主创造出来的。

哈特和奈格里之所以把共有体看作是绝对民主的社会，离不开他们的斯宾诺莎哲学情结。在他们的政治历史观念中，文艺复兴开启了肯定人类力量创造世界的历史，发现了人类自身的内在性平面。从邓斯·司各脱论断每一个实体都有一个奇异性本质到斯宾诺莎强调人的绝对自由内在性，一种否定超验存在而肯定人的内在创造性的革命的内在性平面思想就主导了先进的人们的认知。从肯定智力的伟大力量到肯定自然生命和生产劳动的作用，从艺术到科学到政治，再到绝对民主的存在状态，绝对内在性平面的思想形成了。到了斯宾诺莎时代，人类革命性力量经过几个世纪的发展而被总结。哈特和奈格里指出："到了斯宾诺莎时代，那种内在性视域和民主的绝对性政治秩序的视域是完全一致的。内在性平面是这样一个意涵，即在这个意涵上奇异性力量被现实化，在这个意涵上新的人类真理被历史性地、技术性地以及政治性地规定了。就这个事实而言，由于不可能存在任何外在的中介物，因而，这种奇异性就表现为诸众。"① 这也就是说，斯宾诺莎的内在性哲学高扬了文艺复兴时代兴起的人文主义精神，把人类与自然置于上帝的位置之上，把整个世界转换为一种人类实践构成的领域。在这样的领域中，否定了霍布斯超验的国家主权的专制性，构成了诸众的民主，诸众的民主就是绝对的民主。这种民主成为不是由思考死亡而是由思考生命如何更好地活着的人追求的目标，后者是追求自由的人，是充满爱的人，而爱是奇异性自由实现的最为根基性的伦理纽带。

哈特和奈格里深受斯宾诺莎的绝对自由和绝对民主观念的影响，他们关于人类的解放就是每一个人在行动上都是自由的，在政治上都是民主的，决不允许任何外在的权威的压制。他们的诸众概念代表了实现绝对自由和绝对民主的主体，既是奇异性，又是共有性，二者完全统一。他们说："诸众，如斯宾诺莎所言，通过理性和激情，在历史力量复杂的相互作用中，诸众创造了斯宾诺莎称为绝对性的自由：在整个历史中，人类一直拒绝权威和命令，表达那种无法再分割的奇异性的差异，在无数的造反和革命中寻找自由。这种自由不是自然给予的，它只能通过持续地克服障碍和限制而获得。"② 民主与自由不可分离，自由是民主的前提，民主是自由的实现形式。自由只有在绝对的

---

① Michael Hardt and Antonio Negri, *Empire*, London: Harvard University Press, 2000, p.73.
② Michael Hardt and Antonio Negri, *Multitude: War and Democracy in the Age of Empire*, New York: The Penguin Press, 2004, p.221.

民主中才能实现自身。什么是绝对民主？哈特和奈格里给出了他们的规定：它是每一个人的统治，即"每一个人的统治由每一个人行使"①。民主由一些人的民主发展到每一个人的民主，这种民主就是绝对民主。"现代民主没有任何限制，这就是斯宾诺莎为何把它称为'绝对'的原因。"② 在这里，哈特和奈格里首先把绝对民主抽象地确定为每个诸众的自主的自我决定。

在帝国统治时代，哈特和奈格里为绝对民主增加了三大内涵。首先，帝国时代的生命政治生产为诸众提供了绝对民主的内容和要求。由于生命政治生产是主体性生产，是质的"超出"的生产，奇异性与共有性交互促进，产生了本体论上民主内容和制宪权的表达诉求。其表现为生命政治劳动者直接自主地、自由地、平等地、民主地创造出共有性的社会关系，有力地促进生命政治生产力的发展；同时生产本身既具有经济性又具有政治性，既是社会性的又是文化性的，这种打破领域界限的特点为诸众在所有领域的民主制宪权表达确立了基础。这种民主不需要任何代表中介而诸众可以直接参与：进行民主管理，民主组织，民主决策，民主分享。但这绝不是所谓的"直接民主"，而是"绝对的民主"。与"直接民主"需要花费大量时间和精力去专门投票、开会讨论不同，"绝对民主"就在生命政治生产过程中直接完成，生产本身就是民主化，而且是所有诸众参与的，不必另外花费时间与精力，因而效果更好。就生产社会关系也是政治工作而言，经济生产和政治生产是一致的，而这种生产过程中的合作性的生产网络就是一个新社会的制度化结构。哈特和奈格里说："这种民主——在这种民主中我们所有人都能通过我们的生命政治生产合作性地去创造与维护、

---

① Michael Hardt and Antonio Negri, *Multitude*: *War and Democracy in the Age of Empire*, New York: The Penguin Press, 2004, p. 240.
② Michael Hardt and Antonio Negri, *Multitude*: *War and Democracy in the Age of Empire*, New York: The Penguin Press, 2004, p. 240.

发展社会——就是我们称为'绝对'的东西。"①

其次，生命政治生产为绝对民主提供了最适宜的实现形式。生命政治生产是在一种分散性、平面化、非中心化和网络化的社会组织形式中进行的，它打碎了中心化的等级制形式，消解了任何外在权威的存在方式，为分散的差异化的奇异性民主聚合提供了最适宜形式，也为诸众反对帝国提供了绝对民主的形式。哈特和奈格里指出："分散性网络化结构为绝对民主的组织提供了实现的模式。这种绝对民主的组织与经济及社会生产的主导形式相一致，也是反对当下统治权力结构的一件最有威力的武器。"②

最后，生命政治生产以生命力量反对生命权力本身就是绝对民主的革命。帝国统治是以战争为基础的，这种战争表现为生命权力以死亡威胁诸众而实现统治，因而这种统治是最极端、最绝对的，它是一种绝对的本体论式的统治。诸众要解放自身，必须用生命政治生产的主体性去反对战争，追求和平，实现民主。反对战争本身就是绝对民主的要求。哈特和奈格里说："在把诸众与帝国紧紧连在一起的生命政治生产领域内二者间存在激烈搏斗，在搏斗中，当帝国用战争作为合法化自身的基础时，诸众以民主作为自身行动的政治基础。这种反对战争的民主是一种'绝对民主'。我们把这种民主运动叫作'出离'过程，它包含着诸众解开把帝国主权权威与从属阶级同意绑在一起的锁链的过程。"③ 在这里，绝对民主的抽象表达被增添了具体内容，变成了帝国时代反对战争的绝对民主的行为概念。

哈特和奈格里把斯宾诺莎的绝对民主概念与他们改造福柯生命政

---

① Michael Hardt and Antonio Negri, *Multitude: War and Democracy in the Age of Empire*, New York: The Penguin Press, 2004, pp. 350–351.
② Michael Hardt and Antonio Negri, *Multitude: War and Democracy in the Age of Empire*, New York: The Penguin Press, 2004, p. 88.
③ Michael Hardt and Antonio Negri, *Multitude: War and Democracy in the Age of Empire*, New York: The Penguin Press, 2004, pp. 90–91.

治思想后的生命政治生产概念结合起来,提出了他们反抗帝国主权与资本权力统治的绝对民主的革命政治规划与共有体的绝对民主的建构目标。如果说出离就是绝对民主的革命运动的话,那么在出离的过程中进行绝对民主的制宪权确立就是共有体新社会制度的建设本身。由于哈特和奈格里把权力统治看作权力方与被支配方之间构成的一种不对称的权力关系,即被支配方优先于权力方,所以权力关系时刻处于一种危机之中,因为被施加权力的一方随时可以出离权力关系,从而使权力一方处于无对象之中而无效,同时出离一方可以自行创造新生活,进行自我价值增殖。哈特和奈格里指出,权力关系的"这种分界处就是诸众作为一个主体表现之处,并且在此可以宣布'另一个世界是可能的',因为从主权关系中出离的同时可以运用自身去创造一个新世界。……诸众不仅必须把它的出离设定为反抗,而且它必须将这种反抗转变为一种形式的制宪权,去创造出一个新社会的社会关系和社会制度"①。

这种转变显现了哈特和奈格里的制度形成观,他们将制宪权设定为共有体社会的核心权力,它意味着诸众将生命政治生产过程中形成的集体性的共识、行动、惯例、风格等规则化为权利和权力。这种权力不为任何既定规则所限制,而时刻保持在诸众自己的手中,并随着诸众共有性中的实践变化而变化,它根本反对资产阶级的财产宪定权。哈特和奈格里反对资产阶级政治学家和法律学家关于制度的理论,认为这些理论要求人们让渡自己的部分权利和权力给主权,以主权保障人们的安全和社会秩序。其实质是制度为宪定权服务,为主权的宪政秩序服务。"相反,按照我们的概念,制度形成一种制宪权而非宪定权。制度的规范和义务在日常互动中建立,并持续地向一种演化的过程开放。构成诸众的

---

① Michael Hardt and Antonio Negri, *Multitude: War and Democracy in the Age of Empire*, New York: The Penguin Press, 2004, p. 348.

奇异性并不转让他们的权利或权力，因而他们拒绝主权权力的形成，但是，在他们的相遇中每一个人都变得更加强大。"①这种强大必须在共有体的制度法律规范中才能得到有效维持，否则，它就可能因散乱而消失。

共有体需要共有性的法律，诸众的制宪权可以用来制定社会主体性共有、共享共有物的法律关系，它打破了私有权与公有权的法律规定。哈特和奈格里强调，必须创造出共有体的法律，它将财富规定为每一个奇异性所有，但是既共有又个有，这是诸众真正自主管理、民主管理的法律反映。诸众必须建立以共有性为基础的"奇异性权利的概念"，反对个体权利概念。这不是一个假设问题，相反，它与生命政治生产的经济和政治活动相一致。"总之，共有标志了一种新的主权形式，一种民主的主权（更准确地说是一种置换掉主权的社会组织形式），在其中社会奇异性通过他们自己的生命政治活动控制、管理那些关乎诸众自身再生产的公共产品与公共服务。"②

2011年，中东、北非与欧美发生了声势浩大的民众"占领广场"运动，这被哈特和奈格里认为是现实地证实了他们的诸众制度形成观。他们认为，"从北非到西班牙、希腊、美国和其他地区，这一斗争用造反的方式表达了新的权利要求，使新型宪法性权力涌现出来"③，在这一运动中，即表现为诸众设定斗争日程与自我管理时间的"自主性时间"的出现，在那个制宪运动的时间中，诸众互相感染、交流、认同，形成一种政治性情感关系。在这种既反抗又建构的运动中，差异被最大程度包容，诸众最大程度参与，民主被最大程度实践，多数决定在包容差异

---

① Michael Hardt and Antonio Negri, *Commonwealth*, Cambridge & Massachusetts: The Belknap Press of Harvard University Press, 2009, p. 359.
② Michael Hardt and Antonio Negri, *Multitude: War and Democracy in the Age of Empire*, New York: The Penguin Press, 2004, p. 206.
③ Michael Hardt and Antonio Negri, *Declaration*, New York: Argo Navis Author Services, 2012, p. 53.

的基础上指向前方。哈特和奈格里指出:"集会是发现连接不同观点和不同欲求的方式,因而诸众都能在不同旨趣的小组中共存。多数并不是同一而是差异集合体。少数不被排斥而被保护。集会不是让代表发挥才智,而是依照所有人的意志而行事的新型政治民主方式。"① 这种多元主体构成的集会"创造了一种制宪民主(constituent democracy),在这种民主下差异相互作用、相互联系,形成一种分享式构成(shared composition)"②。集会成为哈特和奈格里在 2011 年的广场占领运动中发现的诸众民主化的形式,它能构成共识与制度,而人人会自觉遵守。

共有体的制宪权还必须具有一种防止恶毁坏了共有体的主体因素,这就是爱。"制度过程提供了一种保护机制(但不存在担保),使诸众不会面临两种首要威胁:外部性统治权力的镇压和内部性诸众诸奇异性之间的毁灭性冲突。"③ 哈特和奈格里批判传统政治学家存在的一个最大错误是把制宪权从社会存在中分离出去,作为一种纯粹的孤立的权力发挥作用。诸众的制宪权恰恰相反,它存在于生命政治生产之中,是一种决断、一种认同、一种爱的行为。哈特和奈格里意味深长地说:"这种制宪权是完全不同的事物。它是从本体论的社会生产劳动过程中涌现出来的决断;它是发展共识的一种制度化形式;它是一种力量的调度,捍卫着解放和自由的历史进步;总而言之,它是一种爱的行动。"④

爱,成为哈特和奈格里发挥诸众积极主体性的关键和基础概念。如果没有爱,诸众就只能在资产阶级腐化的共有性机构和意识形态下

---

① Michael Hardt and Antonio Negri, *Declaration*, New York: Argo Navis Author Services, 2012, p. 64.
② Michael Hardt and Antonio Negri, *Declaration*, New York: Argo Navis Author Services, 2012, p. 67.
③ Michael Hardt and Antonio Negri, *Commonwealth*, Cambridge & Massachusetts: The Belknap Press of Harvard University Press, 2009, p. 359.
④ Michael Hardt and Antonio Negri, *Multitude: War and Democracy in the Age of Empire*, New York: The Penguin Press, 2004, p. 351.

丧失希望和生命活力，变成一个"贫乏的主体性"①。因此，必须实行一个伦理的规划，用义愤和爱对抗、出离帝国统治与建构共有体。他们发挥了斯宾诺莎的爱的伦理学，把爱看作普遍之爱，看作共有性的生产的力量，看作新生命的充盈，看成一种本体论的历史断裂与新社会诞生的事件。而诸众就被他们塑造成为充满义愤与爱的这样一种积极伦理主体，他们在义愤与爱的欲求中提出了三大"共产主义伦理"，即"反对国家、为共有的战斗和制度的生产"②。这三大伦理最终指向"共产主义制宪伦理"，以诸众的"共产主义制宪权"去创造出共有体的新社会。因此，反对帝国、出离资本，建构共有体成为哈特和奈格里笔下的一项本体论的伦理政治解放哲学的规划。这显示了他们的政治哲学是一种强调主体创构力量的事件哲学。

哈特和奈格里基于生命政治生产的霸权和它自身的共有性、主体性和自主性特征，构建了一个以绝对民主为根本宗旨的共有体社会。这个共有体社会既反对资本私有制的帝国，也否定公有制的社会主义国家，而是采用了人人民主、个个自由的社会性体制。他们反对一切超验和先验权力，主张建立起诸众绝对民主的分散性的社会组织形式，实行一种民主政治的社会宪章。他们说这是真正的共产主义。

但是从马克思的共产主义逻辑出发，他们这种共有体的共产主义理论却是对马克思共产主义思想的极大背离。马克思的共产主义首先是一种不同于资本主义制度的新型经济形态，它是"最后都达到在保证社会劳动生产力极高度发展的同时又保证每个生产者个人最全面的发展的这样一种经济形态"③。在这种经济形态中，物质生产劳动是第

---

① Michael Hardt and Antonio Negri, *Declaration*, New York: Argo Navis Author Services, 2012, p. 104.
② Costas Douzinas and Slavoj Žižek eds., *The Idea of Communism*, London/New York: Verso, 2010, p. 164.
③《马克思恩格斯全集》第 25 卷，人民出版社 2001 年版，第 145 页。

一位的，它是全部社会存在的根基，因而这种生产劳动不仅需要生产出劳动者必需品，而且要同时生产出社会再生产、扩大再生产、社会必需后备金、社会管理费用、社会公共需要、丧失劳动能力者基金等等。只有在这种强大生产力生产的充沛物质财富之上，在消灭了资产阶级所有制之后的"各尽所能，按需分配"原则下，个人的全面发展从而主体性发展和发挥才是可能的。因此，物质生产是第一位的。在此本体论意义上，马克思指出劳动必然是人们的第一需要，当然这种劳动是构成社会物质生产总劳动的每一种劳动，包括体力或脑力劳动。他认为，在共产主义社会的高级阶段，过去社会阶段出现的外在的强制分工已被消灭，体力劳动和脑力劳动之间的对立不再存在。"在劳动已经不仅仅是谋生的手段，而且本身成了生活的第一需要之后；在随着个人的全面发展，他们的生产力也增长起来，而集体财富的一切源泉都充分涌流之后……社会才能在自己的旗帜上写上：各尽所能，按需分配！"① 在这里，马克思明确提出了作为高级阶段共产主义社会的经济基本原则，这种原则表明他的共产主义首先是一种经济形态的共产主义，而不是其他形态。

与此相比，哈特和奈格里的共有体首先是绝对民主这样一种政治形态的构想，它建立在作为生命政治生产的非物质劳动霸权之上。但是他们也意识到这种非物质劳动的正常存在和不断发展首先必须依赖于物质必需品的充分保障，诸众只有活着才能具有内在性的欲望、爱与创造潜能。但是，他们不是把这种物质生产作为诸众自身应该担负起的历史任务，而是把它们推给了他们要打倒的资本。在《共有体》中，他们建议资产阶级为发展非物质劳动的生命政治生产力，应向诸众提供各种物质、文化、社会等方面的基础设施条件。他们说：资产

---

①《马克思恩格斯全集》第25卷，人民出版社2001年版，第20页。

阶级"第一套改革目标是为生命政治生产提供必需的基础设施"①。如水、电、衣、食等。"支撑生产性的主体性也需要一套社会的和智力的基础设施。"② "作为教育的必然结果、作为社会的和智力的基础设施,一个开放的信息和文化基础设施是必须建立的,以充分发展和发挥诸众思考和彼此协作的能力。"③ 当然,提供足够满足各种高级技术研究所需要的基金也是需要的。除此之外,哈特和奈格里还要求资产阶级要保证诸众全球流动的自由、安排时间的自由、自主构建社会关系的自由,并提出应保证全球公民权利,等等。这样一来,诸众自身解放所必需的物质条件、社会条件、文化条件和政治条件等就变成了对资产阶级恩赐的要求,这实质上表明了哈特和奈格里的非物质劳动者解放所必需的物质基础的缺失。在这种条件下,诸众的自主解放的物质基础在哪里?哈特和奈格里的共有体理论出现了巨大的悖论。

哈特和奈格里否定公有制的社会主义国家,认为国家就是一种现代性的超验主权对诸众的外在压制,国家管控经济变成了无法改变的固化性规训形式,抑制了诸众的创造活力。他们要建立松散的网络化的绝对民主共有体。这与马克思的无产阶级专政理论相背离。在马克思的共产主义理论中,共产主义分为两个阶段,在初级阶段,无产阶级必须坚持自己的专政国家权力,以消除资产阶级的反扑,同时组织社会尽可能快地发展生产力,为共产主义高级阶段奠定物质基础。恩格斯则批判反权威主义者在资产阶级国家权威仍然存在的情况下,却去反对工人阶级的革命组织的权威化的观点。他说,毫无疑问社会主义者都认为政治权威和国家权威会因未来社会革命而消亡,但是,"反

---

① Michael Hardt and Antonio Negri, *Commonwealth*, Cambridge & Massachusetts: The Belknap Press of Harvard University Press, 2009, p. 307.
② Michael Hardt and Antonio Negri, *Commonwealth*, Cambridge & Massachusetts: The Belknap Press of Harvard University Press, 2009, p. 308.
③ Michael Hardt and Antonio Negri, *Commonwealth*, Cambridge & Massachusetts: The Belknap Press of Harvard University Press, 2009, p. 308.

权威主义者却要求在产生权威的政治国家的各种社会条件消除以前，一举把权威的政治国家废除。他们要求把废除权威作为社会革命的第一个行动"①。恩格斯对意大利工人运动中的巴枯宁无政府主义观点的批判，不也正是对哈特和奈格里反对一切社会主义国家权威观点的批判吗？

  当然，我们也必须看到苏联社会主义国家机构因僵化、官僚化而特权化，进而产生了特权阶层与广大人民之间的对立，这严重阻碍了现实社会主义的发展。苏联的崩溃并不是现实社会主义国家实践的失败，而是提醒马克思主义者不忘初心，必须时刻警惕和持续消除国家体制中脱离人民的官僚主义、形式主义和腐败现象，必须时刻保持对资产阶级意识形态腐化的警惕性，保持社会主义国家权威的人民性。在历史上，资本主义创造了大工业生产，那么，共产主义者应该在继承和肯定这种客观生产权威的基础上积极扬弃它，去更加有效地发展生产力，促进国家权威的社会管理功能化。

  哈特和奈格里的共有体理论片面地强调了政治性的绝对民主制宪权，强调了诸众集体实践原则的制度化，但是并不主张建构一个现实的实体机构来保证执行，而完全凭借诸众在集会式的活动中的自觉一致性。这是他们过度强调劳动主体的积极性所导致的理论偏向。但是，他们提出的"自下而上"的诸众创造历史的方法论原则是非常值得肯定的。

---

① 《马克思恩格斯文集》第 3 卷，人民出版社 2009 年版，第 338 页。

结语

基于唯物史观对哈特与奈格里生命政治哲学的评价

面对资本主义全球发展的最新形势,哈特和奈格里从继承和发展马克思主义理论的角度,在 21 世纪初提出了他们自己宏大的帝国统治与诸众反抗的生命政治语境下的解放政治哲学理论,使西方左派理论界为之一振。他们批判传统的马克思主义者拘泥于抽象的哲学概念不思进取,不能与时俱进地发展马克思主义。他们意欲从意大利自主论马克思主义的立场、观点和方法出发,综合诸理论,创构新概念,提出新论断,进行新论述,从而将马克思主义理论推进到后现代时代。

但是,由于他们把马克思的唯物史观本质性生产力与生产关系对立统一矛盾作了经验化理解,将历史性的本质性的劳动与资本的对立统一关系下降为劳动者与资本家之间的经验性的权力统治关系,从而以劳动优先于资本、抵抗优先于权力的斗争回应政治历史观,去看待资本主义的发展史,去把握当代资本主义的全球化发展形势。这种经验化理解必然会在具体性的劳动者与资本家的外在对立关系中得出关系分裂的可能性,必然一方面片面强调劳动主体的主体性,另一方面强调资本权力方统治策略的回应式调整性;必然一方面寻求支撑劳动者优越性的现实生产形式,另一方面寻找显示资本权力的无能无力性的根据。非物质劳动霸权概念的出现,为说明当代资本主义最新发展形势提供了基础性的概念工具,结果新"概念群"产生:非物质劳动向生命政治生产转化,资本权力向资本帝国生命权力过渡;奇异性的诸众替换了同一性产业工人阶级,质的主体性生产的共有性价值的

"超出性"否定了量的物质劳动时间的有限性；全球社会生产代替了具体工厂生产，工厂直接剥削演化为金融的外在侵占；和平的出离胜过了暴力的革命，政治形态的绝对民主覆盖了经济形态的共产主义；同时斯宾诺莎的爱的伦理政治学也大量掺入马克思主义的客观性历史哲学中。一种基于非物质劳动霸权概念之上的极为宏大的全球诸众伦理解放政治哲学在 21 世纪出现。

哈特和奈格里在历史运行论中以经验论为基础说明社会现实，这使得他们能够敏锐地抓住最新历史发展现象，并在理论上提出最新解释，使马克思主义在面对现实时保持着强大的理论活力，从而丰富了马克思主义的理论资源，推动了学术进步，这是非常值得肯定的。但经验论也导致他们不能充分理解马克思"从抽象上升到具体"的历史方法论的真正内涵，他们轻率地提出了以非物质劳动霸权理论否定马克思主义物质生产历史本体论、劳动价值论等方面的结论，这又是非常错误的。对此，我们应该保持马克思主义者应有的理论警惕。

面对这种解放哲学，我们必须选择对他们提出的核心概念和关键观点——他们的历史观和方法论、非物质劳动霸权概念、劳动价值失效论、金融外在剥削观、帝国国家理论——作马克思主义的理论回应和评价，否则，何谈马克思主义者的理论自觉性和马克思主义理论本身的强大穿透力呢？

马克思从人与自然之间的物质生产出发，发现了生产力与生产关系之间的内在对立矛盾关系，以此确立了人类社会历史发展的动力机制。物质生产作为一切社会存在的自然必然性，对人类存在而言具有本体论的基础意义，没有它，一切无从谈起。这种物质生产是抽象的生产一般，但在社会内在矛盾发展的推动下，在每一历史阶段都以具体的生产方式出现，表现为具体的生产关系和占有关系的统一，物质生产的抽象性在历史发展中获得了自己的特殊社会规定性，无论是资本主义生产方式还是共产主义生产方式都是这样。这就是马克思"从抽象上升到一般"的历史发生学方法论的含义。唐正东教授深刻指出："马克思的这种'抽象'是一种历史辩证法意义上的抽象，因为只有基于内在矛盾运动的社会历史过程，才能彰显出生产一般之各种表现形式之间的继承和发展关系，从而才能为运用从抽象上升到具体的方法论创造现实历史条件。就某个具体的生产方式而言，运用从抽象上升到具体的方法论能够得出对'具体'的历史丰富性及特殊性的深刻解读。而就生产方式的整个历史发展过程来说，把运用这种方法论所得出的各个'具体'连接起来，便能向我们展示生产方式内在矛盾运动的进程与规律，而这就是历史唯物主义所要揭示的历史进程理论。"[①]

哈特和奈格里的历史发展观是斗争回应的政治历史观，突出的是生产技术范式发展观，其方法论是"自下而上"。我们看到，在《帝国》中，哈特和奈格里将中世纪以来的历史划分为三个生产主导技术范式：农业与原材料开采利用范式，工业与物质耐用品制造范式，当代服务和信息主导的生产范式。而资本主义发展阶段是他们历史方法论应用的核心历史领域。在这个历史发展中，他们不是从客观性的生产方式的内在矛盾发展中解读历史，而是从雇佣劳动者反抗资本既有的剥削和统治形式与策略的斗争，资本被迫回应这种斗争从而改善剥削和统治形式与策略的运动中看待资本主义发展的。这样一来，一方面，资本主义之前的社会历史被排除在历史发展的说明之外，至多作为受欧洲中心主义现代性侵略的文化存在着；另一方面，这种斗争回应历史观将资本生产关系作为既定的客观存在加以接受，并在这个前提下，以劳动主体反抗导致资本处于危机，进而迫使资本家发明新的生产技术来重新配置资本，进行新的生产和统治，因而斗争具有了一种周期性，资本主义发展就在这种斗争周期中一个阶段一个阶段地前

[①] 唐正东：《〈资本论〉及其手稿中的"抽象"概念》，《贵州师范大学学报（社会科学版）》2016年第3期。

进。这里,资本的发展本身表现为被迫回应式的纯粹技术发展范式,从协作到工场手工业,从工场手工业到机器大工业,从机器大工业发展到福特主义生产范式,从福特主义生产范式前进到后福特主义生产方式,他们只凸显出劳动过程变革的技术范式,而缺乏对资本增殖的社会关系变化的充分叙述,至多只提出了金融剥削关系的出现。资本主义劳动过程和增殖过程的统一在他们那里变成了单线的劳动过程的技术发展,资本价值的增殖过程却以资本关系外在于劳动过程而被忽视了。马克思的资本主义生产方式中各个资本在外在竞争压力下,主动进行技术变革、追逐相对剩余价值的资本积累进程,被主体反抗危机所促进的技术发展所代替。结果,其理论趣味强调主体性,突出事件哲学中的断裂性和创造意味,反对超验的目的论,其实践旨趣则指向进行各种各样的社会斗争。这种生产与斗争被哈特和奈格里看作"自下而上"的,并成为他们解释历史发展的方法论。但显而易见,哈特和奈格里"自下而上"的政治历史观方法论不同于马克思的"从抽象上升到具体"的历史辩证法方法论。

哈特和奈格里在《帝国》系列著作中提出了最为核心的概念之一——"非物质劳动"概念,这一概念被张一兵先生从现代科学技术生产力发展的角度指认为非常重要,在"非物质劳动"概念中所探讨的劳动力的质量和本质的变迁是二战之后"整个西方马克思主义学术界在历史唯物主义深层思考中最重要的进展之一"。[①] 这是非常深刻的判断,因为这个判断中已经排除了哈特和奈格里概念中混杂的流通过程中的非物质劳动的成分,从而使之成为一个纯粹的马克思主义的生产力的概念。

哈特和奈格里指出当代非物质劳动已经出现并日趋霸权化,这开创了一个诸众自我解放的新时代。该如何准确定位他们这个概念及其

---

① 张一兵:《非物质劳动与创造性剩余价值》,《国外理论动态》2017 年第 7 期。

解放作用？笔者认为应该从马克思的资本主义生产总过程理论中确立理论坐标。如果从马克思的观点看，非物质劳动概念应放在这样一些关系层次中对待：首先，生产力发展、剩余产品增加同非物质劳动者增多之间的关系。马克思从人类生产劳动奠定人类生存的本体论角度，分析了不直接从事物质生产的人增多的原因。他认为人类通过劳动摆脱了动物性存在，以一定的社会化发展劳动生产力。生产力的发展产生了剩余劳动，当且仅当"劳动本身已经在一定程度上社会化的时候，一个人的剩余劳动成为另一个人的生存条件的关系才会出现"①。靠占有他人劳动产品而活着的不劳动的人才能产生。社会生产力越是发展，占有他人劳动产品的人越多。资本生产关系就在这样的经济土壤中产生。资本主义生产方式出现后，在劳动生产力上，人对自然的支配代替了自然对人的支配。社会地控制生产力、发展生产力、使用生产力成为资本攫取剩余价值的最强大手段，科学技术发展起来，劳动生产力提高，剩余产品丰富起来。结果"劳动生产力越高，非工人和工人相比数量就越多，不从事必要生活资料生产或完全不从事物质生产的工人的数量就越多，或者最后，直接构成剩余产品所有者的人数的那些人，或者甚至构成既不从事体力劳动也不从事脑力劳动，而是提供'服务'，由剩余产品占有者将剩余产品的一部分付给他们作为报酬的那些人的数量就越多"②。这里，劳动生产力的提高与物质性剩余产品的增多是非物质劳动存在和非物质劳动者增多的必要历史前提。没有前者的充分发展，就不可能有后者的霸权性存在。

其次，从资本主义直接物质生产过程的总劳动过程与"总生产机器"概念去看各种分工性劳动形式以及它们与资本之间的实际从属关系。在这个总劳动过程中，各单个工人是作为社会结合起来的劳动能

---

① 《马克思恩格斯全集》第44卷，人民出版社2001年版，第585页。
② 《马克思恩格斯文集》第8卷，人民出版社2009年版，第370—371页。

力而存在的,这些结合起来的劳动能力构成一种总生产机器装置,在这个机器装置中各个单个的劳动能力以不同方式参加总产品的形成,从而形成多种多样的职能性劳动,非物质劳动就存在于这个总劳动过程之中,作为物质劳动的一个有机部分而存在,并在资本关系下属于"生产劳动"的概念。马克思指出:"随着劳动对资本的实际上的从属或特殊资本主义生产方式的发展,变成总劳动过程的实际执行者的并不是单个工人,而是日益社会地结合起来的劳动能力;互相竞争的和构成为总生产机器的各种劳动能力,以极其不同的方式参加商品形成的直接过程,或者在这里不如说参加产品形成的直接过程:有的人多用手工作,有的人多用脑工作,有的人当经理、工程师、工艺师等等,有的人当监工,有的人当直接的体力劳动者或者做简单的辅助工,于是劳动能力的越来越多的职能被列在生产劳动的直接概念下,这些劳动能力的承担者也被列在生产工人的概念下,即直接被资本剥削的和从属于资本价值增殖过程与生产过程本身的工人的概念下。如果考察组成工场的总体工人,那么他们结合起来的活动在物质上就直接实现在同时是商品总量的总产品中,而单个工人作为这个总体工人的单纯成员的职能距直接体力劳动是远还是近,那都完全没有关系。"[①] 在这一复杂的分析中,马克思从直接生产产品的过程出发,从形成产品的各种不同的职能劳动出发,去评判各特殊形式劳动的作用,指出不论它们有多么不同,它们都构成了实际从属于资本的生产劳动。在这里,我们看到属于资本总劳动过程的脑力劳动、监工劳动等形式,它们是属于哈特和奈格里所定义的非物质劳动概念的,它们实际从属于资本,不论其距离直接体力劳动与物质性劳动多么远。

最后,从科学技术作为资本主义生产条件方面看脑力劳动的独立化、职业化和它们的社会性效用。马克思指出,科学技术作为另一种

[①]《马克思恩格斯文集》第8卷,人民出版社2009年版,第521—522页。

自然力可以无偿地为资本增殖服务,科学技术的资本化研发使其成为社会生产中日益核心化的独立部门,又在生产过程的利用中作为资本力量与劳动相对立。同时,科学技术的特殊知识形式在社会广泛传播,提升了社会一般智力水平,并为相应的物质生产提供了合格的劳动力。马克思指出,在资本主义社会中科学发展出现两种属性:一是科学属于资本的力量,而与劳动相对立;二是科学的独立化本身为它的进一步发展和社会的广泛使用提供了条件。后者演变为哈特和奈格里关于科学技术知识劳动的共有性效用的论述,共有性确实是科学技术非物质劳动的一个显著特征:分享而不减少分毫。前者则转化为当代资本意图通过专利和版权对科学知识进行私有化的行为,但这也确实阻碍了科学技术的顺利发展。这是资本主义私有化的弊病。

结合马克思关于生产力发展、资本总生产过程的论述和科技的独立化趋势,我们不妨前进一步,去面对今天资本全球化下的生产分工体系,在这种全球分工中看非物质劳动。我们看到,在全球资本总劳动过程中,西方发达资本主义国家占据了高新技术研发设计的顶端位置,把直接生产环节放在了发展中国家,与此相应,全球资本价值链随着全球生产分工链的分工环节的不同而体现出价值的不同。高新技术研发的非物质劳动在整个全球生产链中占据越来越重要的位置,具有越来越大的价值。高技术研发劳动决定了生产,这是一个事实也是一个趋势。同时,这种趋势在信息化、数字化和人工智能中继续发展。如果说资本主义工场手工业的起点是劳动者技巧自身,大工业的起点是机器,那么信息智能时代的起点是数字信息,它将各种物质性的作为固定资本存在的生产机器之间的非连接空间以信息智能的无形形式连接起来,形成万物互联,自主判断,为社会性的世界性的普遍自动生产提供生产力基础,这种生产力发展趋势使得马克思的全面自动化生产体系的预测成为可能。保障人类从必然性的物质生产中解放出自身,从而实现真正的自由,这不能不说是生产力性的非物质劳动产生的历史性效用。

这种生产力效用被哈特和奈格里敏锐地把握,他们适时提出非物质劳动概念反映了这种时代发展趋势,这不能不说是二战以来注重文化批判的西方马克思主义在生产力发展概念上取得的重大学术成果。但是,当哈特和奈格里说非物质劳动的生命政治生产造成资本有机构成破裂时,这又构成一个理论误判。因为他们认为资本关系外在于非物质劳动,因而非物质劳动过程能够离开资本增殖过程,而自主地进行非资本的共有性生产,发挥作为纯粹使用价值的那种质的生命的联合,建构出一个绝对民主社会。但实际上,今天的资本关系不仅存在,而且以更为强大和更为普遍的形式存在,整个社会财富几乎都变成了不变资本。越来越复杂的高技术研发需要更为庞大的资本注入,依赖资本去组织化地、社会化地结合劳动能力,从而进行更为复杂的结合劳动。单个非物质劳动能力已经无法进行生产劳动,除非他被连接到更广阔的资本的生产组织中。只要劳动与生产劳动条件的资本主义的分离和对立不消灭,资本雇佣关系就是劳动的普遍关系,雇佣劳动就是劳动的普遍形式。这样看,非物质劳动仍然实际上从属于资本,不管它们距离物质劳动是远还是近。当然,哈特和奈格里的非物质劳动的一部分是服务性的生产劳动,这已经与生产力性质的非物质劳动不同了,它是实现剩余价值中的一种生产劳动。

哈特和奈格里从非物质劳动的时空特性、共有性与主体性出发,指出这种劳动本身否定了马克思的劳动价值论。在笔者看来,这是一个建立在经验论上,无法理解抽象的商品二重性和劳动二重性,并混淆了生产过程和流通过程后产生的错误判断。

首先,哈特和奈格里将马克思劳动价值论看作一种量的抽象劳动论与劳动主体性的表达。他们说:"首先,它是一个抽象劳动理论。就劳动是所有生产性活动的共同实体而言,抽象劳动存在于一切商品中。马克思分析了这样一个质的概念如何转化为价值规律中的量的概念,而价值规律是以劳动价值的计量标准问题为核心的。"① 在这里,哈特和奈格里将劳动价值论设定为价值规律中量的关系,一定商品价值的大小同生产它的必要劳动时间建立了关联,一定量的抽象劳动时间等于一定量的价值,价值就在这种可计量的同质性的时间单位上表现出来,商品价值可以在作为计量单位的"简单劳动"中得到表达。但是,马克思作为前提强调的产生社会必要劳动时间的社会交换过程哪里去了?哈特和奈格里没有提及,只是经验化地建立计量联系。在这种量的关系中,哈特和奈格里把生命政治生产主体性的质看作是量所无法测度的,把非物质劳动形成的共有性看作是量无法计量的。因此,统一于商品中的使用价值的自然属性与交换价值的社会属性的矛盾,在哈特和奈格里那里不是通过交换活动来解决,而是就在商品自身中解决,表现为质与量的相互否定。因此,劳动力商品和非物质商品二重属性的矛盾在他们看来就是不可容忍地否定对方。他们离开了交换关系而单纯地把质与量本身的非等同性变成马克思劳动价值论的失效性的一个原因。

其次,哈特和奈格里把劳动价值论片面主体化,他们"把劳动价值看作一个对抗的形象,看作体系中一个开放的,甚至当下是断裂的主体,而不是均衡中的一个要素"②。也就是说,他们在劳动价值论中突出了"劳动"的创造性作用,而忽略了"价值"中劳动凝结成物的形式的重要性,他们分裂了劳动过程与价值之间的联系。在马克思那里,劳动是形成产品的过程,劳动在产品中成为凝结态后才成为价值自身。没有价值,就意味着劳动或者不存在,或者一直处于进行中,或者是社会无效劳动。马克思的劳动价值论在他们手中变成了片面化

---

① Michael Hardt and Antonio Negri, *Commonwealth*, Cambridge & Massachusetts: The Belknap Press of Harvard University Press, 2009, p. 313.
② Michael Hardt and Antonio Negri, *Commonwealth*, Cambridge & Massachusetts: The Belknap Press of Harvard University Press, 2009, pp. 314–315.

主体作用环节,这就指向了劳动者以斗争来增加必要劳动时间的向度。这种对劳动价值论既经验化又主体化的理解必然影响他们对剩余价值理论的认识。

面对剩余价值理论,哈特和奈格里对马克思工作日中必要劳动时间和剩余劳动时间的组合划分进行了经验化理解。他们把必要劳动时间和剩余劳动时间看作前后相继的排序,把必要劳动时间创造的价值归属于雇佣工人,把剩余劳动时间创造的剩余价值归属于资本家无偿获得的;相应的,在生命政治生产中,他们把前者规定为再生产共有性的社会生产条件,把后者规定为资本外在侵占的共有性财富。把两种时间作线性排列的理解曾为马克思所批判,他指出两种时间的组合关系是为了在理论上更容易理解必要价值与剩余价值关系所采用的方法,在实际资本生产中,必要劳动与剩余劳动表现为同一劳动过程,必要劳动时间和剩余劳动时间表现在统一的劳动时间中,必要价值和剩余价值体现在总产品价值中,并在流通中得到实现。只有在实现总价值后,两类价值才能在货币形式上进行分割。更为重要的是,资本生产中的必要劳动时间和剩余劳动时间的量的标准是通过复杂的社会交换过程确立的,它们并不是在孤立的劳动过程中对劳动时间进行非社会划分。马克思指出:"各种劳动化为当作它们的计量单位的简单劳动的不同比例,是在生产者背后由社会过程决定的,因而在他们看来,似乎是由习惯确定的。"① 这种社会决定交换价值或价格的那种客观的社会必要劳动时间,在哈特和奈格里那里不存在,他们就时间看时间。

如果从马克思关于生产时间和流通时间混杂所形成的假象世界出发,更能看到哈特和奈格里否定劳动价值论的经验论拜物教基础。马克思指出,资本主义生产过程是由剩余价值的直接生产过程和它的实现过程统一构成的,在实现剩余价值的流通过程中,资本生产过程和

---

① 《马克思恩格斯全集》第 44 卷,人民出版社 2001 年版,第 58 页。

流通过程被赋予了新的规定，表现为流通过程产生剩余价值的假象，这是哈特和奈格里社会生产概念内容驳杂的一个现实基础。马克思说："在流通过程中，剩余价值的生产和一般价值的生产一样，会获得新的规定；资本会经历它的各种转化的循环；最后，它可以说会从它的内部的有机生命，进入外部的生活关系，在这些关系中，互相对立的不是资本和劳动，而一方面是资本和资本，另一方面又是单纯作为买者和卖者的个人；流通时间和劳动时间在它们的进程中会互相交错，好像二者同样地决定着剩余价值；资本和雇佣劳动互相对立的最初形式，会由于一些看来与此无关的关系的干扰而被掩盖起来；剩余价值本身也不是表现为占有劳动时间的产物，而是表现为商品的出售价格超过商品的成本价格的余额。"① 在这里，马克思深刻地辨析了资本剩余价值的流通时间与劳动时间各自不同的规定性以及它们之间的复杂交错性，将资本转化循环的外部流通生活关系中的实现剩余价值的行为的生产性假象揭示了出来。在马克思这种理论分析的背景下，哈特和奈格里的社会生产概念的内涵就清晰多了。

因此，我们看到，他们没有马克思关于劳动时间和流通时间的区分，他们反而把它们看成无区别的同一种时间。在此基础上，他们甚至把日夜进行的网络购买活动也看作生产剩余价值的生产活动，流通过程被他们直接生产过程化了。面对这种假象现实，他们用资本对社会的实质吸纳说明它，以社会生产概念包含它，以非物质劳动时间的超长性否定工作日，进而否定马克思的劳动价值论。这种错误论断，部分原因在于他们混淆了生产剩余价值的时间和实现剩余价值的流通时间，部分原因是把流通时间直接当作了直接生产时间。

在这种经验论认知下，哈特和奈格里在后福特主义范式下否定劳动价值论。在他们看来，当代生产领域中劳动的灵活性、流动性和不

---

① 《马克思恩格斯全集》第46卷，人民出版社2003年版，第52页。

稳定性造成生命政治劳动时间和空间的全时段化和全空间化。不存在工作日时间和非工作日时间的界限，不存在固定工作场所与非工作场所的划分，它们都重合在一起。结果是必要劳动时间和剩余劳动时间重叠，工作场所和非工作场所合一，"生产劳动"与"非生产劳动"的界限消解；加之生命政治生产具有生命创造性这种质本身具有的"超出"性，不仅以抽象劳动时间测度价值的这个量的尺度丧失作用，而且以"简单劳动"度量"复杂劳动"的计量方式也因事先确定一个超验性本质论标准起点而显现荒谬性，他们的结论是：马克思量的劳动价值论失效，必须建立新的以斗争的质为标准的价值表。这是对马克思政治经济学基础的否定，事实上是在学术层面应和了他们所反对的新自由主义对马克思主义经济学的攻击。这种错误结论是他们经验化和简单化理解马克思劳动价值论的必然结果。我们必须坚决反对。

哈特和奈格里提出当代资本主义剥削的主要形式变成了金融的外在剥削，这是从他们的政治历史观中得出的一个独特的理论结论。哈特和奈格里将金融崛起与生命政治生产联系起来，就是说，由于生命政治生产日益显现的自主性、独立性和共有性，资本只能被迫发展出能够从外部剥削和占有共有财富的新资本形态，结果金融资本以其具有的抽象化与共有性特征而脱离生产过程，外在于生产过程并抽象占有生产过程中的共有物财富。"在我们的观点中，更为重要的，是将金融的崛起与同时涌现的生命政治生产的核心性联系起来。就生命政治劳动自主性而言，金融是最胜任侵占已生产的共有财富的资本主义工具，它在生产过程之外却从生产过程中抽象出来。金融不代表共有性的社会生活就不能完成侵占行为。从这一方面来说，金融无非是货币自身的权力。"[①] 在这里，哈特和奈格

[①] Michael Hardt and Antonio Negri, *Commonwealth*, Cambridge & Massachusetts: The Belknap Press of Harvard University Press, 2009. p. 158.

里把金融看作货币的权力发展形态，而货币本身被他们看作具有共有性的抽象劳动转化的价值表现，被看作一种为资本所有而非劳动者所有的价值表现，它被看作支配劳动者的资本命令与权力。谁拥有货币谁就占有价值，谁拥有金融，谁就拥有货币。在这种认知下，财富、劳动、抽象劳动、价值、货币、资本、金融资本就组成了一个剥削链，其中"抽象劳动和交换体系是榨取剩余价值和保持资本主义控制的机制"①。在此，马克思历史性的剩余价值理论被简化为货币对抽象劳动的占有，工人的抽象劳动创造价值，货币是对价值的占有，它属于资本，资本剥削了工人。在此剥削观下，他们把当代的金融资本看作货币权力，金融剥削就是新形式的资本剥削。这种剥削在于金融资本自身具有抽象性和共有性，它既能抽象地存在于生产之外，又因共有性而能侵占共有财富。因此，在生命政治生产霸权的语境下，资本发展出主导性的金融外在剥削形式。

应该说，哈特和奈格里从劳动主体方面提出的当代资本主义金融剥削形式正在普遍化，这与大卫·哈维从客观方面揭示新自由主义的金融剥夺性积累具有一致性，也符合马克思关于资本主义积累方式的发展观。在《资本论》中，马克思在分析资本总循环过程 G—W⋯P⋯W′—G′ 的公式时就充满预见性地指出，虽然资本只有在劳动生产过程中才能增殖价值，在流通过程中才能实现价值增殖，但是，资本总是有个冲动，力图不通过中间的生产过程而直接增殖自身，以货币直接生出更多的货币。"正因为价值的货币形态是价值的独立的可以捉摸的表现形式，所以，以实在货币为起点和终点的流通形式 G⋯G′，最明白地表示出资本主义生产的动机就是赚钱。生产过程只是为了赚钱而不可缺少的中间环节，只是为了赚钱而必须干的倒霉事。〔因此，一切

---

① Michael Hardt and Antonio Negri, *Commonwealth*, Cambridge & Massachusetts: The Belknap Press of Harvard University Press, 2009. p. 159.

资本主义生产方式的国家，都周期地患一种狂想病，企图不用生产过程作中介而赚到钱。"① 资本主义国家的狂想病发作，借助于信用制度，它们企图以变魔术的方式在纯粹的流通领域中变幻出大量的货币资本。马克思深刻地指出，这些流通魔术师们非常荒唐，他们幻想利用把流通时间消除的信用机构和各种信用虚构，最大程度地消除生产产品过程和产品转化为货币资本过程的种种停顿、中断和延迟，直接不经过生产交换价值的过程而直接在交换价值上实现增殖。这种资本积累的趋向发展到全球资本主义时代，就出现了金融资本的积累方式。金融资本成为符合马克思所说的既在交换价值的基础上，又不经历艰难的生产增殖环节却能够获得增殖自身、积累自身目的的资本最高积累形态。哈特和奈格里提出的外在金融剥削从某种角度来说，符合马克思对于资本主义积累方式发展的判断，虽然他们是从经验化理解上，从主体优先上提出这种现实的，但结论应足以引起当代马克思主义者的高度重视。

帝国国家理论，是哈特和奈格里力图完成马克思所未就的国家理论的集大成之作。他们从资本完成对世界劳动的实质吸纳所形成的世界市场出发，将内在性的资本权力与国家主权的超验权威结合起来，形成了资本权力和国家权力的合一、经济基础与上层建筑的合并，帝国主权国家理论出现。在分散性平面化的组织形式上，帝国将全球民族国家、联合国、主要跨国经济与政治组织、跨国公司、媒体、非政府组织等组成世界等级制，以例外性的警察与战争压制反抗，实施统治。在其主权的日常运作中，它表现为一种建立在全球平滑空间上的社会层面的控制机制，以一种普遍的无形的福柯规训式的生命权力施行统治与治理。不再存在超验主权权威，它被资本化作了内在性权力控制。帝国超越并降低甚至消解了民族国家主权的重要性，使其成为

---

① 《马克思恩格斯全集》第45卷，人民出版社2003年版，第67—68页。

执行帝国命令的一个权力体。在帝国理论中，哈特和奈格里将资本经济权力所生成的市场化原则纳入国家主权中，将遍布社会的微观毛细血管式的权力关系内化在上层建筑中。这是对传统马克思主义国家理论偏重宏观政治权力的一种补充和发展。

同时，哈特和奈格里还将资本权力与主权权力的结合秘密通过立法再现出来。他们将主权权力下放到社会领域进行考察，从理论上揭示了从超验的权力走向先验的权力的过程。他们认为，现代民族国家主权以一个超验物形象存在于社会之上，要求所有人绝对地服从。帝国主权却是先验的存在，即某种权力首先存在于社会领域的经济关系中，进而存在于法律关系规定的规范中，自然而然地执行着，帝国国家主权就存在于法律之中。哈特和奈格里借助康德的先验批判打倒超验分析的方法，揭示了当代权力的先验结构。"我们的目标在权力。……我们必须超越建立在例外原则之上的主权理论……我们必须专注于权力的先验性平面，在这里法律和资本是首要的力量。这样的先验权力不是通过一种主权的命令甚至不是首先通过一种力量迫使人服从，而是通过建构出社会生活的可能性条件来使人服从的。"① 资本经过立法，变成经济性的法律去结构化社会生活，使等级制和从属关系变成自然如是的状态。"资本主义的控制和剥削根本不依赖于外在的主权权力，而是依赖于看不见的内在化的法律。由于金融机制更加充分地发展起来，资本对社会生活可能性的条件的决定变得越发宽广和完成。"② 这样一来，哈特和奈格里将世界市场条件下的资本、法律和帝国主权间的真实关系揭示了出来。

在这里，哈特和奈格里的功绩是推进了马克思所揭示的颠倒世界

---

① Michael Hardt and Antonio Negri, *Commonwealth*, Cambridge & Massachusetts: The Belknap Press of Harvard University Press, 2009. p. 6.
② Michael Hardt and Antonio Negri, *Commonwealth*, Cambridge & Massachusetts: The Belknap Press of Harvard University Press, 2009. p. 7.

的范围：在《资本论》中，马克思揭示了资本主义社会是一个着了魔的颠倒的世界，他科学地还原了真实的世界的联系，但是他没有来得及继续系统地暴露资本主义国家理论、法律理论与经济理论间的关系的颠倒性。哈特和奈格里则在帝国国家理论上推进了这一前进方向。如同法国左派思想家在国家意识形态领域中贡献出意识形态国家机器理论一样，这两位学者以资本先验的权力结构决定了资本主义国家的形式主义法律的阐述，掀开了资本主义国家主权、法律与经济间关系颠倒的遮盖面纱。这不能不说是一种马克思主义政治理论的进步，值得我们借鉴。

帝国是回应20世纪70年代的社会工人斗争周期而在全球范围形成的资本统治的新形式。帝国生命权力是政治、经济、社会和文化权力叠合一体的权力，对这种权力的任何一种形式的反抗都将是对资本统治的反抗。诸众作为帝国中的穷人主体具有积极的奇异性，在生命政治生产的共有性下可以自主地结合生产，可以出离权力关系而构建绝对民主的共有体政体。诸众的出离和建构必须以爱来推动。可见，哈特和奈格里的解放政治哲学最终走向了斯宾诺莎的爱的伦理学。这又不能不说是一种理论的退步。

佩里·安德森在评价一战后德奥匈意诸国工人阶级革命失败的原因时指出："这种失败表明中欧和西欧的资本主义力量在客观上占优势，在那里，资本主义从历史上就比工人阶级占优势而能在战争中生存下来。"[①] 在21世纪的今天，无论是经济上还是政治上，西方资产阶级的统治暂时仍然难以动摇，思想上反本质主义流行，理论上经验实证论大行其道，这就造成当代西方左派学者在面对资本主义最新发展

---

① [英] 佩里·安德森：《西方马克思主义探讨》，高铦、文贯中、魏章玲译，人民出版社1981年版，第27页。

的现实时，由于无法进行实践上的革命的'武器的批判'，因此只能在理论上进行"批判的武器"的生产。在这样一种矛盾的背景中，他们的理论生产常常出现两个特征的综合，即"经验主义"和"乌托邦主义"。① 哈特和奈格里《帝国》三部曲中的生命政治解放哲学在很大程度上也不例外。

---

① 唐正东：《当代资本主义新变化的批判性解读》，经济科学出版社 2016 年版，"前言"第 3 页。

参考文献

一、英文部分

（一）著作类

1. Antonio Negri, *Marx Beyond Marx*, translated by Harry Cleaver, Michael Ryan and Maurizio Viano, London: Pluto Press, 1991.
2. Antonio Negri, *Revolution Retrieved: Selected Writings on Marx, Keynes, Capitalist Crisis and New Social Subjects*, 1967–1983, London: RedNotes, 1988.
3. Antonio Negri, *The Politics of Subversion: A Manifesto for the Twenty-First Century*, Cambridge: Polity Press, 1989.
4. Antonio Negri, *Books for Burning: Between Civil War and Democracy in 1970s Italy*, translations edited by Timothy S. Murphy, translated by Arianna Bove, Ed Emery, Timothy S. Murphy & Francesca Novello, London: Verso, 2005.
5. Antonio Negri, *Insurgencies: Constituent Power and the Modern State*, Minneapolis: University of Minnesota Press, 1999.
6. Antonio Negri, *The Savage Anomaly: The Power of Spinoza's Metaphysics and Politics*, translated by Michael Hardt, Minneapolis: Universtiy of Minnesota Press, 2000.
7. Antonio Negri, *Factory of Strategy: Thirty-Three Lessons on Lenin*, translated by Arianna Bove, New York: Columbia University Press, 2014.
8. Antonio Negri, *Empire and Beyond*, translated by Ed Emery, Cambridge: Polity Press, 2008.
9. Antonio Negri, *Reflections on Empire*, translated by Ed Emery, Cambridge: Polity Press, 2008.
10. Costas Douzinas and Slavoj Žižek eds., *The Idea of Communism*, London/New York: Verso, 2010.
11. Felix Guattari and Antonio Negri, *Communists Like Us*, New York: Semio-

tex(e), 1990.
12. Michael Hardt and Antonio Negri, *Empire*, London: Harvard University Press, 2000.
13. Michael Hardt and Antonio Negri, *Multitude: War and Democracy in the Age of Empire*, New York: The Penguin Press, 2004.
14. Michael Hardt and Antonio Negri, *Commonwealth*, Cambridge& Massachusetts: The Belknap Press of Harvard University Press, 2009.
15. Michael Hardt and Antonio Negri, *Declaration*, New York: Argo Navis Author Services, 2012.
16. Michael Hardt and Antonio Negri, *Assembly*, New York: Oxford University Press, 2017.
17. Michael Hardt and Antonio Negri, *Labor of Dionysus: A Critique of the State-Form*, Minneapolis: University of Minnesota Press, 1994.
18. Paolo Virno and Michael Hardt eds., *Radical Thought in Italy: A Potential Politics*, Minneapolis: University of Minnesota Press, 1996.
19. Timothy S. Murphy and Abdul-Karim Mustapha eds., *The Philosophy of Antonio Negri*, Volume Ⅱ: *Revolution in Theory*, London: Pluto Press, 2007.
20. Mario Tronti, *Workers and Capital*, translated by David Broder, London: Verso, 2019.

(二) 文章类
1. Antonio Negri, "The Labor of the Multitude and the Fabric of Biopolitics," translated by Sara Mayo and Peter Graefe with Mark Coté, http://www.mediationsjournal.org/fil...ons23_2_01.pdf.
2. Cigdem Cidam, "Antonio Negri's Radical Critique of Contemporary Capitalism: Invoking Love, Revolutionizing Politics and Theorizing Democracy," APSA 2010 Annual Meeting Paper.
3. Callahan, William A, "Remembering the Future - Utopia, Empire, and Harmony in 21st-Century International Theory," *European Journal of International Relations* 10. 4 (Dec 2004): 569–603.
4. Mario Tronti, "Factory and Society," translated by Guio Jacinto, http://libcom.org/libra-ry/factory-society.
5. Mario Tronti, "The Strategy of the Refusal," *Italy: Autonomia Post-politial politics*, Volume Ⅲ, No. 3, 1980.
6. Mario Tronti, "The Strategy of the Refusal," http://libcom.org/library/strategy-refusal-mar-io-tronti.
7. Mario Tronti, "Lenin In England," https://www.marxists.org/reference/

subject/philosophy/works/it/tronti. htm.

8. Majia Nadesan, "Book Review: Majia Nadesan Reviews Commonwealth, by Michael Hardt and Antonio Negri," *Organization*, 2012(19).

9. Michael Merrill, "Commonwealth and Commonism," *International Labor and Working-Class History*, No. 78, Fall 2010.

10. Raniero Panzieri, "The Capitalist Use of Machinery: Marx Versus the 'Objectivists'," translated by Quintin Hoare, *Outlines of a Critique of Technology*, edited by P. Slater, London: Ink Links, 1980.

11. Raniero Panzieri, "Surplus Value and Planning: Notes on the Reading of '*Capital*'," translated by Julian Bees, *The labour process & class strategies*, stage 1, 1976.

12. Riccardo Bellofiore, "Between Panzieri and Negri: Mario Tronti and the workerism of the 1960s and 1970s," http://libcom. org/library/between-panzieri-negri-mario-tronti-workerism-1960s-1970s.

13. Ugo D. Rossi, "The Counter-Empire to Come or the Discourse of the Great Rival: An Attempted Decoding of Michael Hardt's and Toni Negri's *Empire*," *Science & Society*, Vol. 69, No. 2, April 2005: 191-217.

14. Réal Fillion, "Moving beyond Biopower: Hardt and Negri's Post-Foucauldian Speculative Philosophy of History," *History and Theory*, Vol. 44, No. 4, Theme Issue 44: Theorizing Empire(Dec. 2005): 47-72.

二、中文部分

（一）著作类

1. 《马克思恩格斯选集》第1—4卷，人民出版社2012年版。
2. 《马克思恩格斯文集》第1—10卷，人民出版社2009年版。
3. 《马克思恩格斯全集》第11卷，人民出版社1995年版。
4. 《马克思恩格斯全集》第21卷，人民出版社2003年版。
5. 《马克思恩格斯全集》第25卷，人民出版社2001年版。
6. 《马克思恩格斯全集》第29卷，人民出版社2020年版。
7. 《马克思恩格斯全集》第30卷，人民出版社1995年版。
8. 《马克思恩格斯全集》第31卷，人民出版社1998年版。
9. 《马克思恩格斯全集》第32卷，人民出版社1998年版。
10. 《马克思恩格斯全集》第33卷，人民出版社2004年版。
11. 《马克思恩格斯全集》第36卷，人民出版社2015年版。
12. 《马克思恩格斯全集》第44卷，人民出版社2001年版。
13. 《马克思恩格斯全集》第45卷，人民出版社2003年版。

14. 《马克思恩格斯全集》第46卷,人民出版社2003年版。
15. 《列宁选集》第1—4卷,人民出版社2012年版。
16. [意]奈格里:《〈大纲〉:超越马克思的马克思》,张梧、孟丹、王巍译,北京师范大学出版社2011年版。
17. [美]麦克尔·哈特、[意]安东尼奥·奈格里:《帝国》,杨建国、范一亭译,江苏人民出版社2008年版。
18. [美]迈克尔·哈特、[意]安东尼奥·奈格里:《大同世界》,王行坤译,中国人民大学出版社2015年版。
19. [意]安东尼奥·内格里:《超越帝国》,李琨、陆汉臻译,北京大学出版社2016年版。
20. [美]斯坦利·阿罗诺维茨、希瑟·高特内主编,[美]麦克尔·哈特、[意]安东尼奥·奈格里等著:《控诉帝国:21世纪世界秩序中的全球化及其抵抗》,肖维青等译,广西师范大学出版社2004年版。
21. [意]安东尼奥·奈格里:《艺术与诸众:论艺术的九封信》,尉光吉译,重庆大学出版社2016年版。
22. [意]保罗·维尔诺:《诸众的语法:当代生活方式的分析》,董必成译,商务印书馆2017年版。
23. [法]雅克·比岱、厄斯塔什·库维拉基斯主编:《当代马克思辞典》,许国艳等译,社会科学文献出版社2011年版。
24. 孙伯鍨:《探索者道路的探索》,南京大学出版社2002年版。
25. 孙伯鍨:《卢卡奇与马克思》,南京大学出版社1999年版。
26. 孙伯鍨、张一兵主编:《走进马克思》,江苏人民出版社2001年版。
27. 张一兵:《马克思历史辩证法的主体向度》,南京大学出版社2002年版。
28. 张一兵:《回到马克思——经济学语境中的哲学话语》,江苏人民出版社1999年版。
29. 张一兵主编:《资本主义理解史》第1—6卷,江苏人民出版社2009年版。
30. 张一兵主编:《当代国外马克思主义哲学思潮》(上、中、下),江苏人民出版社2012年版。
31. 张一兵:《回到福柯》,上海人民出版社2016年版。
32. 唐正东:《斯密到马克思——经济哲学方法的历史性诠释》,江苏人民出版社2009年版。
33. 唐正东:《资本的附魅及其哲学解构》,江苏人民出版社2013年版。
34. 唐正东:《当代资本主义新变化的批判性解读》,经济科学出版社2016年版。
35. 胡大平:《后革命氛围与全球资本主义》,南京大学出版社2002年版。
36. 刘怀玉:《现代性的平庸与神奇》,中央编译出版社2006年版。
37. 张亮:《阶级、文化与民族传统——爱德华·P.汤普森的历史唯物主义思想研究》,江苏人民出版社2008年版。
38. 张一兵、胡大平:《西方马克思主义的历史逻辑》,南京大学出版社2003年版。
39. 仰海峰:《〈资本论〉的哲学》,北京师范大学出版社2018年版。
40. 孙乐强:《马克思再生产理论及其哲学效应研究》,江苏人民出版社2016年版。
41. 罗岗主编:《帝国、都市与现代性》,江苏人民出版社2006年版。
42. 汪民安:《身体、空间与后现代性》,江苏人民出版社2006年版。
43. 汪民安主编:《生产》第一辑,广西师范大学出版社2004年版。
44. 汪民安主编:《生产》第二辑,广西师范大学出版社2005年版。
45. 汪民安主编:《生产》第三辑,广西师范大学出版社2006年版。
46. 汪民安主编:《生产》第五辑,广西师范大学出版社2008年版。
47. 汪民安主编:《生产》第六辑,广西师范大学出版社2008年版。
48. 汪民安、郭晓彦主编:《生产》第7辑,江苏人民出版社2011年版。
49. 汪民安、郭晓彦主编:《生产》第8辑,江苏人民出版社2013年版。
50. 汪民安、郭晓彦主编:《生产》第9辑,江苏人民出版社2014年版。
51. 汪民安、郭晓彦主编:《生产》第11辑,江苏人民出版社2016年版。
52. 汪民安、郭晓彦主编:《生产》第12辑,江苏人民出版社2017年版。
53. 复旦大学国外马克思主义与当代思潮国家创新基地等编:《国外马克思主义研究报告·2008》,人民出版社2008年版。
54. 金惠敏主编:《差异》第5辑,河南大学出版社2008年版。
55. 王晓明、蔡翔主编:《热风学术》第一辑,广西师范大学出版社2008年版。
56. 王晓明、蔡翔主编:《热风学术》第六辑,上海人民出版社2012年版。
57. 周穗明等:《20世纪末西方新马克思主义》,学习出版社2008年版。
58. 顾海良、张雷声:《20世纪国外马克思主义经济思想史》,经济科学出版社2006年版。
59. 刘元琪主编:《当代资本主义经济新变化与结构性危机》,中央编译出版社2015年版。
60. 栾文莲等:《金融帝国主义与国际金融危机》,社会科学文献出版社2015年版。
61. 周凡、李惠斌主编:《后马克思主义》,中央编译出版社2007年版。
62. 周凡主编:《后马克思主义:批判与辩护》,中央编译出版社2007年版。
63. 宋晓杰:《政治主体性、绝对内在性和革命政治学:奈格里政治本体论研究》,人民出版社2014年版。
64. 王丹:《社会解放的新革命主体——奈格里政治哲学思想探析》,吉林大学哲学社会学院博士学位论文,2017年。
65. 牛俐智:《另类现代性规划及其当代意义——以奈格里和哈特的非物质劳动理论为基础》,吉林大学哲学社会学院博士学位论文,2018年。
66. [美]伊曼纽尔·沃勒斯坦:《现代世界体系》(第一、二、三卷),高等教育出版社

1998、2000 年版。

67. [美]罗伯特·布伦纳:《全球动荡的经济学》,郑吉伟译,中国人民大学出版社 2012 年版。

68. [英]佩里·安德森:《思想的谱系:西方思潮左与右》,袁银传、曹荣湘等译,社会科学文献出版社 2012 年版。

69. [美]大卫·哈维:《资本社会的 17 个矛盾》,许瑞宋译,中信出版社 2017 年版。

70. [美]戴卫·哈维:《后现代的状况——对文化变迁之缘起的探究》,阎嘉译,商务印书馆 2003 年版。

71. [英]大卫·哈维:《新帝国主义》,初立忠、沈晓雷译,社会科学文献出版社 2009 年版。

72. [美]大卫·哈维:《新自由主义简史》,王钦译,上海译文出版社 2010 年版。

73. [美]大卫·哈维:《希望的空间》,胡大平译,南京大学出版社 2006 年版。

74. [美]戴卫·哈维:《正义、自然和差异地理学》,胡大平译,上海人民出版社 2011 年版。

75. [美]大卫·哈维:《马克思与〈资本论〉》,周大昕译,中信出版社 2018 年版。

76. [美]大卫·哈维:《世界的逻辑》,周大昕译,中信出版集团 2017 年版。

77. [英]安东尼·布鲁尼:《马克思主义的帝国主义理论》,陆俊译,重庆出版社 2003 年版。

78. [意]理查德·贝洛菲尔、罗伯特·芬奇主编:《重读马克思——历史考证版之后的新视野》,徐素华译,东方出版社 2010 年版。

79. [英]戈兰·瑟伯恩:《从马克思主义到后马克思主义?》,孟建华译,社会科学文献出版社 2011 年版。

80. [美]威廉·I. 罗宾逊:《全球资本主义论——跨国世界中的生产、阶级与国家》,高明秀译,社会科学文献出版社 2009 年版。

81. [加拿大]埃伦·M. 伍德:《资本的帝国》,王恒杰、宋兴无译,上海译文出版社 2006 年版。

82. [埃及]萨米尔·阿明:《自由主义病毒/欧洲中心论批判》,王麟进、谭荣根、李宝源译,社会科学文献出版社 2007 年版。

83. [美]詹明信:《晚期资本主义的文化逻辑》,张旭东编,陈清侨等译,生活·读书·新知三联书店 2013 年版。

84. [美]弗雷德里克·詹姆逊:《辩证法的效价》,余莉译,中国社会科学出版社 2014 年版。

85. [美]阿里夫·德里克:《全球现代性之窗:社会科学文集》,连煦、张文博、杨德爱等译,知识产权出版社 2013 年版。

86. [英]莱姆克等:《马克思与福柯》,陈元等译,华东师范大学出版社 2007 年版。

87. [法]吉尔·德勒兹:《哲学与权力的谈判》,刘汉全译,译林出版社 2014 年版。

88. [法]吉尔·德勒兹:《斯宾诺莎的实践哲学》,冯炳昆译,商务印书馆 2004 年版。
89. [法]吉尔·德勒兹著,陈永国、尹晶主编:《哲学的客体:德勒兹读本》,北京大学出版社 2010 年版。
90. [法]米歇尔·福柯:《规训与惩罚:监狱的诞生》,刘北成、杨远婴译,生活·读书·新知三联书店 2003 年版。
91. [法]米歇尔·福柯:《知识考古学》,谢强、马月译,生活·读书·新知三联书店 2003 年版。
92. [法]米歇尔·福柯:《性经验史 第一卷:认知的意志》,佘碧平译,上海人民出版社 2016 年版。
93. [法]米歇尔·福柯:《必须保卫社会》,钱翰译,上海人民出版社 2010 年版。
94. [法]米歇尔·福柯:《生命政治的诞生》,莫伟民、赵伟译,上海人民出版社 2011 年版。
95. [斯洛文尼亚]斯拉沃热·齐泽克:《敏感的主体——政治本体论的缺席中心》,应奇、陈丽微、孟军、李勇译,江苏人民出版社 2006 年版。
96. [英]佩里·安德森:《西方马克思主义探讨》,高铦、文贯中、魏章玲译,人民出版社 1981 年版。
97. [英]恩斯特·拉克劳、查特尔·墨菲:《领导权与社会主义的策略——走向激进民主政治》,尹树广译,黑龙江人民出版社 2003 年版。
98. [英]恩斯特·拉克劳:《我们时代革命的新反思》,孔明安译,黑龙江人民出版社 2006 年版。
99. [美]汉娜·阿伦特:《论革命》,陈周旺译,译林出版社 2007 年版。
100. [匈]卢卡奇:《历史与阶级意识》,杜章智、任立、燕宏远译,商务印书馆 2017 年版。
101. [美]加里·古廷:《20 世纪法国哲学》,辛岩译,江苏人民出版社 2005 年版。
102. [法]路易·阿尔都塞、艾蒂安·巴里巴尔等:《读〈资本论〉》,李其庆、冯光文译,中央编译出版社 2001 年版。
103. [法]路易·阿尔都塞:《保卫马克思》,顾良译,商务印书馆 2006 年版。
104. [法]居伊·德波:《景观社会》,王昭风译,南京大学出版社 2006 年版。
105. [法]让·鲍德利亚:《消费社会》,刘成富、全志钢译,南京大学出版社 2014 年版。
106. [法]让·鲍德里亚:《物体系》,林志明译,上海人民出版社 2018 年版。
107. [美]丹尼尔·贝尔:《后工业社会的来临》,高铦等译,江西人民出版社 2018 年版。
108. [美]C.莱特·米尔斯:《白领:美国的中产阶级》,周晓虹译,南京大学出版社 2016 年版。
109. [日]渡边雅男:《马克思的阶级概念》,李晓魁译,社会科学文献出版社、重庆出版社2016年版。

(二) 文章类

1. 黄晓武:《帝国与大众——耐格里论全球化的新秩序》(上),《国外理论动态》2003年第12期。
2. 黄晓武:《帝国与大众——耐格里论全球化的新秩序》(下),《国外理论动态》2004年第1期。
3. [美]麦克尔·哈特、[意]安东尼奥·奈格里:《帝国与后社会主义政治》,何吉贤译,《天涯》2004年第5期。
4. [美]迈克尔·哈特、[意]安东尼奥·耐格里:《大众的历险》,陈飞扬摘译,《国外理论动态》2004年第8期。
5. 尼古拉·布朗、伊莫瑞·泽曼:《什么是群众?——迈克尔·哈特和安东尼·内格里访谈录》,王逢振译,《文艺研究》2005年第7期。
6. [美]迈克尔·哈特:《非物质劳动与艺术生产》,陈越译,《国外理论动态》2006年第2期。
7. [意]弗兰切斯卡·卡德尔:《放逐——内格里访谈》,张晶译,《国外理论动态》2007年第5期。
8. 《马克思主义的发展与社会转型——内格里访谈》,肖辉译,《国外理论动态》2008年第12期。
9. 汪行福、王金林:《劳动、政治与民主——访安东尼奥·奈格里教授》,《哲学动态》2009年第7期。
10. 尹晶、朱国华:《帝国与诸众的交锋——迈克尔·哈特访谈》,《文艺理论研究》2010年第1期。
11. [美]迈克尔·哈特、秦兰珺:《概念的革命与革命的概念》,《马克思主义与现实》2012年第1期。
12. [美]M.哈特、[意]A.内格里:《从危机到出走的阶级斗争》,王行坤译,《马克思主义与现实》2014年第6期。
13. [美]迈克尔·哈特、[意]安东尼·奈格里:《也论解释世界还是改造世界——对哈维批评的回应》,王行坤译,《上海文化》2016年第2期。
14. [美]大卫·哈维:《解释世界还是改造世界——评哈特、奈格里的〈大同世界〉》,王行坤译,《上海文化》2016年第2期。
15. 王行坤:《帝国时代的"大同书"——〈大同世界〉中译版代序》,《文艺理论与批评》2015年第2期。
16. [美]M.哈特、[土耳其]C.厄兹塞尔楚克:《〈帝国〉出版15周年访谈》,《马克思主义与现实》2017年第1期。
17. [意]乔万尼·阿瑞吉:《帝国的谱系》,陈燕谷译,载李陀、陈燕谷主编《视界》第10辑,河北教育出版社2003年版。

18. 《生命政治与主体性——阿甘本访谈》(上),郑秀才译,《国外理论动态》2005年第6期。
19. 《生命政治与主体性——阿甘本访谈》(下),郑秀才译,《国外理论动态》2005年第7期。
20. [斯洛文尼亚]斯拉沃热·齐泽克:《哈特和奈格里为21世纪重写了〈共产党宣言〉吗?》,何吉贤译,载许纪霖主编《帝国、都市与现代性》,江苏人民出版社2006年版。
21. [英]肖恩·塞耶斯:《现代工业社会的劳动——围绕马克思劳动概念的考察》,周嘉昕译,《南京大学学报(哲学·人文科学·社会科学)》2007年第1期。
22. [埃及]萨米尔·阿明:《帝国与大众》,段欣毅译,《国外理论动态》2007年第5期。
23. 黄晓武:《帝国研究——刘禾访谈》,《国外理论动态》2003年第1期。
24. 何吉贤:《理论的"虚胖"与现实的"疲乏"——由哈特和耐格里的中国之旅而想到的》,《国外理论动态》2004年第8期。
25. [美]巴绪尔·阿布·马勒文:《〈帝国〉的错觉》,杨莉译,《江西社会科学》2004年第11期。
26. [英]佩里·安德森:《佩里·安德森论当代世界形势》(下),张勇译,《国外理论动态》2009年第5期。
27. [意]毛里齐奥·拉扎拉托:《非物质劳动》(上),高燕译,《国外理论动态》2005年第3期。
28. [意]莫利兹奥·拉扎拉托:《非物质劳动》,霍炬译,载许纪霖主编《帝国、都市与现代性》,江苏人民出版社2006年版。
29. [法]让·克罗德·迪劳内:《非物质生产概念及马克思理论》,丁晓钦译,《海派经济学》2010卷第30辑。
30. [美]约翰·贝拉米·福斯特、罗伯特·麦克切斯尼、贾米尔·约恩纳:《21世纪资本主义的垄断和竞争》(上),金建译,《国外理论动态》2011年第9期。
31. [美]约翰·贝拉米·福斯特:《资本积累的金融化》,裘白莲、刘仁营译,《国外理论动态》2011年第9期。
32. [荷]哈西卜·艾哈迈德:《占领运动、左翼复兴和今日马克思主义:对话齐泽克》,杜敏、李泉译,《国外理论动态》2013年第1期。
33. [美]格雷戈瑞·威廉姆斯:《世界体系研究之缘起:对话伊曼纽尔·沃勒斯坦》,杨智译,《国外动态理论》2014年第4期。
34. 臧峰宇:《历史主义与马克思政治哲学的当代性——对话肖恩·塞耶斯》,《国外理论动态》2015年第1期。
35. [俄]鲍里斯·卡戈尔里茨基:《后全球化时代的资本主义和马克思主义》,黄等学编译,《国外理论动态》2016年第1期。

36. [法]哈兹米格·科西彦:《朗西埃、巴迪欧、齐泽克论政治主体的形塑——图绘当今激进左翼政治哲学的主体规划》,孙海洋译,《国外理论动态》2016 年第 3 期。

37. [日]渡边雅男:《当代世界帝国主义的七个问题》,高晨曦译,《政治经济学评论》2017 年第 1 期。

38. 尼克·鲍姆巴赫,戴蒙·扬,珍妮弗·余:《重访后现代主义——弗雷德里克·詹姆逊访谈录》,陈后亮编译,《国外理论动态》2017 年第 2 期。

39. [俄]谢列兹尼奥夫:《物质生产与非物质生产》(上、下),李森译,《现代外国哲学社会科学文摘》1999 年第 8、9 期。

40. 张一兵:《何为晚期马克思主义?》,《南京大学学报(哲学·人文科学·社会科学)》2004 年第 5 期。

41. 张一兵:《关于生命政治》,《当代艺术与投资》2011 年第 8 期。

42. 张一兵:《无分之分:治安构序逻辑断裂中生成的失序政治——朗西埃后马克思生命政治哲学的异质走向》,《社会科学研究》2013 年第 1 期。

43. 张一兵:《非物质劳动与创造性剩余价值——奈格里和哈特的〈帝国〉解读》,《国外理论动态》2017 年第 7 期。

44. 唐正东:《从预设论到内生性历史发生学——马克思主义哲学史研究方法反思》,《学术月刊》2005 年第 10 期。

45. 唐正东:《马克思对人类学唯物主义的超越及其理论意义》,《马克思主义与现实》2010 年第 3 期。

46. 唐正东:《〈资本论〉及其手稿中的"抽象"概念》,《贵州师范大学学报(社会科学版)》2016 年第 3 期。

47. 唐正东:《马克思的两种商品概念及其哲学启示》,《哲学研究》2017 年第 4 期。

48. 唐正东:《"一般智力"的历史作用:马克思的解读视角及其当代意义》,《马克思主义与现实》2012 年第 4 期。

49. 唐正东:《非物质劳动与资本主义劳动范式的转型——基于对哈特、奈格里观点的解读》,《南京社会科学》2013 年第 5 期。

50. 唐正东:《非物质劳动条件下剥削及危机的新形式——基于马克思的立场对哈特和奈格里观点的解读》,《哲学研究》2013 年第 8 期。

51. 唐正东:《出离:生命政治生产中的抵抗形式——对哈特和奈格里的阶级斗争观的一种解读》,《山东社会科学》2014 年第 1 期。

52. 胡大平:《20 世纪西方马克思主义思潮的节奏和变奏》,《东南大学学报(哲学社会科学版)》2012 年第 3 期。

53. 刘怀玉、陈培永:《从非物质劳动到生命政治——自治主义马克思主义大众政治主体的建构》,《马克思主义与现实》2009 年第 2 期。

54. 孙乐强:《马克思劳动价值论的革命意义及当代价值——对非物质劳动论与知识价值论的再思考》,《理论探索》2017 年第 3 期。

55. 孙乐强:《超越"机器论片断":〈资本论〉哲学意义的再审视》,《学术月刊》2017年第5期。
56. 孙乐强:《自治主义的大众哲学与伦理主义的主体政治学——对奈格里关于马克思"机器论片断"当代阐释的批判性反思》,《南京大学学报(哲学·人文科学·社会科学)》2013年第3期。
57. 周嘉昕:《政治经济学批判视域中的〈共有财富〉争论》,《华东师范大学学报(哲学社会科学版)》2017年第5期。
58. 蓝江:《生命政治学批判视野下的共产主义》,《吉林大学社会科学学报》2016年第3期。

后　记

　　这本书是我的博士论文成果。本书坚持唯物史观的方法论,力图从马克思揭示的资本主义生产方式内在矛盾和矛盾运动所展开的资本生活史出发,观照哈特和奈格里《帝国》三部曲对当代资本主义最新发展现象所作的理论把握,以期能较好地确定其在马克思主义学术发展史上的位置。

　　在写作过程中,我遇到了《帝国》三部曲英文文献的阅读和梳理、《资本论》及其手稿的系统学习以及二者理论比较的困难。在导师唐正东教授的鼓励和指导下,最终克服困难,完成了论文写作。至于是否实现写作目的,自有读者研判。

　　"朝闻道,夕死可矣",孔子以此表达了领悟道的快乐。我则因经历了艰难的阅读历程,提升了对世界本质的认识而感到精神上的愉悦,并愈发坚定了对马克思主义科学性的信念。

　　如果说理论的人生是清醒的人生的话,那么马克思主义理论带给我的不仅仅是对个人人生的积极感悟,更是一种能够抵达漫长人类历史开端并一步步回归当下且对未来充满希望的理论思维过程。一滴水与一条长河融合在一起。

　　这是一种人生的幸运。

　　感谢导师唐正东教授严谨的学术垂范和多年来的悉心教导,令我在博士论文的写作过程中领悟到理论的真谛,学到了做人的道理。现在他还将我的博士论文纳入他所主编的丛书出版,幸何至哉!

感谢南京大学哲学系,她的诚朴雄伟、深厚宽大、平易热忱滋养着我,慢慢改变了我。感谢张异宾教授、姚顺良教授、胡大平教授、刘怀玉教授、张亮教授、蓝江教授等对我的教导和关怀。

感谢孙乐强教授、周嘉昕教授和哲学系所有老师对我的无私帮助。

本书能够出版,承蒙江苏人民出版社戴亦梁女士、黄山女士和曾偲女士的辛勤劳动,向她们表示诚挚谢意。

受自身学识和能力所限,书中难免有不足之处,还请专家学者批评指正。

2024 年 4 月